COMPAIXÃO

Descubra como Aquele que mais o ama ainda
busca conquistá-lo a cada dia

COM**PAIXÃO**

JAIME
FERNÁNDEZ
GARRIDO

Compaixão — Descubra como Aquele que mais o ama ainda busca conquistá-lo a cada dia
Copyright © 2017 por Jaime Fernández Garrido
Editado e publicado por Publicações Pão Diário
sob acordo especial com Jaime Fernández Garrido

Tradução: Ângela Mitt
Coordenação editorial: Dayse Fontoura
Revisão: Adolfo Hickman
Projeto Gráfico: Audrey Novac Ribeiro
Diagramação: Audrey Novac Ribeiro

Dados Internacionais de Catalogação na Publicação (CIP)

Fernández Garrido, Jaime

Compaixão — Descubra como Aquele que mais o ama ainda busca conquistá-lo a cada dia; Tradução: Ângela Mitt, Curitiba/PR, Publicações Pão Diário.

Título original: *Compasión — Descubre como la persona que más te ama sigue queriendo conquistarte cada día.*

1. Bíblia   2. Fé   3. Vida Cristã

Proibida a reprodução por quaisquer meios, salvo em breves citações, com indicação da fonte.

Todos os direitos reservados e protegidos pela Lei 9.610, de 19/02/1998.

Exceto se indicado o contrário, as citações bíblicas são extraídas da Edição Revista e Atualizada de João Ferreira de Almeida @ 2009 Sociedade Bíblica do Brasil.

Publicações Pão Diário
Caixa Postal 4190,
82501-970 Curitiba/PR, Brasil
publicacoes@paodiario.org
www.publicacoespaodiario.com.br
(41) 3257-4028

Código: CA661
ISBN: 978-1-68043-440-8

1ª edição: 2018

Impresso na China

ÍNDICE

Dedicatória 9
Introdução 11

MARAVILHOSO

1. O primeiro Natal 25
2. A lista dos convidados:
   Os que visitaram o Messias 29
3. A família do Filho de Deus 37
4. Os anos desconhecidos 51
5. João Batista 59
6. O segundo Adão 73
7. Um casamento e um jantar, o princípio
   e o fim do ministério do Filho de Deus 87
8. Vivendo com paixão 97
9. O maior de todos 107

CONSELHEIRO

10. Deus se fez homem 123
11. Perdidos e desprezados 133

12. Deus curando nossas tristezas 143
13. A necessidade de se tocar em Deus 155
14. Jesus se detém 165
15. O Mestre com M maiúsculo 173
16. A parábola do semeador 183
17. Sal e Luz 189
18. A lição mais difícil de se aprender 199
19. Os dois fundamentos 223
20. As perguntas do Mestre 233

DEUS FORTE

21. Alguém maior do que tudo 245
22. Liberdade aos dominados pelo poder do mal 255
23. O amigo dos menosprezados 263
24. Crer para ver 279
25. Fez tudo muito bem 289
26. Jamais teve pressa 301
27. Encontros no mar 311
28. O olhar de Deus 329
29. No limite do incrível 339

PAI DA ETERNIDADE

30. O segredo da felicidade 353
31. Jesus como anfitrião, Deus convidando a todos 369
32. Três irmãos: Maria, Marta e Lázaro 377
33. O Deus da liberdade 387
34. Não há lugar para o Criador 399
35. Face a face 407

36. Jesus lhes ensinou a orar 413
37. A "equipe" de Deus 433
38. O maior no reino dos Céus 445
39. Pedro… o primeiro 457
40. Era noite 467

PRÍNCIPE DA PAZ

41. Os céus proclamam… a Terra também,
    ainda que só por um momento 475
42. Qual é o valor de Jesus 485
43. As mãos de Jesus 495
44. A dor de Deus 503
45. Pilatos: Sete oportunidades com o Messias 515
46. Simão, o Cireneu 531
47. Condenado à morte injustamente 539
48. Você estava ali? 549
49. A coroa de espinhos 569
50. A maior revolução 575
51. Voltará para nos buscar 591
52. Busque e encontre Jesus 601

DEDICATÓRIA

Para ti, Senhor Jesus, pois o mais difícil não é compreender o quanto amaste a humanidade a ponto de morreres na cruz por todos, o mais incrível é que o tenhas feito por mim. Assim o mais sublime em minha vida não é somente crer em ti, mas também saber que tu crês em mim.

INTRODUÇÃO

Havendo Deus, outrora, falado, muitas vezes e de muitas maneiras, aos pais, pelos profetas, nestes últimos dias, nos falou pelo Filho, a quem constituiu herdeiro de todas as coisas, pelo qual também fez o universo.

Ele, que é o resplendor da glória e a expressão exata do seu Ser, sustentando todas as coisas pela palavra do seu poder, depois de ter feito a purificação dos pecados, assentou-se à direita da Majestade, nas alturas, tendo-se tornado tão superior aos anjos quanto herdou mais excelente nome do que eles.

Pois a qual dos anjos disse jamais: Tu és meu Filho, eu hoje te gerei? E outra vez: Eu lhe serei Pai, e ele me será Filho?

E, novamente, ao introduzir o Primogênito no mundo, diz: E todos os anjos de Deus o adorem.

Ainda, quanto aos anjos, diz: Aquele que a seus anjos faz ventos, e a seus ministros, labareda de fogo; mas acerca do Filho: O teu trono, ó Deus, é para todo o sempre; e: Cetro de equidade é o cetro do seu reino.

Amaste a justiça e odiaste a iniquidade; por isso, Deus, o teu Deus, te ungiu com o óleo de alegria como a nenhum dos teus companheiros.

Ainda: No princípio, Senhor, lançaste os fundamentos da terra, e os céus são obra das tuas mãos; eles perecerão; tu, porém, permaneces; sim, todos eles envelhecerão qual veste; também, qual manto, os enrolarás, e, como vestes, serão igualmente mudados; tu, porém, és o mesmo, e os teus anos jamais terão fim (HEBREUS 1:1-12).

A história de nossa vida experimenta uma reviravolta quando nos tornamos pais. Coisas que nem imaginávamos começam a acontecer e situações que nos pareciam impossíveis passam a fazer parte do nosso dia a dia. Pelos esforços que nossos amigos faziam para nos explicar certos momentos, jamais poderíamos compreender como algo aparentemente tão frágil como uma criança seria capaz de revolucionar o mundo inteiro. O nosso mundo, para sermos mais precisos.

Permita-me dizer que o melhor de tudo é que vale a pena. Absolutamente nada na vida se pode comparar ao sentimento de que uns seres tão pequenos no tamanho sejam capazes de transformar nossa vida com os seus gestos, seus sorrisos e suas palavras.

Pode ser que agora mesmo você esteja pensando que tem nas suas mãos um livro equivocado. Você não buscava algo sobre crianças, mas sobre a pessoa mais importante da história: o Senhor Jesus, nosso Criador, o Rei dos reis, o majestoso Salvador... Creio que, se você ler mais alguns parágrafos, perceberá que não se enganou. Poucas coisas têm tanto a ver com Ele como as crianças, uma vez que não só temos de voltar a ser como crianças para conhecê-lo melhor, mas também precisamente são elas, as crianças, quem mais nos podem ensinar a descobrir quem é o nosso Senhor.

Poucos dias antes de escrever esta introdução, eu estava colocando para dormir minhas filhas maiores Iami (de oito anos de idade) e Kenia (de cinco). Você conhecerá algumas coisas sobre elas nos próximos dias enquanto ler este livro. Também sobre a minha esposa, Miriam, e alguns detalhes da pequena Mel. Assim aproveito para lhe apresentar as quatro princesas que Deus colocou em minha vida. Como lhe dizia, pouco antes das meninas começarem a dormir, Iami me disse:

—Não se esqueça de vir mais tarde, como sempre!

Isto se transformou em algo mais que um jogo entre nós. Quando as três dormem, volto ao quarto para lhes dar um abraço, dizer-lhes que as amo muito e que Deus as ama mais que ninguém. Além disso, lembro-as de que, aconteça o que acontecer, sempre vamos estar com elas e ajudá-las em tudo. Embora por vezes estejam dormindo quando faço isso, sempre tenho a impressão de que sabem que estou ali. De fato, em algumas manhãs reclamam quando chego muito tarde, à noite, e me esqueço de abraçá-las.

Em várias noites, pensei muito no que minhas filhas me disseram. Eu estava orando e procurando colocar todas as circunstâncias do dia seguinte nas mãos de Deus, e pedi ao meu Pai Celestial exatamente o mesmo que elas me dizem a cada noite: "Pai, desejo que, quando eu comece a dormir, venhas abraçar-me por meio do Teu Espírito e me fales; e que eu jamais esqueça que me amas e que sempre estarás comigo em qualquer circunstância, esteja onde estiver. Quero me lembrar cada noite que estou nas mãos do Senhor Jesus e que ninguém pode me tirar dessas mãos. Quero ouvir-te cada vez que leio Tua Palavra e mesmo ao dormir, quero me lembrar de todas as Tuas promessas."

Os nossos filhos nos ensinam a não cairmos na rotina. Para eles, cada dia é diferente; a fantasia lhes faz brilhar os olhos e cada momento que passam conosco parece que foi desenhado pelos anjos...

> PRECISAMOS VOLTAR A SER CRIANÇAS.
> VOLTAR A ESPERAR EM DEUS COM OS NOSSOS BRAÇOS ABERTOS.

Precisamos voltar a ser crianças. Voltar a esperar em Deus com os nossos braços abertos e nossos olhos brilhando em esperança. Voltarmos a ler os evangelhos descobrindo a vida do Senhor Jesus em cada uma de Suas palavras. Ninguém impactou tanto a história da humanidade como Ele. Mesmo os que se dizem inimigos do Messias reconhecem: Ele era uma pessoa sublime, perfeita, sem uma palavra mal proferida; o único que sempre praticou o bem. Qualquer outro personagem da história tem os seus "casos", mesmo os fundadores de religiões. Todos podem ser apontados por alguma falha, menos o Senhor. Ele foi o único. E continua sendo único.

Creio que um dos nossos problemas mais sérios é que chegamos a banalizar, não só os fatos e os ensinos do Senhor Jesus, como também a beleza das Suas recordações em nossa vida. Quem sabe, algum dia nos sentimos completamente entusiasmados lendo os evangelhos, mas agora parece-nos que a emoção se foi. As afirmações e os efeitos do Senhor desceram à categoria do cotidiano. Já não nos causam admiração. Os nossos olhos deixaram de brilhar quando o vemos ou escutamos.

Talvez, porque, de certa maneira e sem querer, alteramos alguns dos Seus ensinos para que o Senhor apareça como "normal" aos olhos de todos; sem nos darmos conta de que, no processo de perder o nosso amor apaixonado pelo Messias, estamos perdendo nossa própria vida. A grandeza do Senhor está intimamente ligada à Sua forma de se expressar, de viver, de romper os paradigmas, de ser completamente diferente e único, de fugir das palavras e das previsões dos homens. Só no momento de abrirmos a nossa boca, não para falar, mas para nos extasiarmos com o que Deus faz, é quando realmente somos crianças. Nesse momento, começamos a compreender algo do reino de Deus. Agora sim, podemos ler os evangelhos e nos maravilhar com o caráter de uma única pessoa: nada menos que o próprio Deus feito homem.

Quando começamos a descobrir o Senhor, saímos da nossa prisão religiosa que nós mesmos construímos.

Não podemos deixar de ler os evangelhos, porque Deus nos surpreende a cada momento; não somente fazendo-se homem, como também sendo um homem inesperado, criativo, admirável, revolucionário, incômodo para as autoridades, assombroso, impossível de ser qualificado de uma forma exata. Essa seria a melhor definição do Senhor Jesus. Porque Ele desceu à terra por nós.

Nós fomos a causa! Não podíamos obrigá-lo. Nem sequer sabíamos que Ele faria tudo o que fez. De fato, Ele fez o que fez porque quis; apresentou-se como voluntário e não duvidou um só momento. Nenhum de nós lhe pediu. Foi o amor e a obediência dele ao Pai que o levaram a deixar o glorioso resplendor da Sua majestade, porque a Sua compaixão por todas as pessoas deste mundo não tem limites.

> QUANDO COMEÇAMOS A DESCOBRIR O SENHOR, SAÍMOS DA NOSSA PRÓPRIA PRISÃO RELIGIOSA.

Precisamos mudar: voltar a viver quase desesperados em conhecer mais a respeito do Senhor, para termos um encontro pessoal com Ele; ansiosos em amá-lo profundamente, por sentir o Seu abraço e o toque da Sua mão. Viver com a necessidade de escutá-lo, de seguir com admiração os Seus ensinos e não deixar passar um único dia sem falar com Ele e escutá-lo.

Precisamos voltar a ler a Palavra de Deus emocionando-nos com o Messias, desfrutando de nosso relacionamento com Deus mais do que qualquer outra coisa, muito antes de lhe prestar serviço, inclusive antes de podermos fazer algo pelos outros. Temos de buscar a presença do Senhor para nos fascinarmos por Ele, porque dessa busca flui a vida.

> NENHUM DE NÓS LHE PEDIU QUE SE FIZESSE HOMEM. FOI O AMOR E A OBEDIÊNCIA DELE AO PAI QUE O MOTIVOU.

Da nossa amizade com o Senhor surgem todas as vitórias espirituais.

...nos quais o deus deste século cegou o entendimento dos incrédulos, para que lhes não resplandeça a luz do evangelho da glória de Cristo, o qual é a imagem de Deus.

Porque não nos pregamos a nós mesmos, mas a Cristo Jesus como Senhor e a nós mesmos como vossos servos, por amor de Jesus.

Porque Deus, que disse: Das trevas resplandecerá a luz, ele mesmo resplandeceu em nosso coração, para iluminação do conhecimento da glória de Deus, na face de Cristo.

Temos, porém, este tesouro em vasos de barro, para que a excelência do poder seja de Deus e não de nós.

Em tudo somos atribulados, porém não angustiados; perplexos, porém não desanimados; perseguidos, porém não desamparados; abatidos, porém não destruídos; levando sempre no corpo o morrer de Jesus, para que também a sua vida se manifeste em nosso corpo.

Porque nós, que vivemos, somos sempre entregues à morte por causa de Jesus, para que também a vida de Jesus se manifeste em nossa carne mortal.

De modo que, em nós, opera a morte, mas, em vós, a vida (2 CORÍNTIOS 4:4-12).

Sem nenhuma dúvida, o maior objetivo do diabo é impedir que olhemos para Cristo. Para conseguir esse objetivo, o deus deste mundo utiliza todos os meios ao alcance dele, porque o que ele mais teme é que nos comprometamos profundamente com o Salvador. Qualquer outra coisa em que a Igreja ou o cristão ocupe seu tempo, não tem importância. O problema para o nosso inimigo começa quando queremos ser como Jesus e vivermos como Ele. O maligno quer nos cegar — e o consegue em muitos momentos — para que não resplandeça a luz de Cristo em nossa vida. Ele quer que isso não aconteça pela primeira vez e faz todo o possível para que não se repita dia após dia.

Não esqueça jamais que a glória de Cristo, uma vez que Ele é a imagem de Deus, é a maior coisa existente neste mundo. Essa luz resplandece em nossa vida e as transforma completamente. Ela é uma das razões para o diabo querer ocultá-la. Esse é o motivo principal por que tantas pessoas não conhecem a Deus e têm uma imagem equivocada a respeito dele. Se o diabo consegue que deixemos de olhar para Cristo, já terá alcançado o seu objetivo. Não importa quão bons pareçamos ser. De nada vale absolutamente que sejamos as pessoas mais religiosas existentes no mundo. Mesmo que deixemos queimar o nosso corpo ou demos para os outros tudo quanto temos, se não conhecermos o Amor com letra maiúscula, somos apenas cegos. Consequentemente, a nossa vida estará sempre cheia de frustração, ansiedade e rotina. O mesmo acontecerá na igreja que frequentamos.

Você se lembra do que escrevi sobre as crianças? Elas não conhecem rotina — essa sensação de tédio que acaba sendo um dos nossos maiores inimigos. Um dos nossos problemas é que somos incapazes de amar aquilo com o que estamos acostumados. Infelizmente, o nosso relacionamento com Jesus, se baseia muitas vezes em conhecimentos, ensinos e conclusões rotineiras. Não nos empolgamos com o nosso Senhor. Isso é perigoso! A rotina não é espiritual. O enfado não vem do Espírito de Deus. Lembre-se: quando estamos tão "acostumados" com o sobrenatural, quase não lhe damos importância. Isso pode matar o nosso amor.

Temos de aprender a viver maravilhados pelo que o Senhor Jesus é e faz. Precisamos nos emocionar com Ele, desfrutar a paixão em conhecê-lo mais e obedecer-lhe em tudo. Precisamos rir ou chorar com Ele, não importa o modo, porquanto o que resulta fatal é permanecermos insensíveis perante o nosso Salvador. Este é o momento de dizermos adeus à frieza religiosa dos que em cada situação calculam a exata medida do que falam ou fazem, para não se comprometerem em demasia.

Devemos dar adeus à frieza, aparentemente religiosa, dos que em cada situação calculam a exata medida do que fazem Deus quer resplandecer em nossos corações; deseja que a luz do Seu amanhecer brilhe em nossa vida. Nosso Pai deseja ver em cada um de nós o conhecimento da Sua majestade no rosto de Cristo; rosto que foi cuspido e rejeitado, mas agora está cheio de glória dentro do nosso coração. No Antigo Testamento, a presença de Deus enchia o templo, e a Sua glória — a Shekinah — era o reflexo da majestade do Todo-Poderoso. Essa presença esbanjava grandeza, mas também temor em todos quantos se aproximassem.

DIANTE DAS EXIGÊNCIAS DE DEUS. A MEDIDA CERTA PARA NÃO SE COMPROMETEREM DEMASIADAMENTE.

A santidade de Deus nunca foi, nem será algo leviano para ninguém; a Sua Presença só podia ser "contida" no Lugar Santíssimo: atrás de um véu impossível de ser rasgado. Somente uma vez ao ano, uma pessoa escolhida dentre o povo podia se aproximar de Alguém assim.

Um dia, Deus rasgou esse véu impossível e fê-lo de cima para baixo, para que ninguém tivesse dúvida alguma. O mesmo Deus majestoso revela toda a Sua glória no rosto de Cristo. Com Jesus vivendo dentro de nós, Deus Pai permite que Sua credibilidade se manifeste dentro da vida de cada um de nós. Ele vive conosco, deixa que a Sua "reputação" seja maculada com os nossos atos, arrisca que tomemos decisões que o comprometam. Identifica-se de tal forma com o Seu povo que escolhe refletir a Sua glória em nossa vida.

Levamos dentro de nós o glorioso evangelho de Cristo, sim, mas somente pela Sua graça; não por qualquer outra razão que possa acontecer conosco, nem por nada que nós pudéssemos fazer. Não podemos sequer pensar que temos algo a ver com o assunto. Se de fato estivesse em nossas mãos, levaríamos poucos segundos para estragá-lo. Por quê? Somos apenas barro. E além disso, quebrados.

O objetivo de Deus é que a vida de Cristo se manifeste em nossa vida. Que todos cheguem a conhecer algo do Senhor ao ver-nos, e que a presença de Jesus seja real em tudo o que somos ou fazemos. Essa é a razão por que é impossível nos aproximar do Senhor se não for com toda a paixão da nossa vida. Grande parte dos problemas e dissabores de muitos de nós, cristãos de hoje em dia, deve-se ao fato de querermos viver perto do Senhor, mas sem nos entusiasmar por Ele. Queremos conhecê-lo sem que esse conhecimento transforme completamente nossas vidas. Procuramos ouvi-lo sem que Suas palavras cheguem ao mais íntimo do nosso coração e nos transforme.

De certa forma, é como se quiséssemos penetrar no fogo de um vulcão só para não sentir frio. Como se esperássemos um ciclone em nossa casa para que as cortinas sejam sacudidas e o pó desapareça. Como se saíssemos à rua, no meio de uma violenta tempestade, só para nos molharmos por alguns momentos.

Vez por outra, esquecemo-nos de que é impossível compreender as palavras e a vida do Senhor Jesus se o fizermos de uma forma calculada, distante e fria. Não podemos nos aproximar dele com um coração sem paixão, ou pretender que cada palavra do Salvador fique perfeitamente controlada no reduzido espaço da nossa mente. Seríamos verdadeiros tolos se pretendêssemos viver assim. Do estudo das Suas palavras, surge em nós a necessidade de dedicar toda a nossa vida para segui-lo. Ou nos arriscamos, ou morremos de tristeza.

Seguir ao Senhor Jesus é dizer "não" ao conforto, e de certo modo, à ordem dos nossos princípios e expectativas. Não podemos nos aproximar de Deus só para que Ele nos dê um pouco de calor, mas exigindo dele que o Seu fogo não nos "queime". É impossível que o sopro do Espírito leve o pó da nossa vida sem peneirar a nós também. É impossível adentrarmos nas tempestades da vida para vencê-las e ajudar a outros, sem nos molharmos completamente. Não podemos pretender ser seguidores do Mestre se o que mais queremos é o conforto e o controle, e nada querermos saber de sofrimento.

Jamais conheceremos em profundidade o caráter do Senhor sem que estejamos plenos do fogo do Espírito Santo, porque a diferença entre um cristão comprometido e um cristão "normal" é o inquebrantável desejo de viver o mais perto possível desse fogo. Quando nos aproximamos do Senhor, precisamos deixar que o Seu fogo nos transforme. Temos de adentrar ao mais profundo do braseiro. Devemos estar sempre dispostos a passar por esse processo de purificação — um processo que aparentemente pode nos machucar, mas nos torna santos e nos eleva a sublimes alturas, ao lugar onde Deus se encontra.

> NÃO PODEMOS NOS LANÇAR NO FOGO DE UM VULCÃO
> SÓ PARA "NÃO SENTIRMOS FRIO".

Para conhecer o Senhor, é preciso vivenciá-lo! Não existe outra alternativa. Paulo entendeu isso de forma perfeita quando escreveu: "Para mim o viver é Cristo" (FILIPENSES 1:21). Não a doutrina ou as palavras. Nem sequer a salvação que Ele nos concedeu! O segredo da vida cristã é estarmos tão apegados ao nosso Senhor que praticamente seja difícil saber onde Ele começa e onde nós terminamos.

Logo, já não sou eu quem vive, mas Cristo vive em mim; e esse viver que, agora, tenho na carne, vivo pela fé no Filho de Deus, que me amou e a si mesmo se entregou por mim (GÁLATAS 2:20).

Por isso, não desanimamos; pelo contrário, mesmo que o nosso homem exterior se corrompa, contudo, o nosso homem interior se renova de dia em dia (2 CORÍNTIOS 4:16).

É difícil compreender, qualquer que seja a nossa idade, que estamos nos desgastando. A nossa aparência física começa a se deteriorar pouco depois do nosso nascimento. Embora aparentemente pareça florescer nos primeiros anos, levamos escrito em nosso DNA que somos criaturas mortais e que um dia vamos morrer. Irremediavelmente!

Diante disso, entretanto, a melhor notícia que podemos ouvir é que o nosso interior possa se fortalecer a cada dia. Pode parecer impossível, mas não é: nossa vida se renova quando estamos face a face com o nosso Salvador.

Hoje não é um dia qualquer. Se você ama o Senhor, pode saber que existe algo certo. Haja o que houver, Deus está renovando a sua vida. A cada dia que você conhece e ama ao Senhor Jesus, você mais se parece com Ele.

> *O povo que andava em trevas viu grande luz, e aos que viviam na região da sombra da morte, resplandeceu-lhes a luz.*
>
> *Tens multiplicado este povo, a alegria lhe aumentaste; alegram-se eles diante de ti, como se alegram na ceifa e como exultam quando repartem os despojos.*
>
> *Porque tu quebraste o jugo que pesava sobre eles, a vara que lhes feria os ombros e o cetro do seu opressor, como no dia dos midianitas; porque toda bota com que anda o guerreiro no tumulto da batalha e toda veste revolvida em sangue serão queimadas, servirão de pasto ao fogo.*
>
> *Porque um menino nos nasceu, um filho se nos deu; o governo está sobre os seus ombros; e o seu nome será: Maravilhoso Conselheiro, Deus Forte, Pai da Eternidade, Príncipe da Paz; para que se aumente o seu governo, e venha paz sem fim sobre o trono de Davi e sobre o seu reino, para o estabelecer e o firmar mediante o juízo e a justiça, desde agora e para sempre. O zelo do* SENHOR *dos Exércitos fará isto* (ISAÍAS 9:2-7).

Porque foi subindo como renovo perante ele e como raiz de uma terra seca; não tinha aparência nem formosura; olhamo-lo, mas nenhuma beleza havia que nos agradasse.

Era desprezado e o mais rejeitado entre os homens; homem de dores e que sabe o que é padecer; e, como um de quem os homens escondem o rosto, era desprezado, e dele não fizemos caso.

Certamente, ele tomou sobre si as nossas enfermidades e as nossas dores levou sobre si; e nós o reputávamos por aflito, ferido de Deus e oprimido.

Mas ele foi traspassado pelas nossas transgressões e moído pelas nossas iniquidades; o castigo que nos traz a paz estava sobre ele, e pelas suas pisaduras fomos sarados.

Todos nós andávamos desgarrados como ovelhas; cada um se desviava pelo caminho, mas o Senhor *fez cair sobre ele a iniquidade de nós todos.*

Ele foi oprimido e humilhado, mas não abriu a boca; como cordeiro foi levado ao matadouro; e, como ovelha muda perante os seus tosquiadores, ele não abriu a boca.

Por juízo opressor foi arrebatado, e de sua linhagem, quem dela cogitou? Porquanto foi cortado da terra dos viventes; por causa da transgressão do meu povo, foi ele ferido.

Designaram-lhe a sepultura com os perversos, mas com o rico esteve na sua morte, posto que nunca fez injustiça, nem dolo algum se achou em sua boca.

Todavia, ao Senhor *agradou moê-lo, fazendo-o enfermar; quando der ele a sua alma como oferta pelo pecado, verá a sua posteridade e prolongará os seus dias; e a vontade do* Senhor *prosperará nas suas mãos.*

Ele verá o fruto do penoso trabalho de sua alma e ficará satisfeito; o meu Servo, o Justo, com o seu conhecimento, justificará a muitos, porque as iniquidades deles levará sobre si (ISAÍAS 53:2-11).

Todos lhe davam testemunho, e se maravilhavam das palavras de graça que lhe saíam dos lábios, e perguntavam: Não é este o filho de José? (LUCAS 4:22).

Amaste a justiça e odiaste a iniquidade; por isso, Deus, o teu Deus, te ungiu com o óleo de alegria como a nenhum dos teus companheiros (HEBREUS 1:9).

Quem creu em nossa pregação?
(ISAÍAS 53:1).

1 O PRIMEIRO NATAL

Alguma vez você parou para pensar seriamente no que aconteceu no primeiro Natal?

Vamos supor que você não conheça a história. Por assim dizer, deixe sua mente em branco e aproxime-se dos fatos como se os fosse ouvir pela primeira vez. Imagine-se como uma criança de olhos bem abertos, impressionada e tentando compreender o que aconteceu. Tudo não lhe soa como sendo algo completamente ilógico? Não dá a impressão de que alguém inventou os fatos sem levar em conta qualquer razão humana? Quem poderia acreditar numa notícia dessas?

Nenhum de nós teria inventado algo parecido. Ninguém no mundo desejaria fundar uma religião em tais circunstâncias, e muito menos o começo de um relacionamento com Deus com uma história assim. Torna-se completamente fora de razão para todos.

Penso que o que acontece é que temos ouvido essa história tantas vezes que nos parece natural, mas será que é? É natural que Deus se faça criança? É compreensível que o Criador tenha escolhido circunstâncias como as que conhecemos para trazer o Seu Filho ao mundo? Lembre-se apenas de alguns dos pormenores: uma adolescente virgem; um homem desconhecido; alguns pastores anunciando o acontecimento; um lugar distante habitado por um povo desconhecido; gente pobre, muito pobre, ao seu redor!

E, acima de tudo, Deus entrando na história da humanidade como um bebê.

Apanhe uma criança em seus braços e pense. Você ora e agradece a Deus porque uma criança frágil e pobre é o Salvador. Um bebê! Algo tão inofensivo que não pode fazer mal a ninguém, e nem, com certeza, despertar algum temor. Uma criança é em si mesma a melhor definição da fragilidade assumida pelo Deus Onipotente. Para saber o que existe no coração de Deus não é imprescindível, em primeiro lugar, buscar nas profundezas da teologia, mas simplesmente ficar extasiado contemplando um bebê.

Deus quis que a história da salvação dependesse de dois jovens que enfrentaram todo tipo de circunstâncias humilhantes. Eles se impressionaram diante de um Deus humilde como um recém-nascido; um Salvador que se encarnou em uma criança que chorava e que precisava de comida; uma criança que necessitava que lhe trocassem as fraldas. Deus Pai observa a cena emocionado, esperando e deixando que muitas vezes o mundo fosse cruel com o Seu Filho amado; descansando inteiramente nesses dois jovens: José e Maria.

Eles tiveram de aprender que a confiança em Deus não tem a ver unicamente com o sobrenatural e o milagroso, mas também com as coisas simples de cada dia. As dúvidas lhes chegariam em muitas ocasiões, porém somente a completa e total dependência de Deus seria a resposta que teriam; porque não mais haveria acontecimentos sobrenaturais no futuro, nem sequer da parte do menino.

> UM DEUS QUE CHORA, QUE NECESSITA DE COMIDA, CARINHO, ATENÇÃO...

O Rei com letra maiúscula nasceu e viveu pobre, ninguém pôde lhe tirar nada porque nada teve de material. Se alguém quer tomar uma bandeira e seguir ao Rei, esse estandarte precisa ser o de Sua pobreza e Sua dependência a do Pai. Deus quis nos ensinar que a salvação que Ele nos oferece vem do mais profundo da miséria humana, e não do poder, do dinheiro, da religiosidade ou da posição social privilegiada. Ela nem sequer vem da suntuosidade de um céu distante e admirável.

Desde o primeiro momento, Ele se identificou com os mais desfavorecidos. A Bíblia afirma que os Seus pais ofereceram um sacrifício humilde quando Jesus nasceu "Um par de rolas ou dois pombinhos" (LUCAS 2:24). Só puderam entregar o mínimo, segundo a lei, porque não tinham mais nada.

O Criador do Universo escolheu uma vida de extrema pobreza, cercado pelos mais necessitados. Seus amigos eram pobres, as casas que conheceu eram humildes, e as pessoas com as quais conviveu nesses anos eram trabalhadores, com poucos conhecimentos e nenhuma influência na sociedade.

Esta é uma das ironias de Deus ao se fazer homem: um único ser humano pobre e sem recursos revolucionou o mundo. Enquanto os poderosos se assentam e estudam o que fazer com os seus pressupostos, seu dinheiro e seu poder, Deus menospreza tudo isso. Ele não precisa de nada.

A história nos diz que os Seus pais não chegaram a entender tudo o que estava acontecendo e que só "...guardava todas estas palavras, meditando-as no coração" (LUCAS 2:19). Era difícil para eles compreenderem que aquele menino que chorava pudesse mesmo ser Deus. Quantas vezes terá havido dúvidas no coração! Muitos em Israel sonhavam em ser pais do futuro Messias. Quem sabe podiam pensar que, se fossem os escolhidos, seriam levados a algum palácio, ou talvez fossem reconhecidos por todos. Quem podia aceitar que o Messias passasse os primeiros momentos da Sua vida entre vacas, burros e ovelhas? Ocorreu, na mente de alguém, alguma vez, que as visitas "da sociedade" que receberia depois do Seu nascimento, fossem uns malcheirosos pastores?

Enquanto o nosso mundo segue buscando a resposta aos desafios do futuro nos políticos, cientistas, líderes sociais, artistas, grandes empresários, personagens conhecidos nos meios de comunicação e muitos outros, a criança de Belém continua sendo o único capaz de fazer calar a todos. Ele é quem tem a última palavra no governo do universo. Ninguém pode passar por sobre Ele.

Essa é uma das razões por que não existe nada mais importante no mundo que voltar àquele presépio para abraçar a Deus.

2 A LISTA DOS CONVIDADOS: OS QUE VISITARAM O MESSIAS

Quando Deus Pai pensou quem teria o imenso privilégio de visitar o Seu Filho após o nascimento, a Sua lista foi muito simples: pastores, anjos e alguns magos. Nada de gente importante nem pessoas da moda. Nenhum rei, graduado, líder religioso ou empresário famoso. Nenhum mestre da lei veio para ver o menino, nem o sumo sacerdote, nem qualquer um dos fariseus, escribas ou saduceus.

Os três grupos que visitaram o Senhor estavam cobertos de "defeitos" para a sociedade daquele tempo. Para começar, os anjos "não existiam" segundo alguns dos líderes religiosos do povo de Israel. Entretanto, Deus anunciou o nascimento do Seu Filho por meio angelical.

Os pastores eram considerados impuros e desconhecedores da lei. Era uma das profissões que ninguém queria exercer. Na maioria das vezes, eram obrigados a exercê-la. Porém, Deus os escolheu para abençoar o Seu Filho.

O Messias nasceu para salvar o Seu povo, mas nenhum líder religioso judeu veio adorá-lo. Os únicos que vieram adorar foram alguns magos estrangeiros e desconhecidos do povo.

Deus, que foi o único que pôde escolher o momento e as circunstâncias do nascimento do Seu Filho, escolheu a solidão, a pobreza, o desprezo e o sofrimento. Aquele que é o absoluto Senhor de todas as coisas nasceu despojado e aceitou, agradecido, a condição humana. Aquele que tem tornado felizes milhões de pessoas chorou ao nascer. Aquele que decide os destinos do Universo submeteu-se aos absurdos vaivéns de um casal jovem e sem experiência. O Rei dos reis e Senhor dos senhores quis ser visitado em Seu nascimento por pessoas desprezadas e simples.

ANUNCIADO PELOS ANJOS

Um anjo anunciou a Maria e a José que o Messias ia nascer em sua família. Fez isso separadamente, apresentando-se individualmente a cada um deles. A sua mensagem foi muito simples, mas até hoje continua sendo o anúncio mais impactante que se possa ouvir: "Porque para Deus não haverá impossíveis em todas as suas promessas" (LUCAS 1.28-37).

Os anjos anunciaram o nascimento aos pastores e, mais tarde, apareceram também aos magos. Eles proclamaram a glória de Deus, celebraram a alegria nas alturas e a paz no coração dos homens.

Um anjo voltou a falar a José depois do nascimento, para que tomasse o menino e a sua mãe e os levassem ao Egito, e um anjo lhes comunicou mais tarde que podiam voltar para casa, pois Herodes já havia morrido (MATEUS 2:13,19).

> A MENSAGEM DOS ANJOS CONTINUA A SER SIMPLES, MAS TREMENDAMENTE IMPACTANTE: "PORQUE PARA DEUS NÃO HAVERÁ IMPOSSÍVEIS EM TODAS AS SUAS PROMESSAS."

Trinta anos mais tarde, num dos momentos mais difíceis da vida de Jesus, os anjos lhe apareceram no Getsêmani para confortá-lo (LUCAS 22:43). O Filho de Deus mergulhou no mais profundo da nossa dor, de maneira que as Suas próprias criaturas tiveram de consolá-lo. A história não terminou ali, porque os anjos anunciaram também a ressurreição (JOÃO 20:12) e falaram após a Sua ascensão. Eles haviam proclamado a Sua primeira vinda, e da mesma forma disseram aos discípulos e às mulheres que Ele voltaria (ATOS 1).

Serão os anjos aqueles que virão com o Messias na Sua segunda vinda (MATEUS 13:41; 16:27), anunciando a Sua Presença e o Seu Reino. São eles os fiéis servidores, ansiosos por ver o dia mais importante na história da humanidade, quando o Senhor Jesus será coroado Rei.

ADORADO PELOS PASTORES

Os primeiros que se aproximaram do menino para adorá-lo foram os pastores. Essa foi uma das ideias totalmente incríveis de Deus porque foi o Criador quem quis que os anjos lhes anunciassem o nascimento do Messias. Os pastores eram uma classe desprezada porque ao conviver com animais eram tidos como impuros, cerimonialmente e religiosamente. Os sacerdotes diziam que não eram dignos de confiança. Da mesma forma que ocorria em relação às mulheres, o testemunho deles não era válido num tribunal. Foram proibidos de se aproximar do templo e, portanto, de Deus.

Por mais de quatrocentos anos, Deus não quis falar ao povo de Israel, pois eles haviam sido rebeldes ao extremo, e os seus pecados eram tão grandes que as nações detestavam o Criador devido à conduta do Seu próprio povo. Por isso, quando chegou o momento de Deus proclamar o nascimento de Seu Filho, no dia mais importante na história da humanidade, Ele não aparece aos escribas, fariseus, levitas ou sacerdotes do templo. O anúncio foi feito aos pastores!

Quando eles ouviram os anjos, foram apressadamente ao presépio. Não apenas obedeceram, mas o fizeram com rapidez. Eles se emocionaram e souberam emocionar aos outros. Sabiam que algo muito grande estava acontecendo. Não lhes importou em absoluto que os religiosos dissessem que eles eram impuros e não podiam se aproximar de Deus. Nessa preciosa noite, não apenas adoraram a Deus, mas também o tiveram em seus braços. Jesus tornou-se dignos ao assumir o ofício deles como Seu próprio ofício, quando falou de si mesmo como o Bom Pastor, aquele que dá a vida pelas Suas ovelhas.

ADMIRADO PELOS HOMENS DE CIÊNCIA

Todos conhecem a história dos magos[1]. Chegaram do Oriente para conhecer o menino e adorá-lo. Gastaram meses inteiros numa viagem complicada e cheia de dificuldades para entregar seus presentes ao Messias. Isso não lhes importou, porque tudo pareceu pouco desde que se encontrassem com o Salvador.

E aconteceu algo que quase passa sem ser percebido: os magos se apresentaram diante de Herodes perguntando-lhe onde Jesus havia nascido. Herodes quis fazer uso deles, pois sua maldade e seu orgulho eram tão grandes que não desejava deixar com vida ao que havia nascido Rei! Acreditava que ninguém podia ser rei senão ele. Deus conhecia as suas intenções, assim que, depois de terem encontrado o menino e terem adorado o Messias, o Senhor fez com que anjos lhes aparecessem para que não mais voltassem a Herodes, e regressaram para as suas casas por outro caminho (MATEUS 2:1-12).

Tão simples como isto: não voltar pelo mesmo caminho.

Permita-me lhe dizer que não é possível ver a Jesus e voltar da mesma maneira. Não se pode estar a sós com o Salvador e regressar pelo mesmo caminho. Esse momento deve ser o mais importante da nossa história. A "visita" ao Messias muda tudo.

Estou certo de que muitos de nós teríamos dado qualquer coisa para ver esse menino. Mas imagine que esse dia seja hoje mesmo e estamos diante dele. Como reagiremos? Como vamos viver? Que caminho vamos percorrer? Como vamos regressar à nossa vida de cada dia?

Mais de dois mil anos antes do nascimento do Salvador, Deus havia deixado escrito ao Seu povo: "Nunca mais voltareis por este caminho" (DEUTERONÔMIO 17:16). Foi-lhes dito que alguns caminhos poderiam destruí-los: caminhos de ódio, calúnias e maldição; caminhos para fazer o que os outros fazem afastando-se de Deus; caminhos de incredulidade e de perda de amor por Ele; caminhos de orgulho e de confiança em nós mesmos, no que somos ou temos; caminhos cheios de arrogância do poder, da sabedoria ou do dinheiro.

Os magos vieram ao Senhor e regressaram por outro caminho. A sua vida foi diferente porque não podiam voltar às mesmas coisas depois de contemplarem o Rei. Seja onde for o nosso encontro com Ele: no Seu berço, na Sua vida, na cruz, no poder da ressurreição, ou simplesmente colocando o nosso olhar no Senhor, ouvindo-o e recebendo as Suas bênçãos. Se nada acontece dentro de nós, estamos perdendo o melhor da nossa vida. Estamos caindo na mesma condenação de Herodes.

O ANIVERSÁRIO DO MENINO

Ninguém pode se comportar da mesma forma depois de ver o menino. Nada será igual após o primeiro Natal!

QUE TERÁ ACONTECIDO CADA ANO APÓS O NASCIMENTO DO SENHOR?

Você pensou alguma vez no que aconteceu ao longo dos anos? Em que todos pensaram um ano depois daquele primeiro Natal? E quando completaram dez anos? O que aconteceu em cada aniversário de Jesus? Foi celebrado? Recordaram esse dia?

José foi capaz de suportar toda a vergonha do mundo por amor a Jesus. No primeiro momento, quis deixar Maria secretamente, quer dizer, viver com ela, mas sabendo que jamais poderia ser sua mulher. Ele a amava demais para abandoná-la. Não lhe importou as zombarias que receberia de todos quando o considerassem um homem enganado e tolo. Menos lhe importavam as gozações ao declarar a sua fé, reconhecendo que tudo o que vinha acontecendo era parte do plano de Deus! Cada ano recordaria sua decisão diante de Deus — e como foram difíceis esses momentos. Mas, ao mesmo tempo, cada ano seria para ele um sinal claro de como Deus havia conduzido todas as circunstâncias e que havia escolhido exatamente a ele. José foi um pai admirável.

A vida foi muito mais dura para Maria, além do que possamos imaginar. Creio que nem sequer podemos imaginar. Nos anos seguintes, nenhum anjo voltou a aparecer para lhe explicar o que estava acontecendo. O céu permaneceu em silêncio enquanto o menino ia crescendo. Nunca mais houve uma visão espiritual para confirmar que aquele menino continuava sendo o Messias. Nunca mais pôde se certificar de que tudo era real, e dissipar as dúvidas se tudo aquilo não passava de um sonho. Maria aprendeu a seguir amando a Deus e confiando nele, apesar de não voltar a ter respostas a muitas das suas perguntas. Ela foi uma admirável mãe.

E os pastores? Os mais jovens ouviram que aquele menino havia se tornado num homem extraordinário. Quem sabe tenha chegado aos ouvidos de algum deles que o próprio Messias afirmava ser Ele mesmo o Bom Pastor. Eles sabiam que era Filho de Deus; os anjos haviam anunciado quando Ele era apenas uma criança, mas com o passar do tempo, pensavam: um Messias que nada faz de extraordinário por trinta anos? Um Messias que é desprezado pelo povo? Um Messias que morre numa cruz?

Os magos, vez por outra, esperaram que algo grande acontecesse. A estrela não era normal e as circunstâncias muito menos. O anúncio dos anjos garantiu que o Rei havia nascido. Todavia as perguntas continuavam sendo por demais importantes: ninguém o sabe? Ninguém reconhece o Messias? Passam-se os anos (trinta anos!), e nada acontece? Não terá sido um engano? Por que ninguém fala do futuro rei? Pode ser que algum dos magos tenha morrido antes de Jesus começar o Seu ministério. Continuariam crendo nele?

Os líderes religiosos se esqueceram totalmente daquele menino. Quando um dia Ele se apresentou no templo e começou a fazer perguntas, nenhum deles se deu conta de que era a mesma criança de Belém. Mais tarde, quando Jesus começou Seu ministério público, alguém se lembrou de como Ele havia nascido: nada se falou de sobrenatural sobre Jesus; pelo contrário, todos começaram a chamá-lo de "filho da prostituição". Jamais admitiram que Deus estava escrevendo a história. Jamais creram no que Deus estava fazendo. Eram os responsáveis pela religião, mas infelizmente jamais conheceram qualquer coisa de Deus.

DEUS ESBANJANDO SUA GLÓRIA EM TODA PARTE

Aquele menino era Deus feito homem. Toda a glória visível de Deus estava nele. Nada mais nem menos. Glória profetizada centenas de anos antes quando Isaías teve uma revelação pessoal de Deus e viu o Santo, Santo, Santo. A Bíblia diz que o profeta viu a glória que Ele tinha com o Pai antes de vir à terra, a Glória que provava que Jesus era o mesmo Deus junto ao Pai e o Espírito Santo: "Isto disse Isaías porque viu a glória dele e falou a seu respeito" (JOÃO 12:41).

Os anjos proclamaram essa mesma glória (LUCAS 2:14), que seria o reflexo inconfundível na vida do Senhor Jesus em tudo quanto Ele fez e ensinou. João sentiu-se incapaz de encontrar as palavras exatas para expressar o que todos viram, ao escrever: "E o Verbo se fez carne e habitou entre nós, cheio de graça e de verdade, e vimos a sua glória, glória como do unigênito do Pai" (JOÃO 1:14).

> PAZ NA TERRA, PAZ NO CÉU, GLÓRIA NAS ALTURAS!

A mesma glória de Deus foi mostrada não só na vida do Messias, mas também na Sua ressurreição. Ela encherá o mundo quando o Senhor Jesus voltar: "Então, aparecerá no céu o sinal do Filho do Homem; todos os povos da terra se lamentarão e verão o Filho do Homem vindo sobre as nuvens do céu, com poder e muita glória" (MATEUS 24:30). Deus estabeleceu que a Sua glória seria eterna. O céu está cheio da glória do Salvador: "Quando vier o Filho do Homem na sua majestade e todos os anjos com ele, então, se assentará no trono da sua glória" (MATEUS 25:31).

Neste momento, nós somos convidados a usufruir da Sua glória. Deus nos chama para vivenciarmos uma vida incomparável, eterna, majestosa, abundante... uma vida a ser desfrutada na presença do nosso Salvador. Uma vida plena de glória.

Não importa o que alguns queiram nos oferecer, ou o que outros pensem que estamos perdendo. O mundo inteiro não pode ser comparado à beleza de se viver um único momento face a face com o nosso Criador. Com toda certeza, tudo perde o seu brilho quando vemos o rosto do Messias. Isso lhe garanto!

NOTA

1. De forma literal, "homens de ciência", especialistas no estudo das estrelas e do universo.

Porque foi subindo como renovo perante ele e como raiz de uma terra seca (ISAÍAS 53:2).

3 A FAMÍLIA DO FILHO DE DEUS

Profundidades teológicas como a natureza do ser, a concepção das almas e a predestinação eterna podem ser algumas das respostas mais difíceis que temos de dar... aos nossos filhos. Doutores e catedráticos do mundo inteiro estão de acordo (principalmente se têm filhos) que as perguntas mais difíceis de responder são aquelas feitas pelas crianças menores.

Se você ainda não tem filhos e não acredita no que digo, questiono: o que você responderia à pergunta que a nossa pequena Kenia nos fez quando tinha apenas três anos?

"Papai, quando não existíamos, antes de estarmos na barriga da mamãe, onde estávamos?"

Antes, onde estávamos? A verdade é que, havendo começado a apreciar alguns detalhes do nascimento do Senhor Jesus, embora pareça incrível, já precisamos voltar atrás: o Messias anunciava verdades eternas antes do Seu nascimento! É de grande valor para nós um exame nas genealogias de Maria e José.

> DEUS QUIS QUE O SEU FILHO NASCESSE COMO UM FILHO ILEGÍTIMO.

Vivemos num mundo em que algumas pessoas são reis ou rainhas simplesmente por terem nascido em determinada família. Não são melhores que os outros, nem têm características que as diferenciem dos demais. Simplesmente nasceram em certa família e a partir desse momento têm tudo: riquezas, poder, reconhecimento público...

Deus é radicalmente diferente em Sua maneira de ser: o Seu Filho não nasceu num palácio nem na família de Herodes — o rei naquele tempo. Tampouco teve entre os Seus avós alguns dos sacerdotes ou dirigentes religiosos mais conhecidos. O Messias foi uma criança pobre, nascido numa das ignoradas famílias de Israel, descendente de Davi, sim, mas de uma forma que ninguém teria imaginado. Possuía sangue real nas veias, mas foi desprezado pelo mundo que o viu nascer.

Entre os familiares do Senhor Jesus, há pessoas de todo tipo. Não existem limites na escolha de Deus, ninguém se sente excluído; todos podem estar na "lista" de Deus: ninguém precisa de "status", estar numa classe social privilegiada ou ter antecedentes ilustres.

OS "AVÓS" DO SENHOR

Mateus, o evangelista, se propôs a demonstrar, desde o começo, que Jesus é o Messias, o Rei ungido, o enviado de Deus, o descendente de Davi. Para isso, reuniu a genealogia de Seus antepassados em três grupos de quatorze, porque este é o número que resulta da soma das letras do nome "Davi"[1], e ao longo de todo o evangelho, a expressão que mais vezes é usada para se referir ao Senhor Jesus é precisamente "Filho de Davi".

Mas mesmo demonstrando que Jesus é o Messias, o filho de Davi, somente Deus poderia ter formado uma genealogia assim. Ninguém teria destacado uma única mulher em seus ascendentes, muito menos na genealogia de um Rei! A nossa surpresa é total quando vemos que Deus coloca quatro! Naquele contexto histórico, as mulheres não tinham valor algum para a sociedade; o testemunho delas não era válido nos julgamentos, e sempre a presença feminina era ocultada em público ao ser acompanhada.

Deus age da Sua maneira, pois deseja nos surpreender. E nossa surpresa é ainda maior quando examinamos as características de cada mulher que aparece na lista: a primeira, Tamar, uma mulher que teve o filho Fares como fruto de uma relação incestuosa com Judá, um dos filhos de Jacó (GÊNESIS 38).

Mais adiante, aparece uma prostituta, Raabe (JOSUÉ 2); uma mulher estrangeira, Rute, e a mulher que foi esposa de Urias (Bate-Seba), uma adúltera maculada por um assassinato em sua relação com o rei Davi e em cumplicidade com ele (MATEUS 1:6). Inclusive, nesse caso, Deus se empenha em nos recordar o grave erro de Davi. Ele não quer que ninguém se esqueça que o Seu Filho ia nascer como descendente direto de um dos pecados mais graves e dos acontecimentos mais tristes na história de Israel.

Deus queria que o Messias se comprometesse com a humanidade totalmente. Ele nos ensinou que os Seus familiares estavam enraizados nas misérias humanas muito antes que Ele nascesse.

E quanto aos homens? Quando lemos a lista, Deus volta a nos recordar que nenhum deles tinha direito de sentir-se orgulhoso. Fares era filho de um incesto; Judá, um boa-vida; Salomão, um filho adúltero, um rei afortunado e mulherengo. Jacó, um enganador; Roboão, um presunçoso; e assim poderíamos destacar características, um por um, de quase todos.

Nenhum de nós teria gostado que as pessoas soubessem que esses eram nossos familiares. Nós os teríamos "ocultado" e jamais teríamos falado deles publicamente. Deus não só os revelou como também deixou por escrito cada detalhe frustrante, cada fracasso, cada um dos pecados... para que ninguém se esqueça de que o Seu Filho se comprometeu com a raça humana até o mais profundo da sua desilusão.

OS PAIS DO MESSIAS E SUA FAMÍLIA

O que você teria feito se tivesse a oportunidade de escolher os seus pais? Quem você teria escolhido? Seriam os mesmos que tem agora?

Que teria preferido: que tivessem mais poder, uma melhor posição social, mais conhecimentos, mais dinheiro; que vivessem numa cidade mais importante...? Você teria escolhido nascer em outro país?

Essas não são perguntas retóricas, porque houve um que escolheu Seus pais. Se nós tivéssemos tal oportunidade, teríamos gasto muito tempo buscando, pensando, avaliando todas as circunstâncias... E Deus fez isso, mas se colocou muito distante do que nós teríamos decidido.

Deus Pai buscou os mais humildes e escolheu aos que esbanjavam amor. Os pais de Jesus foram pessoas humildes e completamente desconhecidas. Deus escolheu um casal jovem e pobre, sem qualquer valor aparente. Ninguém sabia quem eram eles, mas esse foi o tipo de gente com a qual o Criador se identificou.

Imagine só: o mundo inteiro dependeu de um homem desconhecido, José, e de uma adolescente, Maria. A história da salvação esteve nas "mãos" desse casal.

Antes de casar, o noivo entregava à noiva um "sinal" (geralmente era um anel, uma moeda, ou uma carta) e ambos se comprometiam. A partir desse momento, era como se tivessem casado, mas não morando na mesma casa e tendo relações sexuais. Para isto teriam de esperar até o dia do casamento com a sua festa.

> O QUE VOCÊ TERIA FEITO SE TIVESSE A OPORTUNIDADE
> DE ESCOLHER OS SEUS PAIS?

Nesse momento, Deus começou o Seu plano. Um plano perfeito, sim, mas totalmente incrível. Espantoso até o inimaginável. Um plano que ninguém imaginaria dessa forma.

Você pensou em todas as circunstâncias humilhantes para eles? Primeiro, ninguém acreditou neles. Nunca tinha acontecido que alguma mulher engravidasse sem ter tido relações sexuais... e jamais voltou a acontecer; tanto assim que ninguém acreditou no nascimento virginal. Pode ser até que eles sentissem vergonha até para contar aos outros.

Mais tarde, o fim da gravidez chegou exatamente no meio de uma viagem. Dessa forma, o nascimento aconteceu onde ninguém poderia ajudá-los. Tiveram de passar por todas as dificuldades sozinhos, sem família, sem amigos nem conhecidos. Quando a criança ia nascer, não encontraram lugar para se alojarem. Pouco depois do nascimento, tiveram de fugir para outro país, porque Herodes queria matar o menino. Aparentemente, tudo o que vinha acontecendo na vida desse casal parecia ser um desastre após outro. Deus lhes havia dito que eram os escolhidos, mas cada nova circunstância os levava a uma realidade cheia de desprezo, cansaço, desconhecimento e medo. A vida deles parecia ser uma absoluta e completa loucura.

JOSÉ, A INCRÍVEL FORTALEZA DE UM HOMEM BOM.

Mas José, seu esposo, sendo justo e não a querendo infamar, resolveu deixá-la secretamente (MATEUS 1:19).

Para José, tudo começou de uma forma tão simples como acabamos de ler. De repente, encontra grávida aquela com quem ia se casar, e ele não sabe nem pode fazer qualquer coisa. Ouviu a notícia, tirou tempo para pensar e mais tarde tomou uma decisão. Era uma decisão difícil, mas talvez a melhor que podia tomar porque amava Maria.

Ele quis "[...] deixá-la secretamente" (MATEUS 1:19), quer dizer, abandoná-la sem que ninguém soubesse. Tanto amava a sua mulher que não desejava que ela fosse considerada culpada. Preferia levar ele mesmo a culpa. Não lhe importou que todos dissessem que ele havia maculado o nome da sua mulher. Não se preocupava que todos gozassem e dissessem que a criança era dele, mesmo sabendo no coração que jamais tocara em sua mulher. Decidiu viver toda a sua vida com as zombarias, os risos maliciosos e os insultos dos outros. Preferiu que todos os acusassem antes de difamar sua mulher. Quis ficar culpado antes que a apedrejassem, porque esse era o castigo aplicado a alguma mulher apanhada em adultério. Para José, a vida não teria muito sentido, mas seguiria vivendo com uma mulher que amava. Embora cresse que ela lhe fora infiel, pelo menos não a matariam nem a acusariam publicamente. Ele estava disposto a levar a culpa alheia durante toda a sua vida.

Este é o pai que Jesus teve: um homem com uma lealdade inquebrantável. Não é estranho que Deus o escolhesse. Não se podia encontrar mais dignidade e honra em todo Israel. "Não queria difamar a Maria"; decidiu que casaria com ela e com a sua vergonha. Comprometeu-se com a sua esposa ainda que tivesse de guardar consigo o segredo de que esse filho não era dele. Tampouco sabia de quem era, mas amava tanto que viveria sempre com ela, embora que cada momento de vida juntos lhe fizesse lembrar que ela havia sido infiel. Ele seguiria cuidando dela.

Mesmo com tudo o que possamos pensar, jamais devemos esquecer que José teve de carregar a culpa e as zombarias sozinho. Sempre o acusaram por fazer algo errado, por ter engravidado Maria. Quase ninguém acreditou nessa história do Espírito Santo. Por esse motivo, chamaram a Jesus de "Filho da prostituição". E cada vez que insultavam o Senhor, estavam também zombando de José. Cada vez que desprezavam o menino, estavam menosprezando muito mais o pai.

Mas José viveu como um verdadeiro homem de Deus. A Bíblia diz que Deus lhe falou e ele obedeceu, embora ficasse marcado para o resto da sua vida. O mesmo versículo nos ensina que José tomou sua mulher e se preocupou com ela. Não foi uma resposta do tipo "Bem, vamos fazer a vontade de Deus", como nós tantas vezes fazemos, quase sem outra possibilidade que uma "santa resignação fingida". Não! José se comprometeu com tudo e sempre obedeceu a Deus até às últimas consequências. Foi um homem leal e corajoso.

Mais tarde, Mateus escreveu que José não tocou nela até que Jesus nasceu. Não quis pecar com ela, embora levando a culpa pelo que havia acontecido. Ele pode ter raciocinado: "Bem, já que tudo passou, por que não?" Quantas vezes buscamos desculpas para fazer o que desejamos em vez de vivermos em integridade como José fez? Há um tempo determinado por Deus para todas as coisas, e nossa lealdade a Deus requer que sempre esperemos por esse tempo. José sabia que fazer o que parece correto no momento errado pode chegar a ser a raiz para muitos males.

Por último, um detalhe muito importante: após o anúncio do nascimento do menino, o anjo não voltou a aparecer por muito tempo. Com certeza, José sentiu necessidade de conselhos sobrenaturais em muitas ocasiões. Tinha muitas coisas para perguntar! Necessitava ajuda, conselho, saber que decisões tomar. Mas o anjo não voltou. Deus permaneceu aparentemente calado enquanto José educava o Seu Filho. Deus permitiu que José lhe falasse, ensinasse, dissesse o que era correto e o que não era.

E Deus confiou no que José estava fazendo. Por esse motivo, admiramo-nos com os dois.

Admiramos o Criador dos céus e terra, que fez com que a história da salvação dependesse de que esse menino crescesse saudável, e que o Seu pai terreno vivesse de uma forma correta. Mesmo sendo Deus feito homem, Jesus ouviu e honrou a José. Adoramos a Deus pelos "riscos" que correu e que nenhum de nós teria assumido, mesmo Ele conhecendo tudo o que lhe iria acontecer.

Admiramos José porque Deus o considerou justo e o escolheu para falar com o Seu Filho, para abraçá-lo, contar histórias cada noite, para ensinar-lhe o que estava bem e o que estava mal... apesar de que o menino já soubesse disso.

Eu teria desistido rapidamente: demasiada pressão sobre mim. Estaria por demais temeroso em me equivocar e tomar más decisões; teria medo de falar a Jesus algo incorreto. Eu sentiria demasiada tensão em meu fraco caráter se o menino me visse levantando a voz para a minha mulher, ou cada vez que não fôssemos capazes de resolver um mal-entendido. Com certeza, José precisou da ajuda dos anjos em muitas ocasiões, mas não as teve.

Ele orou muitas vezes pedindo, quem sabe, que alguém viesse para falar, para ensinar ou consolá-lo quando se enganava. Mas, aparentemente, Deus não se manifestou. Deus Pai o ajudou com a mesma intensidade como o faz conosco, por meio da Sua Sabedoria e do Seu Espírito. José precisou aprender que Deus prefere a fé e a confiança de quem não "vê", em lugar da dependência do sobrenatural e do milagre.

Você tentou alguma vez se colocar no lugar de José? O anjo lhe falou em um sonho. E se foi apenas um sonho? E se foi uma invenção sua? Não lhe chegariam dúvidas? Quando Ele trabalhava na oficina de carpintaria e José percebia Jesus como qualquer outro dos trabalhadores, a sua fé vacilou? Que pensou quando viu Jesus suado carregando madeira? Como podia ser o Filho de Deus alguém que precisava se assentar para descansar, esgotado pelo esforço, e com a sensação de que a Sua respiração se tornava quase impossível cercado pelo pó de madeira serrada? Que pensava José quando seu filho lhe perguntava como terminar algum trabalho? "É o Filho de Deus! E eu aqui ensinando-o a ser um carpinteiro, e Ele é o Filho de Deus!!!"

Mas, quem sabe, as perguntas mais difíceis de responder eram aquelas que surgiam nos momentos mais obscuros da noite. Quando tudo ficava em silêncio, e Maria e as crianças descansavam depois de um dia longo e difícil, José intercalava suas perguntas com as orações que saíam do profundo do seu coração: o que necessita de mim? Que tipo de pai devo ser? Estou falhando no chamado de Deus? Por que nada de sobrenatural acontece? Por que nossa vida transcorre de um modo tão normal, tão monótona, e por vezes tão desesperadora?

Todos precisamos aprender muito com a atitude de José: aprender do seu total descanso e sua confiança nas palavras de Deus; reconhecer a coragem dele para prosseguir sem uma aparente resposta às suas perguntas. Porque a verdade é que Jesus era um menino normal que brincava, que sofria, que se cansava... E pelo que podemos perceber na história, talvez José não tenha vivido para ver a revelação do Filho de Deus como tal, porque o Senhor o levara aos céus antes disso. Pode ser que jamais tenha escutado os ensinamentos do reino, ou visse os milagres realizados pelas Suas mãos, para que a sua fé descansasse totalmente nele.

UM DEUS EXILADO, DESPREZADO, PERSEGUIDO ATÉ A MORTE... SENTINDO O MESMO QUE TANTAS PESSOAS HOJE EM DIA.

Houve somente um dia em que Deus enviou um anjo pela última vez. O problema é que trouxe mais dúvidas na vida de José. O menino estava começando a ser perseguido e odiado. Teve de fugir com ele para o Egito, e esta foi a ordem de Deus... "Tendo eles partido, eis que apareceu um anjo do Senhor a José, em sonho, e disse: Dispõe-te, toma o menino e sua mãe, foge para o Egito e permanece lá até que eu te avise; porque Herodes há de procurar o menino para o matar" (MATEUS 2:13).

Fugir? Não admitimos que esse menino é o Messias? Não é o escolhido de Deus? Um Deus que foge? Um Deus que precisa ser exilado e que teme pela Sua vida? Como pode ser parte do plano de Deus que o Seu Filho tenha de fugir? Por que Deus não se salva a si mesmo e a nós também?

Essa última pergunta de José ecoaria na história até mesmo no dia da crucificação do Messias.

Deus não tirou a vida de Herodes apesar das suas maldades. Não enviou anjos para proteger Seu Filho, nem fez cair uma escura noite para ocultá-lo para que ninguém o encontrasse. O menino foi exilado porque queriam matá-lo, assim como acontece a muitos nos dias de hoje, como tantos que sofrem e morrem devido à sua fé no Senhor. Porque, quando nos perseguem e, inclusive, quando querem nos matar ou matar a nossos filhos, devemos nos lembrar que as mesmas coisas fizeram com o nosso Senhor. De fato, se nos perseguirem, devido ao evangelho, estarão perseguindo a Ele também.

> DEUS PAI SOUBE O QUE SE SENTE QUANDO ALGUÉM PERSEGUE
> E QUER MATAR O SEU FILHO. E ISSO ELES FIZERAM
> ENQUANTO ELE PERMANECIA EM SILÊNCIO.

Nesta altura, temos de nos lembrar de algo muito importante: apesar de que um anjo lhe falara, José teve medo (MATEUS 2:22). Da mesma forma, como nós mesmos teríamos sentido, ou melhor, como sentimos quando nos parece que estamos atravessando o deserto, quando alguém nos persegue, ou quando simplesmente não sabemos o que fazer. Deus não somente admitiu esse medo, mas, de certa maneira, abençoou-o. Não levou em conta que José tomasse uma decisão devido ao seu temor, porque foram viver em Nazaré. Este é o nosso Pai, o Deus que aceita as nossas fraquezas. O único Deus que pode "adaptar" os Seus planos para que neles tenham lugar pessoas cansadas e cheias de medo. Gente como nós. Pessoas como você e eu.

Deus Pai soube bem o que significava que perseguissem e quisessem matar o Seu Filho. E o fizeram enquanto Ele permanecia em silêncio.

Quando o menino ia crescendo, a sensação de José e Maria continuava sendo a mesma. A sua admiração aumentava a cada momento enquanto Deus permanecia silencioso. Jesus crescia como uma criança "normal e comum". Nada de extraordinário aconteceu nos primeiros anos da Sua vida.

Houve apenas um dia em que a rotina mudou. Foi quando chegaram ao templo. E o caso é que ninguém teria percebido se Jesus não tivesse permanecido mais algum tempo para falar com os sacerdotes, os escribas e os intérpretes da lei; porque Jesus, mesmo sendo criança, quis aproveitar até o último minuto da Sua permanência no templo para falar da lei e dos profetas. Aquela era a Sua "casa", e assim o declarou aos seus pais, embora Deus Pai permanecesse em silêncio... trinta anos nos quais Deus "guardou silêncio".

E os irmãos de Jesus? E suas irmãs?[2] A Bíblia diz que não chegaram a compreender quem Ele era e que passaram anos juntos sem se darem conta de quem era aquele menino que comia e trabalhava com eles. Só puderam reconhecê-lo como Messias quando Ele apareceu a pelo menos um deles (Tiago), depois da Sua ressurreição (1 CORÍNTIOS 15:7). Isto, sim, era um bom sinal: que alguém voltasse dos mortos pareceu um milagre bastante para que todos cressem nele. Mas, e antes? Os anos transcorreram cheios de incompreensão, olhares incrédulos, e, talvez, um ou outro insulto.

Ninguém pode se esquecer de Maria, Sua mãe. Milhares de livros têm sido escritos sobre ela. Alguns a têm exaltado de tal forma que tem retirado dela as virtudes que Deus lhe deu. Muitos não sabem que ninguém nos provoca maior dano do que aquele que nos coloca acima do lugar que Deus preparou para nós.

Maria foi mãe exemplar e mulher que soube descansar em Deus em todas as circunstâncias. Uma mulher escolhida, extraordinária, única. Desde o exato momento que Deus a escolheu, ela soube que estava dando à luz o seu Salvador. E esse relacionamento seria o que marcaria a sua vida[3]. Era uma mulher que conhecia a lei e os profetas. Em seu cântico, encontramos quinze citações dos livros do Antigo Testamento. Era uma mulher sábia que buscava a Deus e se deixava guiar por Ele. Era uma mulher comprometida com o Criador.

> ESSE MESMO CORAÇÃO SERIA TRANSPASSADO UM DIA AO COMPROVAR A DOR DO SEU FILHO.

Maria foi capaz de enfrentar as maiores incompreensões e de suportar toda a dor que pudéssemos imaginar, com o propósito de cumprir a missão que Deus lhe havia dado. Não levou em conta as zombarias nem os desprezos. Não se desanimou em nenhum momento quando foi apontada como pecadora, e quando Deus lhe pediu que levasse a "maior cruz" que uma mulher podia suportar naquele tempo: ser considerada uma prostituta. A sua fé não se enfraqueceu quando Jesus se comportava como uma criança normal. Ela apenas se admirava com tudo o que Deus estava fazendo e guardava "em seu coração" todas as coisas que iam acontecendo.

Ninguém pode nos prejudicar mais do que aquele que nos coloca acima do lugar que Deus preparou para nós.

E os Seus vizinhos? A Bíblia diz que "se escandalizavam" (MARCOS 6:3), porque alguém que se dizia ser o Messias não fazia os milagres que eles pensavam que deveria realizar. Eles se escandalizavam porque Jesus vivia fazendo o bem e eles não podiam compreendê-lo.

Isso se parece com o que ocorre conosco: não nos surpreendemos com o que aconteceu com Jesus nos primeiros anos da Sua vida? Escandaliza-nos que tenha sido uma pessoa "normal"? Ele não nos parece menos digno de crédito por ter escolhido pais simples e uma família pobre para executar a missão mais extraordinária da história? Também não nos impressiona que Deus tenha desejado se envolver com os mais pobres, com os desprezados, com aqueles a quem ninguém admira, com os que nada têm e nem podem oferecer? Teríamos gostado que a história fosse diferente e que o Messias fosse mais parecido com os heróis dos nossos dias?

Deus quis que o Messias crescesse assim: simples, pobre, quase despercebido... mas admirável em grau máximo. E Deus continua desejando que nós vivamos assim: que reconheçamos que todas as pessoas são importantes para Ele, começando por aqueles que menos mérito têm. Que mergulhemos na aventura de descobrir a grandeza interior de cada mulher e de cada homem da nossa terra, independentemente do que percebamos no seu exterior.

E que (isto, sim, é mais difícil!), decidamos dar nosso tempo, nossas forças e nosso dinheiro aos que mais necessitarem de nós: aos que menos têm, aos desprezados, aos esquecidos... certamente, entre eles encontraremos mais evidências da glória de Deus do que nós pensamos.

NOTAS

1. No hebraico não existiam números; assim as letras consoantes ocupavam o seu lugar. A letra D era o número 4 e a letra V era 6. Somando-se as consoantes do nome Davi, que no hebraico é "David" (d, v, d) forma um total de catorze. Mateus quer ressaltar que Jesus é o Messias, o "Filho de Davi", colocando essas quatorze gerações em três conjuntos de quatorze para que todos possam perceber que Deus está por trás da genealogia e o nascimento do Messias.

2. "Delfos" em grego significa "útero". Dessa palavra se deriva "adelfos" (irmão), "do mesmo útero"; irmãs e irmãos de mãe, não sendo possível outra interpretação. Lucas era médico e conhecia muito bem a palavra que estava usando. Os que foram mencionados como irmãos e irmãs de Jesus eram filhos de Maria.

3. De fato, pode chegar a nos surpreender que o Senhor Jesus jamais a chama de mãe. E não era porque não a amasse, visto que ela foi uma mulher escolhida e amada por Deus, mas que ela era somente sua mãe no que diz respeito ao corpo, e nos dá a impressão que Ele mesmo desejava estabelecer com ela uma certa distância. Não queria que lhe dessem mais valor do que Ele lhe havia dado. Um dia, inclusive, chegou a dizer que a "Sua mãe" e Seus irmãos eram os que conheciam a Palavra de Deus e a guardavam. Não disse isto para depreciar Sua mãe, porque Ele a amava, mas era para que ninguém a enaltecesse demasiadamente.

Porque foi subindo como renovo perante ele e como raiz de uma terra seca (ISAÍAS 53:2).

4 OS ANOS DESCONHECIDOS

Todos temos muitas recordações de quando éramos crianças. Meu pai era carpinteiro e cada vez que me lembro do passado, parece que ainda estou entre a serragem, o cepilho e as madeiras. Desde pequeno, compreendi o que significa dedicar a vida a uma profissão difícil, determinado a trabalhar duro e desenvolver um caráter firme e decidido.

Lembro-me dos muitos ferimentos do meu pai, ocasionados pelas máquinas quando serrava a madeira, ou as inúmeras vezes que minha mãe teve de arrancar farpas que penetravam na sua pele. O que mais me impressionava era que depois das feridas vinha o sofrimento físico e, inclusive, depois de deixar parte dos seus dedos nas máquinas, voltar ao seu trabalho com a força que, somente alguém precisando trabalhar tão duro, podia ter. Voltava novamente para transformar em mesas, cadeiras e portas aquelas madeiras retorcidas e aparentemente imprestáveis antes de serem cortadas, lixadas e envernizadas.

Não posso negar que, quando era criança, cada vez que meu pai precisava de ajuda com a madeira, eu procurava inventar uma desculpa para escapar... e minha mãe muitas vezes fazia o trabalho em meu lugar. Até que um dia compreendi que Jesus passou mais de vinte anos da Sua vida nesse mesmo trabalho. E, por vezes, quando me aproximava do meu pai e o via suado, cheio de serragem por todo o corpo, ferido nas suas mãos, mas trabalhando com o mesmo entusiasmo de sempre, eu via nele o reflexo do Messias.

Alguns creem que a parte importante na vida do Senhor Jesus começou depois da proclamação pública, na ocasião do batismo aos trinta anos. Esse é um dos nossos maiores erros. Ele nos ensinou muitas coisas antes. A força do Seu ensino não ficou diminuída pelo silêncio, mas, pelo contrário, é o silêncio desses trinta anos "normais" que ecoa em nossos ouvidos.

Deus tornou Sua a normalidade humana, o cansaço, o ter de ganhar o pão de cada dia. Jesus viveu suportando as injustiças e a maldade dos homens. Nada fez de extraordinário para que as coisas se encaixassem nos seus lugares. Ele foi um homem normal em todo o sentido da palavra. Sempre foi um homem e sempre se comportou como homem. Jamais caiu na tentação de "brincar" fazendo se Deus ainda que por alguns minutos. Ele era o Filho de Deus, mas escondeu isso de forma deliberada até o momento da Sua manifestação pública.

> DEUS DECIDIU SENTIR A DOR E A FRUSTRAÇÃO
> DE UMA VIDA "NORMAL".

Submeteu-se a outros que sabiam muito menos que Ele. Viveu admirando aos seus pais. Teve de aprender a obedecer e permanecer em silêncio, que são as duas coisas mais difíceis para todos nós. Um dia, a enfermidade chegou à Sua casa e Ele nada "pôde" fazer. Quem sabe, em uma das noites mais negras da juventude, a morte ceifou a vida do próprio pai, José, e Jesus chorou como faz qualquer filho ao falecer o seu pai. Mas Ele nada fez. Deus decidiu sentir a dor e a frustração por viver uma vida "normal" e sofrer como qualquer outra pessoa no mundo.

Jesus tinha poucos anos para cumprir Sua missão, mas quis "gastar" trinta desses anos vivendo normalmente e dedicar apenas três anos à pregação. Quanto a nós, encanta-nos ter atuações espetaculares:

gostamos de pregar e de nos sentir o centro em torno do qual gira uma reunião, uma igreja ou um movimento. Jesus escolheu passar a maior parte do Seu tempo dignificando uma vida normal.

O próprio Deus feito homem constatou o valor do trabalho de cada dia. Ensinou-nos que aquilo que fazemos a cada momento, o que muitas vezes julgamos ser sem valor, é o mais importante que podemos fazer se o executarmos bem. Deus coloca a Sua marca em cada coisa que fazemos quando realizamos o nosso trabalho como Ele quer.

Pense por instantes na vida do Messias. Você o imagina fazendo a limpeza do local do Seu trabalho? Pode ver o Rei do Universo esfregando cada ferramenta da carpintaria para que estivesse preparada para o uso na próxima vez? O que passava pela mente dos Seus pais quando o encontravam, vez por outra, carregando tábuas em lugar de estar meditando nos livros da lei? Como o Messias deve ter reagido diante dos que lhe pagavam pelo seu trabalho e reclamavam ou gritavam? Você o vê trabalhando a noite toda para terminar algum serviço urgente que tenham solicitado? Ele mesmo escolheu nada fazer de forma sobrenatural, nem se livrou do cansaço com um estalar de dedos para que as peças de uma mesa fossem milagrosamente aos seus devidos lugares. Ele trabalhou duro e, com Sua atitude, dignificou de uma forma divina as coisas simples de cada dia. Ia cada noite para a cama cansado. Não se pôs a filosofar ou a contemplar as estrelas, como alguns de nós faríamos, mas trabalhou arduamente. Ele era o filho de um carpinteiro, e todos o conheciam dessa maneira. Ninguém o considerou como o "pensador", o "pregador" ou "o que vive nas estrelas". Passou trinta anos de Sua vida como carpinteiro mesmo sabendo que o Seu trabalho era ser o Salvador do mundo.

Você sabe? Muitas pessoas vivem literalmente correndo, angustiadas inclusive em seu trabalho "espiritual", sem se dar conta de que não se salva o mundo com muito trabalho, mas com muito amor. Jesus não se preocupou em perder tempo com as crianças, com os pobres, com os doentes, com qualquer um que estivesse com Ele. Jamais sentiu estresse no cumprimento da Sua missão. Não vivia esgotado por fazer a vontade de Deus, mas sempre descansou nos braços do Pai. Dos Seus trinta e três anos de vida, bastaram-lhe três anos para pregar.

Pelo contrário, Ele tinha muitas coisas importantes a fazer.

Este é o nosso Deus, e em certa maneira, é um Deus de que temos nos esquecido: o Deus do maior milagre, o Senhor da vida simples de cada dia. Sempre temos de nos lembrar que é muito mais difícil viver na escassez e na simplicidade do pobre do que na riqueza de quem possui e pode realizar milagres.

> O DEUS DO MAIOR MILAGRE, A VIDA SIMPLES DE CADA DIA.
> O TEMPO PARA DESFRUTAR COM A FAMÍLIA E BRINCAR COM ELES.

Jesus também nos ensinou o valor do tempo com a família: Ele soube aproveitar o relacionamento com Seus pais e Seus irmãos, os acontecimentos de cada dia, o descanso de uma conversa tranquila ao pôr do sol. Nós pensamos que o ministério é a única coisa que importa e que o trabalho para Deus deve ter o primeiro lugar em tudo, e não nos damos conta de que o próprio Senhor Jesus passou trinta anos com a família. Simples assim.

Vivendo. Conversando e contemplando cada coisa que estava perto dele. Desse vivenciar das coisas simples, sairiam mais tarde os exemplos para os Seus ensinamentos. Jesus "aprendeu" o tempo que a natureza precisava esperar para dar frutos. Contemplou extasiado como a semente se comportava nos diversos terrenos. Viu como as rodas do moinho giravam e que eram necessários diversos homens para colocá-las em seu lugar. Ensinou-nos a todos que nada é mais importante que viver cada dia na vontade de Deus, mesmo quando a vontade de Deus parece ser algo rotineiro.

A Bíblia também nos diz que Jesus ia com a Sua família à sinagoga e ali escutava o que os mestres diziam. Apesar de ser o Filho de Deus, ouvia e se calava. Mesmo sabendo que muitos daqueles sermões eram apenas palavras de homens sem qualquer valor espiritual, Ele continuava escutando. Ainda que os líderes religiosos do povo tivessem distanciado as pessoas de Deus com seus ritos e tradições, o Messias voltava cada sábado para ouvir essas palavras.

Quantas vezes nós não queremos ouvir ninguém? Quantas vezes nosso orgulho espiritual nos faz pensar que sabemos mais do que todos e que podemos explicar absolutamente tudo? Quantas vezes supomos que compreendemos todas as doutrinas, e não necessitamos que alguém nos ensine? O Filho de Deus, a Sabedoria por excelência, aquele que criou as estrelas e os princípios físicos e matemáticos pelos quais o mundo é governado, o único que é capaz de revelar Deus e sua grandeza, e conhece em detalhe as respostas a cada uma das perguntas que as pessoas lhe fazem, aquele que conhece perfeitamente o íntimo de todas as mulheres e os homens deste mundo, escutava em silêncio o que qualquer sacerdote arrogante dizia a respeito da Sua Palavra.

Calado. Sem nada querer corrigir, só esperando o momento de Deus. Isso é por demais assombroso para nós. Demasiadamente difícil para todos nós que não sabemos escutar. Um tremendo exemplo para toda a humanidade que precisa aprender a se calar e a meditar.

> PRECISAMOS ESCUTAR A VOZ DE DEUS
> NAS COISAS SIMPLES DE CADA DIA.

Hoje, mais do que nunca, necessitamos escutar a voz de Deus no silêncio, em nosso trabalho de cada dia. Calarmo-nos para ouvir a Ele. Precisamos meditar sobre esses primeiros trinta anos da vida de Jesus e sobre a Sua existência quase insignificante e oculta. Relacioná-la com a de uma mãe com seus filhos, a de um homem em seu trabalho duro e ingrato, a de muitos no escritório, na rotina do que parece não ter nenhum interesse.

Precisamos voltar à beleza das coisas simples de cada dia, lembrando-nos de que existe uma forma diferente de viver, preocupando-nos pelos que estão ao nosso lado, fazendo as coisas bem para encontrar Deus a cada instante e em cada lugar da vida. Precisamos nos recordar de que Deus se encontra em nosso trabalho e em nossas lutas, em cada frustração e em cada tarefa que desejarmos fazer com perfeição.

Este é o princípio básico da pregação do evangelho: a nossa profunda amizade e intimidade com Deus em cada momento da vida, mesmo nos mais rotineiros. O conhecimento de que Deus nos ama e nos abençoa integralmente quando fazemos o que precisamos fazer da melhor forma possível, ainda que ninguém nos veja, embora cheguemos cansados cada noite à nossa casa e encontremos o silêncio nos outros. Deus é capaz de transformar qualquer situação e de premiar a nossa vida quando descansamos nele, mesmo no meio da solidão e da frustração por não estarmos fazendo as coisas que julgamos "grandes".

Quando mais cresce a ansiedade, ao pensarmos que nossa vida tem pouco sentido, Deus nos faz lembrar que o Seu Filho viveu assim por trinta anos, levando as mesmas cargas que qualquer um de nós.

> O PRINCÍPIO BÁSICO DA PROCLAMAÇÃO DO EVANGELHO É A NOSSA PROFUNDA AMIZADE E INTIMIDADE COM DEUS EM CADA MOMENTO DA ROTINA DIÁRIA.

Porque Deus tem um tempo para tudo, custa-nos esperar esse momento por Ele programado. Sempre o mais difícil é reconhecer que o futuro está nas mãos do nosso Criador, e não em nossas mãos. Queremos fazer as cosias a nosso modo ou, pelo menos quando nós queremos. Nessa rebeldia interior, perdemos uma das maiores bênçãos, qual seja, a de esperar as soluções de Deus. Perdemos a grandeza de ver como Deus vai operando dentro do nosso caráter a paciência que vem dele, enquanto suportamos com agrado os anos que passamos no deserto, até que compreendamos que nós também somos como uma raiz de terra seca. Embora pareça mentira, algum dia, ela crescerá.

Isto nós veremos no tempo de Deus, no momento certo, na hora determinada por Ele. Essa raiz brotará e dará frutos. Rios correrão no deserto, como a própria Palavra de Deus nos diz. Embora tudo continue nos parecendo algo impossível.

Não é este o carpinteiro, filho de Maria, irmão de Tiago, José, Judas e Simão? E não vivem aqui entre nós suas irmãs? E escandalizavam-se nele (MARCOS 6:3).

Esses anos, como carpinteiro, não foram perda de tempo. Deus quis que Seu Filho passasse muitos anos construindo casas de madeira. Deus tem os seus motivos e, como sempre, são os melhores. O nosso admirado escritor, Francisco Lacueva, assinala que a palavra usada por Marcos ao descrever o Senhor Jesus como carpinteiro dá-nos uma imensa luz sobre o texto de Mateus 16:18, quando Jesus disse: "…edificarei a minha igreja", porque é exatamente a mesma palavra. Jesus foi, não só carpinteiro nesta terra, mas também é um carpinteiro celestial. Ele é o que edifica a Sua igreja, tudo depende dele e do Seu Espírito, e não de nós. Jesus sabe como fazer, porque a igreja é ao mesmo tempo a Sua noiva, e Ele a quer[1].

Deus está trabalhando em nossa vida: na minha e na sua. Na rotina das coisas que fazemos cada dia, Deus está formando dentro de nós a noiva do Senhor Jesus, a Sua Igreja. Um dia estaremos nessas bodas, nas bodas do Cordeiro. E se a Bíblia diz que são felizes os convidados às bodas, imagine quão felizes seremos ao fazermos parte da noiva, nós que somos parte da Igreja!

Viveremos com o Senhor por toda a eternidade. Esta é uma das razões porque os "trinta" anos passados aqui em uma vida aparentemente simples e com pouco sentido, nos parecerão como nada comparados com tudo o que Deus tem preparado para nós na eternidade. Devemos prosseguir fazendo bem o nosso trabalho, aprendendo a usufruir cada momento da vida com a nossa família, com os amigos, no trabalho, na Igreja, em qualquer circunstância.

Com a permanente companhia do nosso Pai. Com a incondicional amizade do Messias que santifica a rotina. Cheios do poder do Espírito daquele que é o maior Criador e Arquiteto.

E o mais fantástico é que não deixa qualquer dúvida.

NOTA

1. Em Gênesis 2:22, o Criador, que fez Adão cair em profundo sono, tomou parte da sua costela e "construiu" a sua mulher. Da mesma forma, o Senhor Jesus derramou o Seu sangue por nós e de Sua "costela" está edificando a Sua vida em cada um de nós que fazemos parte da Sua noiva, a Igreja. Um trabalho perfeito para o Carpinteiro Divino.

A mão do Senhor estava com ele (LUCAS 1:66).

5
JOÃO BATISTA

A maior revolução na história da humanidade foi desencadeada. O nascimento de Jesus foi anunciado, e Deus havia estabelecido Seu plano de salvação para o mundo. Nesse plano, figurava um profeta de Israel: o homem-chave no anúncio do Messias, João Batista. "Houve um homem enviado por Deus cujo nome era João. Este veio como testemunha para que testificasse a respeito da luz, a fim de todos virem a crer por intermédio dele" (JOÃO 1:6,7).

Assim começam as revoluções que Deus envia a este mundo. "Veio a palavra de Deus a João" (LUCAS 3:2). As páginas da história não se escrevem com grandes acontecimentos, grandes homens, grandes fortunas ou grandes histórias. As manifestações de Deus se escrevem com homens e mulheres simples em Suas mãos. Deus foge das manchetes dos jornais. Nem sequer se faz anunciar, mas atua de uma forma simples, aparentemente sem expressão.

"Houve um homem". "Veio a Palavra de Deus". Esse é o começo, embora quase ninguém se tenha dado conta. Pode ser que os anjos nada tenham feito de extraordinário. Nenhum dos sacerdotes ou estudiosos da lei souberam. Simplesmente aconteceu: Deus colocou Sua mão sobre uma família, e esse extraordinário "toque" chegou a ser a melhor definição da vida de João: "Todos os que as ouviram guardavam-nas no coração, dizendo: Que virá a ser, pois, este menino? E a mão do Senhor estava com ele" (LUCAS 1:66).

Nos dias de Herodes, rei da Judeia, houve um sacerdote chamado Zacarias, do turno de Abias. Sua mulher era das filhas de Arão e se chamava Isabel. Ambos eram justos diante de Deus, vivendo irrepreensivelmente em todos os preceitos e mandamentos do Senhor. E não tinham filhos, porque Isabel era estéril, sendo eles avançados em dias. Ora, aconteceu que, exercendo ele diante de Deus o sacerdócio na ordem do seu turno. [...] E eis que lhe apareceu um anjo do Senhor, em pé, à direita do altar do incenso. Vendo-o, Zacarias turbou-se, e apoderou-se dele o temor. Disse-lhe, porém, o anjo: Zacarias, não temas, porque a tua oração foi ouvida; e Isabel, tua mulher, te dará à luz um filho, a quem darás o nome de João. Em ti haverá prazer e alegria, e muitos se regozijarão com o seu nascimento. Pois ele será grande diante do Senhor, não beberá vinho nem bebida forte e será cheio do Espírito Santo, já do ventre materno. E converterá muitos dos filhos de Israel ao Senhor, seu Deus. E irá adiante do Senhor no espírito e poder de Elias, para converter o coração dos pais aos filhos, converter os desobedientes à prudência dos justos e habilitar para o Senhor um povo preparado (LUCAS 1:5-17).

> DEUS FOGE DAS MANCHETES DOS JORNAIS.
> ELE NEM SEQUER SE FAZ ANUNCIAR, MAS AGE DE UMA
> FORMA SIMPLES, QUASE INSIGNIFICANTE.

"Escolhido" muito antes de nascer. Os pais foram Zacarias e Isabel. Deus deixou escrito que eram justos. Pode-se viver assim, tentando seguir a vontade de Deus em tudo. Isso não significa que foram perfeitos, mas sim que Deus os chamou de justos e os escolheu. Além disso, ao analisarmos mais cuidadosamente o texto, o versículo 9 nos diz que coube a Zacarias "por sorte" entrar no templo do Senhor e queimar o incenso. Deus estava, e continua por trás de tudo.

Mesmo assim, nem tudo era perfeito para eles: apesar da sua lealdade a Deus, eles não tinham filhos. Muitos pregam que, se obedecermos fielmente a Deus, Ele vai encher nossa vida com bênçãos materiais e espirituais, e nada nos irá fazer falta. E, se algo nos falta, é porque não temos fé ou (o que é pior) porque algo de mal nós fizemos. É a teoria que seguiram os amigos de Jó, e que muitos proclamam também nos dias de hoje. Da mesma forma que Deus teve de dizer a Jó e aos seus companheiros que essa ideia está muito distante da Sua vontade (conferir JÓ 42), precisamos hoje recordar que podemos servir fielmente ao Senhor sem que (aparentemente) sejam resolvidos os nossos problemas. Podemos ser declarados justos por Deus, e, contudo, não receber o que pedimos. Assim viveram Zacarias e Isabel até que o momento oportuno chegou.

Nem tudo foi fácil: no começo, Zacarias duvidou do anúncio de Deus e teve que sofrer as consequências. "Todavia, ficarás mudo e não poderás falar até ao dia em que estas coisas venham a realizar-se; porquanto não acreditaste nas minhas palavras, as quais, a seu tempo, se cumprirão" (LUCAS 1:20). Não podia ser de outra maneira: um sacerdote que não crê no que Deus faz não pode dar nenhuma mensagem ao povo e, muito menos, falar do evangelho das boas novas. É melhor não dizer nada. Melhor permanecer mudo. Pelo menos até que tenha uma plena confiança no que Deus pode fazer.

Estava anunciado: esse menino era escolhido porque o objetivo da sua vida foi o mais sublime de toda a história do povo judeu: "E converterá muitos dos filhos de Israel ao Senhor, seu Deus" (LUCAS 1:16).

Por isso, quando o tempo se cumpriu, João começou a pregar... no deserto.

Era um deserto de fato (LUCAS 3:1) e ao mesmo tempo um deserto figurativo. Por mais de quatrocentos anos, e isso por culpa da rebeldia do povo, Deus havia guardado silêncio. Se nos tempos de Moisés, pela desconfiança de todos, Israel havia passado quarenta anos no deserto, agora sofre o silêncio do seu Criador durante quatrocentos anos.

Se a incredulidade do povo antes da conquista da terra prometida foi grande, agora era dez vezes maior. Quatrocentos anos no deserto espiritual parecia ser um castigo demasiadamente grande, mas era o que o povo merecia.

Quando ninguém esperava, João apareceu no deserto. Muitas vezes temos de buscar a Deus em lugares que julgamos ser impossível que Ele esteja. Em muitas outras ocasiões, precisamos reconhecer que Deus nos falará por meio de pessoas pelas quais julgamos ser impossível que o faça. João era uma dessas pessoas. Diferente em todos os sentidos, inclusive na maneira de se vestir: pele de camelo e cinto de couro. Essa aparência era parte do seu caráter e da sua maneira de ser. João era um embaixador do Messias: o precursor de um mundo completamente diferente e extraordinário. Um mundo virado ao contrário, um mundo baseado não na reforma dos melhores e religiosos, mas em um novo nascimento para os mais distantes de Deus.

> JOÃO PROCLAMOU A MENSAGEM DE DEUS NO DESERTO, LITERALMENTE E FIGURATIVAMENTE. DURANTE QUATROCENTOS ANOS, DEUS HAVIA GUARDADO SILÊNCIO JUNTO AO SEU POVO.

Conforme está escrito na profecia de Isaías: Eis aí envio diante da tua face o meu mensageiro, o qual preparará o teu caminho; voz do que clama no deserto: Preparai o caminho do Senhor, endireitai as suas veredas (MARCOS 1:2,3).

João começou seu ministério seis meses antes do Senhor Jesus. Como devia ser a sua vida e seu poder, sua pregação e sua coragem, quando, em tão pouco tempo (meio ano) a sua vida foi um exemplo para todos! O povo o seguiu, escutou-o e o recebeu como um grande profeta de Deus. A missão de João Batista foi uma das mais importantes na história. Chegou a ver os céus abertos, o Espírito de Deus descendo como pomba e o Pai se regozijando no Seu próprio Filho, a quem João estava batizando. João era o embaixador do Filho de Deus, aquele que proclamava a Sua vinda.

Quando um rei visitava outro país, seu embaixador chegava meses antes para preparar todos os caminhos, para falar às pessoas sobre Aquele que estava chegando e lhes explicar a Sua missão e os desejos do Seu coração. João anunciou a todos que viria o Ungido de Deus. Fez isso no lugar menos esperado, porque ele era a voz do que clamava no deserto: ele cumpriu sua missão de embaixador e preparou o caminho.

No dia seguinte, viu João a Jesus, que vinha para ele, e disse: Eis o Cordeiro de Deus, que tira o pecado do mundo! (JOÃO 1:29).

A mensagem de João foi algo extraordinário. Ninguém podia esperar uma coisa assim: Ele falava do Cordeiro de Deus, o cordeiro preparado para a páscoa. Todos sabiam a quem ele estava se referindo quanto à celebração. O que não compreendiam era que estava anunciando a chegada de um Cordeiro, único e definitivo. Um Cordeiro sem mancha nem defeito, enviado do céu: o próprio Filho de Deus que tiraria o pecado do mundo. Não os "pecados", ou o remédio para uma situação pessoal, familiar ou inclusive nacional, mas o pecado em geral: a grande separação entre Deus e o homem; o pecado na essência, a grande barreira. E não somente o pecado do povo escolhido, mas o pecado de TODO o mundo.

Esse foi o momento-chave na vida de João. A sua mensagem era direta, sem hesitações, ensinando a todos que o Ungido de Deus havia chegado: "No meio de vós, está quem vós não conheceis". Embora suas palavras eram perfeitas para aquele momento, elas também são para o nosso século 21. Jesus continua presente no meio de nós, embora muitos não o conheçam; embora a grande maioria nem sequer note a Sua presença.

Precisamos de muitas mulheres e homens com o espírito de João: um amor inquebrantável ao Mestre. Mesmo no momento de apresentar o Messias, João proclamou que não era digno nem sequer de desatar as Suas sandálias. Naquele tempo, esse era o trabalho de um escravo. João sentia-se assim diante do Mestre. Ele o conhecia e o amava desde criança, mas agora, quando lhe tem de preparar o caminho, não se sente sequer digno de ser Seu escravo. "Respondeu-lhes João: Eu batizo com água; mas, no meio de vós, está quem vós não conheceis, o qual vem após mim, do qual não sou digno de desatar-lhe as correias das sandálias" (JOÃO 1:26,27).

O BATISMO DE JESUS: O COMEÇO DA SUA VIDA PÚBLICA.

Uma parte do trabalho de João como embaixador era batizar o povo escolhido. Os judeus interpretavam o batismo como uma purificação, algo que podia modificar a aparência de cada um, porque implicava em que a pessoa se lavasse por completo, colocando-se inteiramente na água. Para eles, toda a ênfase estava na parte exterior, no procedimento e no ritual, naquilo que se podia ver por fora. Jesus explicaria mais tarde que, no evangelho do reino, primeiro é necessário nascer de novo: a partir de dentro e vindo de cima. Jesus veio para batizar com o Espírito Santo e com fogo, e isso é muito mais que um simples banho exterior. Essa mudança tem de chegar ao mais íntimo na vida de uma pessoa porque, quando Deus transforma uma vida, absolutamente nada fica fora de Suas mãos. O fogo não pode ficar na superfície: ele vai até o mais profundo do que nós somos.

João batizou Jesus como um sinal de obediência. O Messias não precisava se limpar porque era puro por natureza (MATEUS 3:15 e LEVÍTICO 16:4). Mas a lei dizia que, quando uma pessoa começava publicamente um trabalho santo, precisava ser lavado completamente. João não pensava que a lei tivesse tanto valor para que o Messias a cumprisse. Jesus lhe disse que deveriam fazer daquela maneira para assim cumprir toda a justiça de Deus (LUCAS 7:29 e MATEUS 3:15). O batismo de Jesus foi um ato de obediência ao Pai; o último ato da vida "particular" do Senhor. A partir desse momento, Jesus é apontado, desde os céus, como o Messias.

UM HOMEM EXTRAORDINÁRIO

"Ele era a lâmpada que ardia e alumiava, e vós quisestes, por algum tempo, alegrar-vos com a sua luz" (JOÃO 5:32-34). João era assim. A melhor definição do seu caráter o Senhor Jesus deu quando o comparou com uma tocha que ARDIA E ILUMINAVA. E o Messias colocou os verbos nesta ordem específica:

1. Arder para o Senhor;
2. Iluminar.

A nossa sociedade de hoje não só necessita de luz, mas de FOGO.

Muitas pessoas podem ensinar a verdade: explicar e expor claramente. Mas pouco serve se a paixão por essa verdade não as consome. João ardia e iluminava. Ardia com o calor de Deus, com um coração ardente pelo Messias e, além disso, iluminava: refletia a luz para todos.

Quem não tiver o fogo dentro de si, apenas influenciará o mundo. As pessoas que não são radicais na mensagem, não ousam ser diferentes e viver o evangelho, custe o que custar, passarão despercebidas na sociedade. O próprio João havia anunciado que o Messias nos batizaria com o fogo do Espírito de Deus.

Não existe uma pessoa mais infeliz do que aquela que deseja viver com um pé seguindo a Jesus e com o outro satisfazendo os seus interesses e os interesses dos que a cercam. Alguém que conhece a verdade, mas não é capaz de amá-la e vivenciá-la apaixonadamente. O mundo de hoje não só precisa saber o que é a verdade, mas, acima de tudo, ver pessoas sendo capazes de viver por essa Verdade, ardendo por ela. Necessitamos de outras pessoas como João.

Vivemos um tempo na história da Igreja em que ela se encontra dividida entre os que "ardem" e os que "iluminam", sem entenderem que o evangelho é muito mais do que isso. Lamentavelmente, os dois grupos se criticam, uns vivendo no fogo sem querer saber quase nada da verdade; os outros defendendo a verdade de uma forma impiedosa e fria. Enquanto todos argumentam sobre quem tem razão ou não, o Senhor continua buscando cristãos que vivam ardendo e iluminando para Ele, proclamando a verdade com o fogo do Espírito de Deus, de uma forma simples assim.

> UM DOS SEGREDOS DA VIDA DE JOÃO FOI ARDER E ILUMINAR AO MESMO TEMPO. VIVEMOS UM MOMENTO NA HISTÓRIA DA IGREJA EM QUE ESTA SE ACHA DIVIDIDA ENTRE OS QUE SÓ "ARDEM" E OS QUE SÓ "ILUMINAM"... SEM ENTENDEREM QUE O EVANGELHO É MUITO MAIS QUE ISSO.

> *E iam muitos ter com ele e diziam: Realmente, João não fez nenhum sinal, porém tudo quanto disse a respeito deste era verdade. E muitos ali creram nele* (JOÃO 10:40-42).

Não podemos ler os evangelhos sem nos lembrarmos de João Batista. Ele aparece, de vez em quando, mesmo depois de ter concluído o seu trabalho. E cada vez que Deus se refere a ele é para comunicar algo impressionante. Isso nos ensina muitas coisas. João nada fez de extraordinário, nenhum grande milagre. A sua vida não foi cercada com eventos espetaculares, curas, grandes demonstrações de poder e nem sequer chegou a reunir uma grande multidão para escutá-lo.

Você sabe o que os outros falaram dele? "Tudo o que João disse a respeito de Jesus era verdade".

Que exemplo para a nossa vida! Não creio que se possa dizer algo melhor sobre qualquer um de nós. Quando as pessoas se lembram de nós e podem dizer o mesmo, encontramos a localização exata em nossa existência. Precisamos aprender a viver sempre apontando para o Messias, e que tudo quanto dissermos a respeito dele seja certo.

Ainda que João não pudesse ver o que estava acontecendo — e morreu muito antes de constatar o poder de Jesus: Seus ensinamentos, Sua grandeza, Sua morte e Sua ressurreição. João nunca se deixou influenciar por ninguém.

Alguém que era capaz de chamar "raça de víboras" aos religiosos do seu tempo, não podia ser um tipo qualquer. Tinha de estar completamente cheio do Espírito Santo e conhecer exatamente qual era a sua missão no mundo. Não lhe importou dizer a verdade a todos. Não tornou mais "palatável" a mensagem do evangelho. Não era fácil enganá-lo. Ele possuía essa rara qualidade que Deus concede aos Seus escolhidos com a qual se pode saber o que se passa no coração das outras pessoas, embora elas queiram escondê-lo. João falou publicamente aos escribas e fariseus que precisavam produzir "...frutos dignos de arrependimento" (LUCAS 3:8). Eles queriam ser batizados para demonstrar a todos que eles também eram "pessoas boas", embora por dentro continuassem a ser orgulhosos como sempre. Queriam seguir o profeta para ficar bem diante de todos, sem se dar conta de que o que João explicava era um evangelho novo, uma vida nova, um relacionamento radiante e direto com o Criador.

> *Tendo-se retirado os mensageiros, passou Jesus a dizer*
> *ao povo a respeito de João: Que saístes a ver no deserto?*
> *Um caniço agitado pelo vento? Que saístes a ver?*
> *Um homem vestido de roupas finas? Os que se vestem*
> *bem e vivem no luxo assistem nos palácios dos reis. Sim,*
> *que saístes a ver? Um profeta? Sim, eu vos digo, e muito*
> *mais que profeta* (LUCAS 7:24-26).

O próprio Ungido de Deus definiu perfeitamente o Seu melhor servo. Assim era João: alguém que nenhuma circunstância podia abalar. Existem pessoas que vivem como uma cana agitada pelo vento, sempre dependendo de quem esteja soprando e do que os outros digam; assim se comportam. João havia aprendido do Espírito de Deus que podia viver acima de todas as opiniões das pessoas.

Jesus volta a falar dele: um homem vestido de traje fino? Não! Muitos continuam preocupados com a aparência, algo que nada vale no reino de Deus. João era um profeta! Melhor dito, era algo mais que um profeta: o mensageiro por excelência. Nenhum outro era maior do que ele no reino dos céus. O motivo? A sua missão era apontar para Jesus (JOÃO 1:35).

E foram ter com João e lhe disseram: Mestre, aquele que estava contigo além do Jordão, do qual tens dado testemunho, está batizando, e todos lhe saem ao encontro. Respondeu João [...] O que tem a noiva é o noivo; o amigo do noivo que está presente e o ouve muito se regozija por causa da voz do noivo. Pois esta alegria já se cumpriu em mim. Convém que ele cresça e que eu diminua (JOÃO 3:26-31).

> JOÃO BATISTA DEMONSTROU SEMPRE EM SUA VIDA
> UM AMOR INQUEBRANTÁVEL AO MESTRE.

Nenhum outro foi escolhido além de João. Quando ele terminou o seu trabalho, Jesus começou o Seu. Esse era o tempo de Deus. João pregou sobre como escapar da ira vindoura. O Senhor foi muito além e falou de nascermos de novo, sendo transformados desde o nosso íntimo. As pessoas não querem ser mudadas somente por medo do Juízo, mas também pelo amor a Deus. A razão do evangelho não é escapar de Deus, mas sim "apegar-se" a Ele. O homem conhece a Deus não pela Sua ira, mas, acima de tudo, pela Sua graça.

Ninguém como João para cumprir essa tarefa. Pouco lhe importou que os seus discípulos acompanhassem o Senhor Jesus: "É necessário que Ele cresça e que eu diminua." Vivemos sempre preocupados com as nossas palavras e nossa reputação, para que as pessoas nos sigam e por termos essa fama... João não se preocupou com o que ia acontecer com a sua vida. Dia após dia, a sua missão era apontar para o Senhor Jesus. Não o preocupou o fato de ficar sozinho, sem discípulos nem seguidores. João sabia que o Messias merece toda a glória. Ele é digno de tudo.

> MESMO NOS MOMENTOS EM QUE AS SUAS DÚVIDAS ERAM MAIORES PORQUE ESTAVA NA PRISÃO (QUEM NÃO TERIA SUAS DÚVIDAS ESTANDO PRESO?), JOÃO FEZ O QUE ERA CERTO: ENVIOU DOIS DISCÍPULOS PARA PERGUNTAR A JESUS.

Todas estas coisas foram referidas a João pelos seus discípulos. E João, chamando dois deles, enviou-os ao Senhor para perguntar: És tu aquele que estava para vir ou havemos de esperar outro? Então, Jesus lhes respondeu: Ide e anunciai a João o que vistes e ouvistes: os cegos veem, os coxos andam, os leprosos são purificados, os surdos ouvem, os mortos são ressuscitados, e aos pobres, anunciasse-lhes o evangelho. E bem-aventurado é aquele que não achar em mim motivo de tropeço (LUCAS 7:18-23).

O mais impressionante na vida de João foi o seu final. O escolhido de Deus morreu numa prisão. O embaixador do Messias permaneceu meses inteiros na obscuridade e o desânimo foi ao extremo.

Completamente só. Aparentemente esquecido.

João se perguntou muitas coisas. Queria saber se a sua missão havia terminado; se realmente tinha sido o precursor do Messias; ou se, simplesmente, sua vida era um fracasso. Pensava que podia ter-se enganado e, naquele momento não podia anunciar mais porque se encontrava na prisão. Qualquer decisão que tomasse em sua vida sobre isso, agora já não mais teria solução. Todos nós teríamos feito as mesmas perguntas. Mas a grandeza do enviado de Deus foi que continuou pondo toda a sua vida à disposição do Messias, ainda que sem saber o que estava acontecendo, ainda que continuasse naquela prisão.

Quem sabe, um dos problemas de João era que ele pensava que Jesus traria imediatamente o julgamento que ele mesmo havia anunciado. Às vezes nosso maior desânimo aparece quando pensamos que Deus não faz o que nós cremos que é justo, e que deve ser feito. Poderíamos chamar esse nosso querer de "síndrome de Jonas". Às vezes, pregamos tanto sobre a chegada do julgamento de Deus, que nos desanimamos quando Deus aplica a Sua misericórdia "sem a nossa permissão".

Jesus fez João se lembrar de um texto bíblico que ele conhecia muito bem. Costuma ser a mesma maneira que o Senhor usa para nos responder sempre: Ele nos lembra o que está escrito. Isso não significa que estamos longe da vontade de Deus. Ninguém compreendeu o coração de Jesus como o fez João. A Bíblia nos ensina que a fé vem pelo ouvir e o ouvir pela Palavra de Deus, e não por qualquer outra coisa. Só podemos exercitar nossa fé lendo e confiando no que Deus diz. Jesus lembrou a João da profecia que estava se cumprindo, e isso foi tudo.

Quase tudo, porque antes que os amigos de João se ausentassem, o Messias pronunciou uma frase quase incompreensível para os outros. Falava de não se sentir defraudado com o que Ele faz: "Feliz é o que não se decepciona comigo." Aquele que não espera nada mais (nem menos!) que ver o Deus feito homem. Aquele que não põe a sua confiança num Messias político, ou em alguém que soluciona todos os problemas pessoais e os problemas do mundo a cada momento.

Às vezes esperamos "muito" da parte de Deus. Cremos que Ele deve fazer o que nós queremos: que deve ajeitar e desfazer as coisas de acordo com os nossos desejos. Usamos a nossa "super fé" para desafiar a tudo e a todos sem que Deus tenha a última palavra sobre o que estamos pedindo. E quando Deus não faz o que pedimos, ou não entendemos o que está acontecendo, nós nos desapontamos com o nosso Salvador. E em seguida, começamos a duvidar dele.

João Batista duvidou de Jesus, mas não perdeu o seu relacionamento com Ele. Mesmo na prisão, foi buscar as respostas que Jesus podia lhe dar. Não se desiludiu com o Messias apesar de estar atravessando o momento mais difícil da sua vida. E se houvesse se equivocado? Estava preso por Herodes a quem ele havia falado com toda a autoridade. E o Messias nada fez. Não o libertou. Não enviou anjos para consolá-lo nem para ajudá-lo.

João terminou a vida aparentemente fracassado e sem saber o que aconteceu, e nem o que estava para acontecer. Penso que a coisa mais terrível no mundo é nos sentirmos abandonados e fracassados em nossa vida, sem termos a possibilidade de começar de novo. Ninguém passou por uma amargura semelhante à de João. Bem poucos têm atravessado a hora mais escura da alma sem nenhuma resposta. Somente Jesus passou por algo assim quando morreu na cruz, embora sabendo que Ele iria ressuscitar.

João Batista se encontrou só e abandonado. Nenhum de nós pode julgá-lo. Ninguém pode duvidar da sua confiança e obediência a Deus, porque, quando enviou emissários para perguntar a Jesus "És tu aquele que estava para vir ou havemos de esperar outro?", fez isso voltando a "entregar" sua própria vida ao Messias. Não existe qualquer rancor na sua pergunta. Ele não disse a Jesus: "Não quero te servir nunca mais; sinto-me defraudado." João amava a Deus de uma forma extraordinária e, mesmo na noite mais tenebrosa, foi capaz de colocar um fio de esperança ao dizer: "...havemos de esperar outro?"

Essa é a razão por que o Senhor Jesus pronuncia a última frase. São as palavras de um amigo, de alguém que lhe diz algo que vai ajudá-lo: "Feliz é quem não se escandaliza de mim, aquele que segue confiando em mim." É como se dissesse: "Você mesmo, João, está sendo feliz porque, apesar de tudo, continua confiando em mim. Você é uma pessoa íntegra, irrepreensível, alguém que cumpriu fielmente o seu trabalho e que agora, apesar das correntes, só espera o momento de ser recebido no céu como um dos heróis da fé."

Vivemos num tempo muito parecido com o tempo de João Batista. Temos os mesmos problemas que ele enfrentou: uma sociedade muito corrompida; pessoas que só se preocupam em se conservar no poder; religiosos que vivem longe de Deus e a maioria do povo não sabe em que crer e o que fazer. Enquanto tudo isso acontece, Deus continua falando por meio do Senhor Jesus, mas poucos o escutam.

Você se lembra do que João fez? Exatamente o mesmo que nós temos de fazer: levar as pessoas ao Senhor Jesus. Mostrar-lhes quem é o Salvador do mundo. Lutar com todas as nossas forças para que todos conheçam o Enviado de Deus, ainda que isso nos custe o mesmo que aconteceu com João, que nos custe também a vida.

NOTA

1. Esse era o significado da palavra grega "baptizo": mergulhar completamente algo em um líquido.

Foi Jesus levado pelo Espírito ao deserto, para ser tentado pelo diabo (MATEUS 4:1).

6 O SEGUNDO ADÃO

Jesus é o Cordeiro de Deus que tira o pecado do mundo. João Batista o anunciou e todos o escutaram. O profeta mais importante que Israel teve nos últimos séculos fez a Sua apresentação, e o diabo soube disso. O maligno havia tentado matá-lo pouco depois do Seu nascimento utilizando Herodes, mas não conseguiu. Agora decide enfrentar a luta mais difícil: vencer o próprio Filho de Deus face a face.

O acusador por excelência tinha suas cartas marcadas. Necessitava que o Messias se defendesse de forma sobrenatural para mostrar Sua independência do Pai. Queria que Jesus atuasse como alguém que podia vencer com ações sobrenaturais as Suas próprias limitações como homem para perder Seu direito de ser o segundo Adão, para esgotar as opções de viver e vencer como homem. Ele queria derrotá-lo da mesma forma como havia feito com Adão. Jesus teve de enfrentar as mesmas tentações que o primeiro homem, os mesmos ataques que a humanidade tem sofrido desde o começo da história. Isso porque o Senhor Jesus estava representando toda a humanidade. Você se lembra como tudo começou?

Vendo a mulher que a árvore era boa para se comer, agradável aos olhos e árvore desejável para dar entendimento, tomou-lhe do fruto e comeu e deu também ao marido, e ele comeu (GÊNESIS 3:6).

O primeiro homem e a primeira mulher fracassaram. A mesma coisa nós fizemos, nós, seus descendentes, ao longo de toda a história. Os desejos dos olhos, a paixão da natureza carnal e a arrogância da vida têm sido quase sempre os vencedores em sua luta para nos levar ao mais profundo da nossa fraqueza.

Por mais perto que alguém estivesse do Criador, sempre a derrota acabou batendo à porta para entrar e destruir a vida. Nenhum homem sequer, e nem qualquer mulher, conseguiram viver sem mácula. "Porque tudo que há no mundo, a concupiscência da carne, a concupiscência dos olhos e a soberba da vida, não procede do Pai, mas procede do mundo" (1 JOÃO 2:16).

O diabo volta a usar as mesmas armas, aquelas que lhe deram a vitória sobre Adão e Eva, e continuam a lhe conceder o poder sobre todos os seus descendentes. Mas dessa vez, é o próprio Filho de Deus que ele procurava vencer. Ele buscava uma vitória definitiva, lutava para alcançar a coroa do segundo Adão.

> DEUS LHE PERMITIU. MELHOR DIZENDO, FOI O PRÓPRIO ESPÍRITO SANTO QUE PREPAROU O CENÁRIO.

A seguir, foi Jesus levado pelo Espírito ao deserto, para ser tentado pelo diabo. E, depois de jejuar quarenta dias e quarenta noites, teve fome. Então, o tentador, aproximando-se, lhe disse: Se és Filho de Deus, manda que estas pedras se transformem em pães. Jesus, porém, respondeu: Está escrito: Não só de pão viverá o homem, mas de toda palavra que procede da boca de Deus. Então, o diabo o levou à Cidade Santa, colocou-o sobre o pináculo do templo e lhe disse: Se és Filho de Deus, atira-te abaixo, porque está escrito: Aos seus anjos ordenará a teu respeito que te guardem; e: Eles te susterão nas suas mãos, para não tropeçares nalguma pedra. Respondeu-lhe Jesus: também está escrito: Não tentarás o Senhor, teu Deus. Levou-o ainda o diabo a um monte muito alto, mostrou-lhe todos os reinos do mundo e a glória deles e lhe disse: tudo isto te darei se, prostrado, me adorares. Então, Jesus lhe ordenou: Retira-te, Satanás, porque está escrito: ao Senhor, teu Deus, adorarás, e só a ele darás culto (MATEUS 4:1-11).

PRIMEIRO ATAQUE, O MAIS PESSOAL

O primeiro ataque foi uma tentativa para dar o golpe definitivo, para terminar rapidamente e de uma vez por todas. Imagine a situação: todos escutaram a voz do Pai no batismo de Jesus. E, após essa gloriosa manifestação, não poderia haver dúvidas sobre quem era Jesus, o Filho do Deus vivo, o Filho amado. O diabo entendeu isso perfeitamente porque ele mesmo aceitou a notícia:

Se és Filho de Deus, manda que estas pedras se transformem em pães.

A primeira tentação refere-se à paixão da natureza humana: encontrar satisfação a qualquer preço. Dar ao nosso "físico" tudo o que ele nos pede, todo o prazer que deseje ter, sem nos importar com as consequências ou com a maldade resultante dos nossos atos. Hoje poderíamos definir isso desta forma: "Se você gosta e lhe faz sentir bem, então faça!" Assim muitas pessoas vivem satisfazendo seus desejos de forma rápida e descontrolada, sem considerar o trabalho ou a dificuldade para consegui-lo; sem pensar se a decisão e o ato são corretos.

O pão é o único que importa; o espiritual não existe! A nossa satisfação é o único objetivo na vida; as normas não importam e, muito menos, o que Deus diga. Não importa nada, contanto que eu esteja feliz, tendo tudo o que desejo e no momento que eu quiser! Não posso esperar nem mais um minuto sequer!

Não se trata de que somente o material esteja acima do espiritual: é que, para muitos, o espiritual nem sequer existe!

A ameaça era muito objetiva. Jesus podia perfeitamente transformar as pedras em pão. Ele tinha enviado o maná no deserto ao Seu povo quando estavam a ponto de morrer de fome. Tinha poder para fazê-lo. Agora, Ele havia jejuado quarenta dias e quarenta noites e o Seu corpo estava debilitado. Tinha todo o direito de usar Seu poder para satisfazer Seus desejos... mas o oferecimento do inimigo era triunfar sem sofrer, sair de cada situação difícil operando um milagre. Arrumar tudo com base no que a pessoa consegue fazer em cada momento sem confiar no Pai celestial.

> O PÃO, OS NOSSOS DESEJOS, E O QUE FOR LIGADO À MATÉRIA É O QUE IMPORTA.

Esse não era o caminho do Messias. O Seu destino apontava diretamente para a cruz. Nunca deixou que os que foram curados proclamassem isso publicamente, porque não desejava ganhar discípulos com base em Seus milagres. Ele sabia que Sua missão não era convencer as pessoas, mas morrer por elas. Jesus não quis realizar Sua obra sem sofrimento. Ele quis morrer no lugar de todos; teve de sofrer o castigo por todo o pecado e rebeldia contra Deus.

A primeira tentação é a mais pessoal. O diabo atacou em primeiro lugar o homem que tinha diante dele. Quando diz "Se tu és Filho de Deus...", não é mais que um condicional afirmativo. É como se dissesse "Sim, já sei que és Filho de Deus e, portanto, tens todos os direitos...". O diabo havia vencido Adão e Eva com essa mesma arma. "Tens o direito de comer dessa árvore." Exatamente o mesmo ele fez com o povo de Israel: quando atravessaram o deserto, várias vezes se rebelaram contra Deus porque lhes faltava pão, a comida, a água... Tiveram até saudade dos alhos e das cebolas do Egito! Não foram capazes de esperar pela solução de Deus em cada momento; sempre lhes faltava tempo para falar em alta voz contra Ele.

Esse é o engano do maligno. Ele quer que nos desesperemos, reclamando por tudo o que desejamos ter antes do tempo certo. Quer que não esperemos a solução de Deus no devido tempo. Que não aguentemos mais e defendamos o direito que julgamos ser nosso. O maligno quer que peçamos a Deus que transforme as pedras em pão, em qualquer momento!

Esta é a nossa tentação mais íntima: "Se somos filhos de Deus não teremos problemas, podemos pedir qualquer coisa." O diabo penetra em nossa mente para nos fazer pensar em direitos, e não em obediência; para que busquemos bênçãos, e não sacrifícios; para que procuremos nos afastar de Deus quando não entendemos o que vem acontecendo e passemos a vida exigindo que o nosso Senhor faça um milagre cada vez que algo não nos seja agradável.

Precisamos aprender a descansar na Palavra de Deus. Assim como Jesus respondeu, não vivemos apenas de pão; vivemos das Palavras do nosso melhor Amigo; vivemos do que permanece para sempre.

Jesus venceu aquela tentação. Firmou-se nas promessas de Deus e deixou de lado os apetites da Sua natureza humana, as reclamações e os direitos. O Messias nos ensinou que nossa natureza humana deve aprender a colocar Deus em primeiro lugar. Esse é o segredo da felicidade. Essa é a fonte da nossa vitória.

A Palavra de Deus satisfaz muito mais do que qualquer prazer.

SEGUNDA TENTAÇÃO: A LUTA SE TORNA MAIS INTENSA

O diabo atacou pela segunda vez. Ele usou a mesma frase que tão bom resultado deu com Adão e Eva: "Podeis fazer o que quiserdes porque não morrereis." Você pode cometer qualquer pecado, porque Deus não vai se importar com isto. Você pode se envolver com o que desejar e viver como queira porque no fim você sairá livre. Não importa que sejam as drogas, o sexo, o dinheiro fácil, o poder, o orgulho, e o ódio; de tudo isso você poderá sair sem consequências. Deus não fará cair a Sua justiça sobre você, porque o "morrer" é apenas uma pequena ameaça. E Eva mordeu a isca. Adão também, é claro, quase o estava desejando.

Muitos mais ao longo da história seguem caindo na mesma armadilha. Você se lembra de Sansão? Ele foi capaz de se aproximar da sua ruína e afastar-se de Deus ao mesmo tempo. A luta de Sansão era ver até onde podia chegar sem ter de enfrentar as consequências: "Desta vez vou me livrar como das outras." Essa é a frase que ecoa em nossa mente cada vez que procuramos argumentar com o nosso pecado, sem nos darmos conta de que, nesse mesmo instante, já fomos vencidos.

> A TENTAÇÃO DE TER DEUS SOMENTE COMO UM AMULETO: ALGUÉM A QUEM PEDIR AJUDA E ALGUÉM PARA CULPAR AO MESMO TEMPO.

O diabo continua sussurrando as mesmas palavras a milhões de pessoas em todo o mundo: "Não importa o que você faça, você não vai morrer; pode viver como quiser porque um pouco mais disto não irá prejudicá-lo." E nós vamos escorregando até cairmos na tentação, sem nos darmos conta de que atrás de cada pecado vem outro maior para cobrir o pecado anterior. Dessa forma, muitas pessoas se consideram quase imortais enquanto vivem como escravos!

Estas palavras ecoaram algumas vezes nos ouvidos de Jesus quando estava no ponto mais alto do templo: "Se você é Filho de Deus, jogue-se daqui porque não vai morrer." Satanás foi então muito além do que era pessoal, porque estava profetizado que o Messias apareceria no templo. E o diabo tentou convencê-lo a agir ao seu modo.

Era verdade que o Messias seria dado a conhecer no templo. Poucos dias depois Jesus tomou o livro do profeta Isaías e começou a ler aquela passagem: "O Espírito de Deus está sobre mim...". Nesse momento, todos se deram conta do que estava acontecendo: Jesus de Nazaré se apresentava como o Ungido de Deus. Mas o diabo queria ter em suas mãos as circunstâncias e "acelerar" o tempo de Deus. Volto a repetir:

ele sempre quer fazer tudo "a seu modo". Essa é uma de suas artimanhas preferidas desde o princípio dos tempos. Não se esqueça disso!

O nosso inimigo não deseja que esperemos o momento que Deus tem preparado para cada situação. Milhões de pessoas têm caído nesta armadilha: "Eu quero tudo e agora mesmo!". Essa é a sua forma de viver. A nossa destruição como pessoas começa quando tentamos Deus e fazemos tudo de maneira contrária à Sua vontade. Quando queremos ter algo que não agrada a Ele, buscamos, inclusive, razões espirituais para mascarar nosso egoísmo e nosso orgulho.

"Não tentarás o Senhor!" Essa foi e continua sendo a resposta. O diabo queria que Jesus colocasse o Seu próprio Pai celestial à prova e que, de certa maneira, desconfiasse dele fazendo algo fora da perfeita vontade do Pai. A tentação era comprovar se o Seu Pai iria cuidar dele ao limite extremo, inclusive quando colocasse sua vida em perigo. Esta continua sendo a mesma tentação para nós: será que Deus continuará cuidando de nós mesmo que lhe desobedeçamos de vez em quando? Ele será "obrigado" a fazer milagres para nos livrar das consequências da nossa arrogância?

No fundo, precisamos ter o cuidado para não crer que Deus seja apenas um amuleto, alguém para descansar e alguém para culpar. Às vezes pensamos que não importa o que façamos, porque Ele enviará os Seus anjos e cuidará de nós. Pensamos que podemos tomar qualquer decisão, que Deus irá nos ajudar de todas as formas. Esquecemos que sempre existem consequências trágicas quando decidimos dar ouvidos à voz do enganador. Precisamos recordar que, quando vivemos de acordo com a vontade de Deus, não necessitamos que Ele tenha de fazer milagres continuamente para consertar nossos desacertos.

TERCEIRO GOLPE. O DEFINITIVO?

O acusador não se deu por vencido e atacou pela terceira vez. A última tentação foi tão direta que nos assusta. Foi, sem dúvida, a mais difícil. João descreveu-a como a "vaidade da vida". Fama e dinheiro em troca de "nada"; a busca pelo PODER sobre todas as coisas. O que, ao longo dos séculos, tem sido denominado como "vender a alma ao diabo". Não resulta ser outra coisa que sacrificar tudo, contanto que tenhamos o que quisermos.

O diabo requer apenas um ato de adoração. Se ele pediu isso ao Senhor Jesus, ele continua pedindo a todos os homens e mulheres deste mundo. Apenas um ato de homenagem.

> A TENTAÇÃO DE FAZER QUALQUER COISA PARA GANHAR O QUE DESEJAMOS.

Se o Messias tivesse aceito a proposta, Deus não poderia mentir e teria de reconhecer isto por toda a eternidade. Todos saberiam que o Messias havia adorado o diabo para alcançar os Seus objetivos.

É uma tentação quase irresistível: um único ato de adoração e Jesus seria o Rei do mundo. Nada de sofrimento. Nenhuma dor. Ninguém cuspindo nele, depreciando-o ou gritando que teria de ir para uma cruz. Nenhuma gota de sangue derramada por estes seres humanos rebeldes.

Se Jesus adorasse o diabo, a cruz desapareceria. O sofrimento seria apenas uma suposição impossível e eterna.

Este foi o mais feroz ataque desferido contra Adão e Eva: "vocês serão como deuses" soa como algo quase impossível de se resistir. Foi demais para o orgulho deles, e também é demais para o nosso orgulho: não termos de obedecer a ninguém e nem precisarmos jamais de prestar contas. Termos tudo num piscar de olhos; sermos o centro do mundo e adorados por todos. Podermos viver como nos aprouver. Este continua sendo o pilar da questão: a quem vamos adorar? O que é o mais importante em nossa vida? O que está ocupando nosso coração e nossa mente? A que dedicamos nossas forças?

Deixe que eu lhe faça algumas perguntas para expressar a tentação de uma forma mais direta: o que você faria para ganhar milhões de reais? Abandonar a família? Matar? Mentir? O que você faria se ninguém o soubesse? Melhor ainda: o que fazemos quando ninguém sabe o que estamos fazendo?

Quando respondemos com sinceridade a essas perguntas, revelamos quem está no centro do nosso universo: nós mesmos ou Deus. Esse é o engano do diabo porque dizer "nós mesmos" é uma forma suavizada de reconhecer que o diabo é o rei de nossa vida. Se o aceitamos, somos seus escravos; não existe caminho de volta! Ele nos roubará, matará e destruirá, tal como vem fazendo no decurso da história.

Essa última tentação chegou a colocar em "jogo" todo o Universo. O diabo apostou tudo no seu último movimento. O maligno arriscou tudo para ter submissa a vontade do Messias...e a nossa!

Jesus disse "não!" ao mais terrível oferecimento que o diabo poderia lhe fazer. O Senhor Jesus sabia que Ele era o Rei prometido, como estava profetizado no livro de Salmos, capítulo 2. Mas para alcançar essa promessa, o caminho incontornável era a cruz.

Somente Deus merece a nossa adoração! Nada há no mundo que possa ocupar o Seu lugar! Essa foi a resposta de Jesus, e ela deve também ser a nossa resposta. Essa é a motivação que devemos ter em nosso coração quando o diabo nos tenta; quando quer nos fazer acreditar que podemos reinar sem sofrer; crescer na vida cristã sem dar nada em troca; sem disciplina, sem sofrimento, sem dor, sem trabalho para o Senhor. Quando nos faz pensar que com uma simples experiência podemos conseguir tudo o que Deus tem preparado para nós; quando acreditamos que não temos de pagar nenhum preço e não precisamos nos entregar completamente ao Senhor.

> DURANTE TODA A VIDA DO SENHOR JESUS, O DIABO RETORNOU, VEZ POR OUTRA, COM AS MESMAS TENTAÇÕES.

Apesar da sua indiscutível derrota, o diabo não se deu por vencido. No decorrer de toda a vida do Senhor Jesus, eram ouvidos os ecos das mesmas tentações. Um dia foram Seus próprios irmãos que lhe sugeriram que se mostrasse tal como era (JOÃO 7:1-10). "Até quando você vai estar escondido? Mostre-se em público!" E Jesus teve de responder da mesma forma como falou ao diabo: "O meu tempo ainda não chegou."

Em outra ocasião, foi a multidão que desejava aclamá-lo como rei, exatamente após terem comido com fartura (As pessoas acabam sempre votando naqueles que lhes dão comida!). Naquele momento, todos pensaram que Ele era o Messias. Mais tarde, aclamaram-no como rei quando entrou em Jerusalém. Essa tentação alcançou seu ponto mais alto quando Pilatos lhe perguntou: "Você é o Rei?" Nós teríamos respondido: "É claro que sou o Rei, e um dia vocês todos vão responder pelo que estão fazendo E vou fazer um milagre agora para que vocês se deem conta de que não estou brincando! "

Mas o Senhor Jesus permaneceu calado. Ele sabia que esse silêncio o condenava, embora tivesse todo o direito de falar. Ele não quis renunciar a cruz.

NÓS ESTAMOS NA MESMA LUTA

Cada um de nós sofre as mesmas tentações. Se o maligno tentou a Jesus de modo pessoal, ele envia seus "anjos" para tentar cada um de nós. Mas com uma grande diferença: o Espírito de Deus levou Jesus ao deserto para que fosse provado com o propósito de se tornar Vencedor. Agora não é Deus quem nos leva à tentação, mas é quem nos protege: o diabo tem de pedir licença para não chegarmos a uma situação além dos nossos limites (LUCAS 22:31).

> SE ALGUÉM ACREDITA QUE NÃO PRECISA DE AJUDA PARA VENCER UMA TENTAÇÃO, ENTÃO JÁ É DEMASIADAMENTE TARDE.

Todos temos de enfrentar tentações ao longo da nossa vida. Se alguém pensa que não precisa de recursos para vencer, já é muito tarde. Existe algo em comum em cada situação: a maioria das tentações não são mais que atalhos para o objetivo da nossa vida, sem necessidade de passarmos pela cruz. Não morrermos para o nosso ego, querermos alcançar tudo sem negarmos a nós mesmos, e não confiarmos no Senhor são alguns desses atalhos. Deus nos dá tudo de que necessitamos, mas no devido tempo. Enchendo-nos de paz, com espírito tranquilo e Ele controlando todas as circunstâncias.

O diabo nos agraciou com a pressa.

O enganador nos ensina a fazer tudo por nossa conta, obrigando-nos a lutar contra as circunstâncias e a não esperarmos pelo tempo de Deus. Ele nos faz esquecer uma das características mais importantes na vida: a paciência. E nós caímos em sua armadilha, porque, inclusive em nossa vida espiritual e no serviço ao Senhor, somos capazes de usar qualquer circunstância que o inimigo coloque em nossa frente, antes de esperarmos pela resposta de Deus.

Se você quiser usar as armas do diabo, pode fazê-lo: poder, orgulho, inveja, arrogância, mentira, falsas acusações, ira... O problema é que você jamais poderá vencê-lo com as suas armas. Sempre será derrotado por mais espiritual que você se imagine ser, ou por muito esforço e oração que colocar na luta. Ele o levará ao ponto onde somos conduzidos quando acharmos que vencemos, considerando-nos melhores na comparação com outros, e dizendo: "Bem, pelo menos não sou tão mal assim como...".

Existe uma saída: quando nos sentirmos presos e concluirmos que não podemos escapar de nenhuma forma, é o momento de olharmos para cima.

O Senhor Jesus foi tentado em tudo e foi declarado vencedor.

Quando uma enfermidade está acabando com a vida de muitas pessoas, os médicos e pesquisadores precisam de algo muito simples para tratá-la: o sangue de um vencedor. Precisam dos anticorpos vindos de uma pessoa que tenha passado pela mesma doença e que tenha alcançado a cura. Com esse sangue, podem descobrir os segredos da epidemia e, o que é mais importante, fabricar uma vacina para vencê-la.

A partir daí, sabem como enfrentar a morte, porque uma pessoa conseguiu vencer. Esse sangue tem dentro dele a vitória para todos os demais enfermos. É necessário apenas tomar posse dele, fazê-lo parte da vida de cada um. Acreditar nele com toda a confiança, porque a ele devemos a nossa vida. "Pois, naquilo que ele mesmo sofreu, tendo sido tentado, é poderoso para socorrer os que são tentados" (HEBREUS 2:18).

Se você quer vencer a tentação, não busque outro remédio. Temos muitos livros que nos explicam os passos que devemos dar para não cairmos diante do diabo e centenas de explicações sobre estratégias espirituais para vencer. Podemos seguir essas orientações para sermos "mais que vencedores". Mas deixe-me dizer que também podemos nos perder entre tantas soluções. O único que venceu toda a tentação e pode nos dar do Seu sangue para sermos vitoriosos é o Senhor Jesus.

Com ele dentro de nós, nenhum mal pode resistir. Com Seu sangue percorrendo as nossas "veias" espirituais, somos mais que vencedores. Ninguém pode superar o poder do Espírito de Deus.

Faz muitos séculos que os gregos contavam uma história mitológica para explicar a razão porque muitos barcos naufragavam em certas latitudes da costa. Embora o problema fosse devido à grande quantidade de rochas e pequenas ilhas existentes naquele local, eles diziam que a culpa era das sereias, porque elas atraíam os marinheiros com os seus cantos. E, quando eles se aproximavam com os seus barcos para escutá-las melhor, morriam com os barcos se desfazendo nas rochas. Muitos procuraram passar por aquele local usando toda sorte de estratégias, mas não conseguiram. Um deles tapou os ouvidos com cera para não ouvir o canto, mas era demasiadamente lindo e profundo. Outros se prenderam ao mastro, pedindo que ninguém os soltasse para escutar a beleza da música, mas não foi possível.

Depois de muito tempo, alguém se lembrou de levar Orfeu no seu barco, o músico excepcional que cantava e tocava tão maravilhosamente que as vozes sedutoras das sereias ficaram apagadas. Dessa forma, o barco chegou em segurança ao seu destino. Eles venceram porque escutaram uma canção infinitamente melhor do que aquela que os levava à destruição.

Quando o mal nos tenta, apenas uma melodia mais doce e mais linda do que a canção do inimigo pode fazer-nos vencedores: a canção do Senhor Jesus! Não existe outra maneira. Não podemos escapar, nem vencer com base na disciplina, ou de "estratagemas" espirituais, ou de conhecer dez passos imprescindíveis para vencer, ou qualquer outra coisa que você possa imaginar ou inventar.

Somente a beleza do Senhor Jesus nos pode fazer triunfar. Somente quando o amamos incondicionalmente, descobrimos que aquilo que o maligno nos oferece não passa de lixo.

1 UM CASAMENTO E UM JANTAR, O PRINCÍPIO E O FIM DO MINISTÉRIO DO FILHO DE DEUS

Imagine que você está passeando tranquilamente na rua e, de repente, encontre um painel publicitário com os seguintes dizeres:

> *Nove horas da manhã, na Universidade de... (você pode colocar o nome daquela que julga ser a mais famosa do mundo), o conhecido Doutor ou Doutora em Ciências e Letras..., ganhador de vários prêmios Nobel, vai falar sobre a origem e o destino do Universo. As suas palavras serão transmitidas ao vivo, via satélite, para as emissoras de rádio e televisão de mais de cento e oitenta países.*

Que momento mais impressionante! As reticências estão ali para você colocar o seu nome. Você é o mestre mais admirado do mundo e irá explicar algumas de suas descobertas. Você mesmo escolheu o lugar, o público, o reconhecimento e os meios de comunicação que estarão presentes. Você fala com a imprensa e com as importantes emissoras de rádio e televisão do planeta e tudo está preparado para esse momento. O que você vai dizer é muito importante porque terá influência direta sobre todas as pessoas do mundo e uma incrível repercussão na história dos próximos séculos.

Assim nós teríamos organizado o evento. Pelo menos assim!

O Mestre com letra maiúscula surpreendeu a todos. Não foi à sinagoga primeiro, embora todos os doutores da lei ali estivessem, e poderiam ouvi-lo, reconhecendo a Sua inteligência e as Suas ideias. Não se apresentou na escola mais importante de Jerusalém, e nem sequer foi ao deserto para que o povo pudesse vê-lo, como fez João Batista, visto que ele lhe havia aberto o caminho e seria muito natural segui-lo.

A APRESENTAÇÃO DO REINO: Alegria em abundância

Deus continua a nos surpreender. O Messias iniciou o Seu ministério público num casamento entre a euforia, a alegria, as frases galanteadoras e os comentários, por vezes, em voz acima do normal. O Senhor Jesus fez o Seu primeiro milagre e se deu a conhecer. Ele se apresentou diante de todos.

> *Jesus também foi convidado, com os seus discípulos, para o casamento. Tendo acabado o vinho, a mãe de Jesus lhe disse: Eles não têm mais vinho. Mas Jesus lhe disse: Mulher, que tenho eu contigo? Ainda não é chegada a minha hora. Então, ela falou aos serventes: Fazei tudo o que ele vos disser. Estavam ali seis talhas de pedra, que os judeus usavam para as purificações, e cada uma levava duas ou três metretas. Jesus lhes disse: Enchei de água as talhas. E eles as encheram totalmente. Então, lhes determinou: Tirai agora e levai ao mestre-sala. Eles o fizeram. Tendo o mestre-sala provado a água transformada em vinho (não sabendo donde viera, se bem que o sabiam os serventes que haviam tirado a água), chamou o noivo e lhe disse: Todos costumam pôr primeiro o bom vinho e, quando já beberam fartamente, servem o inferior; tu, porém, guardaste o bom vinho até agora. Com este, deu Jesus princípio a seus sinais em Caná da Galileia; manifestou a sua glória, e os seus discípulos creram nele* (JOÃO 2:2-11).

A Bíblia diz que Jesus e Seus discípulos foram convidados para o casamento. É claro que ninguém podia se apresentar demasiadamente "sério" ou "transcendente" na forma como teríamos imaginado. O Salvador e Seus discípulos não apareceram ali para estragar a festa. Pelo contrário, para vivenciá-la com todos. Por definição, o casamento é o acontecimento mais feliz que possa existir. Jesus sabia disso. E, por esse motivo, quis que o evangelho do reino fosse "batizado" em primeiro lugar, pela alegria.

> Entre a euforia, a alegria, as frases graciosas e por vezes comentários em altas vozes, o Mestre realizou Seu primeiro milagre e se deu a conhecer. Ele se apresentou diante de todos.

Tudo parecia perfeito até que algo imprevisível aconteceu. De repente, o vinho acabou. E com ele, de modo figurado, a alegria de todos os convidados. Naquele tempo, qualquer coisa poderia faltar numa festa de casamento. Mas o vinho, jamais. Quem sabe, era a primeira vez de muito tempo que aquilo acontecera. Talvez nunca, em toda a história de Israel, o vinho tenha acabado em uma festa de casamento!

Não foi por acaso. O vinho representava o relacionamento do povo de Israel com o seu marido, o Criador. E o fato de que havia terminado era a figura de Israel que não foi fiel ao Senhor. A festa não podia continuar sem vinho; a festa acabaria se não existisse amor. A infidelidade de Israel para com o seu Deus havia tornado sem sentido o seu caráter como esposa. Nada havia para celebrar, e muito menos, uma festa de casamento.

Exatamente nesse momento, o Senhor Jesus "entra em cena". Mandou que enchessem de água as talhas de pedra que eram usadas para o ritual de purificação, e eles obedeceram de forma incondicional. As talhas ficaram completamente cheias, de tal modo que não só se cumpriam Seus desejos, como também ficaria provado que não se poderia misturar outro líquido.

Não poderia haver fraude. O vinho tinha de ser absoluta e completamente novo. Jesus não queria que ficasse nenhuma dúvida quanto aos Seus atos. Ele não tolerou jamais qualquer indício de um possível engano.

Não devemos esquecer que aquela água não era uma água qualquer. Ela estava reservada para o rito da purificação. As talhas ali estavam para que os convidados pudessem lavar as mãos. Elas representavam a religião, o exterior, o ritual que queria rememorar o relacionamento de Israel com o seu Deus.

Era um rito que já não tinha qualquer valor porque a água só lava o que está do lado de fora, o exterior, o que se vê, algo que não serve diante de Deus. A água era usada para manter as tradições religiosas. Os convidados precisavam manter-se limpos durante toda a festa, daí necessitarem de uma grande quantidade de água para lavarem as mãos várias vezes.

Quando Jesus transformou essa água TODA em vinho (poderia ter usado apenas três ou quatro das seis talhas e deixado algo para a purificação), revelou o Seu caráter diante de todos e o que Ele queria fazer com todas essas tradições. A água já não mais era necessária para a purificação. A partir deste momento, era impossível manter os rituais religiosos. Todos tinham de participar da festa! E, se quisessem lavar as mãos, teriam de fazê-lo com vinho!!!

> Tudo começou numa festa de casamento... e terminará da mesma forma. A primeira festa foi na manifestação do Cordeiro de Deus. A última festa de casamento será do Cordeiro com a Sua Igreja e se prolongará por toda a eternidade.

Este foi o primeiro ensinamento do Mestre: terminaram as tradições religiosas. Não mais talhas para banhos rituais. Não mais a falsa espiritualidade nem a santidade aparente. Para Deus não valem pessoas limpas e reluzentes por fora, e vazias por dentro. Deus diz "não!"

para as inúteis normas que alguns querem cumprir à risca, enquanto Ele continua esperando uma adoração sincera e fidelidade inquebrantável. A partir deste momento, o relacionamento deve ser espontâneo, natural, direto, irresistível. O vinho novo chegou!

Os serventes obedeceram de imediato, levando a água ao responsável pela festa — o que significou para eles uma grande dose de fé. Oferecer água quando estão esperando vinho? Eles obedeceram, tomaram as talhas e seguiram as ordens do Mestre ao pé da letra, embora nada soubessem do que ia acontecer.

Veja, muitas vezes Deus nos pede que façamos algo difícil de entendermos. E, embora que os outros zombem de nós, porque não há sentido no que fazemos, o valor do que realizamos surge em consequência da nossa obediência a Deus. É o segredo de uma vida de fé.

E então algo aconteceu. Como alguém se expressou de uma forma extraordinária: "A água chegou ao seu Criador e se encabulou; ficou corada!" A água se tornou vinho na essência, na cor e na antiguidade. Era um vinho envelhecido, apesar de ter apenas alguns segundos de vida. Poderíamos chamá-lo de "presença de história" no que Deus cria e nos milagres que Ele realiza. À Sua maneira e no Seu tempo.

Jesus não multiplicou o vinho como mais tarde faria com os pães e os peixes. Esse foi o Seu primeiro milagre e queria que todos compreendessem o que estava fazendo. Nada de vinho velho e sem valor! As reformas ou pequenos remendos não têm valor para Deus. Tudo é completamente novo: as tradições religiosas não somente estavam totalmente superadas como também deviam ser descartadas. Deus não as suporta.

Jesus veio para proclamar uma mudança radical, total, única. Não veio para melhorar o que eles tinham, mas veio para lhes oferecer algo completamente novo. O que os homens estavam oferecendo já não tinha nenhum sentido. O vinho da religiosidade havia perdido toda a alegria.

A lei havia retirado do homem a possibilidade de gozar um relacionamento íntimo com Deus, porque o pecado de cada um de nós colocou um enorme abismo, impedindo-nos de tomar, junto ao Criador, o mesmo vinho e desfrutar da mesma mesa. Não se trata de pequenas mudanças em nossa vida: trata-se de nascer do Alto, nascer de novo.

> JESUS NÃO MULTIPLICOU O VINHO.
> ELE CHEGA PARA TRAZER ALGO COMPLETAMENTE NOVO.
> ELE JAMAIS FALA DE REFORMAS OU RETOQUES, MAS NOS OFERECE
> UMA VIDA ABUNDANTE, RADICALMENTE NOVA,
> ALEGREMENTE LUMINOSA...

No mesmo instante, quando as coisas inúteis se foram, Jesus transformou a água em vinho. Naquele momento, quando ninguém podia oferecer nada, Jesus apresentou o Seu vinho novo. Para isso, foi necessário que tudo acabasse. Era imprescindível que todos, inclusive nós, sentíssemos insegurança e necessidade. Nada de reformas, retoques ou maquiagens espirituais. A vida que o Senhor Jesus oferece é completamente nova. Exatamente como Ele vai recordar mais tarde (JOÃO 10:10), essa nova vida se caracteriza pela abundância e fartura. Seis talhas com seiscentos litros de vinho! A alegria de Deus é transbordante porque todos os convidados à festa não puderam beber nem sequer a mínima parte do que Deus estava lhes oferecendo.

O que Jesus fez pode parecer falta de respeito. Para que seiscentos litros de vinho? É claro que não era para os convidados abusarem do álcool. Era sim para mostrar a abundância de Deus, uma abundância que sempre estará presente no ministério do Senhor Jesus. Os Seus milagres vão muito além do necessário. O pão e os peixes sobram depois de alimentar milhares de pessoas. Os enfermos são curados mesmo que não lhe peçam. O perdão se estende a todos, aos que merecem e aos que não o merecem. Jesus viveu esbanjando bênçãos, abraçando o marginalizado, oferecendo momentos eternos. Jamais mediu o Seu amor e Sua graça. Ele se entregou completamente.

Deus não é um Deus de medidas exatas; Ele não dá a cada um o que lhe corresponde de uma forma perfeitamente controlada. Deus é pródigo, magnânimo, doador sem medida. Ele quer que sempre sobre. Ele deseja que apreciemos a Sua abundância. Ele quer que aprendamos a viver.

A CEIA MAIS IMPORTANTE NA HISTÓRIA DA HUMANIDADE

A primeira aparição de Jesus com os Seus discípulos em público foi nessa festa de casamento. Três anos mais tardes, e antes de ser entregue, Jesus também se encontrou numa ceia com os Seus discípulos. Desta vez foi na intimidade, o que não aconteceu de forma alegre como foi aquela primeira festa, mas não há qualquer dúvida de que comeram juntos com uma profunda alegria no coração.

Uma festa de casamento para iniciar Sua vida pública e uma ceia antes de seguir para a cruz.

São demasiadas coincidências para nos darmos conta de que a mão de Deus estava por trás de tudo: o vinho, os discípulos, a comida, a alegria, o milagre, a companhia, as palavras, os gestos, a transcendência dos detalhes, a festa… A última ceia também foi uma festa embora possa nos parecer incrível: "Lançai fora o velho fermento, para que sejais nova massa, como sois, de fato, sem fermento. Pois também Cristo, nosso Cordeiro pascal, foi imolado. Por isso, celebremos a festa não com o velho fermento, nem com o fermento da maldade e da malícia, e sim com os asmos da sinceridade e da verdade" (1 CORÍNTIOS 5:7,8).

Muitas coincidências, poderiam pensar os discípulos. Mas só Jesus conhecia, naquele momento, as diferenças: na festa de casamento, Jesus foi o convidado; na última ceia, foi Ele que convidou. No casamento, o vinho terminou e Ele teve de providenciá-lo para todos; na última ceia, Ele se deu a si mesmo.

Ele diz aos discípulos que o vinho representa o Seu próprio sangue. Dessa forma, esbanja, oferece, presenteia, constituindo o exemplo mais sublime de toda a História. Jesus se dá a si mesmo, entrega Sua vida por amor a cada um de nós.

Na festa de casamento, estavam muitas pessoas e todos vivenciaram a alegria do momento. No fim da Sua vida, foram poucos os que ficaram com Ele. E todos ficaram tristes ao saber do que estava para acontecer.

A última ceia nos ensina o valor dos amigos nos momentos mais difíceis. Jesus não convidou os intérpretes da lei, nem os mestres a participarem da ceia, nem quis lhes explicar o que ia fazer, para que compreendessem de uma vez o significado da páscoa, o valor do Cordeiro de Deus morrendo pela humanidade... e assim eles puderam ensinar ao povo.

Jesus convidou apenas os amigos.

Quis passar com eles os últimos momentos e que fossem eles a desfrutar dessas lembranças no futuro. Abriu diante deles o Seu coração e os Seus sentimentos. Falou durante várias horas como se nada mais tivesse valor, como se não houvesse o dia seguinte. Explicou-lhes o que havia no fundo da Sua alma e nos deu a possibilidade de conhecermos uma parte do coração de Deus.

Pode ser que essa seja a razão porque o Senhor Jesus deseja que recordemos essa última ceia. Não estabeleceu nenhum trabalho ou ministério sobre os Seus ensinamentos ou de Seus milagres. Nem sequer implantou uma festa religiosa para celebrar a ressurreição de Lázaro, a multiplicação dos pães ou algum outro evento que nós consideremos importante. O que Ele quis foi que nos lembrássemos da Sua última ceia.

O que Jesus deseja é que cada vez que tomarmos o pão e o vinho (sejam quais forem as circunstâncias), nós nos lembremos dele. Que cada vez que juntos comermos, Ele esteja presente! Que jamais o esqueçamos, que seja tão importante em nossa vida que não possamos entender a nossa vida sem Ele.

Ele não quis deixar estabelecida uma recordação séria, solene e respeitosa como nós gostamos de fazer a nós mesmos. Ele simplesmente se alimentou com os amigos e disse que nos lembrássemos dele cada vez que fizéssemos o mesmo. A cada vez que comermos.

Gratidão e recordação.

Recordação e gratidão são quase a mesma coisa. Essa é a atitude que Deus espera de nós sempre que falarmos da última ceia. Deve ser também nossa atitude enquanto esperarmos pela ceia que virá — a festa de casamento da qual faremos parte!

A eternidade ficou refletida em um único ato: passado, presente e futuro em um só momento. "Cada vez que o fazeis (hoje), minha morte (ontem) anunciais, até que venha (amanhã)." Nenhum outro ato religioso, litúrgico, social, ou de qualquer natureza que desejarmos acrescentar, tem o mesmo valor que a lembrança daquela simples ceia. Nada se compara com a amizade do Senhor Jesus.

> ELE SIMPLESMENTE COMEU AO LADO DOS SEUS AMIGOS E NOS DISSE QUE NOS LEMBRÁSSEMOS DELE CADA VEZ QUE FIZÉSSEMOS O MESMO.

Este foi o plano de Deus. A vida pública do Senhor Jesus começou numa festa de casamento e terminou em outra festa, que a Bíblia chama de "as bodas do Cordeiro". Na primeira festa, Jesus e Seus discípulos foram convidados. No fim dos tempos, Ele será o Anfitrião. Naquele momento, Ele estará celebrando o Seu próprio casamento com a Sua igreja, com a esposa que Ele mesmo comprou com o Seu sangue. Na primeira festa, transformou água em vinho. Nas bodas do Cordeiro, seremos Sua noiva, porque um dia, na cruz, Ele derramou todo o Seu sangue como o vinho oferecido por nós.

Este é o alvo de toda a história, o ponto final e definitivo: as bodas do Cordeiro. Nós, os que cremos nele, somos os eleitos por Jesus. Vivemos num processo de permanente noivado até o dia da nossa morte ou até que nos encontremos face a face com Ele. Não necessitamos olhar para ninguém mais, vivemos permanentemente com nossos olhos abertos e brilhantes como alguém que está profundamente extasiado e apaixonado. Não queremos amar a ninguém mais que a Ele, porque ninguém pode nos amar tanto como Ele, e ninguém pode nos emocionar como o Senhor Jesus. Cada momento, cada segundo da nossa vida, cada lembrança e cada projeto está ligado ao nosso Noivo.

O nosso futuro será uma permanente festa de casamento.

Não tinha formosura nem beleza; e quando olhávamos para ele, nenhuma beleza víamos, para que o desejássemos (ISAÍAS 53:2).

8 VIVENDO COM PAIXÃO

Ainda existem países onde a figura dos reis tem uma certa importância, como acontece na Espanha. Apesar de ser um Estado com um governo democrático e de os reis não terem qualquer valor quanto ao governo do país, por mais próximos que queiram estar dos seus súditos, a realeza sempre está fora do alcance das pessoas "comuns". Quase ninguém pode se aproximar deles, ser convidado a visitá-los ou lhes falar pessoalmente. Não consigo imaginar como seriam os reis absolutos da antiguidade, os quais, com uma única palavra, poderiam enviar você e eu à fogueira ou nos retirar todos os bens, sem que ninguém pudesse nos defender.

A suntuosidade, a realeza, a distância, a inacessibilidade são características impossíveis de serem superadas pelos súditos. Você não pode molestar ao seu rei por qualquer motivo. Você não pode se aproximar dele, a menos que tenha um problema sério. Você não pode encontrá-lo na rua misturado com as pessoas comuns.

Quando o Rei dos reis se fez homem, destruiu todas as imagens e ideias que nós tínhamos. O majestoso Criador passeava entre as multidões, se detinha e deixava de lado o Seu "trabalho" para acariciar uma criança. Deixava de pregar quando um pobre necessitava de ajuda. O Senhor Jesus nos mostra a terna majestade do Todo poderoso, a proximidade de quem criou o homem para desfrutar de um relacionamento pessoal com Ele. Jesus ama as pessoas, emociona-se passeando e falando com cada um. Ele nos impressiona juntando-se aos menosprezados; tocando e abraçando a todos num sublime desejo de mostrar a compaixão do Pai. Esta é a Sua forma de ser.

A TERNURA DE DEUS

O Senhor Jesus se aproximou dos desprezados pela sociedade e abraçou aqueles a quem, por lei, estavam "proibidos" de serem tocados. Buscou a companhia dos que nada tinham, dos deserdados e dos solitários. Comprometeu-se com aqueles os quais todos deixavam de lado. Atreveu-se a tocar nos leprosos, ressuscitou a filha de Jairo, tomando-a pela mão. Colocou Sua mão sobre os enfermos e tocou os olhos dos cegos para curá-los. Ele deseja que todos saibam que Deus está perto, ao lado de todos. Ele quer não somente que saibam, mas também que sintam.

Ama a todos, aproxima-se das crianças e as abençoa. Toma-as no colo. Abraça aos Seus nos momentos que eles mais necessitam. Expressa a ternura e o amor de Deus de um modo que todos possam sentir.

Vive tão perto do Seu povo que chega a se confundir com ele. Faz o que ninguém fez antes, e nem o fará no futuro.

> DEUS NÃO APENAS ESTÁ NO SEU TRONO GOVERNANDO O UNIVERSO, COMO TAMBÉM ESTÁ AO NOSSO LADO TOCANDO NOSSA VIDA... ESPIRITUALMENTE E FISICAMENTE.

O profeta o havia definido muito bem: o Messias "Não contenderá, nem gritará, nem alguém ouvirá nas praças a sua voz" (MATEUS 12:19). Jesus nunca se apresentou como um mestre que se impunha, mas como o amigo que dialogava. Não precisava dar explicações e opiniões sobre as coisas; simplesmente expunha a verdade e esperava que ela fosse aceita. Tinha todo o direito de ser ouvido, mas foi Ele que escutou e perguntou.

Jesus viveu sempre derramando a ternura de quem não impõe a sua razão. Mesmo quando Pedro e os demais afirmaram, em certo momento, que não o abandonariam por nenhum motivo — Ele sabia que não era verdade... Ele não jogou isso na cara deles, e se calou. Jesus deixou que o tempo e as circunstâncias ensinassem aos mais arrogantes (MATEUS 14:31). Deus segue se comportando da mesma forma e não intervém cada vez que vamos contra a Sua vontade. Simplesmente observa e permite que cheguemos às nossas próprias e equivocadas conclusões. Deus não grita, não fala em voz alta, nem sai vitorioso em cada discussão, com um sorriso cínico de quem estava com a razão.

Em muitas outras ocasiões, Jesus se cala para conquistar o coração. Deixa de discutir para chegar ao fundo da alma. Ensina e estende Sua mão para jamais nos encontrarmos solitários, ainda que nos equivoquemos.

> O SENHOR JESUS DEDICOU MAIS TEMPO LUTANDO CONTRA A DOR DO QUE PROCLAMANDO A SUA MENSAGEM.

O comportamento do Messias foi único: dedicou mais tempo lutando contra a dor do que em proclamar a Sua mensagem.

Ele se preocupou com o sofrimento das pessoas. Viveu mais interessado nos outros do que com a Sua própria fama. Não quis ser um líder de massas, mas veio para abraçar cada pessoa. Dedicou Seu tempo a restaurar os que sofrem e a estar ao lado dos necessitados a compartilhar da dor de todos. Foi até a cruz como o último e definitivo passo do Seu amor por nós, levando nossas próprias culpas. Não só falou de amor, como o demonstrou.

Isso Ele demonstrou em cada detalhe da Sua vida. Ele se preocupou com as pessoas quando nada tinham para comer porque não desejava que sofressem: Jesus chamou os seus discípulos e disse: "Tenho compaixão desta gente, porque há três dias que permanece comigo e não tem o que comer; e não quero despedi-la em jejum, para que não desfaleça pelo caminho" (MATEUS 15:32). Preocupou-se com os discípulos em todo momento, neles "tocando" (MATEUS 17:7) quando estavam com medo e cheios de dúvidas. Nada há como sentir o abraço de um amigo quando estamos com medo. E, muito mais, se os braços que nos envolve são os do Criador. Foi como aconteceu quando souberam da morte de João Batista. Jesus os abraçou e os levou a um lugar deserto para que pudessem descansar.

> A ÚNICA FORMA DE TER COMPAIXÃO É VIVER A VIDA COM PAIXÃO.

O Senhor Jesus nos ensinou que não há outra maneira de viver uma vida próxima do Pai: Ele jamais pregou a partir do nível da Sua superioridade. Não quis explicar os mistérios do reino apoiado na grandeza das Suas palavras ou no aspecto milagroso das Suas ações. A Sua única razão de ser era a compaixão. O que moveu o coração de Deus foi o amor desinteressado por todos; um amor que iguala, que explica a grandeza de Deus colocando-se na mesma altura do pecador. Uma compaixão que se vive com toda a paixão da eternidade.

A COMPAIXÃO DE DEUS

> *E percorria Jesus todas as cidades e povoados, ensinando nas sinagogas, pregando o evangelho do reino e curando toda s orte de doenças e enfermidades. Vendo ele as multidões, compadeceu-se delas, porque estavam aflitas e exaustas como ovelhas que não têm pastor. E, então, se dirigiu a seus discípulos: A seara, na verdade, é grande, mas os trabalhadores são poucos. Rogai, pois, ao Senhor da seara que mande trabalhadores para a sua seara* (MATEUS 9:35-38).

Ele percorria todas as cidades porque sabia que todos precisavam dele. Ele nos estava ensinando que, de certa forma, não se importava se lhe escutassem ou não. Sabia que o evangelho do reino necessitava ser anunciado em todos os lugares e a todas as pessoas. Nós, muitas vezes, vamos aonde nos querem receber. Sabemos de muitos outros que precisam de nós, mas caímos na tentação de julgar o valor da mensagem pelos resultados que alcançamos.

Jesus ensinava em todos os lugares e ia às sinagogas, onde as pessoas se encontravam. Buscou os necessitados e não esperou que eles viessem ouvi-lo. Ele tinha todo o direito de fazê-lo porque era Deus feito homem, mas mesmo sendo o melhor mestre que o mundo jamais escutou, não se apoiava na Sua própria sabedoria para esperar que todos viessem a Ele.

O Salvador vivia curando toda sorte de enfermidades, comprometendo-se com os problemas de cada pessoa. Preocupava-se com o que as pessoas sentiam. Não veio proclamar uma mensagem teórica. Ele veio para se envolver completamente na vida de cada um de nós. Em nossas dores. Em nossa necessidade.

Compaixão!

Alguma vez, já nos detivemos para contemplar as pessoas ao nosso redor? Como as vemos? Como um produto a mais em nosso esforço para termos mais poder, dinheiro ou prazer? A Bíblia diz que o Senhor Jesus se "movia em seu íntimo, em compaixão" ao contemplar o povo. "Angustiadas" – assim via as pessoas. Como nós as vemos?

Jesus nos pede que oremos ao Pai para que "envie" obreiros. Literalmente, diz "que os conduza para fora", como se Deus tivesse de empurrar as pessoas para o ministério.

Se você não acredita, pense em quantas vezes Deus teve de chamá-lo. Quantas vezes vivemos com a frieza de um coração vazio e ficamos tranquilos em nosso confortável cristianismo, ao invés de nos preocuparmos com os outros!

O Messias sempre buscou aos que tinham o coração quebrado e viviam desprezados e angustiados. Mesmo sendo rejeitado, Ele seguia convidando a todos, sempre e sempre. Como nós reagimos quando nos rejeitam? Que fazemos quando damos o nosso melhor a todos, e de repente nos menosprezam e olham para outro lado? Que fazemos quando sabemos que alguém nos critica, ou diz mentiras pelas nossas costas?

Passou, então, Jesus a increpar as cidades nas quais ele operara numerosos milagres, pelo fato de não se terem arrependido. Vinde a mim, todos os que estais cansados e sobrecarregados, e eu vos aliviarei (MATEUS 11:20,28).

Essa foi a resposta à rejeição. Não há palavras de reprovação em Sua oração, mas apenas compaixão e ternura. A dor e a incompreensão fizeram que Ele se concentrasse mais em Suas "armas": amor, graça, compaixão... Quanto mais o menosprezavam, mais Ele queria ganhar essa "batalha" com o Seu amor.

Impressiona-me que muitas vezes Ele sentiu a aflição de quem não pode mudar o destino de outra pessoa porque não quer impor a felicidade pela força. Não quer destruir a liberdade do indivíduo para que descubra que está perdendo a grande oportunidade da sua vida. Chorou por Jerusalém. Ele bem conhecia os seus habitantes e sabia que iam leva-lo à cruz, cuspir nele, e zombariam ao ser ferido. Entretanto, Ele chorou por eles.

Jerusalém, Jerusalém, que matas os profetas e apedrejas os que te foram enviados! Quantas vezes quis eu reunir os teus filhos, como a galinha ajunta os seus pintinhos debaixo das asas, e vós não o quisestes! (MATEUS 23:37).

O Messias chorou por mim e por você!

OS SENTIMENTOS DE DEUS

Jesus nunca escondeu Seus sentimentos. A Bíblia diz que por vezes se entristecia e não se importava com o que os outros pudessem pensar. Talvez muitos não consigam acreditar que Deus possa "sentir-se" tão fraco. Mas Ele declarou isso com as suas próprias palavras: "A minha alma está profundamente triste até à morte" (MATEUS 26:38). Aquele foi o momento mais difícil da sua vida na terra. Porém, Ele não quis aparecer como um super-homem que enfrenta a morte com toda a arrogância do mundo. Não quis se mostrar tão radicalmente forte como se as circunstâncias não tivessem qualquer influência sobre Ele.

As nossas lágrimas foram redimidas naquela noite! A tristeza passou a fazer parte da nossa linguagem quando o Filho de Deus a recebeu como um convidado em Sua própria vida. O Rei dos reis e Senhor dos senhores assumiu o fato de ser marcado pela Sua dor e Sua aflição. O Deus Salvador mostrou Seu temor diante dos Seus amigos. A partir de então, ninguém pode estar triste sem ter na lembrança as palavras de Jesus. Ninguém pode vivenciar uma angústia passageira sem saber que Deus mesmo a escolheu como companheira.

A LEPRA, A MELHOR DESCULPA PARA A COMPAIXÃO.

Alguns detalhes parece que não mudaram muito. Naquele tempo da história, os leprosos eram odiados pelos que os cercavam. Ninguém podia se aproximar deles, nem sequer a sua própria família. Os desconhecidos mantinham-nos afastados atirando-lhes pedras. Não deixavam que bebessem nas fontes ou nos rios para que não os contaminassem. Nem sequer seus amigos tinham suficiente coragem para chegar perto deles. Muito menos para amá-los!

Todos sabemos que é muito difícil amar aquele que não se pode abraçar.

Nada podia ser pior na vida de um leproso. E ainda mais, a lepra não só tipificava o pecado, como também representava a impureza que o pecado provoca. Quando se descobria que alguém estava com lepra, ele passava a ser menosprezado para sempre, perdendo todo o contato com os outros. Essa, verdadeiramente, era uma situação sem esperança. Como se isso fosse pouco, o leproso era tratado dessa forma até a quarta geração, para que não houvesse possibilidade de contágio. Quando se encontravam com algum desconhecido deviam gritar

"Imundo, imundo", para que ninguém se aproximasse a menos de alguns metros de distância e fosse contagiado. Alguns rabinos diziam que, se o leproso se aproximasse, deviam apedrejá-lo. Mesmo conhecendo o que acontece hoje com os portadores de Aids e o desprezo irracional a que são submetidos, a situação desses pacientes não é tão terrível como era naquele tempo para os leprosos.

Jesus se aproximou deles, tocou e os abraçou. Esse foi o evangelho do reino para eles. O Messias tomou para si o pecado deles, e com ele, o desprezo e o ódio. Jesus não explicou aos leprosos o motivo da sua enfermidade, nem lhes deu uma lista de orientações quanto ao que podiam ou não podiam fazer. Não lhes falou das injustiças da vida ou da razão de ser do mal no Universo. Simplesmente tocou neles e eles sentira-se abraçados pela primeira vez. Depois de muitos meses vivenciando o desprezo de todo o mundo, cada leproso de que Jesus se aproximava sentia fisicamente o abraço de alguém: do próprio Deus!

> AO LERMOS OS EVANGELHOS, DÁ-NOS A IMPRESSÃO DE QUE DEUS NÃO QUER SER OBEDECIDO EM PRIMEIRO LUGAR, MAS SER AMADO.

Ele é o nosso Exemplo. Jesus tocou os intocáveis, os menosprezados, os esquecidos... Quando lemos os evangelhos, sempre terminamos com a impressão de que o Senhor não quer ser obedecido em primeiro lugar, mas ser amado. Como reagimos diante tal exemplo? O que está acontecendo hoje com os contaminados pela Aids? E com os pobres, os marginalizados, os menosprezados, os drogados e os sem teto, que vivem nas nossas ruas?

Compaixão. Palavra difícil. E muito mais difícil é a aplicação dela em nossa vida e na vida das nossas igrejas. Esquecemo-nos de que o nosso coração deve estar desejando viver perto dos outros, preocupando-nos com os que sofrem. Sofrendo com eles. Chorando pelos que se perdem. Porque Tu és o nosso Mestre: absolutamente acessível, o Ser mais próximo que já existiu!

Nós nos assemelharemos mais ao Senhor quanto mais acessíveis formos. Um cristão alcança a maturidade quando o vemos próximo; quando o consideramos como um amigo...quando se encontra mais próximo dos outros. É triste, mas isto é justamente o que NÃO podemos dizer a respeito de muitos líderes de igrejas e organizações, porque é quase impossível aproximar-se deles.

Talvez não seria demais dizer que grande parte do caráter de Cristo em nossa vida pode ser visto dentro dos nossos olhos, em nossa visão. No modo como vemos os outros e se somos capazes de chorar por eles. O caráter de Cristo enche nossa vida quando somos capazes de ver a todos com os mesmos olhos que Jesus vê. A compaixão vem daquilo que nosso coração é capaz de refletir em nossos olhos.

Não podemos ter compaixão se não vivermos com paixão.

*O Espírito do Senhor Deus
está sobre mim* (ISAÍAS 61:1).

9 O MAIOR DE TODOS

Ele se pôs em pé quando leu em público, pela primeira vez, o livro de Deus, e todos fixaram os olhos nele. Eles o conheciam bem. Haviam escutado o que as pessoas falavam dos Seus feitos miraculosos e das Suas palavras. Ele havia estado na sinagoga muitas vezes. Mas, até aquele momento, o Mestre de Nazaré nunca tinha aberto o rolo da lei diante de todos. De certa forma, era como se não tivesse sido apresentado.

O dia chegou. Embora tivesse o costume de ir à sinagoga, e todos sabiam que Ele era um homem temente a Deus, aquele era o dia em que Ele começaria a fazer a leitura da lei em público. Deram-lhe o livro do profeta Isaías. O Deus Pai, que sempre se encontra por trás de todos os detalhes, moveu as circunstâncias para que se cumprissem as palavras do profeta. E Jesus começou a ler. Melhor dito, começou a recitar, porque as palavras saíram do Seu próprio coração.

> *O Espírito do Senhor está sobre mim, pelo que me ungiu para evangelizar os pobres; enviou me para proclamar libertação aos cativos e restauração da vista aos cegos, para pôr em liberdade os oprimidos, e apregoar o ano aceitável do Senhor. Tendo fechado o livro, devolveu-o ao assistente e sentou-se; e todos na sinagoga tinham os olhos fitos nele. Então, passou Jesus a dizer-lhes: Hoje, se cumpriu a Escritura que acabais de ouvir* (LUCAS 4:16-21).

Tudo se cumpriu. Ele proclamou o evangelho do reino e o fez no poder do Espírito Santo. Inclusive os que não criam nele disseram que ninguém ensinava como Ele, pois falava com uma ternura irresistível. Eles não podiam deixar de ouvir, nem os mais incrédulos e nem os que o escutavam tendo a boca e o coração abertos.

UM DEUS ACESSÍVEL

Jesus estava com trinta anos quando iniciou o Seu ministério. Ele era jovem e alegre. Vários dos Seus discípulos tinham menos idade que Ele. Às vezes pensamos que uma pessoa alcance a maturidade ao longo de anos para podermos confiar nela. Jesus era confiável desde o primeiro momento e escolheu gente jovem para cumprir a Sua missão.

Ele sempre viveu perto das pessoas e não se preocupava em proteger Sua fama e posição perante essas pessoas. Nós nos afligimos pelo que as pessoas pensam ou pelo que dizem a respeito de nós. Jesus se lançou ao ministério com a força e a beleza da juventude. E vivenciou cada minuto da sua vida cercado por homens e mulheres com as mesmas características. Essa foi a imagem que Ele nos deixou.

> AO CONTRÁRIO DO QUE MUITOS DOS SEUS SEGUIDORES APARENTAM, JESUS NÃO FOI INTRANSIGENTE, NEM SÉRIO; NÃO VIVEU SEPARADO, NEM DISTANTE.

Qualquer "imagem" dele a qual venha com uma aparência séria e solene, por demais piedosa e até um tanto fúnebre, levando consigo a intransigência de uma sabedoria conquistada na passagem dos anos, e a dor de muitos desenganos — isso nada mais é que uma invenção humana! Ao contrário do que muitos dos Seus seguidores aparentam, Ele não foi visto intransigente, nem sério; não viveu separado, nem distante. Não se vestiu com solenidade e nem falou do alto de uma cátedra. Os religiosos do Seu tempo o identificaram como um comilão e bebedor de vinho. Eles se incomodavam, não só por não cumprir a sua lei, mas (sobretudo!), também porque era feliz vivendo dessa maneira.

Ainda nos custa acreditar que gozar uma vida abundante é algo mais que uma declaração de boas intenções, ou uma bela frase dita para que as pessoas sejam atraídas. Deus veio à Terra não apenas para nos dar vida, como também nos ensinar a vivê-la. O Senhor Jesus veio para estar conosco, e isto não fez por obrigação, mas reluzindo de alegria.

Veio o Filho do homem, comendo e bebendo e dizeis: Eis aí um comilão e bebedor de vinho, amigo de publicanos e pecadores
(LUCAS 7:34).

Nenhum de nós permitiria que nos chamassem de "comilão e bebedor", nem sequer no melhor sentido da frase.[1] Não conheço nenhum líder espiritual ou discípulo do Mestre que deseje ser conhecido dessa forma. Muito nos machuca o que outros falam de nós. Preocupamo-nos com a nossa aparência e nossa fama. Jamais nos apresentaríamos como Ele fez.

Ainda bem que o Senhor Jesus era diferente! Passou quase toda a Sua vida entre o que os religiosos do Seu tempo chamavam de "más companhias". Todos gostavam de estar com Jesus e escutá-lo. Os pecadores passavam horas com Ele, e os que aparentemente sabiam menos, desfrutavam ouvindo o Mestre em qualquer situação. Embora por vezes não o entendessem, a Sua capacidade para estar perto dos "menosprezados" chegou sempre muito além do que ninguém podia expressar em palavras.

> JESUS PASSOU A MAIOR PARTE DA SUA VIDA ENTRE OS QUE OS RELIGIOSOS CHAMAVAM DE "MÁS COMPANHIAS".

UM DEUS CHEIO DE ALEGRIA

A alegria era a bandeira que tremulava a qualquer momento na vida de Jesus, inclusive nos momentos mais difíceis. O "anunciador" oficial do nascimento de Jesus: João Batista saltou de alegria no ventre de sua mãe ao saber que Ele ia nascer (LUCAS 1:44). Os anjos proclamaram "grande alegria" na terra quando Ele nasceu (LUCAS 2:10), e Deus anunciou com alegria o nascimento do Seu Filho. Essa mesma alegria chegou a todos quantos receberam a vida por meio dele!

Não existe outra maneira de se viver em conexão com Deus. Temos de sentir a Sua alegria mesmo nos mínimos aspectos da vida. Jesus falou do pastor que se alegra ao encontrar a ovelha perdida (LUCAS 15:6); da dona de casa que faz uma festa porque encontrou apenas uma moeda (LUCAS 15:9); da alegria do pai quando o filho volta para casa. "Era justo festejar e nos alegrarmos" foi o que o pai falou. Era impossível esconder tanta felicidade!

Jesus ensinou que a alegria deve ser a principal motivação na vida de quantos o seguem... "Estas coisas vos tenho dito, para que o meu gozo permaneça em vós, e o vosso gozo seja completo (JOÃO 15:11). Assim também vós agora, na verdade, tendes tristeza; mas eu vos tornarei a ver, e alegrar-se-á o vosso coração, e a vossa alegria ninguém vo-la tirará" (JOÃO 15:11).

> *Em verdade, em verdade vos digo que tudo quanto pedirdes ao Pai, ele vo-lo concederá em meu nome. Até agora nada pedistes em meu nome; pedi, e recebereis, para que o vosso gozo seja completo* (JOÃO 16:22,24).

Na entrada triunfal, em Jerusalém, as multidões gritaram cheias de alegria. Jesus foi à cruz pelo gozo, colocado diante dele (HEBREUS 12:2), e quando ressuscitou e apareceu aos Seus discípulos, "E, depois de o adorarem, voltaram com grande júbilo para Jerusalém" (LUCAS 24:52).

AS RELIGIÕES E SUAS NORMAS LEVAM-NOS À TRISTEZA. O CRISTIANISMO É UMA FESTA!

De mãos dadas com essa alegria, chega uma despreocupação total. Qualquer pessoa que leia as palavras do Sermão da Montanha percebe que não existe nenhuma razão para se viver angustiado. O Pai cuida de todos (inclusive dos que não creem nele) e a própria natureza nos ensina a descansar no Criador. "Por isso vos digo: Não estejais ansiosos quanto à vossa vida, pelo que haveis de comer, ou pelo que haveis de beber; nem, quanto ao vosso corpo, pelo que haveis de vestir. Não é a vida mais do que o alimento, e o corpo mais do que o vestuário?" (MATEUS 6:25).

Jesus nunca se preocupou por não ter casa nem posses. Ele desfrutava da natureza e do relacionamento com os amigos. Ensinou aos discípulos a não ter preocupações porque era assim que ele vivia. Nada era tão transcendental para poder desviá-lo da Sua missão. O importante era cumprir a vontade de Deus e fazê-lo de uma forma alegre.

Este foi o âmago dos Seus ensinamentos: quando vivemos perto do Criador, cumprindo a Sua vontade, a vida fica cheia de uma despreocupação quase que absoluta.

Muitas vezes nos esquecemos de que a angústia da vida é totalmente contrária a Deus. Quando nos desesperamos, estamos duvidando do amor de Deus e deixamos de ter confiança nas promessas do nosso Pai. Essa foi uma das razões do primeiro pecado da humanidade, da primeira rebelião. Adão e Eva preferiram acreditar nas mentiras do diabo, em vez de descansar na verdade de Deus. Escolheram a preocupação que se origina na rebeldia, em lugar da imensa paz que surge da obediência.

A vida com Deus é totalmente radical quanto à nossa confiança nele. Não devemos nos preocupar por nada, porque Deus tem tudo em Suas mãos. Já basta de ansiedade, angústia e desespero! O Messias viveu de uma forma completamente diferente, mesmo Ele tendo consciência de que era Deus e que poderia controlar tudo, se quisesse!

Demoramos muito em aprender que a alegria está intimamente ligada à liberdade. O descanso de Deus sempre vem acompanhado pela paz que Ele coloca em nosso coração. Jesus nunca se sentiu escravizado pelas normas. De fato, Ele mesmo deixou de cumprir muitas vezes as regras que os fariseus estabeleceram. E fez isso de propósito. Viveu com liberdade e esbanjou essa mesma liberdade em Seu relacionamento com os Seus discípulos. Ensinou-nos a obedecer a Deus sobre todas as coisas e não se preocupou com as regras que os homens tinham estabelecido em Seu nome.

Por isso, Jesus nunca deixou que Seus críticos lhe tirassem a alegria. Jamais se importou com o que os outros poderiam dizer. Ele fazia o que era certo, sem preocupações com a reação das pessoas. Ele não veio para agradar a todos, mas sim para cumprir a vontade do Pai. Ele viveu livre da tentação que mais nos assedia: querer causar boa impressão, estar sempre dependendo do que os outros possam dizer; levar a nossa vida não tanto em função do que devemos fazer, mas daquilo que outros nos dizem.

Esquecemos que uma das mais perceptíveis características de um discípulo de Jesus é que tenha aprendido a ser como Ele é, a aceitar-se a si mesmo. Não vivemos de acordo com o que os outros dizem; vivemos conforme o desejo de Deus.

> JAMAIS SE PREOCUPOU EM ABSOLUTO PELO QUE
> OS OUTROS PUDESSEM PENSAR.

A alegria do Senhor sempre governou a sua forma de entender o ministério que o Pai lhe confiou, não só em sua maneira de ensinar, como também nas "formas" às quais moldava Sua mensagem. Muitos dos ensinamentos de Jesus aconteceram enquanto comia com as pessoas. Sempre buscava passar tempo com todos. Muito melhor se fosse em uma refeição!

Com esse detalhe tão simples, estava rejeitando uma das "máscaras" que nós mais apreciamos: a do aspecto solene.

A solenidade chega a se constituir num dos nossos maiores inimigos porque defendemos que só uma característica é considerada "válida" para Deus: a absoluta seriedade. Jesus viveu cheio de alegria, esbanjando radiante felicidade. Ele demonstrou que, com a liberdade, chega de certa maneira a falta de controle, mas também a alegria, a graça e o reconhecimento de que Deus ama pelo puro prazer de amar, sem nenhuma outra razão.

Um filho sério, solene e com suas reações perfeitamente calculadas, torna-se ofensivo para seus pais, que sempre esperam que seja sincero, expressivo e feliz. A virtude rígida, fria e arrogante nos torna verdadeiramente insuportáveis, não só para os outros, como também para nós mesmos e para Deus.

Tornamo-nos orgulhosos e julgamos a todos. Julgamo-nos os mais santos porque relacionamos santidade com solenidade e tristeza. O próprio Jesus falou desse perigo: "Quando jejuardes, não vos mostreis contristados como os hipócritas; porque eles desfiguram os seus rostos, para que os homens vejam que estão jejuando" (MATEUS 6:16). Um crente não deve viver permanentemente com um semblante triste, porque o estar a sós com Deus nos enche de alegria, faz-nos transbordar de gozo. Os momentos que passamos a sós com o nosso Criador são os melhores momentos da nossa vida.

> EXISTE UMA PROFUNDA ALEGRIA QUE NASCE
> DA MAIS ABSOLUTA DESPREOCUPAÇÃO.

"Porque Cristo, nossa páscoa, já foi sacrificado. Pelo que celebremos a festa" (1 CORÍNTIOS 5:7,8). Embora nos seja impossível compreender, a consequência da morte do Senhor Jesus Cristo é uma festa. É preciso haver sinceridade para se desfrutar dessa festa. O Cristianismo celebra a morte e ressurreição de Jesus como o fato mais glorioso que já existiu na história da humanidade. Nenhuma outra religião convida para uma festa, mas à mortificação, ao esforço, ao jejum, às penitências, e muitas outras coisas semelhantes! Todas elas parecem ser muito religiosas, mas nos afastam de Deus. O cristianismo é radicalmente diferente: o momento sublime na história será uma festa de casamento com o próprio Filho de Deus.

O ÚNICO DEUS VIVO E VERDADEIRO

Alguns anos atrás, encontrei esta frase na parede de uma das estações do metrô de Madri: "Jesus está vivo, não fique com cara de morto!"

Não há nada mais de anticristão do que a tristeza absoluta. Alguém disse certa vez que um cristão triste é um triste cristão. Como é possível que os que seguem ao que ressuscitou dos mortos não reflitam a vida em seus rostos? Um cristão emburrado? Alguém para quem se torna pesado orar, ler a Bíblia ou falar de Jesus? Uma pessoa que sente dificuldade para dar a conhecer a fonte da liberdade, a alegria e a plenitude de vida?

É curioso que, na maioria dos meios de comunicação, os cristãos sempre são apresentados como gente séria e com aspecto solene. Consequentemente, a grande maioria das pessoas considera que uma vida santa seja algo desagradável. Nada mais distante do caráter de Jesus! Nada mais distante do Seu comportamento e das expressões de alegria que eram vistas em cada cidade que Ele visitava, com centenas de vidas transformadas, cheias de alegria, exultantes de gratidão e louvor a Deus pelo que Ele estava fazendo.

Esta é a chave do evangelho: sentir-se amado por Deus é saber que Ele nos conhece profundamente e jamais nos abandona. Ele desfruta e se agrada com a nossa presença, e se alegra cada vez que nos aproximamos dele e o abraçamos com todo o nosso coração. Como pode alguém saber que Deus o ama e não viver cheio de alegria? Muitos têm procurado criar um deus à sua própria imagem. Muitos artistas e escritores desenharam um Messias triste. Todos os que desconhecem o evangelho têm procurado ver no Salvador a séria transcendência daquele que vem realizar uma obra da qual o mundo inteiro depende.

Jesus não viveu assim!

Ele sabia qual era a Sua obra: veio para cumprir a vontade do Pai. Nessa obra, o sofrimento, a solidão e a morte estavam presentes. Porém Jesus enfrentou tudo de uma forma alegre e radiante.

Os fariseus, sim, eram pessoas sérias, aparentemente corretos, religiosos e respeitáveis. Jesus os definiu como pessoas que estavam mais distantes do reino porque acreditavam que ninguém era tão bom como eles. Se a seriedade é agradável para você, então você deve resolver um pequeno problema: a palavra "sério" não aparece nenhuma vez em todos os evangelhos e nem sequer está escrito na Bíblia.[2] Essa não é uma qualidade que Deus busca em nenhum dos Seus filhos. Deus não nos chama para sermos sérios, mas para sermos santos. Deus não espera de nós uma aparência de religiosidade, mas espera que vivamos tão apegados e dependentes dele, que desfrutemos da vida e da graça que Ele mesmo oferece.

A nossa meta é sermos como Jesus, e Ele nunca ia deixando "pessoas tristes" em Seu caminho como por vezes nós o fazemos, ferindo-os com as nossas palavras e nossas ações, simplesmente porque não vivem de acordo com os nossos critérios de santidade. Poucas pessoas podem ser tão ridículas como aquelas que afirmam ser quase perfeitas, encontrando falhas em todas as pessoas, sem se dar conta de que o maior de todos os defeitos é o seu próprio: seu orgulho que as afasta definitivamente de Deus.

> POUCOS TEM OUSADO FALAR OU ESCREVER SOBRE O SENTIDO DO HUMOR DO SENHOR JESUS, SENDO ELE MESMO O CRIADOR DO RISO E A FONTE DA ALEGRIA EM NOSSO CORAÇÃO.

Para que se dessem conta do seu erro, Jesus tratou sempre os respeitavelmente religiosos com um senso de humor. Veja alguns dos exemplos de que Ele se utilizou. Você consegue imaginar um cego guiando outro cego? Como acreditar num camelo passando pelo buraco de uma agulha? Que tal você viver com uma viga de madeira no seu olho?

> *Guias cegos! Que coais um mosquito, e engulis um camelo*
> (MATEUS 23:24).

Para os fariseus, o mosquito era o menor dos animais impuros; o camelo era o maior. No aramaico, as duas palavras têm um som muito parecido. Assim Jesus fez um jogo com elas. Os fariseus, às vezes, tomavam licor — ainda que fosse proibido por lei. Entretanto, coavam-no para que não tivesse nenhum mosquito, porque era um animal impuro. Dessa forma, ao beberem o licor, "engoliam um camelo". Jesus estava demonstrando que eles acreditavam ser tão santos que podiam chegar a confundir os dois animais, embora mosquitos e camelos sejam suficientemente diferentes em tamanho para que todos se dessem conta.

Bem, pode ser que todos percebam a diferença... Menos os que se julgam demasiadamente certos.

Existe algo que sempre me chamou a atenção. O fato de que muitos homens e mulheres de Deus são excelentes contadores de "piadas", pequenas histórias que nos fazem rir. Desde criança, comíamos na casa dos meus pais com todo tipo de pregadores, evangelistas, professores etc. A grande maioria deles eram pessoas com um grande senso de humor. Dou graças a Deus pelos meus pais. Por eles abrirem a casa para todos os que pregavam na igreja, pude aprender que Deus é o ser mais maravilhoso e emocionante que existe. Ele criou o senso de humor. Deus inventou o riso e o desenhou para que fosse uma das nossas emoções mais importantes.

Desde aqueles primeiros dias da minha vida, compreendi que o contrário da alegria não é tanto a tristeza, mas a incredulidade. Quando desconfiamos de Deus, a tristeza invade nossa vida. Porém, se descansamos no Senhor, o sentido de humor aparece, mesmo que tenhamos de passar por situações que não entendemos. Sabemos que tudo o que acontece está em Suas mãos e sob o Seu controle. Essa sensação de que "Ele governa tudo" é o que dá confiança à nossa vida.

Por isso, o humor provém da fé e da confiança em Deus. Quanto mais nos aproximarmos de Deus, daremos mais risadas e nos encheremos de alegria. Devemos nos lembrar de que existe algo que é muito mais profundo que as lágrimas: a fidelidade de Deus em tudo o que acontece.

TODOS NÓS ACABAMOS NOS PARECENDO COM AS PESSOAS QUE AMAMOS.

Você sabia que todos acabamos nos parecendo com as pessoas que amamos? As características que deixamos transparecer em nossa vida são as que admiramos nos outros. Na maior parte das vezes, são de pessoas que temos perto de nós; outras vezes são de pessoas tão distantes como nossos próprios "ídolos". Com o Senhor Jesus acontece o mesmo: quanto mais o amamos, mais felizes somos e mais despreocupados vivemos. Mais as pequenas coisas nos maravilham e menos as grandes decisões das outras pessoas nos influenciam.

Quando amamos o Senhor, aprendemos a desfrutar da Sua alegria. O Cristianismo é a experiência mais alegre e feliz da Terra. A presença do Espírito de Deus em nossa vida é a que nos ensina a desfrutar de tudo o que Deus criou.

Jesus esbanjava alegria em qualquer circunstância. Era feliz diante de uma mesa cheia de comida porque Zaqueu lhe havia convidado. Mas também ficava imensamente feliz quando quase nada havia para comer, ou ainda quando não existia um lugar para dormir. Uma vida repleta de felicidade sempre está cheia de contrastes: aprendemos a desfrutar de todas as coisas e também de cada momento; com o que nos parece ser bom e com o que não é tão bom. O Senhor Jesus ensinou os Seus discípulos a viver em Sua presença. O mesmo Ele quer fazer conosco. Quer que aprendamos a nos emocionar com as Suas palavras e com Seus feitos. Que saibamos viver satisfeitos com o Seu caráter da mesma forma que o Pai viveu com Ele.

Este é meu Filho amado em quem me comprazo.

Essas foram as palavras do Pai, na apresentação do Messias, no início do Seu ministério. Deus quis que todos soubessem que Ele estava feliz com o Seu Filho e que vivia satisfeito com o caráter de Jesus. Deus comunicou a todos que o amava profundamente. Da mesma forma, nós podemos viver perfeitamente satisfeitos e alegres com o caráter de Deus, desfrutando cada momento de nossa vida, porque Ele está conosco; contando-lhe nossos segredos e vivendo emocionados com Ele, compartilhando cada momento da nossa vida, assim como se faz com um grande amigo.

Tudo isso com o nosso melhor Amigo, sem nenhuma dúvida.

NOTAS

1. Quanto mais viajamos por todo o mundo, em diferentes países e igrejas, as perguntas que muitos fazem são as seguintes: Qual é o melhor método de evangelização? Que podemos fazer para alcançar as pessoas do Século 21? A resposta é tão simples que, muitos chegam a se desapontar. Principalmente porque nunca chegaram a experimentá-lo. Não só é o método que dá mais resultados, mas também porque foi o que o Mestre usou em quase todas as ocasiões: o evangelismo através da amizade, comendo, escutando os outros, falando, desfrutando os momentos que o Senhor nos concede, quando estamos com os nossos amigos e conhecidos. O que mais atrai as pessoas não são nossas atividades, nem nossas reuniões, nem as campanhas, nem outras situações parecidas. Mas, sim, a beleza de uma vida normal, a bênção de uma conversa, a ajuda e a amizade de cada dia. A dependência do Espírito de Deus para fazer e falar o que Ele quer, nos momentos que Ele desejar. Isso sim dá resultado, eu lhe garanto!

2. Como tal palavra, aparece uma única vez na Bíblia, nas características dos líderes da igreja, quando o apóstolo Paulo escreve a Tito. Mas o contexto indica que se refere a uma pessoa "que faz o que tem de fazer; que cumpre o que promete e é leal", e não como oposto de "alegre" ou "satisfeito".

E todos lhe davam testemunho, e se maravilhavam das palavras de graça que saíam da sua boca... (LUCAS 4:22).

Amas a justiça e odeias a iniqüidade; por isso Deus, o teu Deus, escolheu-te dentre os teus companheiros, ungindo-te com óleo de alegria (HEBREUS 1:9 NVI)

O Espírito do Soberano, o Senhor, está sobre mim, porque o Senhor ungiu-me para levar boas notícias aos pobres. Enviou-me para cuidar dos que estão com o coração quebrantado, anunciar liberdade aos cativos e libertação das trevas aos prisioneiros, para proclamar o ano da bondade do Senhor... (ISAÍAS 61:1,2 NVI).

CONSELHEIRO...

> *O Espírito do* Senhor *Deus está sobre mim, porque o* Senhor *me ungiu para pregar boas-novas aos quebrantados* (ISAÍAS 61:1).

10 DEUS SE FEZ HOMEM

Essa frase, por si mesma, poderia desmontar o aparato religioso de milhares de diferentes crenças. Deus se tornou próximo. Não precisou de ninguém para expor Seus planos, não quis profetas ou intermediários para explicarem Suas intenções. Ele simplesmente se fez homem, tomou como Sua a nossa natureza humana e se colocou face a face diante de cada um de nós.

João explica isso de uma forma direta: "Habitou entre nós" (JOÃO 1:14). "Colocou Sua tenda de campanha" onde nós estávamos. É o que o apóstolo diz na língua original. Não veio se hospedar num palácio ou viver numa casa para gozar de alguma intimidade. Não! Ele veio para colocar Sua barraca de campanha e "se misturar" completa e integralmente com todos nós!

> *E o Verbo se fez carne e habitou entre nós, cheio de graça e de verdade, e vimos a sua glória, glória como do unigênito do Pai. Porque todos nós temos recebido da sua plenitude e graça sobre graça* (JOÃO 1:14,16).

Todos o conheceram como um homem extraordinário, embora a Sua glória estivesse encoberta por um véu, e a Sua formosura real, escondida. "Porque todos nós temos recebido da sua plenitude e graça sobre graça" (JOÃO 1:16). Vivemos de tudo quanto o Filho de Deus é, e isso não é qualquer coisa! A nossa vida se apoia na majestade do Criador, e dele recebemos graça sobre graça. A Bíblia diz que Deus não dá o Espírito por medida. Tampouco coloca Sua graça em nós de maneira calculada. Ele sempre esbanja abundância.

A graça de Deus se manifesta no poder de uma vida transformada. Deus não opera em nós uma reforma, mas nos oferece algo completamente novo. É preciso nascer de novo para receber essa vida. Ninguém pode chegar à plenitude de Cristo com base nas boas ações e mudanças de atitude. É necessário muito mais do que isso! O próprio Deus trabalha no íntimo de cada homem e de cada mulher, vivenciando a vida abundante na pessoa do Senhor Jesus, pelo poder do Espírito Santo. Essa plenitude de Cristo se demonstra em Seu poder sobre todas as coisas!

Jesus vive sempre como o Criador com letra maiúscula. Não precisa pedir licença para vencer o mal ou repor a vida a alguém.

Quando Ele fala, a natureza se cala e obedece.

Quando olha, os olhos do cego recobram a luz.

Quando toca, inclusive as enfermidades mais cruéis fogem...

Cheio de graça e verdade. Graça em primeiro lugar, ainda que nos pareça difícil de entender. Graça, antes de qualquer outra coisa, porque necessitamos desse amor. Se fosse de outra forma, as consequências ao descobrirmos a verdade em nossa vida seriam terríveis! Precisamos descansar no amor de Deus. Sem ele, a nossa dura verdade nos mataria. Nenhum de nós merece essa graça.

Graça sobre graça em tudo: na vida cristã, em nosso passado, na evangelização, na oração no trato com Deus... Em tudo! Não existe outra maneira de começar e terminar o dia a não ser descansando na graça de Deus. Não existe outra forma de se viver.

Pela Sua graça somos salvos e pela Sua sabedoria chegamos a conhecer o Pai. Esse é o papel da verdade. Sabedoria em Seus ensinos, na Sua maneira de atuar, em Suas reações, no Seu conhecimento do que existe em cada pessoa, no Seu esperar pelo momento exato, para estar ao lado dos que sofrem... Verdade com letra maiúscula porque

Ele é a Verdade. Não se trata de conhecer tudo. Não existe uma "verdade" absoluta. Estamos falando de uma pessoa. Daquele que É! Trata-se de Deus feito homem. Ele é a verdade absoluta.

> Quem sabe, "cansado" de que as pessoas não o escutassem, Deus nos falou enviando o Seu querido Filho.

Deus conhece os motivos por que, "cansado" de que poucos o escutassem, decidiu enviar Seu próprio Filho ao mundo. Essas razões não estão ao alcance de qualquer pessoa. Não foram o resultado de uma decisão repentina, mas calculadas a fundo desde o princípio da eternidade; desde os tempos mais remotos; desde antes da fundação do mundo, conforme nos diz a própria Palavra de Deus.

Deus não se surpreendeu com a nossa rebeldia; muito menos, pelo menosprezo ao Seu Amor e à Sua Palavra. Ele sabia o que iria acontecer. Mesmo assim, seguiu adiante. Continuou nos amando e nos falando. Em Seu amor, desejava ser escutado. "Havendo Deus, outrora, falado, muitas vezes e de muitas maneiras, aos pais, pelos profetas, nestes últimos dias, nos falou pelo Filho, a quem constituiu herdeiro de todas as coisas, pelo qual também fez o universo. Ele, que é o resplendor da glória e a expressão exata do seu Ser" (HEBREUS 1:1-3).

O Criador se fez homem e desceu para estar fisicamente conosco. Os deuses inventados pelos homens não se humilham, não sofrem, não se contaminam, não descem. Todos vivem nas "alturas", a uma considerável distância das suas criaturas, sempre tão longe para que as criaturas não possam chegar a perturbá-los nem a cansá-los. Para muitos, quanto mais distante se encontra a divindade, tanto melhor; e quantos mais intermediários você precisar para chegar ao mais alto, muito melhor.

A Bíblia nos apresenta o único Deus que desceu, aproximou-se das pessoas, buscou e amou a cada um. Jesus compromete-se conosco e desafia todas as leis para se aproximar, amar e ser amado por nós.

O diabo nos enganou desde o começo da história, dizendo-nos que, se abandonássemos a Deus, "seríamos como deuses". Isso sempre nos agradou. A humanidade vive e luta para ser algo mais, para alcançar novas metas e ter mais poder, para chegar mais acima... o mais acima possível, inclusive ao mesmo lugar onde Deus se encontra. Nós acreditamos nessa mentira um dia. Praticamente, cada minuto da nossa vida e da história da humanidade gira em torno do mesmo engano! Continuamos querendo ser como deuses, vivendo à luz do nosso próprio orgulho. Olhamo-nos e adoramos a nós mesmos, julgando-nos o centro do mundo.

A resposta de Deus é definitiva: Ele se fez homem para nos resgatar de nossas maldades. Deus se humilhou ao limite mais profundo e chegou às profundezas da nossa miséria para dali resgatar milhares de seres humanos orgulhosos.

O Senhor Jesus é a definitiva revelação de Deus, a revelação perfeita. Como uma criança disse certo dia: Ele é a melhor fotografia que Deus fez de si mesmo. "Eis aqui o homem!" Com essas palavras, Pilatos julgava estar apresentando Jesus, mas não sabia que estava escrevendo uma frase para a história.

> "O FILHO DO HOMEM" — O TÍTULO QUE JESUS MAIS VEZES USOU PARA REFERIR-SE A SI MESMO. FOI O SEU TÍTULO PREFERIDO AQUI NA TERRA.

Jesus veio ao mundo como o segundo Adão, como "o homem" por excelência. Naquele tempo, todos conheciam o livro de Ezequiel e sabiam que esta expressão, "filho do homem", foi usada quase cem vezes pelo profeta, mais que em nenhum outro livro do Antigo Testamento. Ezequiel desejava ressaltar a majestade de Deus e, ao mesmo tempo, a sua própria indignidade e distanciamento como homem. Jesus se apresentou como Filho do Homem para ressaltar a proximidade de Deus com cada um de nós. Foi o Seu título preferido. O nome que Ele usou como carta de apresentação. Os autores dos evangelhos chamam-no assim em quase uma centena de ocasiões, sendo que foi sempre o próprio Jesus que o usou para se referir a si mesmo. Foi o seu cartão de visita. O Seu título mais querido.

• *Ele é o Filho do Homem que não tem onde dormir cada noite* porque jamais teve casa própria, e nenhum outro bem. "Mas Jesus lhe respondeu: As raposas têm seus covis, e as aves do céu, ninhos; mas o Filho do Homem não tem onde reclinar a cabeça" (MATEUS 8:20).

• *Ele é a revelação de Deus aqui na terra,* e Sua autoridade está acima de todas as coisas porque o Pai lhe concedeu esse poder. Ora, para que saibais que o Filho do Homem tem sobre a terra autoridade para perdoar pecados — disse, então, ao paralítico: "Levanta-te, toma o teu leito e vai para tua casa" (MATEUS 9:6).[1]

Essa mesma autoridade nos faz lembrar uma verdade teológica impressionante: o Senhor Jesus continua sendo homem por toda a eternidade. "Ora, ninguém subiu ao céu, senão aquele que de lá desceu, a saber, o Filho do Homem [que está no céu]" (JOÃO 3:13).

• *Ele é o Filho do homem criticado pelos religiosos do Seu tempo.* "Veio o Filho do Homem, que come e bebe, e dizem: Eis aí um glutão e bebedor de vinho, amigo de publicanos e pecadores! Mas a sabedoria é justificada por suas obras" (MATEUS 11;19).

Levado à morte por nossa culpa "E veio pela terceira vez e disse-lhes: Ainda dormis e repousais! Basta! Chegou a hora; o Filho do Homem está sendo entregue nas mãos dos pecadores" (MARCOS 14:41). E do modo por que Moisés levantou a serpente no deserto, assim importa que o Filho do Homem seja levantado" (JOÃO 3:14).

Exaltado com a glória que o Pai decidiu lhe conceder: "Desde agora, estará sentado o Filho do Homem à direita do Todo-Poderoso Deus" (LUCAS 22:69).

> O MAIS IMPORTANTE PARA ELE ERA O
> RELACIONAMENTO COM SEU PAI...

O Filho do Homem começou a proclamar o evangelho do reino. Mas, nesse reino, a figura principal não é o Rei, mas o Pai. É um reino de amor, um reino sobrenatural, que não busca em primeiro lugar, súditos, mas pessoas que amem profundamente. Jesus estende o reino a todos e coloca os que o seguem quase no mesmo nível dele. Faz-nos "reis e sacerdotes". Não é um reino de diferentes classes sociais, mas um reino de amor.

Quando ouvimos Jesus falar desse reino, ficamos espantados. Nenhum ser humano poderia ter inventado algo assim. Nenhuma imaginação privilegiada teria projetado que o Criador viesse a nascer como criança, viver como um súdito, morrer como alguém menosprezado e, por fim, ressuscitar como o que Ele realmente era: o Filho de Deus.

Nós nos surpreendemos, ao sabermos disso. Dessa admiração, nasce a gratidão. Quando ficamos de boca aberta com aquilo que estamos vendo e escutando, a única palavra que podemos dizer é "obrigado!" Essa atitude deve nos seguir ao longo de toda a vida, porque jamais poderemos compreender a grandeza de tudo o que Deus fez por nós.

> A AUDIÊNCIA DO EU SOU.
> ISSO É O QUE FAZ A DIFERENÇA EM NOSSA VIDA.

Por isso, nós o adoramos. Ninguém nos amou tanto. Ninguém amou nem amará. Mais ainda: ninguém pode nos amar como o Senhor nos ama. Ele não somente nos ama, como também nos aceita e nos perdoa. E desde o dia que passamos a fazer parte desse reino, aprendemos a tratar da mesma forma os outros. Surge dentro de nós um incontrolável desejo de que todos conheçam o Pai. Não podemos nos calar. Não podemos deixar de contar o que temos visto e ouvido. Não podemos tirar dos nossos lábios a admiração por termos experimentado em nossa vida a grandeza de Deus.

Este foi o objetivo da vida do Senhor Jesus: que todos conhecessem o Pai e vivessem de acordo com a Sua vontade. "O Pai, que me enviou, esse mesmo é que tem dado testemunho de mim. Jamais tendes ouvido a sua voz, nem visto a sua forma" (JOÃO 5:37). De certo modo é como se não lhe preocupasse o que os outros pudessem dizer. Ele tinha de dar contas ao Seu Pai e viver segundo a vontade do Pai. Isso era tudo.

O mundo moderno busca as grandes audiências. Milhões de pessoas veem os Jogos Olímpicos, ou os jogos finais de um campeonato mundial de um determinado esporte. Quando uma notícia é importante, imediatamente, percorre os meios de comunicação e muitas vezes o número de pessoas que têm acesso a esses meios é praticamente incalculável.

Deus vê as coisas de outra maneira. Ao Senhor Jesus, preocupava o que uma única pessoa pensava. A sua vida estava sendo examinada pela audiência de uma única pessoa: o Pai. Esse é o exemplo que devemos seguir, a única coisa de que precisamos é saber o que Deus pensa de nós. Ele é o nosso público, um único, o nosso Pai.

Devemos nos acostumar a viver pensando não tanto no que as pessoas falam, na glória que podemos delas receber, ou nos milhares de seguidores que nos podem escutar. O importante é o que o Pai pensa de nós, o que fala de nós Aquele que nos criou.

Parece mentira, mas o mais importante de nossa vida não está no que acreditamos ou sentimos. O que marca a diferença é o que Deus pensa e sente. Um dos maiores riscos que corremos é conduzir toda a nossa vida somente pelos resultados do que fazemos. Vivemos sob a mentira satânica de que nossas conquistas determinam o sucesso. E, de certo modo, não importa que falemos de ganhos materiais ou espirituais. Não é o resultado que determina se estamos fazendo a vontade de Deus. Se assim fosse, a vida do Senhor Jesus teria sido um dos maiores fracassos da história. Não são os resultados ou as circunstâncias que determinam nossa fidelidade a Deus.

É a nossa audiência ao Eu Sou que define o nosso valor.

No que Deus pensa está a decisão do que é certo. Em Seus pensamentos, encontramos o que é a Sua vontade para conosco, independentemente das outras coisas. "Quem fala por si mesmo está procurando a sua própria glória; mas o que procura a glória de quem o enviou, esse é verdadeiro, e nele não há injustiça" (JOÃO 7:18). Essa é a verdadeira motivação, o versículo-chave para qualquer pessoa que fale em nome de Jesus ou que deseje seguir a Ele fielmente. A atitude com a qual devemos fazer todas as coisas: buscar a glória daquele que nos enviou, sem nos preocuparmos com os resultados ou as circunstâncias.

O Pai era quem testificava sobre Jesus É Ele quem dá testemunho a respeito de nós. Nós devemos ter sempre Deus presente. Ele teve a primeira palavra em nossa vida e terá a última.

Eu sou o Alfa e Ômega, diz o Senhor Deus, aquele que é, que era e que há de vir, o Todo-Poderoso (APOCALIPSE 1:5,8).

A primeira palavra e a última. Na criação do mundo e na criação do homem. Em nosso código genético e nas profecias. Na história da humanidade e no futuro. Na vida de cada pessoa. Na sua e na minha vida.

> GOSTAMOS DE FALAR DE JESUS COMO SALVADOR. MAS, COM FREQUÊNCIA, ESQUECEMOS QUE, ALÉM DISSO, ELE É O REI (SALMO 2:6-8).

Alguns tomaram conhecimento; outros temeram-no. Para uns poucos, Ele foi o Messias prometido, o Ungido, o Rei com letra grande. É a exata tradução da palavra "Cristo": o Messias como "enviado" de Deus. Gostamos de falar de Jesus como Salvador, mas esquecemos que Ele é o Messias, que voltará outra vez como Rei. Portanto, Ele é o rei também da nossa vida. Ele é e será Salvador, quanto ao nosso relacionamento com Deus e a Sua vitória sobre o pecado. Ele continua sendo Rei por toda a eternidade. Mais vale que vivamos assim: esperando-o amando-o, entregando-lhe tudo quanto somos.

Assustamo-nos com os compromissos, as orações, os cânticos e as pregações que nos dizem que devemos tomar decisões. Estremece-nos falar do Senhor como dono absoluto de cada esfera da nossa vida. Mas não pode ser de outra maneira! Devemos lançar fora tudo aquilo que não agrada a Ele. Essa é a única forma que podemos viver de modo que a nossa existência valha a pena. Ele deve ter a primeira e a última palavra em tudo o que fazemos, em tudo o que somos, em cada detalhe da nossa vida.

NOTA

1. Para os judeus, o perdão era um direito de quem era ofendido. Naquele contexto, quando alguém pecava, o ofendido era diretamente Deus. O Senhor mostrou a Sua divindade quando perdoou os pecadores por Sua própria palavra. Quando Jesus perdoou o paralítico descido do telhado, usou no mesmo sentido as palavras "Teus pecados estão perdoados" e "levanta-te e anda", para demonstrar que Ele é mesmo Deus feito homem.

*Porque o Senhor me ungiu
para pregar boas-novas aos
quebrantados* (ISAIAS 61:1).

11 PERDIDOS E DESPREZADOS

Enfermos, aflitos, inquietos, dominados pelo medo... assim nos sentimos muitas vezes na vida. Kenia, nossa segunda filha, define isso com perfeição quando nos diz: "Tenho medo na barriga!" Quando ela se sente assim, já sabemos que algo vai mal.

O Messias veio trazer boas notícias aos aflitos, a nós que muitas vezes temos "medo em nossa barriga". Aos do Seu tempo e aos de hoje, aos milhões de pessoas que continuam sozinhas, desamparadas, abandonadas, infelizes. Jesus veio transformar as vidas destituídas de sentido. Penso que não é exagero dizer que é hoje mesmo hoje quando mais precisamos das palavras de Jesus.

UM HOMEM SOZINHO

Achava-se ali um homem que, havia trinta e oito anos, estava enfermo. Jesus, vendo-o deitado e sabendo que estava assim havia muito tempo, perguntou-lhe: Queres ficar são? Senhor, não tenho ninguém que, ao ser agitada a água, me ponha no tanque; assim, enquanto eu vou, desce outro antes de mim. Disse-lhe Jesus: Levanta-te, toma o teu leito e anda. Imediatamente o homem ficou são; e, tomando o seu leito, começou a andar. Ora, aquele dia era sábado. Pelo que disseram os judeus ao que fora curado: Hoje é sábado, e não te é lícito carregar o leito. Depois Jesus o encontrou no templo, e disse-lhe: Olha, já estás curado; não peques mais, para que não te suceda coisa pior. Retirou-se, então, o homem, e contou aos judeus que era Jesus quem o curara (JOÃO 5:4-15).

Um homem que vivia "com a sua enfermidade". João diz literalmente que ele a levava por trinta e oito anos como sua única companheira, uma paralisia. Todos o haviam abandonado. Trinta e oito anos imobilizado junto ao tanque de Betesda. Sem esperança nem consolo. Sem ninguém para ajudá-lo.

Quantas pessoas vivem perto de nós e estão sozinhas, paralisadas por alguma razão, abandonadas por todos? Quantos vivem e morrem no chamado primeiro mundo sem que ninguém se preocupe com eles, sem que ninguém saiba da sua existência? Quanto tempo faz que você está paralisado por algum motivo; quem sabe por um hábito, por medo, ou inclusive, pelo que os outros dizem?

> HÁ MUITAS PESSOAS QUE VIVEM SOZINHAS COM A SUA ENFERMIDADE.

O autor do evangelho diz que "Jesus soube" (v.6) que aquele paralítico se encontrava ali por muito tempo. Talvez nenhuma outra pessoa o conhecesse. Mas Jesus sabia. Pode ser que ninguém jamais tenha se interessado por ele. Mas o Messias sabia exatamente o que havia no seu coração.

Deus conhece tudo o que somos sem que lhe tenhamos de dizer nada. Jesus se dirigiu ao homem e lhe perguntou: você quer ser curado? Boa pergunta!

Ou quem sabe não — você pode estar pensando. O homem ali estava porque ninguém o havia ajudado antes. Dessa forma, pode parecer absurdo perguntar-lhe se queria ser curado. Isto era o que ele desejou durante anos! Mas essa é a pergunta que todos nós temos de responder. Embora pareça absurdo, existe gente que não quer ser curada. De alguma forma difícil de entender, a própria tristeza lhes dá satisfação. A amargura, a maneira de ver a vida, os medos ou temores, são demasiadamente valiosos para eles abandonarem.

Muitos vivem apegados aos seus próprios desenganos. E vivem bem dessa forma. Não desejam que ninguém os salve, nem que se preocupe. O seu orgulho é muito grande para que alguém sofra em seu lugar. O nosso amigo foi muito sincero quando disse: "Não tenho ninguém". Queria ser curado, mas ninguém o ajudou. Havia muitas pessoas ao seu redor, mas ninguém se preocupou com ele, ninguém o abençoou. Pode o mundo chegar a dizer o mesmo a respeito de nós? Pode alguém estar sofrendo ao nosso lado e dizer: "Não tenho ninguém?" Muitas vezes, vivemos a toda velocidade idolatrando os nossos projetos pessoais, enquanto muitas pessoas precisam de ajuda. Mas nós parecemos estar ausentes...

Por outro lado, também podemos nos colocar no lugar do paralítico e perguntar a nós mesmos: a quem estamos buscando para nos ajudar? Alguma pessoa que faça algo por nós? Alguém que nos coloque na água? Quando Jesus perguntou ao paralítico. "Você quer ser curado? O homem não respondeu "Sim!", mas apresentou uma desculpa.

Esta é a nossa especialidade: as desculpas! Quando Deus nos fala, em vez de lhe responder, dizemos o que outros nos têm feito, ou o que não nos fizeram. Falamos do nosso passado, presente ou futuro. Explicamos as coisas que não estão bem e expressamos os nossos argumentos, em vez de deixarmos nossa vida inteira nas mãos do Senhor. Apesar de Ele querer nos ajudar, apresentamos desculpas.

A desculpa do paralítico parece ser muito boa: "Enquanto vou...". Este é o engano do esforço próprio. Um paralítico inútil quer se salvar por si mesmo. E se esforça, ano após ano, para conseguir algo impossível. Muitas vezes assim vivemos: querendo chegar ao impossível, caímos no desânimo mais cruel cada vez que vemos que nossa situação não tem saída.

O problema é que colocamos a confiança da nossa vida em nós mesmos, e no que os outros possam fazer. Esperamos que alguém nos coloque na água. E, se não for possível, procuramos chegar lá por nossa própria conta. Esse é o motivo do nosso desespero. Os outros não são capazes de nos salvar, e nós mesmos tampouco.

"Levanta-te!" — disse-lhe Jesus. E o paralítico se levantou. A sua inutilidade e o pesadelo de viver sozinho no mesmo lugar, sem que ninguém o ajudasse, terminou no momento quando ele acreditou nas palavras do Mestre. Naquele momento, parece que a história termina. Mas, para o paralítico, a vida acaba de começar!

> O CINISMO DOS RELIGIOSOS QUE VIRAM O MILAGRE
> SÓ É SUPERADO PELO SEU PRÓPRIO FANATISMO.

Naquele momento feliz, o cinismo dos religiosos que viram o milagre foi superado pelo seu fanatismo. Não lhes importou nem a cura do paralítico, nem tampouco saber quem o curou. Eles só queriam encontrar um culpado por haver infringido a lei. O que tinha sido paralítico não tinha nenhum direito de carregar a sua cama. Muito menos que alguém a quem chamavam de "Messias" tenha dado a ordem! A partir de então o mais importante nas vidas dos representantes da lei era encontrar o infrator para castigá-lo.

A lei é mais importante que a vida. A regra está acima da cura.

Esta cena não nos deve causar estranheza, porque o toque de Jesus que cura sempre provoca a oposição e a zombaria do inimigo.

Quando finalmente encontram o paralítico já curado, apenas lhe perguntam sobre a violação do mandamento, e não sobre como foi curado. Para eles o mais importante era o cumprimento da lei, mesmo que tivessem de passar por cima das pessoas. E, se necessário, passar por cima do próprio Deus!

Jesus não deixou que o fraco fosse vencido. A Bíblia nos diz que Ele procurou o paralítico e o encontrou no local mais adequado: no templo. Não sabia muito do que tinha acontecido, mas sabia que Deus o havia curado e que devia agradecer a Ele. Por essa razão, foi ao templo. E Jesus o encontrou ali.

A "ordem" de Jesus foi bastante clara: "Não peques mais!" Você é uma pessoa diferente, vive de uma forma diferente. Muitas vezes, depois de Jesus nos ter tocado, julgamo-nos muito fortes. Começamos a pensar que, se Jesus nos falou ou colocou Sua mão sobre nós, tudo já está feito. Quando assim vivemos, esquecemo-nos de quem somos, e a rapidez com que caímos quando confiamos em nós mesmos.

A história termina de uma forma memorável. O versículo 15 nos diz que ele, que tinha sido paralítico, não mais se escondeu. Ele mesmo foi aos fariseus para lhes dizer que Jesus o havia curado. Já não mais lhe importou que o acusassem, porque a sua confiança em Deus ultrapassava todas as circunstâncias.

UM HOMEM CAPAZ DE SE EXPOR AO RIDÍCULO PARA VER JESUS

Entrando em Jericó, atravessava Jesus a cidade. Eis que um homem, chamado Zaqueu, maioral dos publicanos e rico, procurava ver quem era Jesus, mas não podia, por causa da multidão, por ser ele de pequena estatura. Então, correndo adiante, subiu a um sicômoro a fim de vê-lo, porque por ali havia de passar. Quando Jesus chegou àquele lugar, olhando para cima, disse-lhe: Zaqueu, desce depressa, pois me convém ficar hoje em tua casa. Ele desceu a toda a pressa e o recebeu com alegria. Todos os que viram isto murmuravam, dizendo que ele se hospedara com homem pecador. Entrementes, Zaqueu se levantou e disse ao Senhor: Senhor, resolvo dar aos pobres a metade dos meus bens; e, se nalguma coisa tenho defraudado alguém, restituo quatro vezes mais. Então, Jesus lhe disse: Hoje, houve salvação nesta casa, pois que também este é filho de Abraão. Porque o Filho do Homem veio buscar e salvar o perdido (LUCAS 19:1-10).

Ninguém teria classificado Zaqueu como um homem "angustiado", já que era o chefe dos cobradores de impostos, uma das pessoas mais ricas e conhecidas da cidade. Não era apenas rico, como também muito famoso. Todos o conheciam: uns o admiravam e outros (a maioria) o desprezavam.

Zaqueu sentia-se solitário, apesar da posição que ocupava. A maioria pensava que ele tinha o que merecia. Ele era cobrador de impostos — a pior profissão dentro do império romano. Se, hoje em dia, bem poucos são admirados por trabalhar vigiando as riquezas dos outros e cobrando impostos, muito menos em uma época de ditadura e corrupção! Zaqueu e seus amigos podiam fazer o que desejassem. Normalmente, cobravam mais do que era justo para o seu próprio enriquecimento. Zaqueu vivia rodeado de dinheiro, sem dúvidas. Mas, ao mesmo tempo, era odiado pelos vizinhos por estar colaborar com os invasores.

Às vezes, nossa vida está marcada por algo que não podemos vencer. Em certas ocasiões, esse algo é injusto: nós nada podemos fazer e os outros nos acusam, fazendo-nos cair na amargura. Outras vezes, é porque nós mesmos queremos: sabemos o que estamos fazendo, e isso não nos preocupa. Vivemos bem assim.

Algo aconteceu com Zaqueu. Não sabemos se tinha curiosidade porque havia escutado muitas coisas do chamado Mestre, ou se realmente o seu interesse era espiritual. O fato é que ele desejava conhecer Jesus. Queria vê-lo. A Jesus não importava a motivação de Zaqueu, Ele se "deixou ver".

O primeiro problema que Zaqueu enfrentou era sério: a multidão impedia que ele se aproximasse do Mestre. As circunstâncias estavam contra ele, pois a própria estatura era o inimigo dele.

Zaqueu tomou uma decisão: não queria viver com o remorso de ter tido uma oportunidade em sua vida para ver o Messias e deixá-la passar. Então, arriscou-se, embora fosse rico e famoso. Desafiou a vergonha de ser visto fazendo algo ridículo. Um homem da sua posição social lançou por terra a sua reputação, e não se importou que todos o vissem subindo numa árvore. Nem sequer quis ouvir as zombarias ou as risadas de todos, porque sabia que "Jesus estava chegando". Era a sua oportunidade e ele a aproveitou.

E quando se encontrava em cima da árvore, Jesus o chamou. E o chamou pelo nome!

Você sabe qual foi o evangelho que Jesus pregou a Zaqueu? Se nós tivéssemos estado naquele lugar, teríamos perguntado a Zaqueu: Por que você quer me ver? Você quer ter uma vida nova? Quer deixar tudo e entrar no reino? Você se arrepende por tudo quanto tenha roubado na sua vida? Você vai devolver tudo o que tenha ganho de uma forma ilícita? Nós lhe teríamos feito muitas perguntas para provar sua sinceridade diante de todos e para demonstrar que Zaqueu compreendia o evangelho.

> DIANTE DE TODOS, JESUS SE APROXIMOU DO COBRADOR DE IMPOSTOS.
> E O CHAMOU PELO NOME!

Como sempre, a sabedoria de Jesus é infinitamente superior à nossa. Ele simplesmente disse uma palavra: "Zaqueu". Esse foi o evangelho que Jesus lhe pregou. Provou que conhecia o seu nome e sabia quem ele era. Onde estava e que havia subido ali para vê-lo. Jesus chegou ao fundo do coração de Zaqueu, interessando-se por ele. Zaqueu se encontrou face a face com Deus, e a sua vida começou a mudar quando escutou como o Mestre o chamou. Além disso, não lhe importava comprometer-se publicamente com ele.

Você sabe o significado de "Zaqueu"? A tradução do nome é "puro", "inocente". Imagine o que ele sentiu quando Jesus o chamou assim de forma pública! Ele lhe podia ter feito um sinal, perguntar-lhe quem era, ou simplesmente lhe dizer que descesse. Mas Jesus o chamou porque conhecia o seu coração, antes que ele pudesse fazer algo, antes que decidisse segui-lo. Antes de Zaqueu tomar a decisão de subir na árvore, Jesus já sabia quem ele era.

Muitos de nós escutamos, algum dia, o nosso nome proferido pelos lábios de Deus. Jesus conhece o seu nome, leitor! Pode ser que Ele esteja lhe chamando! Deus conhece o seu coração, os seus desejos, as circunstâncias que o cercam! Para Ele, somos alguém. Ele nos ama!

Jesus não ficou ali. Comprometeu-se muito mais com Zaqueu. Disse-lhe, publicamente, que desejava se hospedar em sua casa. Jesus "se convidou"... Não levou em conta que o cobrador de impostos vivesse desonrado e menosprezado pelos outros. O desejo de Zaqueu de se aproximar de Jesus pesou mais do que qualquer outra coisa. De certa maneira, Deus não se preocupa com o que, porventura, sejamos ou tenhamos sido: o Seu compromisso para conosco é a partir de agora e para sempre. O momento de seguir a Jesus é agora!

"Devo ficar em sua casa" — disse-lhe Jesus, sem se importar que fosse malvisto que o Mestre entrasse na casa de um cobrador de impostos. Jesus se comprometeu publicamente com ele antes que ele tivesse mostrado a menor possiblidade de se arrepender e mudar de vida. Jesus não lhe pediu: "Arrume as coisas, pague a quem deve, porque vou à sua casa". Não! Jesus aceitou Zaqueu tal como era. É exatamente dessa maneira que Deus nos aceita a todos!

> ANTES DE ZAQUEU TOMAR A DECISÃO DE SUBIR NA ÁRVORE,
> JESUS JÁ O CONHECIA E SABIA QUEM ELE ERA.

Zaqueu "se apressou". Foi o mais rápido possível para obedecer a Jesus. Não pensou no que devia fazer, nem calculou os próximos movimentos. Não ficou pensando: "Bem, eu só queria vê-lo, aqui estou por curiosidade, nada mais".

Muitos assim respondem. Só querem ver Jesus porque lhes faz bem. Mas jamais desejam se comprometer com Ele, porque significaria entregar a vida inteira em Suas mãos. Isso para eles é muita coisa! Zaqueu não quis perder tempo duvidando. Desceu rapidamente para se encontrar com Jesus. Entregou-se completamente. Fez isso cheio de alegria. Talvez foi pela primeira vez que alguém quis ser, publicamente, seu amigo. Alguém queria entrar em sua casa e se hospedar com ele. E esse alguém era o próprio Deus!

A reação dos que não desejam desfrutar do amor de Deus é sempre a mesma. Lucas diz que alguns "murmuraram" ao ver tudo quanto havia acontecido. Pensaram que um Mestre tão importante não podia entrar numa casa tão indigna.

Se você parar um instante para pensar, concluirá ser inacreditável o comportamento dos religiosos. Muitos deles caminhavam com Jesus para ouvi-lo. Eles sabiam que, em algumas noites, não tinha onde reclinar a cabeça. Mas nenhum deles o convidou para dormir em sua casa. Nenhum se preocupou com o lugar onde o Messias passaria a noite. Mas quando Jesus entrou na casa de Zaqueu, viram-se no direito de criticá-lo.

Felizmente para nós, Deus não se preocupa com as palavras dos homens. Zaqueu era menosprezado, mas se encontrou face a face com a Esperança personificada. Ele estava preso à sua própria imagem como cobrador de impostos e, quem sabe, ladrão, mas teve a oportunidade de deixar que Deus restaurasse a sua vida. E isso Jesus fez!

A Salvação chegou à sua casa. E ficou ali para sempre.

Quando Jesus estava na casa de Zaqueu, saboreando a comida que ele preparou, foi pronunciada uma das frases mais conhecidas do evangelho. Ele desejava que todos soubessem qual era o motivo da Sua missão, e assim explicou a razão por que a vida de Zaqueu (e também a nossa!) é tão importante para Deus. Ele veio para buscar e salvar o que se havia perdido.

Com certeza, nós não somente estávamos perdidos, mas também a ponto de morrer irremediavelmente. Imagine um homem passeando em um bosque e, de repente, perde-se. A noite chega e, com ela, a impossibilidade de sair dali, porque não conhece o lugar onde está; não tem luz para ver por onde caminha. Ele se encontra definitivamente perdido. Tudo se complica quando, procurando uma saída, o seu pé fica preso numa armadilha para caçar ursos e a perna, sangrando, entra em contato com o ferro oxidado e começa a gangrenar. Agora o tempo é o seu maior inimigo. A cada hora que passar, a infecção aumentará, ao ponto de destruir todo o seu corpo. Agora não somente está perdido, como também lhe restam poucas horas de vida. É preciso que, não somente o encontrem (e rápido!), mas também que o curem. Está perdido e sozinho.

Assim vive a humanidade: o nosso pecado não só nos faz perder o rumo, como também vai nos destruindo pouco a pouco! Essa é a razão por que o Senhor Jesus veio nos buscar e nos salvar. Para Ele, não é o bastante que nos ensine o caminho: Ele também quer curar o nosso coração e a nossa vida inteira. Jesus não veio para tornar boas as pessoas más, nem para ensinar o caminho aos que se haviam perdido. Ele veio para dar vida aos mortos! Ele veio para salvar os perdidos e desprezados.

Deus continua chamando a todos, buscando a todos. Quem sabe você seja uma pessoa que nunca tomou a decisão de se comprometer com Jesus. Alguém pode ter presenteado você com este livro, ou você mesmo o tenha adquirido por curiosidade. Não importa a motivação. O fato é que Deus está chamando você! Zaqueu respondeu rápido. Tão rápido como você pode responder agora mesmo falando com Deus! Ele veio para trazer boas notícias. Você e eu somos amados de Deus. Ele sempre nos busca e deseja que nos deixemos encontrar... Deus quer restaurar você e eu, e o faz quando colocamos a nossa vida nas mãos dele.

Convide-o a entrar em sua casa, e Ele jamais sairá!

Enviou-me a curar os quebrantados de coração (ISAÍAS 61:1).

12 DEUS CURANDO NOSSAS TRISTEZAS

Todas as crianças passam por momentos complicados. O fato de não saberem a razão daquilo que está acontecendo faz, por vezes, que chorem em situações que para nós, adultos, não têm sentido. Não devemos nos deixar levar pelas aparências, porque para elas o que acontece é importante. Por isso, precisamos dar atenção ao que está acontecendo. A nossa filha Kenia às vezes vem a nós chorando. Uma simples pancada ou alguma dor são suficientes para ela buscar a ajuda dos seus pais. Em outras ocasiões, quando lhe pergunto por que está chorando, ela simplesmente responde "não sei" e me diz que só quer que eu a abrace.

É o momento de deixar tudo e abraçá-la, porque necessita sentir-se amada e acariciada. Por algum motivo, por algo que tenha acontecido ou o que alguém tenha falado, o seu coração se encontra partido e precisa de carinho. De repente, ela diz "já chega" e se vai toda contente. Sempre fico pensando e me admiro que um coração possa ser curado de modo tão simples.

A nossa sociedade está cheia de pessoas com seu coração quebrantado. Sei que há muitas dores físicas, e gente que passa por necessidades, mas são muito mais os que tem o coração partido. Poucos sabem que Deus "sara os de coração quebrantado e lhes pensa as feridas" (literalmente, "cura as suas tristezas") (SALMO 147:3).

Como o melhor Pai que existe, Deus sabe estar conosco e sempre entende o que estamos sentindo. Sabe que, em muitas ocasiões, nosso coração é o que mais sofre, então necessitamos receber um abraço dele. Precisamos que Ele ponha Sua mão nas feridas do nosso coração. Isto foi o que Jesus fez: preocupar-se sempre pelos que sofriam, pelos que estavam doentes e pelos que tinham o coração triste.

Uma mulher, e além disto, samaritana...

Estava ali a fonte de Jacó. Cansado da viagem, assentara-se Jesus junto à fonte, por volta da hora sexta. Nisto, veio uma mulher samaritana tirar água. Disse-lhe Jesus: Dá-me de beber. Então, lhe disse a mulher samaritana: Como, sendo tu judeu, pedes de beber a mim, que sou mulher samaritana (porque os judeus não se dão com os samaritanos?) Replicou-lhe Jesus: Se conheceras o dom de Deus e quem é o que te pede: dá-me de beber, tu lhe pedirias, e ele te daria água viva. Afirmou-lhe Jesus: Quem beber desta água tornará a ter sede; aquele, porém, que beber da água que eu lhe der nunca mais terá sede; pelo contrário, a água que eu lhe der será nele uma fonte a jorrar para a vida eterna. Disse-lhe a mulher: Senhor, dá-me dessa água para que eu não mais tenha sede, nem precise vir aqui buscá-la. Disse-lhe Jesus: Vai, chama teu marido e vem cá; ao que lhe respondeu a mulher: Não tenho marido. Replicou-lhe Jesus: Bem disseste, não tenho marido; porque cinco maridos já tiveste, e esse que agora tens não é teu marido; isto disseste com verdade.

Senhor, disse-lhe a mulher, vejo que tu és profeta. Nossos pais adoravam neste monte; vós, entretanto, dizeis que em Jerusalém é o lugar onde se deve adorar. Disse-lhe Jesus: Mulher, podes crer-me que a hora vem, em que os verdadeiros adoradores adorarão o Pai em espírito e em verdade; porque são estes que o Pai procura para seus adoradores. Deus é espírito; e importa que os seus adoradores o adorem em espírito e em verdade. Eu sei, respondeu a mulher, que há de vir o Messias, chamado Cristo; quando ele vier, nos anunciará todas as coisas. Disse-lhe Jesus: Eu o sou, eu que falo contigo [...]. Muitos samaritanos daquela cidade creram nele, em virtude do testemunho da mulher, que anunciara: Ele me disse tudo quanto tenho feito (JOÃO 4:6-39).

Jesus chegou à Samaria e se deteve para falar com uma mulher. Deus quis que tivéssemos mais detalhes desse encontro do que de nenhum outro relato na vida do Senhor Jesus. Daí podermos saber com exatidão as palavras e os pormenores da conversa. Se alguém tivesse desejado inventar o conteúdo de algum dos evangelhos, jamais teria escrito a história dessa forma, porque caso tivéssemos de informar nos meios de comunicação e colocar um título para o acontecimento, diríamos que: "O evangelho entra em Samaria por uma mulher que viveu com seis diferentes homens!"

A história começa de uma forma extraordinária. Jesus estava cansado. Este poderia ser o final de um capítulo: "Depois de ensinar, visitar diversos lugares e curar muitas pessoas, Jesus estava cansado". Não foi assim, pois a Bíblia diz que Jesus chegou ao poço e se assentou. Às vezes, as melhores oportunidades surgem quando menos esperamos, quando pensamos que nada mais podemos fazer e nos sentimos cansados. O segredo é estarmos no lugar que Deus quer que estejamos, com nosso coração disposto a servir-lhe. No lugar certo e no momento oportuno. E saber esperar.

Jesus chegou à hora sexta, exatamente para se encontrar com a mulher. Ele escolheu o lugar e se assentou "junto ao poço". Cedo ou tarde, a mulher ia chegar para ter o encontro mais importante da sua vida, embora ela não soubesse.

Jesus começou a conversar com ela, mas não sobre assuntos "espirituais", em primeiro lugar, como nós talvez tivéssemos feito. Ele estava nos ensinando que temos de nos preocupar com as pessoas antes de pregar a elas. Jesus não viveu buscando oportunidades para que as pessoas fossem à sinagoga, mas conversava de modo simples; falava e ouvia procurando compreender a cada um.

Jesus não discutiu, embora ela tivesse feito várias afirmações que não eram corretas. Nós teríamos procurado convencê-la, explicando a doutrina e lhe recordando a parte da lei que ela não estava cumprindo. Jesus nunca discutiu, simplesmente despertou a atenção dela; falou para ela sobre a nova vida através do Espírito; abriu o seu apetite espiritual e chegou ao fundo do coração dela. Isso é muito mais importante que vencer qualquer discussão.

No começo, a samaritana não entendeu o que Jesus estava lhe dizendo. Ele teve paciência com ela; não lançou ignorância sobre ela. "Dá-me dessa água", ela disse ao Senhor. Embora essa frase pudesse ser uma desculpa, a mulher queria saber com sinceridade se o desconhecido poderia ajudá-la. Jesus lhe explicou todas as coisas, e ela se deu conta de que aquele era o momento mais importante da sua vida. "A água que eu lhe der...", Ele disse, e ela começou a suspeitar que estava falando com o próprio Messias. A partir desse momento, os preconceitos espirituais dela não tinham qualquer importância. Ela entendeu que Jesus era alguém sobrenatural.

> O EVANGELHO ENTRA EM SAMARIA POR UMA MULHER QUE VIVEU COM SEIS DIFERENTES HOMENS!

É nesse momento que Jesus lhe mostrou um dos grandes problemas em sua vida, mas sem feri-la. Falou-lhe da sua maneira de viver usando uma forma estranha. Cinco homens já haviam passado pela vida dela, mas Jesus não a condenou. Nós teríamos explicado que ela estava vivendo fora da lei: "Você é uma pecadora! Arrependa-se e abandone o homem com quem está vivendo, porque você vive de forma contrária à vontade de Deus!" — teríamos dito, quase gritando

— e teríamos sentido a satisfação do dever cumprido. Mas, quem sabe, poríamos a perder uma alma para sempre.

O Mestre queria transformar a vida daquela mulher e por isso lhe falou diretamente do relacionamento com Deus, Seu amor e Sua revelação como o Messias (JOÃO 4:21,25). Naquele momento, como alguém disse, o passado e o futuro da mulher começaram a ter sentido, embora o tempo presente dela continuasse sendo horrível. Por esse motivo, não lhe restava outra saída a não ser tomar uma decisão. Precisava aceitar que estava falando com o próprio Messias. É a mesma decisão no dia de hoje: qualquer resposta ao evangelho é um sim, ou um não, ao Senhor Jesus. Nada mais, nem menos. A mulher samaritana conseguiu entender isso perfeitamente.

> UMA DAS MAIORES REVELAÇÕES DE DEUS E DO SEU CARÁTER FOI DADA PELO SENHOR JESUS A UMA MULHER IGNORANTE E COM UMA VIDA DISSOLUTA...PARA NÓS FALTARIA TEMPO PARA CONDENÁ-LA!

Daquele momento em diante, nada mais era o mesmo, nem era igual, porque o Senhor restaurou a vida dela, e lhe revelou pessoalmente que Ele era o Messias. Isso Ele anunicou a uma samaritana adúltera e menosprezada!

A primeira vez que Jesus afirmou publicamente que Ele era o Messias que o povo estava esperando, não o fez ao rei Herodes, aos sacerdotes, ou aos intérpretes da lei: Ele o fez a uma mulher! (v.26). Muitos gostam de discutir o papel das mulheres na proclamação do evangelho; inclusive, alguns chegam a dizer que elas não podem falar de Jesus em público. Mas o que jamais podemos esquecer é a transcendência que o Senhor Jesus conferiu a elas, como as tratou e enalteceu a dignidade e fidelidade de todas as mulheres que o seguiram, ou que simplesmente se encontraram com Ele.

O Espírito de Deus nos lembra cada detalhe para que nós não defendamos uma suposta superioridade masculina com base em desconhecidas doutrinas ou ideias. Ninguém pode negar o que está escrito: uma das primeiras manifestações de Jesus como Messias foi dada a uma mulher adúltera, ignorante e menosprezada. Jesus quis que ela mesma anunciasse publicamente a todo o povo. E não foi por acaso, ou porque a encontrou no caminho. Não! Deus mesmo a escolheu. O Senhor Jesus assentou-se junto ao poço para esperá-la.

Como se isso fosse pouco, confiou-lhe uma das maiores revelações do caráter de Deus: "Deus é Espírito; e importa que os seus adoradores o adorem em espírito e em verdade...". Até o dia de hoje, milhares de teólogos, pastores, mestres e estudantes da Bíblia, analisam essas palavras e reconhecem a profunda verdade que elas contêm. O Filho de Deus revelou a uma simples mulher um dos grandes "segredos" do Pai. Ele quis assim, e todo aquele que deseja esquecer ou ignorar, é porque não entende (ou não quer entender) os propósitos de Deus.

Se observarmos cuidadosamente aquela mulher, chegaremos à conclusão de que ela "estava" com tudo errado. Com certeza, nós teríamos afirmado que ela era a mulher equivocada. Faltaria tempo para que a condenássemos: seu sexo, sua raça, sua cultura, sua religião, sua vida pecaminosa, seu desconhecimento dos assuntos espirituais... tudo estava contra ela. Humanamente falando, não tinha nenhuma opção para se encontrar com o Messias, era impossível.

Mas Jesus se aproximou e lhe disse: "Dá-me de beber!" Vendo a sua necessidade, Ele pediu. Sabendo que ela precisava dele, Ele se fez necessário. Conhecendo a sua sede na alma, Jesus lhe pediu água.

Uma das imagens mais comoventes na história é a reação da samaritana. A Bíblia diz que, quando soube com quem estava falando (v.28), ela deixou seu cântaro e foi buscar a todos. Deixou o que era e o que tinha, seu passado e seus pertences, e correu para anunciar que havia encontrado o Messias. Esqueceu o motivo de estar ali porque o conhecimento de Jesus foi mais importante que todo o restante. O resultado imediato da sua decisão foi buscar os outros. Jesus era demasiadamente precioso para ficar somente com ela.

Um último detalhe: o que julgamos ser nossos defeitos, Deus usa para a Sua glória. A mulher samaritana tinha outros poços mais perto, mas percorria grandes distâncias para buscar água, talvez para evitar perguntas e zombarias pelas pessoas que a conheciam. Deus transformou a sua vida de uma forma extraordinária, de forma que a mulher que procurava viver às escondidas teve a coragem para deixar tudo e ir falar do Mestre a todos quantos encontrava, aos mesmos que podiam acusá-la, julgar e inclusive, rir-se dela. Não teve qualquer medo. Não se importou que a tomassem por louca, nem se preocupou que lhe acusassem pelo seu passado. Não se preocupou com o fato de não ter "direito" de falar por ser mulher. Ela havia encontrado o Messias, e isso era a única razão importante para ela. Não se calou. Ninguém conseguiu fazê-la parar.

Quanto temos de aprender com as "loucuras" daqueles que são transformados pelo Salvador!

Jesus teve de permanecer dois dias em Samaria. O fruto do testemunho daquela mulher foi rápido, total, conclusivo e definitivo. Apesar de que judeus e samaritanos não "podiam" estar juntos, Jesus ficou dois dias com eles, hospedando-se em suas casas e comendo com eles. Sem preocupações com o falatório das pessoas.

No dia em que desejarmos, de todo o coração, ser como o Messias, sem nos importarmos com o que os outros possam dizer, revolucionaremos o mundo.

O PRÓPRIO DEUS SE ADMIRA DA FÉ NUMA MULHER ESTRANGEIRA.

Pouco tempo depois, encontramo-nos com a história de outra mulher menosprezada; dessa vez uma estrangeira. Como se Deus jamais se cansasse de nos repetir as mesmas lições para que nunca as esquecêssemos...

Levantando-se, partiu dali para as terras de Tiro [e Sidom].
Tendo entrado numa casa, queria que ninguém o soubesse; no

entanto, não pôde ocultar-se, porque uma mulher, cuja filhinha estava possessa de espírito imundo, tendo ouvido a respeito dele, veio e prostrou-se lhe aos pés. Esta mulher era grega, de origem siro-fenícia, e rogava-lhe que expelisse de sua filha o demônio. Mas Jesus lhe disse: Deixa primeiro que se fartem os filhos, porque não é bom tomar o pão dos filhos e lançá-lo aos cachorrinhos. Ela, porém, lhe respondeu: Sim, Senhor; mas os cachorrinhos, debaixo da mesa, comem das migalhas das crianças. Então, lhe disse: Por causa desta palavra, podes ir; o demônio já saiu de tua filha. Voltando ela para casa, achou a menina sobre a cama, pois o demônio a deixara (MARCOS 7:24-30).

Os dois autores dos evangelhos são imprescindíveis para entendermos a história. Marcos escreve que Jesus foi para a região de Tiro. Se Ele não tivesse ido àquele lugar, a mulher não o teria visto. Jesus fez isso em muitas ocasiões porque sabia onde estavam as pessoas que precisavam dele. Deus não se importou em mudar a Sua "agenda", nem lhe preocupou o tempo que "perdia" saindo do Seu percurso normal para se encontrar com UMA pessoa. Para restaurar UMA ÚNICA vida.

A mulher gritou, mas Jesus não lhe respondeu. Não quis ser mal-educado, simplesmente desejava que ela soubesse o que estava dizendo. Ela não podia chamá-lo de "Filho de Davi" se não soubesse a razão, porque ela era uma cananeia e talvez não entendesse bem essa expressão. A mulher não desistiu, e continuou gritando. Ela sentia a necessidade de Deus, e não desejava que a oportunidade se perdesse. Queria falar com Jesus, mesmo não entendendo o que estava acontecendo; mesmo que errasse em suas palavras e, aparentemente, não estivesse fazendo nada bem. Só queria ver o Messias. Esse era o desejo mais importante para ela.

Os discípulos não queriam que ela gritasse. Preocupava-os o escândalo que ela estava montando. É triste, mas muitas vezes estamos tão preocupamos com a ordem nas "coisas espirituais", que chegamos a impedir que as pessoas se aproximem de Deus.

Pode ser que ela não entendesse alguns princípios por ser estrangeira, mas me impressiona o fato de ser a única pessoa a chamar Jesus de "Senhor" nos evangelhos. Ela sabia com quem estava falando. Sabia que Ele era o Senhor, embora não pudesse estar à Sua mesa e somente pudesse se aproximar dele como um cachorrinho que vem aos pés dos seus donos para apanhar as sobras de comida e receber o carinho! Com isso, já estaria satisfeita.

Esse foi um dos motivos pelos quais Jesus quis argumentar com ela. Ele sabia que a mulher estava convencida de que Ele era o Filho de Deus, não apenas alguém que fazia milagres. Era preciso reconhecê-lo pessoalmente. Ela necessitava que Jesus tocasse em sua vida, e isso Ele fez. A fé que aquela cananeia teve foi imensa, porque, para ela, tanto fazia estar sentada à mesa como estar debaixo dela. Ela sabia que apenas com algumas migalhas do poder de Jesus Sua filha seria salva!

> JESUS ENCONTRA UMA MULHER QUE SOUBE APLICAR
> PERFEITAMENTE OS SEUS ENSINAMENTOS.

As migalhas! Os que são conscientes de que nada merecem são os que recebem de tudo. Bastava-lhe as sobras do poder de Jesus, não pedia nada mais. Jesus sorriu quando ouviu a resposta. Ele mesmo havia dito aos Seus discípulos, em muitas ocasiões, que eles deviam ser constantes, seguros e, inclusive, "insistentes" ao pedirem as coisas a Deus (MARCOS 7:29). E agora uma estrangeira — uma mulher! — foi a primeira pessoa a colocar em prática, de forma perfeita, os Seus ensinamentos.

"Por essa resposta, tua filha está curada!" Sua confiança fez com que ela argumentasse com o próprio Mestre porque desejava receber a bênção de Jesus, custasse o que lhe custasse. É isto que Deus espera de nós: que não nos demos por vencidos e continuemos implorando

Sua graça, porque Ele a irá derramar de forma muito mais abundante do que nós esperamos. Temos apenas de seguir adiante, aguardando o Seu sorriso.

Assim é a graça de Deus: existe pão suficiente para todos. Se merecêssemos algo, teríamos de ser como esses cachorrinhos para viver sempre aos pés do Mestre. Mas Ele quer nos fazer a todos igualmente dignos, convidando-nos a comer à mesa. Não importa que sejamos homens ou mulheres, livres ou escravos, judeus ou gentios. O certo é que nenhum de nós merece estar ali. Por esse motivo, o Seu convite continua sendo absolutamente incrível.

Jesus argumentou com a mulher cananeia porque desejava que os Seus discípulos pudessem entender, de uma vez por todas, que deixassem de lado seus pensamentos racistas. Todos têm o direito de estar à mesa de Deus. Ninguém pode ser excluído. Jesus usou a fé nessa mulher para que nós todos entendêssemos, também de uma vez por todas, que não existem favoritos diante dele. Todos são amados e aceitos de forma igual.

Deus jamais nos abandona quando chegamos diante dele com o coração desfeito, cheios de lágrimas e necessitados de estar perto dele. Lembra-se do texto no título? Deus cura os quebrantados de coração, aos que têm o coração partido e não sabem como consertá-lo. "Aquele que vem a mim, não lançarei fora", foi o que Jesus disse. Nessa promessa está firmada a nossa confiança. Deus nos aceita tal como somos, e nada espera em troca. Somente deseja que venhamos a Ele. Se for necessário, que sejamos capazes de argumentar com Ele, colocando nossa vida inteira em cada palavra que proferirmos.

Tenho de lhe confessar algo. Às vezes eu também preciso ir à presença de Deus, sem saber exatamente o que me acontece, assim como quando Kenia vem buscar um abraço. Talvez eu não consiga explicar a Deus o que se passa comigo, mas Ele sabe que necessito estar em Seus braços. Sem palavras, sem saber o que me acontece, simplesmente deixando que Ele cure o meu coração. E mais tarde digo "ok", como se nada tivesse acontecido... mas imensamente feliz por ter um Pai que deixa de lado tudo o que está fazendo simplesmente para me dar um abraço.

Nosso Pai não se preocupa com as circunstâncias, nem tampouco observa se aquele que se aproxima dele é mulher ou homem; se está gritando ou está em silêncio; se precisa argumentar ou simplesmente se deixa estar aos Seus cuidados. Deus é um Pai que nos ama de forma exatamente igual quando estamos felizes ou quando pensamos que o mundo se desaba sobre nós.

Um Pai capaz de curar minhas tristezas.

Pregar boas-novas aos quebrantados (ISAÍAS 61:1).

13 A NECESSIDADE DE SE TOCAR EM DEUS

A história da humanidade está repleta de libertadores imprescindíveis. Podemos nos lembrar de pessoas que lutaram contra o racismo, a injustiça, a escravidão, a ditadura, a desigualdade... Alguns deram a sua vida em defesa da liberdade. O mundo não seria o mesmo sem eles, porque muitos dos direitos que nós hoje gozamos não teríamos sem essas pessoas. Mas todos sabemos que existe uma liberdade mais difícil de se conquistar, que é sermos livres de nós mesmos. Quem mais nos escraviza é o nosso próprio mundo interior; contra quem costumamos ser mais cruéis é com cada um de nós. Os nossos próprios sentimentos nos fazem mal; a nossa maldade nos consome; o orgulho e o ódio vão nos destruindo por dentro... o que não entendemos ou não conseguimos vencer é o que mais nos prende. Necessitamos ser livres, libertos de tudo o que nos impede de viver.

"E conhecereis a verdade, e a verdade vos libertará" (JOÃO 8:32). Jesus sabia perfeitamente o que estava prometendo, porque foi Ele mesmo quem nos concedeu a liberdade de decidir. Tomamos nossas próprias decisões, erramos e caímos à maior profundidade ao deixarmos Deus de lado em nossas vidas, mas Ele continua trabalhando para que recuperemos essa liberdade. Somente quem criou a liberdade pode nos devolvê-la quando nos encontramos totalmente desesperados.

Mas esse processo não é de todo simples. Jesus veio proclamar liberdade aos cativos (a todos eles!), mas o preço dessa liberdade é o mais caro do Universo. Ao Filho de Deus, custou a Sua vida. É importante jamais nos esquecermos disso.

UMA MULHER CATIVA DURANTE DEZOITO ANOS

> *Ora, ensinava Jesus no sábado numa das sinagogas. E veio ali uma mulher possessa de um espírito de enfermidade, havia já dezoito anos; andava ela encurvada, sem de modo algum poder endireitar-se. Vendo-a Jesus, chamou-a e disse-lhe: Mulher, estás livre da tua enfermidade; e, impondo-lhe as mãos, ela imediatamente se endireitou e dava glória a Deus. O chefe da sinagoga, indignado de ver que Jesus curava no sábado, disse à multidão. Seis dias há em que se deve trabalhar; vinde, pois, nesses dias para serdes curados e não no sábado. Disse-lhe, porém, o Senhor: Hipócritas, cada um de vós não desprende da manjedoura, no sábado, o seu boi ou o seu jumento, para levá-lo a beber? Por que motivo não se devia livrar deste cativeiro, em dia de sábado, esta filha de Abraão, a quem Satanás trazia presa há dezoito anos? Tendo ele dito estas palavras, todos os seus adversários se envergonharam. Entretanto, o povo se alegrava por todos os gloriosos feitos que Jesus realizava*
> (LUCAS 13:10-17).

Dezoito anos doente e ninguém pôde ajudá-la. Todos a conheciam, inclusive havia ido muitas vezes à sinagoga, mas ninguém se interessara por ela. Poucos sabiam que sua enfermidade estava enraizada no mais profundo da sua alma porque um espírito a escravizara. Embora aparentemente sofresse apenas uma doença física, o âmago do seu problema era espiritual: ela havia perdido a liberdade. Pode ser que para muitos isso seja uma realidade.

DE MODO IGUAL AO QUE ACONTECIA A ESSA MULHER, AS DIFICULDADES DA VIDA NOS ESCRAVIZAM E NOS IMPEDEM DE ERGUER O OLHAR.

Você pode encontrar muitas pessoas assim em hospitais e consultórios de psiquiatras e psicólogos. Enfermos espirituais esperando por uma solução física, algo totalmente impossível. Nunca chegam à essência do que lhes acontece: vivem colocando remendos mais ou menos transitórios em sua situação e jamais são verdadeiramente livres. Nenhum médico, psicólogo, psiquiatra ou líder religioso pode encher de significado a nossa vida. Se o mal nos faz viver encurvados e tivermos perdido nossa liberdade por nos esquecermos de Deus, o problema é mais profundo do que parece. Da mesma forma que acontecia com aquela mulher, as dificuldades da vida nos escravizam e nos impedem de erguermos o nosso olhar. Muitas pessoas vivem presas e apegadas a este mundo, sem olharem diretamente para os outros, talvez pelo seu sentimento de culpa, ou por pensar que sua vida não tem sentido.

Muitos vivem sem poder levantar seu olhar ao céu porque rejeitam tudo quanto vem de lá.

Jesus chamou aquela mulher. Como quase sempre acontece, ela não buscou a Jesus, mas foi Ele quem se preocupou com ela. Colocando Suas mãos sobre a mulher, primeiro lhe deu a liberdade e depois a curou. Lucas sabia do que estava falando porque ele era médico. Jesus quis que nos lembrássemos de que o mais importante é a liberdade espiritual, e o secundário é a cura.

Muitos procuram sentir-se bem sem estarem livres! Deus nos restaura completamente, primeiro nos dando a liberdade e depois nos curando. Muitos querem ser felizes sem sofrer qualquer dano em sua vida, mas não querem ser libertos. Preferem continuar sendo escravos de muitas coisas: vícios, costumes, ideias, religiões, maneiras de ver a vida; escravos do que os outros falam; escravos de seus médicos e guias "espirituais".

Quando Jesus disse à mulher "fica livre da tua enfermidade", ela não se endireitou. Talvez continuasse sentindo sua indignidade e fraqueza e não se atrevia a olhar para o Salvador. Então Jesus colocou Suas mãos sobre ela e lhe devolveu a sua dignidade. Por vezes, sabemos o que Deus diz, mas não somos capazes de crer até que Jesus coloque Sua mão sobre nós. Naquele momento, reação dela foi semelhante a todo aquele que foi curado por Jesus: ela começou a glorificar a Deus.

> ESSES INDIVÍDUOS SABIAM MUITO DA LEI, MAS NADA SABIAM DE DEUS!

O milagre termina com uma reclamação dos religiosos, como sempre acontecia.

Nunca aprenderam a se calar. Assim eles continuam a se comportar no dia de hoje. Estavam indignados pelo que Jesus havia feito. Como podia alguém curar no dia de sábado? Não sabia Deus que tinha de se submeter às normas deles? Um Messias que perde Seu tempo curando uma mulher? Não sabia o Filho de Deus que as mulheres eram consideradas inferiores? Como interrompeu a reunião na sinagoga para curar uma mulher?

Esses indivíduos sabiam muito da lei, mas nada sabiam de Deus! O dia do repouso foi feito para se praticar o bem, para glorificar a Deus e adorá-lo. Jesus estava curando as pessoas. E que tipo de religião é essa que não admite se fazer o bem por culpa dos princípios religiosos? Que pequeno deus impede de ajudar e curar porque está preso às suas próprias leis?

Jesus olhou fixamente para eles e expressou Suas palavras com o poder da misericórdia e da razão. Não queria que ficasse qualquer dúvida dentro deles. Nem dentro de nós! O Messias libertou...

1. Um ser humano;
2. Uma mulher, filha de Abraão;

3. Uma idosa doente;
4. Uma escrava de Satanás.

Jesus lançou por terra todos os seus argumentos. Ele chamou-a de "filha de Abraão" (a primeira vez que uma mulher era assim chamada), para que todos soubessem que ela era tão digna como qualquer homem. Para Deus, todas as pessoas são iguais!

Aquela mulher, por dezoito anos, havia ido à sinagoga e ninguém se preocupava com ela e nem a ajudavam. Nada tinha recebido da religião que pudesse mudar sua vida, nem aproximá-la de Deus. Apesar de tudo, continuava indo à sinagoga porque desejava se encontrar com o seu Criador. E um dia, o Filho de Deus a libertou.

Precisamos sempre lembrar que normalmente as pessoas simples são mais confiantes em Deus e estão mais perto dele do que a grande maioria dos sacerdotes.

UMA MULHER CATIVA, DOENTE E IMPURA

Tendo ouvido a fama de Jesus, vindo por trás dele, por entre a multidão, tocou-lhe a veste. Porque, dizia: Se eu apenas lhe tocar as vestes, ficarei curada. E logo se lhe estancou a hemorragia, e sentiu no corpo estar curada do seu flagelo. Jesus, reconhecendo imediatamente que dele saíra poder, virando-se no meio da multidão, perguntou: Quem me tocou nas vestes? Responderam-lhe seus discípulos: Vês que a multidão te aperta e dizes: Quem me tocou? Ele, porém, olhava ao redor para ver quem fizera isto. Então, a mulher, atemorizada e tremendo, cônscia do que nela se operara, veio, prostrou-se diante dele e declarou-lhe toda a verdade. E ele lhe disse: Filha, a tua fé te salvou; vai-te em paz e fica livre do teu mal (MARCOS 5:27-34).

Jesus se encontrou com outra mulher doente, e de certa forma mais do que doente. Cerimonialmente, ela era considerada impura. Por isso, não podia se aproximar de ninguém, e ninguém podia passar perto dela. Não sabemos como, mas embora a situação fosse desesperadora, acreditou que Jesus poderia salvá-la. Talvez não soubesse o que deveria fazer, mas fez a única coisa certa: aproximou-se de Jesus. Ela havia ouvido falar a respeito dele, mas jamais tinha visto Jesus curar alguém! Ela veio a Jesus crendo no que outros disseram, e isso lhe foi o bastante.

Foi o suficiente para ela abrir caminho no meio da multidão e tocar no manto do Mestre.

É imprescindível ter fé para estar perto de Jesus. Infelizmente, pode-se abraçar Jesus sem nada receber dele. Esta era a situação da multidão que o seguia: estavam literalmente oprimindo o Mestre, tocando-o e apertando-o, mas nada aconteceu em suas vidas. Muitas pessoas vivem "perto" de Jesus, entretanto, não o conhecem. Podemos passar toda a nossa vida, inclusive na Igreja, sem ver Jesus, sem haver provado da Sua bondade e Sua misericórdia porque não temos fé para nos dedicarmos a Ele.

Sabe, existem muitas formas de se tocar em Jesus. A multidão estava perto dele, mas nenhum poder saiu dele. Ninguém sentiu o incontido desejo de abraçar o Mestre. Nem sequer sabiam do privilégio que tinham, porque não se deram conta de quão perto estavam do Criador.

> A MULHER QUIS SER CURADA DA FORMA MAIS INCRÍVEL, PORQUE ELA, PROIBIDA PELA LEI, NÃO PODIA TOCAR EM NINGUÉM, MUITO MENOS NO MESSIAS.

Jesus se dirigiu à mulher que o tocou, a mesma que acreditou que poderia ser curada. Aquela mulher queria ser curada da forma mais incrível, porque ela, proibida pela lei, não podia tocar em ninguém. Mas ela decidiu tocar no Messias! Ela sabia que o único que lhe podia perdoar era o próprio Deus. Aquela mulher vivia em um estado de impureza legal (LEVÍTICO 15:25), e não podia se aproximar de ninguém, porque estaria sujeita à maldição. Ela não se importou: o seu desejo era superior a tudo. Aquela que não podia se aproximar de ninguém decidiu tocar em Deus.

Às vezes, o Senhor nos permite chegar ao mais profundo da nossa indignidade para fazer o maior milagre. Nossas maiores fraquezas são o principal motivo para que Ele expresse a Sua graça. Jesus podia curá-la de outra maneira, pois Ele curou outras pessoas sem se aproximar delas, mas dessa vez deixou que a mulher lhe tocasse. Ele queria restaurá-la completamente, de uma forma pública.

O evangelista Marcos (5:32) acrescenta à história um importantíssimo detalhe, dizendo que Jesus olhou em volta para dar à mulher a oportunidade de confessar a sua fé. Jesus primeiro perguntou, e mais tarde procurou a mulher com o Seu olhar "para ver Aquela mulher que lhe tocara". Não queria que ela se escondesse. Ele sabia quem ela era, embora não a tivesse visto.

Jesus não quer acrescentar um milagre a mais na Sua "lista". O que Ele busca é uma vida transformada, quer um reconhecimento de coração. Busca fortalecer sua fé de uma forma pública, quer descobri-la porque agora o importante não é que o seu corpo tenha sido curado, mas, acima de tudo, que o seu espírito seja fortalecido; que a sua decisão e a sua fé sejam conhecidas por todos.

A maneira como a mulher se aproximou de Jesus é quase sublime. Em primeiro lugar, chegou a Jesus com medo e tremendo. Ele sabia que ela estava com medo e que muito lhe custaria sua ousadia. Por isso Jesus tratou-a de uma forma carinhosa e lhe disse: "Filha" (v.34). Ela é a única mulher a quem Jesus chama de filha! Quando ela o escutou, deu-se conta de que era amada. Naquele momento acabaram todos os seus temores. Ela se prostrou diante de Jesus e lhe contou toda a verdade.

Tão simples e ao mesmo tempo tão sublime. Jesus não quer saber nada de interpretações ou atitudes mais ou menos teatrais. Deus quer a verdade pura e simples. Espera que lhe digamos tudo o que temos no coração, nem mais, nem menos. Ele se agrada de que não procuremos esconder nada.

Jesus a restaurou completamente: purificou seu corpo, sua alma, seu espírito; perdoou-a... Exaltou-a publicamente dizendo-lhe:
—"Tua fé te salvou". O espírito dela ficou livre diante de Deus.
—"Vai-te em paz". A vida dela se tornou totalmente nova a partir de então.
—"Estás liberta da tua enfermidade". A cura física dela foi total.
Ninguém mais tinha o direito de continuar a tratá-la como impura, física ou espiritualmente. Uma vida totalmente nova começou para aquela mulher, e o Messias quis que todos soubessem disso.

> PODE-SE ABRAÇAR JESUS SEM NADA RECEBER DELE COMO ACONTECEU COM A MULTIDÃO QUE O CERCAVA.

Isto é algo que nunca devemos esquecer: a liberdade não pode ser menosprezada. A transformação na vida de uma pessoa não pode ficar escondida. A luz não pode se ocultar: quando Jesus penetra na vida de uma pessoa, transforma absolutamente tudo. Todos devem tomar conhecimento disso.

A história nos lembra que, anos atrás, quando alguém fazia um chamamento numa pregação evangelística, as pessoas que decidiam seguir a Jesus vinham à frente, e muitos se colocavam de joelhos, orando e agradecendo a Deus. Mais tarde, simplesmente, eram chamados a vir à frente todos quantos haviam tomado a decisão.

Com o passar do tempo, alguns começaram a pedir que as pessoas se levantassem por um momento no lugar onde se encontravam. Anos mais tarde, bastava levantar a mão para se reconhecer publicamente que foi feita a oração para que Jesus entrasse na sua vida. Por último, tenho visto, após uma mensagem, o pregador dizendo aos que desejassem entrar no reino simplesmente "erguessem o olhar" enquanto os outros permaneciam com a cabeça abaixada... Alguns ainda acrescentam dizendo: "Ninguém está olhando, não tenha medo, ninguém vai saber que você levantou a mão". Ninguém saberá que você tomou a decisão mais importante da sua vida!

Ninguém? Talvez nem no céu tampouco se deram conta...

Se não damos às pessoas a possibilidade de expressarem, pública e visivelmente, a realidade da sua decisão por Cristo, estamos lhes furtando a transcendência da decisão mais importante da sua vida. A única decisão que tem repercussões eternas. Todos precisam saber!

> A LIBERDADE NÃO PODE SER OPRIMIDA.
> A TRANSFORMAÇÃO NA VIDA DE UMA PESSOA NÃO PODE FICAR ESCONDIDA.
> A LUZ NÃO PODE SE OCULTAR. QUANDO JESUS PENETRA NA VIDA DE UMA PESSOA, TRANSFORMA ABSOLUTAMENTE TUDO.
> JÁ NÃO É MAIS A MESMA PESSOA. E TODOS PRECISAM SABER.

Jesus continua caminhando conosco, como o melhor amigo. Como alguém que nunca nos deixa nem se esconde. Ele sempre está mais perto do que pensamos; sempre está conosco, não somente quando nos damos conta disso ou quando estamos na Igreja. Ele jamais nos deixa, embora pensemos que não temos ninguém ao nosso lado. Não podemos fugir dele, nem ir a qualquer lugar onde possamos ocultá-lo.

Lembre-se: não podemos nos esconder dele, e nem podemos escondê-lo.

Podemos ignorá-lo (como fez a multidão) ou podemos procurá-lo quase em desespero, querendo tocar no seu manto, ter algo dele... A recompensa é uma amizade inquebrantável e sem limites: saber que Ele sempre está ao nosso lado, ajudando-nos e nos amando. Isso Ele faz sempre, mas depende de nós que nos demos conta e desfrutemos dessa Presença, inclusive que a desejemos em todo momento, embora Ele continue conosco.

Depende de você querer abraçá-lo a cada dia.

Restauração da vista aos cegos (LUCAS 4:18).

14 | JESUS SE DETÉM...

Poucas coisas me impressionam mais do que ver uma pessoa cega. Sempre penso na sua incapacidade de contemplar a beleza de tudo o que nos cerca, as cores, a natureza, os rostos sorridentes... Faz-me refletir e, ao mesmo tempo, agradecer a Deus por cada momento em que posso desfrutar da capacidade de ver. Poucas coisas são tão terríveis como a cegueira.

Dois mil anos atrás, a situação era muito mais crítica do que agora. Ninguém se preocupava com os destituídos de visão; não eram ajudados e ninguém lhes dava emprego. Para muitas pessoas, chegavam a ser um "estorvo". Por isso, que os cegos viviam juntos e se ajudavam na sua miséria, mendigando para poderem sobreviver e sempre dependendo do que outros pudessem fazer para ajudá-los. Ser cego, no tempo de Jesus, era uma das situações mais difíceis para uma pessoa.

Jesus veio para devolver a visão aos cegos: aos que não podiam ver, e aos que não queriam ver. Entretanto, existe algo ainda mais terrível que a enfermidade em nossos olhos, que é a cegueira espiritual. Na Espanha, temos um ditado: "Não existe pior cego que aquele que não deseja ver". É disto precisamente de que se trata: no mundo, continuam vivendo muitos cegos, sendo que muitos deles são voluntários: cegos que não querem ver.

Algumas das teorias dos judeus eram alucinantes. Eles não acreditavam que todas as pessoas haviam pecado, mas somente as que estavam doentes: cegos, coxos, leprosos etc. Eles, sim, eram culpáveis porque a sua enfermidade era prova do castigo de Deus (JOÃO 9). Essa teoria era defendida sobretudo pelos religiosos que viviam com saúde, porque criam que viviam sem pecado diante de Deus. Por esse motivo, estariam supostamente limpos. Jesus teve de lhes ensinar que ninguém é condenado por estar cego, mas por rejeitar o que Deus oferece. A enfermidade não tem nada a ver com a vida espiritual de uma pessoa.

> *Aconteceu que, ao aproximar-se ele de Jericó, estava um cego assentado à beira do caminho, pedindo esmolas. E, ouvindo o tropel da multidão que passava, perguntou o que era aquilo. Anunciaram-lhe que passava Jesus, o Nazareno. Então, ele clamou: Jesus, Filho de Davi, tem compaixão de mim! Então, parou Jesus e mandou que lhe trouxessem. E, tendo ele chegado, perguntou-lhe: Que queres que eu te faça? Respondeu ele: Senhor, que eu torne a ver. Então, Jesus lhe disse: Recupera a tua vista; a tua fé te salvou. Imediatamente, tornou a ver e seguia-o glorificando a Deus. Também todo o povo, vendo isto, dava louvores a Deus* (LUCAS 18:35-43).

Lucas é bastante expressivo ao dizer que, quando o cego ouviu que Jesus se aproximava, não quis ficar quieto: perguntou o que estava acontecendo e indagou sobre o Messias. Ele sabia que podia ser a única oportunidade da sua vida. Muitas vezes, este pormenor é repetido nos evangelhos: Jesus percorria todo o território de Israel, mas ninguém sabia se voltaria a passar por ali ou se voltariam a vê-lo. O cego aproveitou a sua oportunidade, apegando-se a essa possibilidade como a última que lhe restava. A Bíblia diz que ele gritou reconhecendo a sua necessidade, e confessou a sua miséria. Vez após outra, repetia: "Tem misericórdia de mim".

> ÀS VEZES AS PESSOAS QUE ESTÃO CONOSCO NÃO NOS PERMITEM QUE NOS APROXIMEMOS DE JESUS. INCLUSIVE OS QUE DEVERIAM NOS LEVAR AO MESTRE, AFASTAM-NOS DELE.

O problema era que ele não podia ir a lugar algum, e os que estavam perto tampouco lhe ajudavam. A Bíblia diz que o cego gritava repetidamente, apesar de não o deixarem se aproximar de Jesus. Esta deve ser a nossa atitude: não nos conformarmos, não permitir que outras pessoas nos impeçam de ver a Jesus. E se for necessário, gritar!!

Os que nos cercam podem ter muitos motivos para nos afastarem de Jesus. Alguns pensavam que o Mestre estava ocupado, ou que tivesse assuntos mais importantes que "perder o tempo" com um cego.

Nunca é assim. Não devemos nos deixar levar pelos que nos afastam de Jesus. Ele nunca se encontra tão cansado para não nos atender, nem tão ocupado para não nos escutar. Jesus nunca tem tanto a fazer que o impeça de parar e conversar conosco.

Isso foi precisamente o que Ele fez naquele momento: Jesus se deteve. O autor do evangelho diz que Ele ficou em pé ao lado do cego. O Filho de Deus se detém para nos curar. O Criador do Universo permanece ao nosso lado para colocar nossa vida em ordem. O Rei se preocupou com a vida de um cego o qual as pessoas nem sequer deixavam falar.

> JESUS SE DETÉM PARA MUDAR NOSSA VIDA.

Marcos escreve a mesma história, mas acrescenta alguns detalhes muito importantes (MARCOS 10:46-52). Quando Jesus chegou, não lhe pediu explicações. Quando Ele se detém para nos ajudar, nem sequer pergunta se temos necessidade dele. Ele é quem sente compaixão por todos nós e nos chama. É tão simples que por vezes julgamos ser impossível. Nesse momento, escutamos a frase mais importante da nossa vida: "Tem bom ânimo, levanta-te que Jesus te chama!" Depois de quase se desesperar de tanto gritar, o cego soube que Jesus queria estar com ele.

A sua resposta foi "lançar a capa", deixar tudo quanto tinha para seguir a Jesus. Não precisava de nada. Ele abandonou todo o seu passado. Aprendeu rapidamente que, se Jesus o chamava, nem sequer o manto que usava para se assentar e continuar mendigando, tinha mais qualquer valor; já não mais necessitava dele. Chegou o momento de ouvir o chamado de Jesus e seguir-lhe. Começar a ver tudo, levantando os olhos para observar os campos, as casas, as pessoas... mas fixando seu olhar acima de tudo no seu Salvador.

> ASSIM SOMOS QUASE TODOS:
> NÃO GOSTAMOS QUE NOS DESCONTROLEM A VIDA.

Jesus, tomando o cego pela mão, levou-o para fora da aldeia e, aplicando-lhe saliva aos olhos e impondo-lhe as mãos, perguntou-lhe: Vês alguma coisa? Este, recobrando a vista, respondeu: Vejo os homens, porque como árvores os vejo, andando. Então, novamente lhe pôs as mãos nos olhos, e ele, passando a ver claramente, ficou restabelecido; e tudo distinguia de modo perfeito (MARCOS 8:22-26).

Chegaram à cidade e lhe trouxeram outro cego. Queriam que lhe tocasse e o curasse como havia feito em outras ocasiões. Mas Jesus, antes de qualquer coisa, quis estar sozinho com ele e, por isso, levou-o para fora da aldeia. Pode ser que esse cego se acostumara a cada parte do lugar onde vivia, de tal maneira que, mesmo sem ver, tinha o seu "círculo de segurança", onde podia estar com tranquilidade. Jesus o levou a um lugar desconhecido para que estivesse completamente "desamparado" e sem ajuda. Era importante que ele se reconhecesse como um necessitado e inútil. Nada havia de mais importante do que estar sozinho com o Criador.

Assim somos quase todos nós: não gostamos que nos descontrolem a vida, que as circunstâncias sejam mudadas e aconteçam coisas inesperadas. Enquanto pudermos ter tudo sob o nosso controle, sentimo-nos felizes, embora sendo cegos e inúteis. Gostamos de viver em nossa "zona de conforto". Muitas vezes, não escutamos a Deus, ou inclusive, não o vemos porque estamos muito ocupados, demasiadamente empolgados com as nossas coisas. Literalmente, Deus precisa nos levar para fora, a um lugar solitário. Fora da nossa cidade, dos nossos negócios, das nossas rotinas... do que nos "prende" a cada dia.

Jesus o tomou, cuspiu nos olhos dele e pôs Suas mãos sobre ele. O cego começou a recuperar a visão, mas não foi capaz de distinguir as pessoas. Jesus queria que entendesse o que significa depender dele, não somente na cura, mas na visão de cada dia. Não precisamos de um único encontro com Jesus. O que é imprescindível é vivermos cada instante com Ele.

Jesus disse a ele: "Você vê algo?" Poderia ser a mesma pergunta para cada um de nós. "O que você vê ao seu redor?" Ao contrário do que alguns pensam e vivenciam, a vida cristã é muito mais que cumprir algumas regras. Se não formos capazes de ver mais longe, estaremos perdidos. Se não aprendermos que seguir a Jesus é muito mais do que ir à igreja aos domingos, é porque a cegueira continua dentro de nós.

Quando aquele que havia sido cego ergueu o olhar, só podia ver árvores paradas e árvores se movendo. Nada mal para alguém que jamais havia visto algo. Na realidade não existe muita diferença porque os homens que ele via eram homens carentes de sentimentos e sem personalidade. Eram apenas "árvores" que se moviam ou árvores imóveis. Pouco significam, por vezes, as pessoas para nós, devido à nossa insensibilidade, nossas tradições ou nossa comodidade. Ao nosso lado estão pessoas sem Deus e sem esperança, e não as vemos! A única coisa que encontramos perto de nós são árvores que caminham.

Como não podia ser de outra forma, quem era cego olhou fixamente para Jesus, e então tudo mudou. Nos olhos de Jesus podemos ver refletidas todas as pessoas do mundo. Quando não podemos amar alguém, precisamos ver essa pessoa dentro dos olhos do Criador. Quando somos incapazes de compreender alguém, podemos buscar essa pessoa no olhar de Jesus. As árvores que caminham passam a ser pessoas reais quando o Messias está conosco.

> "QUANDO OUVIU QUE ERA JESUS QUEM POR ALI PASSAVA...".
> ISSO É O QUE PODE FAZER A MAIOR DIFERENÇA EM NOSSA VIDA.

Este é o tempo para escutar. Como se fôssemos cegos (E não somos?), ouvimos muitas vozes no mundo, nos meios de comunicação, nas redes sociais, em milhares de diferentes lugares. Temos música de ambiente ou vivemos com o televisor ligado, porque o silêncio nos oprime. E nesse processo, temos perdido a capacidade de escutar, deixamos de ouvir o nosso Criador. Menosprezamos a felicidade de viver, no encanto do Espírito de Deus, a paz que encontramos face a face com Jesus. Vivemos como cegos porque não percebemos mais além do que os nossos olhos veem, e a única coisa que podemos ouvir são os sons da rotina.

Somente em Deus, ó minha alma, espera silenciosa; dele vem a minha salvação. Só ele é a minha rocha, e a minha salvação, e o meu alto refúgio; não serei muito abalado (SALMO 62:1,2).

Iniciamos este capítulo dizendo que existem muitos cegos em nossa sociedade, pessoas que não querem ver nem sentir o amor de Deus em suas vidas; que correm de um lado para outro fazendo girar a roda de uma vida sem sentido, que não pode parar em hipótese alguma. Uma vida na qual não nos detemos por nada e por ninguém. Jamais aprendemos a desfrutar do silêncio diante do nosso Criador, de saber que nossa alma pode descansar acalentada em Seus braços, escutando a Voz de quem nos ama.

Enquanto isso, Jesus, o Criador e Sustentador do Universo, o Todo-poderoso, Aquele que tem o mundo inteiro em Suas mãos... se detém para falar conosco. Coloca-se ao nosso lado querendo nos devolver a visão. Que saibamos que há muito mais coisas mais além; que nem tudo é o que vemos, ou que pensamos. Ele nos fala do que é mais importante na vida: aquilo que não se vê!

Não atentando nós nas coisas que se veem, mas nas que se não veem; porque as que se veem são temporais, e as que se não veem são eternas (2 CORÍNTIOS 4:18).

Jesus continua se detendo hoje. E nos chama...

A apregoar o ano aceitável do SENHOR (ISAÍAS 61:2).

15 | O MESTRE COM M MAIÚSCULO

Os ensinamentos do Senhor Jesus têm merecido um total reconhecimento da parte de todos os historiadores e pensadores do mundo. Os Seus inimigos tiveram que admitir sem contestação: "Ninguém falou como este homem". E, com o passar dos anos, a grande maioria dos críticos, filósofos, professores e educadores em geral têm reconhecido publicamente que as palavras de Jesus são únicas. Ninguém como Ele. Nenhuma pessoa ensinou como Jesus fez. Ninguém expressou de uma forma tão sublime e ao mesmo tempo tão precisa e simples, as verdades mais transcendentais da existência humana, as profundamente espirituais, e as cotidianas, as verdades de cada dia. "Todos lhe davam testemunho, e se maravilhavam das palavras de graça que lhe saíam dos lábios, e perguntavam: Não é este o filho de José?" (LUCAS 4:22).

> ELE JAMAIS MENCIONA OUTRO MESTRE HUMANO, SOMENTE SE REFERE À PALAVRA DE DEUS.

As Suas palavras sempre são sobrenaturais, cheias da graça. Jamais mencionou nenhum outro mestre, sempre se referiu à Palavra de Deus, sempre falou em nome de Deus, porque Ele mesmo é a Palavra viva, a expressão viva e real da mente e do coração do Pai (JOÃO 1).

A única condição que deviam ter os que ouviam era querer escutar. Vivemos em um mundo em que milhões de palavras são pronunciadas a cada dia, e saber escutar não é precisamente nossa melhor característica. Jesus não fala para, em primeiro lugar, convencer, mas para dar vida, para comover, ensinar, comprometer... fala para transformar.

Ele sabe que gostamos da informação, mas não nos compromete. Os argumentos são válidos, mas deixam nossa vida à margem da transformação, embora saibamos o que é certo. Jesus não quer pessoas convencidas, mas sim, comprometidas. Temos de "comer", uma por uma, cada palavra e torná-las nossas para sempre. Não se pode escutar a partir da indiferença, nem da curiosidade. Ao longo do Seu ministério, Jesus menciona várias vezes uma frase misteriosa, mas que encerra grande parte do segredo da sua mensagem: "Aquele que deseja ouvir, que ouça (LUCAS 15:1).

Os que sempre se aproximaram para ouvi-lo foram os publicanos e os pecadores. Eles entenderam a mensagem de Jesus porque eram os que queriam ouvir. Os que eram considerados "ignorantes" foram os que entenderam o Mestre.

Jamais podemos esquecer que existe uma grande diferença entre compreender e entender. A mesma palavra em espanhol nos ensina o que queremos dizer: "Compreender" é abraçar; ao passo que "entender" é somente conhecer o significado das palavras. É preciso compreender Jesus de forma incondicional, abraçar o que Ele diz, colocando toda a nossa vida em Suas mãos, mesmo que muitas vezes seja difícil entender Suas palavras devido à nossa incredulidade, nosso afastamento, nossa falta de compromisso ou simplesmente porque a Sabedoria dele nos transcende.

Muitos não o compreenderam nem o entenderam. Somente queriam "analisá-lo a fundo". Ver se o que Ele dizia era certo, ou não. Ou melhor dizendo: examinar se em Suas palavras havia alguma coisa com a qual não estivessem de acordo. Por esse motivo, chegaram a perseguir o Mestre e, inclusive, matá-lo. Era perigoso: pensavam que Deus tinha de se submeter ao que eles diziam. Jamais pensaram em obedecer-lhe.

> **AS PARÁBOLAS ERAM A FORMA MAIS SIMPLES DE SE EXPLICAR UMA GRANDE VERDADE PARA QUEM DESEJASSE CONHECÊ-LA, E AO MESMO TEMPO ESCONDÊ-LA DOS QUE NADA QUERIAM SABER DO ASSUNTO.**

Jesus ensinava por parábolas, histórias sobre a vida real em situações que todos conheciam muito bem. As parábolas revelam o que Deus deseja que saibamos dele, do Seu reino e de Sua maneira de atuar. Para entendê-las, é preciso estarmos dispostos a aceitar o que Deus diz, seja o que for.

> *Também lhes disse uma parábola: Ninguém tira um pedaço de veste nova e o põe em veste velha; pois rasgará a nova, e o remendo da nova não se ajustará à velha. E ninguém põe vinho novo em odres velhos, pois o vinho novo romperá os odres; entornar-se-á o vinho, e os odres se estragarão. Pelo contrário, vinho novo deve ser posto em odres novos [e ambos se conservam]*
> (LUCAS 5:36-38).

Jesus exemplificou esse princípio na parábola do vinho e dos odres. Não se pode colocar vinho novo em odres velhos porque os odres se tornam duros com o passar do tempo e deixam de ser maleáveis. Não podem receber algo novo porque racham.

Não se pode colocar ideias novas nas mentes tradicionais. O problema consiste em tentar arrumar algo velho, algo que já não mais serve. Deus quer uma reforma total, radical, sem remendos, porque ninguém pega um vestido novo e lhe tira um pedaço para colocá-lo em tecido velho? Quando assim fazemos o velho continua a ser inútil, e o remendo que foi colocado "encolhe", e acaba rasgando completamente. No fim estamos sem o tecido novo porque tiramos dele um pedaço e sem o tecido velho porque acabou se rasgando. O novo rasga o velho, o vinho novo arrebenta os recipientes velhos.

Quando queremos viver dessa maneira, tudo se perde: as novas ideias e as pessoas antigas. Esse foi o problema dos religiosos no tempo de Jesus, e continua sendo o problema de muitos hoje em dia, dos que pretendem manter os costumes acima das leis e são capazes de romper qualquer coisa para se conservar uma tradição.

Jesus veio para nos trazer um novo traje, e não colocar um remendo em nossa antiga forma de viver. Todos os que desejam seguir com as suas tradições sem aceitar a beleza do evangelho, procuram viver com suas roupas velhas, remendadas. Deus nos dá uma roupa nova e reluzente, uma roupa que fala por si mesma: um traje branco que torna feio e inútil qualquer outra roupa remendada (APOCALIPSE 7:9-13). O que Ele oferece é uma roupa sem preço, que não pode ser comprada, nem muito menos arrumada por si mesma.

Alguns pretendem chegar ao céu com os seus remendos. Como o convidado na parábola das bodas, queremos viver na presença do Deus com o que temos feito, e não com a roupa que Ele nos oferece (MATEUS 22:11; MARCOS 2:21). As nossas velhas roupas estão rasgadas, temos de tirá-las! Não podemos seguir procurando "cobrir-nos" com a nossa própria justiça. O profeta Isaías escreveu que as nossas justiças são como TRAPOS de imundícia (ISAÍAS 64:6).

> QUANDO AS TRADIÇÕES MANDAM NA IGREJA, MAIS CEDO OU MAIS TARDE, TUDO SE PERDE: AS NOVAS IDEIAS E AS PESSOAS ANTIGAS.

Os ensinos de Jesus comprometiam as pessoas, porque não se tratava somente de conhecer algo, mas de tomar uma decisão. O Mestre ensinava e convidava. Cada história terminava da mesma forma: com a necessidade de os ouvintes tomarem uma decisão.

OS CONVITES MAIS CONHECIDOS DE JESUS

Por aquele tempo, exclamou Jesus: Graças te dou, ó Pai, Senhor do céu e da terra, porque ocultaste estas coisas aos sábios e instruídos e as revelaste aos pequeninos. Sim, ó Pai, porque assim foi do teu agrado. Vinde a mim, todos os que estais cansados e sobrecarregados, e eu vos aliviarei. Tomai sobre vós o meu jugo e aprendei de mim, porque sou manso e humilde de coração; e achareis descanso para a vossa alma (MATEUS 11:25-29).

Os segredos do evangelho do reino estão ocultos aos sábios, mas as crianças podem entendê-los. Elas compreendem perfeitamente que aquilo que se vê não é a única coisa que existe; sabem que há outro reino, o reino espiritual. Vivem imaginando e sabem que nem tudo na vida se compõe do que podemos ver ou tocar.

- As crianças sentem sempre a necessidade de aprender. Vivem cheios de admiração e êxtase.
- Elas vivem acreditando no que seus pais dizem. Da mesma forma, creem em Deus.
- Elas sabem o que é a fé sem conhecer sequer a palavra, porque não existe nelas a mínima dúvida de que, quando lhes dizemos algo, iremos cumpri-lo. A vida nelas está cheia de confiança.
- Elas são sinceras e costumam reconhecer seus erros.

Quando nos tornamos como crianças, estamos mais perto do Pai.

> JESUS USOU GRANDE PARTE DO TEMPO E SUAS FORÇAS PARA CONVIDAR AS PESSOAS. JAMAIS CHEGAREMOS A COMPREENDER TOTALMENTE A GRANDEZA DE DEUS, NÃO EXIGINDO, MAS CONVIDANDO SUAS CRIATURAS.

Somente os que são como crianças podem entender perfeitamente as simples palavras do Mestre: "Vinde a mim os que estais cansados e oprimidos." Esse é um convite para todos, em qualquer momento e em qualquer situação da vida, porque o descanso é uma chave, não só para se aproximar de Deus, mas para viver perto dele todos os dias (HEBREUS 4).

Deus sempre nos chama para descansar no que julgamos ser imprescindível fazer, e assim não querer tudo controlar. Descansar dos nossos trabalhos e do que os outros fazem. Descansar da urgência das circunstâncias e do temor do que possa acontecer no futuro. Descansar das preocupações e vivenciar nossa vida confiando no Senhor.

Viver com Jesus é realmente emocionante. O Seu jugo é suave porque o que amamos de todo coração jamais se torna pesado. Muitos tomam os ensinos de Jesus como algo difícil de suportar. Vivem sobrecarregados pelos mandamentos dos homens, e não são capazes de desfrutar da companhia de Deus. Vivem carregados de regras que outros lhes têm imposto para poderem se aproximar do Criador, e cansados sob o peso das tradições: fartos de procurar seguir a Deus com as suas próprias forças.

Enquanto isso, Jesus continua dizendo: "Vinde a mim e descansai!"

Eu sou o caminho, e a verdade, e a vida; ninguém vem ao Pai senão por mim (JOÃO 14:6).

Para os judeus, um caminho precisava de tempo para ser percorrido. Tempo para conhecê-lo, para observar cada detalhe e aprender em cada curva. Tempo para desfrutar dos companheiros e das circunstâncias. Um caminho não era bom somente pelo que se podia encontrar no final, mas pela caminhada em si. Eles jamais poderiam entender a nossa moderna busca de atalhos, o nosso desejo de rapidamente chegar a qualquer lugar por algum motivo ou sem motivo.

Jesus continua desejando nos ensinar que a beleza não está somente no final do caminho, mas em cada passo que damos para percorrê-lo. Aprendemos a desfrutar da simplicidade de cada dia, das conversas, da amizade e, inclusive dos momentos de solidão. Jesus percorreu muitos caminhos acompanhado por muitas pessoas. Andou com elas falando, ensinando e se interessando por todos. Ele é não só a nossa meta, mas também o nosso caminho. Um caminho vivo e verdadeiro.

A vida cristã é viver com o Mestre para onde nos levar. Caminhar com Ele, desfrutar da Sua presença, Sua conversação, Sua fidelidade... Seja para onde quer que formos, a presença de Jesus tudo transforma. Viver no caminho é andar com Ele cada dia. Essa é a razão por que tantas vezes, no livro de Atos, são chamados os que seguem a Jesus pelo título: "Os do caminho".

Entrai pela porta estreita (larga é a porta, e espaçoso, o caminho que conduz para a perdição, e são muitos os que entram por ela), porque estreita é a porta, e apertado, o caminho que conduz para a vida, e são poucos os que acertam com ela (MATEUS 7:13,14).

Jesus é tudo. Não somente é a meta e o caminho, como também, a porta de entrada para a vida. O mais importante em nossa existência é encontrar essa porta e entrar. A porta é estreita: existe apenas um mediador, que é o Senhor Jesus. Ninguém pode entrar por outro lugar. Tampouco se pode entrar de qualquer maneira. A arrogância, o orgulho ou a vaidade não cabem no reino de Deus. O orgulho nos "incha" de tal forma que não podemos passar pela porta porque ela é estreita.

Você nada poderá levar consigo. Terá de entrar exatamente como você é, sem acrescentar nada mais: não valem nem sequer os bons propósitos ou o que tenhamos feito para ajudar os outros. Qualquer "bondade" que levemos conosco será pesada demais.

E devemos entrar sozinhos: um a um. Não existe qualquer possibilidade que alguém de dentro ajude você nem alguém que, do lado de fora, o empurre. Essa é a decisão mais importante da sua vida. Mais cedo ou mais tarde, você vai encontrar esta porta e terá de decidir. Ou entra e segue a Jesus, ou você passa longe. É uma decisão absolutamente pessoal.

Outros não querem reconhecer que é um presente. Qualquer um pode entrar, não existe qualquer condição: basta crer. É similar a quando o seu melhor amigo o convida para um jantar e abre a porta da casa dele. Tudo o que Ele preparou é para você! Sem condições, sem pagamento. Somente porque Ele deseja estar com você.

> JESUS DIZ: "ENTRAI PELA PORTA ESTREITA". É QUASE UMA ORDEM. ELE DESEJA A SUA SALVAÇÃO, QUE VOCÊ ENTRE, QUE NÃO FIQUE DO LADO DE FORA. ELE DEU A SUA PRÓPRIA VIDA PARA QUE VOCÊ POSSA ENTRAR.

Sim, é uma ordem de amor. Jesus quer deixar claro, desde o primeiro momento, que o Seu desejo pessoal é que todos encontremos a porta, que entremos por ela e conheçamos a Ele. Se rejeitarmos o convite, será contra a Sua vontade. A Bíblia ensina que Deus não quer que ninguém se perca. Ele não "manda" ninguém ao inferno. Para lá irá quem quiser.

O inferno foi feito para o diabo e seus anjos, não para a humanidade. Os que rejeitam o convite de Jesus irão para lá condenados pela sua própria insensatez e sua própria loucura ao menosprezar o seu Criador e Salvador. Todos os que rejeitam o Senhor se condenarão contra a vontade e o amor de Deus.

Esta foi a motivação na vida de Jesus: amar e ir à cruz por todos; morrer por todos e oferecer a salvação a todos. A vontade do Pai e o desejo de Jesus sempre foram as pessoas; e não da maneira que nós pensamos: as "pessoas" em geral. Trabalhamos e evangelizamos o "mundo", gostamos das grandes multidões, das igrejas cheias de gente. Encantamo-nos com os números e falamos do pastor, do maestro ou do evangelista sobre os dez mil, ou vinte mil, ou dos concertos que lotaram os estádios... Não é que isto seja um mal, mas Jesus sempre se preocupou com cada pessoa em particular. Morreu e ressuscitou por todos; mas ama e busca a cada um.

Jesus nos ensinou como amar vivendo cheios da graça de Deus; mostrou-nos como perdoar e abraçar, como dar valor às pessoas. Todos quantos lhe seguimos devemos viver dessa maneira. Cada igreja que se identifique como cristã precisa ter essas mesmas qualidades.

> A ORDEM DE PRIORIDADES DE JESUS ERA MUITO CLARA: AS PESSOAS SEMPRE ESTAVAM EM PRIMEIRO LUGAR. E NÃO AS "PESSOAS" EM GERAL COMO NÓS PODEMOS PENSAR, MAS CADA PESSOA EM PARTICULAR.

Jesus cercou de dignidade cada pessoa em particular, independentemente da sua condição, sua raça, seu sexo, ou sua posição social. Deus ama todo o mundo e não faz acepção de pessoas. Ninguém é superior ou inferior a outra pessoa por nenhuma razão. Jesus foi à cruz por todos, sem exceção. Ainda mais, o Messias "gastou" sua vida principalmente com os menosprezados, os perseguidos, os não desejados, os enfermos, os solitários... Deu Seu tempo a cada um em particular, falando, curando, convidando, comendo... buscando todos os meios para que respondessem à mensagem do evangelho. Ele sentia compaixão por todos e chorava pelos que não queriam ser salvos.

É verdade: Ele sentiu compaixão por mim porque jamais desejou que eu me perdesse. Por esse motivo, buscou a maneira de me falar por meio do Seu Espírito, para me convencer; para me ensinar que minha vida sem Ele não tem qualquer sentido. Fez-me compreender que minha rebelião contra o Pai Celestial lhe custou morrer em meu lugar.

Um dia, encontrou-me e fez como se eu estivesse buscando a Ele. Ele me ama tanto que não desejava sequer que eu me envergonhasse. Tomou-me em Seus braços e me fez sentir tão querido como eu jamais teria podido imaginar.

E agora mesmo, se você ainda não se deu conta, Ele está buscando a você!

Os segredos do reino
(MATEUS 13:11 NTLH).

16 A PARÁBOLA DO SEMEADOR

O que aconteceria se eu soubesse o que você está pensando? Que opinião você teria de mim se eu conhecesse todos os seus segredos? Você gostaria de estar comigo? Você me apresentaria a todos os seus amigos, ou antes, gostaria de viver o mais distante possível? A Bíblia diz que o Senhor Jesus quis nos mostrar os segredos do reino para que pudéssemos conhecer o Pai. É como se Deus quisesse que todos soubéssemos no que Ele estava pensando e as razões por que fazia cada coisa, desejando colocar em nossas mentes limitadas os Seus planos infinitos.

Jesus ensinou alguns desses segredos contando parábolas. Entre elas, na mais importante, está a chave para se entender as outras parábolas.

PRIMEIRO SEGREDO DO REINO: O crescimento depende do solo

> *Eis que o semeador saiu a semear. E, ao semear, uma parte caiu à beira do caminho, e, vindo as aves, a comeram. Outra parte caiu em solo rochoso, onde a terra era pouca, e logo nasceu, visto não ser profunda a terra. Saindo, porém, o sol, a queimou; e, porque não tinha raiz, secou-se. Outra caiu entre os espinhos, e os espinhos cresceram e a sufocaram. Outra, enfim, caiu em boa*

terra e deu fruto: a cem, a sessenta e a trinta por um. Quem tem ouvidos [para ouvir], ouça (MATEUS 13:3-9).

A parábola do semeador é uma das chaves na mensagem do Messias. Precisamos entender essa parábola para podermos compreender as outras. Embora nos pareça incrível, o crescimento do reino não depende em primeiro lugar de Deus, do Seu amor ou das Suas ações, mas do solo onde a semente cai. Tal como Jesus explicou aos Seus discípulos, o fruto da mensagem depende de como cada um de nós reage a ela. É tão evidente que chega a nos surpreender. Muitos dos que pensam que tudo está acertado no céu (quanto aos que se salvam ou se perdem), esquecem que o próprio trabalho do semeador e o fruto da semente, em alguma medida, dependem (e embora seja uma medida muito pequena) da terra que recebe a semente.

A natureza nos ensina que a terra dá o seu fruto no seu devido tempo. Não podemos forçar a resposta da semente; temos de aprender a esperar. Precisamos nos lembrar disso ao anunciarmos o evangelho, porque nossa missão é trabalhar, semear, lançar a semente em todos os lugares (mesmo que seja ao longo do caminho, e saibamos que a semente não irá crescer); e esperar.

Se o Senhor Jesus esbanjou a semente lançando-a por toda parte, nós devemos fazer o mesmo, embora nos seja difícil aceitar que não nos escutem, e que, em outras vezes, tenhamos de lamentar pelo tempo perdido com as sementes que caíram no caminho, nos pedregais ou entre os espinhos. Jesus sabia perfeitamente o que havia no coração de cada pessoa. Ele poderia ter se dirigido diretamente àqueles que Ele sabia que iam responder de uma forma positiva, mas não o fez. Semeou à direita e à esquerda. Ele não se preocupou que parte da semente se perdesse e não desse fruto. Por que devemos nos preocupar? A semente é para ser semeada e lançada em todo tipo de terreno, e não para ser guardada por medo do que possa acontecer. A única maneira de nos livrarmos da nossa responsabilidade é semear em todo o tempo, a todas as pessoas e em todas as circunstâncias.

SEGUNDO SEGREDO: O semeador não "perdeu" a semente nos maus terrenos, porque fez isto de propósito a fim de que todos tivessem a oportunidade de receber a preciosa semente

A todos os que ouvem a palavra do reino e não a compreendem, vem o maligno e arrebata o que lhes foi semeado no coração. Este é o que foi semeado à beira do caminho. O que foi semeado em solo rochoso, esse é o que ouve a palavra e a recebe logo, com alegria; mas não tem raiz em si mesmo, sendo, antes, de pouca duração; em lhe chegando a angústia ou a perseguição por causa da palavra, logo se escandaliza. O que foi semeado entre os espinhos é o que ouve a palavra, porém os cuidados do mundo e a fascinação das riquezas sufocam a palavra, e fica infrutífera. Mas o que foi semeado em boa terra é o que ouve a palavra e a compreende; este frutifica e produz a cem, a sessenta e a trinta por um (MATEUS 13:19-23).

Quando Jesus explicou a parábola, começou definindo as pessoas que se pareciam com o que foi semeado no caminho: os mais "difíceis". Na próxima vez que você der uma volta pelo campo, observe como algumas rochas, inclusive o próprio caminho, estão cobertos por uma camada de terra, de maneira que o semeador quase não pode reconhecê-los. Existem pessoas assim: seu coração é como pedra, duros, desconfiados, gente que não se abre para nada, pessoas amargas e incrédulas. Algumas vezes inclusive zombam do tempo que você lhes dedicar.

Não importa quanto saibam da Bíblia, mesmo afirmando que acreditam em Deus, porque o que fazem é ocultar o seu mundo interior, seu coração de pedra e sua insensibilidade para as coisas espirituais. Escondem isso de todos, e por vezes, de si mesmos, mas jamais podem enganar a Deus. Pode ser que Pilatos fosse alguém assim: quis escutar

Jesus e o defendeu diante de todos. Ele se conscientizou de que nenhum mal havia nele, mas não se comprometeu.

Mais adiante, encontram-se os que recebem a semente como se tratasse de um terreno pedregoso. Podem receber com entusiasmo, porque qualquer coisa nova que escutem lhes chama a atenção, mas são incapazes de pagar o preço de seguir o Messias. Menosprezam a Deus quando as dificuldades chegam. Você se lembra da frase: "Dura é esta palavra; quem a pode ouvir?". Judas foi um deles. Seguiu a Jesus, trabalhou para Ele, esteve sempre ao Seu lado, inclusive pregou e fez milagres, mas quando a dificuldade chegou, vendeu o Mestre.

Outros vivem entre espinheiros. O jovem rico cresceu assim. Queria receber a vida eterna e foi à pessoa certa. Ouviu a Jesus e se entusiasmou com as Suas palavras, mas saiu triste porque tinha muitas riquezas. Aqueles "espinhos" o sufocaram. Não quis ser suficientemente forte para se apegar a Jesus e desprezar tudo o que tinha ao seu redor.

> O FRUTO NÃO DEPENDE PRIMEIRAMENTE DO SEMEADOR, MAS DA VIDA EXISTENTE EM CADA SEMENTE E DO TERRENO QUE A RECEBE.

O quarto tipo de terreno é dos que amam Jesus e dão fruto. Esse fruto depende da vida que existe dentro da semente e de como ela lança suas raízes no terreno. Isso é o que está acontecendo neste exato momento em muitos lugares do mundo. É o que acontece no coração dos que ouvem o evangelho e recebem a Jesus em sua vida, dos que respondem à Palavra Viva de Deus.

TERCEIRO SEGREDO: A semente tem vida em si mesma e se desenvolve no coração de cada um

> *O reino dos céus é semelhante a um homem que semeou boa*
> *semente no seu campo; mas, enquanto os homens dormiam,*
> *veio o inimigo dele, semeou o joio no meio do trigo e retirou-se.*
> *E, quando a erva cresceu e produziu fruto, apareceu também*

o joio. Mas os servos lhe perguntaram: Queres que vamos e arranquemos o joio? Não! Replicou ele, para que, ao separar o joio, não arranqueis também com ele o trigo. Deixai-os crescer juntos à colheita, e, no tempo da colheita, direi aos ceifeiros: ajuntai primeiro o joio, atai-o em feixes para ser queimado; mas o trigo, recolhei-o no meu celeiro (MATEUS 13:24-30).

Mais uma vez, os ensinamentos de Jesus nos impressionam: o Semeador vive na mais absoluta despreocupação. Essa é uma das lições mais difíceis de se aprender porque nos preocupamos em demasia com o nosso trabalho. Queremos produzir fruto e vivemos obcecados pelo que fazemos. Procuramos trabalhar mais para termos melhores resultados. Da mesma forma, vivemos angustiados pelo que as pessoas más fazem e pelo fato de que muitas vezes é quase impossível distinguir o joio do trigo; impossível saber quem é um filho de Deus e quem é um filho do grande imitador, o diabo.

Nós nos preocupamos demasiadamente.

O que Deus espera de nós é um trabalho limpo e desinteressado, um serviço que não dependa das circunstâncias ou dos resultados. Uma evangelização por amor e não pelo esforço. Deus quer que sejamos servos que julguem menos e amem mais. Este é um dos nossos maiores perigos: sempre estarmos dispostos a colher o joio, vermos a maldade dos outros, e sermos justos ao tomarmos alguma decisão condenatória. Entretanto, Deus não nos enviou para sermos ceifeiros de joio, nem avaliadores do fruto. Esse não é o nosso trabalho. Ele nos chamou para semear.

Alguns cristãos se consideram no direito de julgar os outros, falando do que executam bem ou do que fazem mal e, também, se são de fato crentes ou não. Esse não é o nosso trabalho. Pertence somente a Deus julgar. Da mesma forma que julgamos os outros, Deus irá nos julgar. Ele tem sempre a última palavra em tudo.

QUARTO SEGREDO DO REINO: Deus tem um tempo para tudo. Por isso, precisamos aprender a esperar

O nosso tempo deve ser o tempo de Deus. Quanto a nós, gostaríamos de acertar tudo agora, à nossa maneira e, na maioria das vezes (para não dizer em todas), estamos a ponto de arruinar tudo. Ficamos tão fascinados pelo brilho do joio que chegamos a pensar que é trigo. Deus tem outra maneira de atuar. Ele sempre espera, pacientemente, até que chegue o dia quando tudo ficará a descoberto.

Deus sempre tem suficiente graça para esperar, para dar uma nova oportunidade. Encanta-nos o julgamento, porque cada vez que julgamos alguém é como se revelássemos nossa própria santidade. Orgulhamo-nos de nós mesmos quando nos comparamos a outros com a arrogância espiritual daquele que se julga superior. Deus nunca faz assim. Ele não nos julga com severidade por todo erro que cometemos assim como fazemos com os outros. Deus espera.

Jesus explica a razão de todo este processo ao dizer que existe um falso semeador, e um falso trabalho de um grande imitador. Da mesma forma, e ao mesmo tempo que Deus semeia, o imitador também semeia. Deus semeia trigo, e o diabo semeia joio. Deus concede o que é bom, e o imitador esbanja maldade. O diabo trabalha sem descanso, normalmente à noite quando ninguém vê.

Se nos esquecermos disso, perderemos de vista o que significa a guerra espiritual. O maligno faz seu próprio trabalho à sua maneira. E, nesta guerra, só podemos vencer com a sabedoria do Espírito de Deus. Ele sempre nos faz lembrar que é fácil distinguir os inimigos, mas é muito difícil reconhecer os imitadores.

Estamos em guerra. Temos de fazer nosso trabalho e esperar, semeando a tempo e fora de tempo. Temos de avançar no território do inimigo com a mensagem do evangelho, por meio do poder do Espírito Santo, conquistando vidas em nome do Senhor Jesus.

Ele verá o fruto do penoso trabalho de sua alma e ficará satisfeito (ISAÍAS 53:11).

17 | SAL E LUZ

Parecia ser uma tarde normal em um dia comum ao longo da semana. Nossa filha Iami tinha só três anos quando Miriam, minha esposa, estava indo com ela ao parque. Quando chegaram, Iami viu como todas as crianças estavam brincando nos aparelhos: algumas no trem de madeira, outras juntando areia, outras na tirolesa. Ela viu como as mães e os pais estavam sentados ao redor do parque vigiando seus filhos. Ela não conhecia ninguém e ficou olhando por alguns momentos. Depois de alguns segundos, subiu no tobogã mais alto que encontrou. Miriam pensou que ia experimentar a emoção da descida, quando, de repente, Iami olhou para todos e gritou com força:

"Oi, sou Iami, já estou aqui!"

A partir daquele momento, o divertimento no parque começou para ela. Todas as mães sorriram ao ver a confiança daquela menina e a vontade que tinha de se divertir e brincar com todos. Todas perguntavam quem era a mãe, enquanto Miriam ficava corada... mas ao mesmo tempo se alegrava no seu coração por nossa filha querer ser uma pequena luz para todos.

> *Vós sois o sal da terra; ora, se o sal vier a ser insípido, como lhe restaurar o sabor? Para nada mais presta senão para, lançado fora ser pisado pelos homens. Vós sois a luz do mundo. Não se pode esconder a cidade edificada sobre um monte; nem se acende*

uma candeia para colocá-la debaixo do alqueire, mas no velador, e alumia a todos os que se encontram na casa. Assim brilhe também a vossa luz diante dos homens, para que vejam as vossas boas obras e glorifiquem a vosso Pai que está nos céus (MATEUS 5:13-16).

Alguma vez você parou para pensar que o mundo não pode ser igual sem nós? Ninguém sabe o que é viver realmente até que cheguemos e comecemos a brilhar. Até que todos se convençam (e nós também!) de que estamos aqui para compartilhar a vida que está dentro de nós, porque o Senhor Jesus não está somente falando de vivermos de acordo com a vontade de Deus, mas que o façamos com todo o nosso entusiasmo.

NÃO PODEMOS PASSAR DESPERCEBIDOS

Não podemos passar despercebidos. É impossível que o sal e a luz se escondam. Jesus disse que, se o sal deixa de salgar, não serve para nada mais.

Se a luz deixa de iluminar, não tem valor algum. E, ainda mais, ela pode queimar tudo se quisermos esconder o seu fogo.

Sal e luz não têm valor por si mesmos, mas pelo que representam. A luz, porque ilumina a vida; o sal, porque dá sabor. A luz simplesmente permite que se veja o que está ao redor, não acrescenta beleza por si mesma. Ela clareia tudo para podermos observar todas as coisas. Pode nos parecer que não serve para muita coisa, mas sem ela estaríamos cegos, não saberíamos aonde ir nem o que fazer. Quando somos luz no mundo evitamos que as pessoas vivam em trevas.

Os dois, sal e luz, se dão e se gastam. Você não pode seguir a Jesus sem pagar o preço, sem que se desgaste por Ele e lhe transferir todos os seus "direitos". Cada vez que iluminamos outras pessoas, ou colocamos sabor em suas vidas, estamos nos comprometendo com o nosso Salvador e pagamos o preço por fazer isso. Ainda que sejamos "consumidos", vale a pena.

UMA "PÉSSIMA" NOTÍCIA E UMA BOA NOTÍCIA: O SAL E A LUZ SE DÃO E SE CONSOMEM, MAS É IMPOSSÍVEL QUE PASSEM DESPERCEBIDOS.

Pense um pouco nas qualidades que o sal possui. Ele faz que os alimentos tenham mais sabor. Nós damos sabor a tudo quanto nos cerca. Ensinamos as pessoas a desfrutar de tudo quanto Deus é e faz.

O sal foi criado para cumprir sua função e, embora nos pareça estranho, ele é "humilde", porque ninguém diz, ao saborear uma comida: "que bom sal", "que sabor que está dando à comida! ". Os aplausos são sempre dirigidos aos alimentos, o sal nunca leva a glória. Nós, os discípulos do Mestre, devemos aprender a ser humildes inclusive quando brilharmos. Se você não acredita, tente se lembrar das várias marcas de sal, assim como fazemos com os cereais, os biscoitos e o azeite. Ninguém se lembra da marca do sal! Somos sal, portanto devemos dar sabor de uma forma humilde, sempre "brilhando" para Jesus.

O sal provoca sede. Isso bem conhecem os que precisam trabalhar em lugares áridos, onde o sol é forte. Você pode se desidratar sem perceber. Por isso, pedem que você consuma um pouco de sal, tenha sede e beba água. Isso serve para que você não tenha um desmaio que pode ser fatal, que resulte em morte. Nós estamos aqui para que as pessoas que nos cercam tenham sede de Deus; para que não morram sem Cristo.

O sal purifica. Às vezes é colocado em determinados alimentos para eliminar impurezas. Nossas famílias são uma fonte de inspiração para as outras pessoas no mundo. Somos uma bênção no lugar em que estamos. Muitos podem seguir nosso exemplo de compreensão e cuidado, e aprender a viver de maneira diferente. Purificamos o lugar em que vivemos quando amamos incondicionalmente a Jesus.

O sal preserva do mal. Até há pouco, tempo os alimentos eram conservados no sal. Isso porque não havia câmaras frigoríficas para que os alimentos se conservassem por mais tempo, sem se estragar. Nós refreamos o mal no mundo. Lutamos para que todos sejam mais justos e que a glória de Deus se manifeste em todo lugar. Trabalhamos para que este mundo seja mais solidário, embora não queira conhecer a Deus.

O sal pode, inclusive, chegar a "matar". Os agricultores colocam sal, em certos períodos do ano, para acabar com as ervas daninhas no campo, e assim a terra pode produzir o fruto em tempo oportuno. Em outras ocasiões, Deus precisa disciplinar pessoas por meio das nossas palavras, assim como o profeta Natã fez com o rei Davi. Pode parecer duro, mas muitas vezes é imprescindível.

O sal é colocado nas estradas congeladas para que as pessoas possam transitar e cheguem ao seu destino. Esta é a única forma de se quebrar o gelo. Deus nos colocou aqui na terra para que seja quebrada a frieza de muitos que não desejam se aproximar de Deus. O nosso entusiasmo por Jesus pode ajudar outros a quebrar o gelo no seu relacionamento com Deus.

Mas o sal também irrita, e haverá momentos quando a nossa vida diferente e nossas palavras chegarão a molestar as pessoas. Uma vida contra a correnteza é como um espelho diante daqueles que se comportam de modo inadequado. Da mesma forma, a luz revela alguém que esteja praticando o mal às escondidas.

> SE HOUVER PECADO EM NOSSA VIDA, DEIXAMOS DE SER SAL E LUZ PORQUE NÃO EXISTE DIFERENÇA ENTRE NÓS E AS OUTRAS PESSOAS. MAIS CEDO OU MAIS TARDE, SEREMOS "SALGADOS" COM O FOGO DO SOFRIMENTO PARA VOLTARMOS A SER NÓS MESMOS.

Às vezes, o sal pode chegar a perder a sua única virtude e deixar de salgar (MATEUS 5:13). Jesus não dá lugar a dúvidas: se o cristão deixa de ser radical, para nada mais serve, porque perde o seu sabor. Muitos estão procurando seguir um cristianismo assim: sem calor nem sabor espiritual; dizendo que a Bíblia não é a Palavra de Deus, que a fé não deve ser vivenciada com demasiada ênfase e que Deus não tem de se envolver em todas as decisões da nossa vida. É um cristianismo muito mais confortável, mas completamente inútil para os que o defendem e para os outros. Jesus anunciou que o cristianismo assim só serve para o momento de ser pisado e vencido.

Se deixarmos de ser discípulos para sermos apenas seguidores, acabaremos perdendo Jesus de vista. Voltamos a ser insípidos, porque não temos sabor nem valor algum.

Jesus está buscando discípulos porque com eles pode mudar o mundo. Como seguidores, só se pode influenciar, em certos momentos, a algumas pessoas. Os discípulos querem ser como o seu Mestre; os seguidores simplesmente vão atrás e pouco lhes importa o que o Mestre possa dizer (MATEUS 14:34).

O nosso segundo espelho é a luz: ela nos ajuda a desfrutar do que vemos. E não é repulsiva, mas brilhante. A luz é imprescindível para que possamos comprovar a beleza das coisas. Se vivêssemos na escuridão, jamais poderíamos apreciar a criação de Deus; jamais conseguiríamos distinguir a formosura de cada detalhe do que nos cerca.

Deus nos tem colocado como luz neste mundo para que possamos ser capazes de desfrutar de tudo o que Ele é e faz, de tal maneira que nossa vida irradie tanta alegria e entusiasmo que os outros não possam deixar de ver a beleza de Deus e de Sua criação. Se deixássemos de ser luz, o mundo se apagaria. Sem o reflexo dos filhos de Deus, ninguém poderia chegar a compreender o que significa o bem, o amor, a liberdade ou a beleza, para dar apenas alguns exemplos. Sem a luz de Deus em cada um dos Seus filhos, tudo o que vale a pena nesta vida estaria escondido na mais densa escuridão, sem qualquer possibilidade de ser desfrutado, desejado ou admirado.

> SEM A LUZ DE DEUS EM CADA UM DOS SEUS FILHOS,
> TUDO QUANTO VALE A PENA NESTA VIDA ESTARIA ESCONDIDO
> NA MAIS DENSA ESCURIDÃO, SEM QUALQUER POSSIBILIDADE
> DE SER DESFRUTADO, DESEJADO OU ADMIRADO.

Entretanto, não podemos nos esquecer de que, quanto mais luz tivermos, os nossos defeitos serão mais vistos. Se nosso comportamento não for bom, a luz irá torná-lo público.

O exemplo que Jesus coloca é genial. Nós não podemos deixar de ser luz, nem podemos nos esconder, embora queiramos. Lembre-se de que a luz de que Jesus fala nesse contexto é a luz de um candeeiro, de maneira que, se você o colocar debaixo da cama, ou a luz se apaga, ou a chama acaba queimando a cama. Se um cristão quer se calar e deixar de ser luz, cedo ou tarde acabará queimando a si mesmo e também queimando os outros.

Poucas coisas são tão inúteis como um cristão só de aparência: ele perde o seu significado como luz, porque deixa de ser o que ele é, e não serve para nenhuma outra coisa, nem sequer como enfeite, visto que a sua simples presença nos leva a pensar na luz que deveria estar irradiando.

Da mesma forma que o sal, a luz clareia em silêncio. Não precisa de publicidade. Não se anuncia com tambor e bateria. Quando uma luz se acende, todos a veem. Quando brilhamos para Jesus, fazemos isso com humildade, porque nossa luz é apenas um reflexo da Sua luz. Este é o objetivo: que todos vejam as nossas boas obras e glorifiquem o nosso Pai que está nos céus (JOÃO 8:16).

A "LUZ" COM LETRAS MAIÚSCULAS

De novo, lhes falava Jesus, dizendo: Eu sou a luz do mundo; quem me segue não andará nas trevas; pelo contrário, terá a luz da vida (JOÃO 8:12).

> O QUE NOS VEM À MENTE, EM PRIMEIRO LUGAR, QUANDO PENSAMOS NO SENHOR JESUS?

Jesus é a luz do mundo. Ele é a fonte da vida. No começo da criação, Deus criou a luz, e ela foi a base de tudo. Faz poucos anos que os homens descobriram que a luz é a origem de toda a vida existente no Universo. Sem luz, nossa existência seria impossível. Jesus é a Luz com letra maiúscula e brilha sobre todas as coisas.

Do caráter de Jesus, continuam procedendo raios de felicidade sem limite. Você já pensou alguma vez em como Ele é?

a- Próximo
b- Sensível
c- Terno
d- Misericordioso
e- Expressa seus sentimentos
f- Amoroso
g- Compreensivo
h- Valente
i- Alegre
j- Ama as crianças
k- Abraça
l- Emocionante
m- Tem uma capacidade ilimitada para mostrar carinho
n- Imensamente feliz
o- Sábio e professor
p- Cheio de imaginação
q- Leal
r- Sabe escutar
s- Preocupa-se com cada pessoa
t- Perdoador
u- Imprevisível
v- Amigo
w- Decidido
x- Radical
y- Poderoso
z- O Filho do Homem

O que você mais admira em Jesus? É impossível amar a quem não admiramos. O Senhor Jesus é único. Ele é a grandeza de Deus condensada numa pessoa amável e terna.

Ele deseja que nós sejamos sal e luz. Quando nos aproximamos daqueles que nos cercam, e ajudamos àqueles que sofrem, estamos refletindo a glória de Cristo. Se somos transparentes em nossa vida cristã, estamos mostrando a todos como Jesus viveu. Se estamos comprometidos com o sofrimento, a dor, a ajuda aos necessitados e o trabalho pelos que nada têm, estamos pregando o evangelho do reino de Deus, assim como Jesus fez. Continuamos tendo defeitos, porque só Ele é perfeito, mas conseguimos ser sal e luz.

Mas se vivemos insensíveis e alheios ao sofrimento dos que nos cercam; protegidos por uma espécie de auréola espiritual que afasta de nós todos aqueles que nos molestam ou de quem não gostamos, ou simplesmente estamos desfrutando de um cristianismo confortável, somente aplicável a qualquer desordem ética e à defesa da doutrina, é porque estamos tentando chamar de religiosidade tudo o que fazemos, enquanto vivemos tão distantes de Jesus que jamais chegaremos a compreendê-lo.

E Ele tampouco nos reconhecerá.

O apóstolo Paulo expressou isso como ninguém: "Porque para mim o viver é Cristo" (FILIPENSES 1:21). É uma frase demasiadamente precisa e preciosa para ser desconsiderada. Nossa vida não é conhecer coisas a respeito de Jesus; tampouco é saber da doutrina de Cristo; muito menos a religiosidade vivenciada por conta do Messias durante uns poucos momentos cada semana. NÃO! Nossa vida, por inteiro, é Cristo!

Qualquer outra coisa é jogo fatal.

Os primeiros crentes em Antioquia foram chamados de cristãos pelos que os cercavam e eles os chamavam assim quase como um insulto: "Estes são como Cristo", "são cristãos". Para alguns, poderia parecer uma frase depreciativa, mas é o melhor que se pode dizer de uma pessoa! O melhor que podem dizer a respeito de nós!

É disto precisamente que o mundo necessita: muito mais que algum método, pregação, igreja, organização ou denominação. O que todos precisam é ver algo do Senhor Jesus em nossa vida, que vivenciemos a vida de Cristo.

Você pode começar gritando:

Oi! Sou _____ (seu nome). *Já estou aqui!*

Ninguém pode servir a dois senhores
(MATEUS 6:24).

18 A LIÇÃO MAIS DIFÍCIL DE SE APRENDER

Porque o amor do dinheiro é raiz de todos os males; e alguns, nessa cobiça, se desviaram da fé e a si mesmos se atormentaram com muitas dores (1 TIMÓTEO 6:10).

Esse é um dos textos-chave da Bíblia. Muitos gostariam de tirá-lo da Bíblia ou deixá-lo de lado, junto com aquele texto da agulha e o camelo, mas não é possível. Eles dariam muito dinheiro para que a Palavra de Deus não fosse tão clara e direta. Nesse contexto, poderíamos dizer que eles dariam tudo para que Deus não deixasse escrito algo tão radical.

Vivemos procurando reajustar as nossas crenças. Quando pregamos, falamos ou escrevemos, costumamos lançar "terra" sobre alguns assuntos, para que aquilo que Deus fala sobre o dinheiro não soe tão forte. Defendemos o princípio da "alternância das coisas boas e más" porque a igreja, em geral, sempre gostou de ter dinheiro. Sempre se tem procurado algo impossível: reconciliar as diversas posses com a vida simples e pobre do seu Fundador.

Enquanto isso, continuam ecoando nos ouvidos as palavras do Senhor Jesus: "Ninguém pode servir a dois senhores; porque ou há de aborrecer-se de um e amar ao outro, ou se devotará a um e desprezará ao outro. Não podeis servir a Deus e às riquezas (MATEUS 6:24) Por mais que procuremos ocultá-lo ou dar-lhe outro sentido, tudo na vida se reduz ao seguinte dilema: ou damos o primeiro lugar às riquezas e ao que é material, ou damos o primeiro lugar a Deus.

Ou Deus é o nosso Deus, ou é o dinheiro.

Existem apenas dois deuses: O Único, o Criador e todos os demais ídolos escondidos, de uma ou de outra forma, sob o brilho do dinheiro e do poder. Tudo na vida se reduz a essa simples decisão. Se buscarmos a raiz de quase todas as disputas sociais, materiais, familiares e, inclusive, espirituais, vamos nos deparar com o amor ao dinheiro, o desejo de possuir. Nada mais e nada menos que isso. É pura idolatria, porque todos os problemas em nossa vida começam quando colocamos qualquer coisa no lugar que pertence exclusivamente a Deus, quando amamos e adoramos algo ou alguém que não seja Ele.

OS MERCADORES DO TEMPLO

Quando o dinheiro toma lugar de Deus, inclusive na Igreja.

Encontrou no templo os que vendiam bois, ovelhas e pombas e também os cambistas assentados; tendo feito um azorrague de cordas, expulsou todos do templo, bem como as ovelhas e os bois, derramou pelo chão o dinheiro dos cambistas, virou as mesas e disse aos que vendiam as pombas: Tirai daqui estas coisas; não façais da casa de meu Pai casa de negócio. Lembraram-se os seus discípulos de que está escrito: O zelo da tua casa me consumirá (JOÃO 2:14-17).

Estamos nos lembrando de que a primeira coisa que Jesus fez no Seu ministério público foi transformar água em vinho na celebração do casamento. Depois disso, Ele entrou no templo para expulsar os que ali faziam negócios. Derrubou as mesas, espalhou as moedas, fez com que todo o material estivesse fora do lugar, porque, por definição, o templo deve se ocupar com o que for espiritual, mas nós continuamos a estar empolgados com o dinheiro. "A casa de Deus é casa de oração" disse

Jesus. Deus não deseja que o comércio ocupe o Seu lugar. Jesus voltou a fazer o mesmo no final do Seu ministério porque, apesar de tudo o que Ele havia feito e ensinado ao longo de três anos, os religiosos continuavam vivendo da mesma forma.

Mesmo hoje, as coisas não mudaram entre os que chamamos de seguidores dele. Gostamos por demais do dinheiro e do poder, enchemos a casa de Deus de compras e vendas, de conversas e pregações sobre o dinheiro; passamos o tempo falando de planos e orçamentos. O problema é que não é para ajudar os necessitados, e sim para executarmos os nossos projetos.

Quanto tempo passamos falando em dinheiro? Quantos planos não estão sujeitos à vontade de Deus nem à oração, nem ao conselho de homens e mulheres de Deus, mas somente sujeitos a um orçamento? Quantas pessoas têm deixado as igrejas cansadas em ver como os seus líderes passam muito mais tempo pedindo dinheiro do que falando de Deus!

Quanto mais viajamos por diversos países em todo o mundo, mais igrejas encontramos onde, em todas as reuniões se pede dinheiro e são levantadas ofertas. Sei que muitos podem apresentar inúmeras razões: "Faz parte da adoração", "É o nosso culto a Deus", "Muitos são os que só podem ir a uma reunião, e queremos dar-lhes a oportunidade de contribuir"... Podemos colocar uma maquiagem espiritual no que estamos fazendo, mas, por que não se dedica o mesmo tempo para falar da importância da oração, da Palavra de Deus, da evangelização, do serviço, da vida familiar e da ajuda aos outros, ou falar de outras coisas imprescindíveis para a nossa vida cristã? Será que o dinheiro é tão importante para cada um de nós?

Não nos enganemos porque não somos muito diferentes daqueles mercadores que Jesus expulsou do templo. Em muitas igrejas, é impossível assistir a uma única reunião para adorar ou escutar a Palavra de Deus sem que haja um tempo para as ofertas. Você imagina Jesus fazendo isso? Você consegue vê-lo curando e pregando, e depois pedindo aos discípulos para passarem a sacola das ofertas? Isso jamais foi feito na igreja primitiva! O próprio apóstolo Paulo disse que cada um separasse algo para o Senhor a cada primeiro dia da semana, para não haver ofertórios nas reuniões!

Naquele tempo, a maior parte das entradas do templo iam para a família de Anás. O povo era contra que ele levasse todo o dinheiro, daí não oferecerem resistência ao que Jesus estava fazendo. Eles acreditavam que, pelo menos uma vez, estava havendo justiça. Quando visualizamos a cena, vêm muitas perguntas à nossa mente. Para onde vão os dízimos e as ofertas que as pessoas dão? Como vivemos nós, os que estamos trabalhando para o Senhor? Sei que é fácil argumentar que cada um é digno do seu salário e precisa viver de forma digna etc. Tudo isso é muito válido. Mas parecemo-nos em alguma coisa com Jesus? Vivemos, porventura, dando muito mais valor ao dinheiro e aos bens do que Jesus lhes deu? Gastamos mais dinheiro na construção de templos suntuosos? As igrejas às quais assistimos são casas de oração, ou são outra coisa qualquer?

Não nos equivoquemos, em muitas igrejas as pessoas que mais dinheiro têm são também as que mais poder têm para tomar muitas decisões. Entretanto, Deus nunca disse que dar muito significa que tudo quanto fizermos seja válido. O fato de alguém ser o principal contribuinte de uma missão ou de uma atividade evangelística não lhe dá o direito de dizer o que deve ser feito nessa obra. Infelizmente, em muitos lugares têm sido assim, porque a igreja tem deixado de ser casa de oração, para ser casa de influências.

O que está acontecendo em "nosso" templo? Quais são as motivações para aquilo que fazemos? Entregamos a Deus nossa contabilidade com a exatidão das nossas contas e negócios? Que aconteceria hoje se Jesus aparecesse fisicamente no meio de alguns ministérios, missões, editoras etc? E não quero sequer falar dos problemas relacionados com os direitos autorais, da ganância de certos líderes, pregadores ou músicos; nem dos seus carros, suas casas ou seus gastos. É melhor não continuar falando do dinheiro e do luxo de algumas igrejas que se denominam cristãs enquanto milhares de pessoas não têm quem as ajude...

O TRIBUTO A CÉSAR

Jesus, porém, conhecendo-lhes a malícia, respondeu: Por que me experimentais, hipócritas? Mostrai-me a moeda do tributo. Trouxeram-lhe um denário. E ele lhes perguntou: De quem é esta efígie e inscrição? Responderam: De César. Então, lhes disse: Dai, pois, a César o que é de César e a Deus o que é de Deus
(MATEUS 22:16-21).

Creio que, embora se tenha dito praticamente tudo sobre esses versículos, sempre podemos aprender de alguns detalhes muito importantes. Primeiro, o fato de Jesus ter pedido uma moeda revela a Sua extrema pobreza e Seu total desprendimento do dinheiro. Vivia sem carregar consigo sequer uma moeda. Não lhe preocupava o que tivesse de comprar ou possuir. Nunca pediu dinheiro a ninguém nem perdeu tempo com o que tinha ou deixava de ter.

> ASSIM COMO OS IMPOSTOS NÃO SÃO OPCIONAIS, TAMPOUCO É O QUE DEVEMOS DAR A DEUS.

Nós somos seguidores do Messias. Que temos em nossos bolsos? Somos capazes de viver tão despreocupados quanto ao dinheiro, dependendo unicamente de Deus? Ou antes, vivemos pedindo aos outros o que talvez Deus não nos tenha dado, procurando razões espirituais para fazer a nossa vontade e não a vontade de Deus?

Os religiosos, sim, possuíam moedas. E nessas moedas estava o rosto de César, pelo que eles mesmos estavam demonstrando sua condição de súditos dele, daí a hipocrisia da pergunta. Sabiam quem era o seu rei, e aparentemente não tinham qualquer desejo de mudá-lo.

"Dai a César...", Jesus disse, porque é preciso dar a César somente o que ele tem o direito de pedir. Para um cristão dar o tributo a César é parte da sua obediência a Deus. Os fariseus proclamavam a sua dependência de Deus e a sua liberdade de não pagar impostos. O grupo dos herodianos apoiava os romanos e pagavam os impostos. Dessa forma, se Jesus se colocasse ao lado de um grupo, os que seguiam a César o desafiariam; se colocasse a favor de César, o povo se rebelaria. Mas Deus sempre toma a decisão certa: o tributo ao nosso governo não é optativo. Dar a Deus o que lhe pertence tampouco é opção.

Quando não damos a César, estamos defraudando como cidadãos. Quando não entregamos a Deus o que temos, estamos roubando do nosso Criador.

A PARÁBOLA DAS MINAS

Certo homem nobre partiu para uma terra distante, com o fim de tomar posse de um reino e voltar. Chamou dez servos seus, confiou-lhes dez minas e disse-lhes: Negociai até que eu volte. Mas os seus concidadãos o odiavam e enviaram após ele uma embaixada, dizendo: Não queremos que este reine sobre nós. Quando ele voltou, depois de haver tomado posse do reino, mandou chamar os servos a quem dera o dinheiro, a fim de saber que negócio cada um teria conseguido. Compareceu o primeiro e disse: Senhor, a tua mina rendeu dez. Respondeu-lhe o senhor: Muito bem, servo bom; porque foste fiel no pouco, terás autoridade sobre dez cidades. Veio o segundo, dizendo: Senhor, a tua mina rendeu cinco. A este disse: Terás autoridade sobre cinco cidades. Veio, então, outro, dizendo: Eis aqui, senhor, a tua mina, que eu guardei embrulhada num lenço. Pois tive medo de ti, que és homem rigoroso; tiras o que não puseste e ceifas o que não semeaste. Respondeu-lhe: Servo mau, por tua própria boca te condenarei. Sabias que eu sou homem rigoroso, que tiro o que não pus e ceifo o que não semeei; por que não puseste o meu dinheiro no banco? E, então, na minha vinda, o receberia com juros. E disse aos que o assistiam: Tirai-lhe a mina e dai-a ao que tem as dez. Eles ponderaram: Senhor, ele já tem dez. Pois eu vos declaro: a todo o que tem dar-se-lhe-á, mas ao que não tem, o que tem lhe será tirado (LUCAS 19:11-26).

Tudo quando temos vem de Deus. Isso nós sabemos. O que ganhamos não é fruto do nosso trabalho. Nisso nem todos parecem estar de acordo. Esquecemos que nada poderíamos fazer se Deus não nos tivesse dado saúde, forças, sabedoria e muitas coisas mais. Tudo o que temos foi conseguido porque Ele nos deu.

> NÃO HÁ DIFERENÇA ENTRE O SAGRADO E O SECULAR.
> TUDO É DE DEUS.

Deus nos concede vida para trabalhar, as forças para seguirmos em frente, a inteligência para fazermos nosso trabalho, o alimento que comemos, as amizades que temos, e assim poderíamos seguir mencionando praticamente todas as coisas. O que Deus espera de nós é que levemos os nossos negócios ao estilo dele, e não ao nosso, porque o que Deus diz, muitas vezes, é contrário ao que os homens pensam. Por exemplo, nossa integridade irá desmascarar muitas pessoas e colocará a descoberto muitas atitudes e maneiras de atuar que não são eticamente corretas. Vimos que o sal é um freio à corrupção e é na economia que Deus deseja que sejamos "sal", talvez mais do que em nenhum outro aspecto da vida, para que os detentores do poder não somente deixem de viver de uma forma contrária à vontade de Deus, mas que também nos façam crer que a sua maneira de atuar é correta.

E não estamos falando apenas em dinheiro! As perdas e os ganhos nos negócios têm lições eternas, caso saibamos aprendê-las. Todos estamos envolvidos, de uma forma ou de outra, nos negócios, porque necessitamos de sustento para a nossa vida. Deus permite muitas situações em nosso trabalho para que aprendamos como é o Seu caráter e como é a Sua forma de agir.

Poucas coisas são tão espirituais como o uso do dinheiro.

Jesus lhes havia ensinado uma das lições mais importantes no reino: "Se não vos tornastes fiéis na aplicação do alheio, quem vos dará o que é vosso?" (LUCAS 16:12). Aquele que é infiel no uso do dinheiro costuma ser também infiel nas demais coisas. Se não formos leais no que é material, tampouco seremos dignos de confiança no contexto espiritual.

As riquezas podem ser o nosso melhor servo, mas sempre são o pior dono. Jesus ensinou aos Seus discípulos que não existem diferenças entre o sagrado e o secular, porque tudo pertence a Deus. Se não somos justos no que é secular, raramente seremos justos no que for sagrado. Devemos aprender isso agora, porque cada crente vai ter no futuro reino dos céus um serviço de acordo com o que tenha feito aqui na terra (MATEUS 25:14-29).

Deus prefere nossos fracassos e inclusive a perda do talento em lugar da frieza do coração que não deseja se comprometer e que fique em casa por medo.

Talvez o que mais nos chame a atenção, na história que o Senhor Jesus contou, é que o dono prefere o fracasso do servo e a perda do talento, em lugar da frieza de um coração que não se compromete. Deus quer nos mostrar que o mais distante dele é um coração frio, calculista, racional ao limite da arrogância. A chave na vida não tem a ver primeiramente com o que fazemos ou deixamos de fazer, mas se nosso coração está de fato vibrando no serviço que fazemos para o nosso Criador. Fazer tudo bem feito, com um coração distante, é uma ofensa a Deus. Aquele que esconde seu talento não só deixa de trabalhar para o Senhor, como também não o ama. Não se arrisca pelo seu Senhor, nem quer se aproximar dele.

Realmente não o conhece!

Jesus está ensinando que o Pai "avalia" vários pormenores ao mesmo tempo: Ele vê a quantidade e a qualidade do trabalho, mas também observa a capacidade do obreiro (LUCAS 19:11-27). Deus conhece a motivação com a qual vivemos. O mau servo não queria trabalhar para o seu Senhor porque pensava que toda a glória do seu esforço iria para alguém que não havia trabalhado. Poucas coisas são tão perigosas como atuarmos em nosso relacionamento com Deus sob o regime das obras e da obrigação. Querer fazer algo porque "devemos" ao Senhor não é a melhor atitude. Trabalhar para Ele esperando todo tipo de recompensas (inclusive as eternas!), em lugar de ter amor a Ele, é a mais cruel motivação que possa existir.

Servimos a Deus porque o amamos. Vivemos sob o reinado da Sua graça, e isso é a base da nossa confiança nele. É a graça de Deus que nos dá forças para fazer todas as coisas, e jamais tem a ver com o suposto pagamento pela dívida. Essa graça não espera receber lucro, mas apenas amor. Deus não necessita dele. E, porque Ele sabe que precisamos dele, Ele nos ama e nos dá tudo. A Sua graça é infinita.

Quando Jesus está terminando a história, Ele coloca uma frase que nos impressiona mais ainda: "Pois eu vos declaro: a todo o que tem dar-se-lhe-á, mas ao que não tem, o que tem lhe será tirado (LUCAS 19:26). Você alguma vez pensou nisso? Os que amam recebem mais a cada dia para investirem no futuro. Os que arriscam sua vida, seus bens, o que são e o que têm para servir a Deus, recebem sempre mais dele. Os que apenas querem guardar as bênçãos acabarão perdendo tudo.

> QUANDO SERVIMOS AO SENHOR, NOSSA RECOMPENSA É ELE; E O QUE GANHAMOS É O QUE DAMOS AOS OUTROS.

Pedro entendeu perfeitamente o que Jesus estava ensinando. Ele lhe disse: "Eis que nós tudo deixamos e te seguimos; que será, pois, de nós?" (MATEUS 19:27).

Para dar resposta a essa pergunta, Jesus lhes contou várias histórias, para que eles, inclusive nós, jamais nos esquecêssemos que tudo na vida cristã se recebe pela graça, e tudo devemos passar adiante da mesma forma. A pergunta de Pedro é a mesma que fazemos em muitas ocasiões, porque sempre esperamos receber algo em troca do que fazemos. Deus vê as coisas de outra maneira.

Não podemos pensar no que estamos ganhando. Quando servimos ao Senhor, a nossa recompensa é Ele, e o que ganhamos é o que não temos: é o que damos aos outros. Deus faz sempre o que deseja, e faz o que é justo. Quando os discípulos estavam preocupados com o que iam ganhar, Jesus disse que as recompensas vêm dele, e Ele fará o que julgar mais conveniente.

Não existe lugar no serviço cristão para comparações ou reclamações, mas, sim, para o trabalho humilde na presença de Deus. Não podemos pensar em nossos direitos, mas na graça de Deus, porque a presença de Deus é a maior recompensa. Os momentos com o nosso Criador, o fato de sabermos que Ele nos ama e que vive em nós e jamais nos abandona, vale infinitamente mais que qualquer ganho material. É disso que a graça trata, de recebermos o que não merecemos, e nem jamais poderíamos chegar a merecer.

O RICO E LÁZARO

Ora, havia certo homem rico que se vestia de púrpura e de linho finíssimo e que, todos os dias, se regalava esplendidamente. Havia também certo mendigo, chamado Lázaro, coberto de chagas, que jazia à porta daquele; e desejava alimentar-se das migalhas que caíam da mesa do rico; e até os cães vinham lamber-lhe as úlceras. Aconteceu morrer o mendigo e ser levado pelos anjos para o seio de Abraão; morreu também o rico e foi sepultado.

No inferno, estando em tormentos, levantou os olhos e viu ao longe a Abraão e Lázaro no seu seio. Então, clamando, disse: Pai Abraão, tem misericórdia de mim! E manda a Lázaro que molhe em água a ponta do dedo e me refresque a língua, porque estou atormentado nesta chama. Disse, porém, Abraão: Filho, lembra-te de que recebeste os teus bens em tua vida, e Lázaro igualmente, os males; agora, porém, aqui, ele está consolado; tu, em tormentos (LUCAS 16:19-26).

A história é bastante conhecida, mas quero salientar apenas alguns detalhes. Em primeiro lugar, Jesus disse que o pobre estava abandonado junto ao portão da casa do homem rico, de maneira tal que Deus pediu-lhe contas sobre o pobre que vivia perto dele. O rico não se preocupou com nada além de si mesmo. Via o pobre quando saía de casa todos os dias, e nada fez por ele. Não soube discernir que, quando Deus coloca alguém perto de nós, essa vida passa a ser nossa responsabilidade. O evangelho não é apenas entregar uma mensagem, mas também ajudar a quem precisa; preocupar-nos com os que, ao nosso redor, passam por necessidades, com os que nada têm para comer.

> POUCAS COISAS PODEM NOS TORNAR TÃO ARROGANTES COMO O DINHEIRO.

Quando morreu, o rico continuou sendo tão arrogante como foi em sua vida. A eternidade não mudou seu caráter. Continuou mantendo a sensação de domínio sobre todos os que o cercavam, pensando que sempre tinham de fazer o que ele dissesse. Ele pediu a Abraão que mandasse Lázaro, como se os dois, Abraão e Lázaro, tivessem de obedecer suas ordens. Continuou crendo que era superior sem se dar conta de que Lázaro estava num lugar muito melhor; porque Deus o recebeu em Sua presença como um justo... enquanto ele sabia que era culpado.

Eu não gostaria de estar no inferno nem por todo o ouro do mundo. Imagine todos querendo mandar sem ter ninguém para ser mandado, e todos acreditando ser ao mesmo tempo donos e com mais poder que os outros. Alguns pensam que o dinheiro lhes dá poder para tudo.

Enquanto isso, Jesus nos ensina que cada um recebe e guarda o que escolher. O rico havia tido tudo na vida, porque escolheu o que julgava ser melhor, e não se preocupava com nada, nem com ninguém. Não devemos lançar isto no rosto de ninguém, porque a mesma decisão nós tomamos a cada dia.

O que é a coisa mais importante em nossa vida? O material ou o espiritual? No Antigo Testamento, lemos que uma dádiva ao pobre é um empréstimo ao Criador. E o próprio Senhor Jesus nos explicou que, quando damos, mais nos parecemos com Deus: "Dai, e dar-se-vos-á; boa medida, recalcada, sacudida, transbordante, generosamente vos darão; porque com a medida com que tiverdes medido vos medirão também (LUCAS 6:38), Deus promete que nos devolverá muito mais do que temos dado. Ele não poupa graça nem favores, porque oferece uma boa medida, recalcada e transbordante, e coloca tudo em nossos braços, presenteando-nos com bênçãos que ultrapassam, em muito, o avarento mundo da economia.

Jesus não está dizendo o que muitos acreditam ao afirmar "…se você der cinco, Deus lhe devolverá cinquenta". Esse pensamento continua existindo na mentalidade carnal de muitos crentes. Mais ainda: alguns dizem que, quanto mais damos, mais vamos ter, de tal forma que nossas ofertas se convertem em investimentos espirituais e deixam de ser demonstrações de amor ao Senhor. Nada mais distante do caráter de Deus. A Palavra de Deus ensina que quanto mais damos, mais colocamos nas mãos do Senhor e mais nos parecemos com Ele. Deus nos responderá no Seu tempo, à Sua maneira, dando-nos o que Ele quiser e como Ele quiser, porque o mais importante na vida não é ter mais, mas estar mais perto dele.

O que faz a diferença em nossa vida não é receber mais bênçãos, mas sim, sermos mais parecidos com o nosso Pai.

Se apenas pensamos em dinheiro, perdemos de vista uma das características mais importantes do nosso Salvador: a Sua total despreocupação quanto à economia e Seu ensino de que devemos viver sempre confiando no Pai. Se nossa motivação é dar para receber mais em troca, estamos procurando "comprar" Deus. Isso é o pior que podemos fazer.

O RICO INSENSATO E IGNORANTE

A grande loucura é viver pensando no futuro como se tudo fosse nosso.

> *O campo de um homem rico produziu com abundância. E arrazoava consigo mesmo, dizendo: Farei isto: destruirei os meus celeiros, reconstrui-los-ei maiores e aí recolherei todo o meu produto e todos os meus bens. Então, direi à minha alma: tens em depósito muitos bens para muitos anos; descansa, come, bebe e regala-te. Mas Deus lhe disse: Louco, esta noite te pedirão a tua alma; e o que tens preparado, para quem será?*
> *Assim é o que entesoura para si mesmo e não é rico para com Deus* (LUCAS 12:16-22).

O esforço para controlar o futuro e ter mais coisas é a principal característica da cobiça. O desejo de possuir mais do que ninguém, inclusive ter catalogado tudo o que se ganhou para que todos vejam, e fazer celeiros novos é o que nos leva à loucura de acreditar que a aparência é a melhor coisa da vida. Quando Jesus contou a história do rico insensato, Ele procurou nos ensinar que os bens daquele homem não eram fruto do seu trabalho ou da sua inteligência. A Bíblia diz que "a terra produziu...". Deus foi quem o abençoou com a produção, mas ele não quis reconhecer isso.

Nosso problema é deixar Deus de lado e confiarmos apenas em nós mesmos. Aquele homem começou a falar de uma forma equivocada: "...minhas terras, minha colheita, meus bens...". Pensou que tudo era dele e que tudo girava ao redor dele. Não é de estranhar por que poucas coisas nos tornam tão orgulhosos como "nossas" riquezas.

> UM DOS MAIORES PROBLEMAS DO HOMEM É A SUA AMBIÇÃO.
> ELE NUNCA ESTÁ SATISFEITO.

Talvez fosse muito rico, mas também era um completo ignorante. Ignorou a Deus, porque em nenhum momento se dirigiu a Ele para lhe agradecer o que possuía. Ignorou a vida espiritual, porque pensou que o dinheiro ia lhe dar a segurança de que necessitava. Uma segurança permanente na qual Deus não era necessário para ele.

O rico também ignorou o valor da sua alma. Existem pessoas que pensam poder comprar qualquer coisa, mas perdem o melhor que possuem. Ninguém pode comprar sua própria alma. Ninguém pode ter garantido o valor do seu futuro.

Também ignorou a morte, a sua morte. O que você faria se soubesse que hoje seria o último dia da sua vida? Valeria receber milhões de reais em sua conta minutos antes de morrer? Ninguém pensa em trabalhar mais quando lhe restam poucas horas de vida. Você tem pensado no que dizem as pessoas pouco antes de morrer? Todos se lembram da sua família, seus amigos, o tempo que perderam... Todos dizem que aproveitaram pouco, que viveram pouco, que dedicaram pouco das suas forças ao que era importante. Todos querem saber se existe algo depois da morte. Ninguém diz que gostaria de ter mais bens, a menos que esteja mentalmente louco, porque ninguém pode levar nada ao morrer.

Por último, o rico insensato ignorou a existência da eternidade. Quem sabe tenha pensado que, com a morte, tudo acabaria. Ele achou que não era tão sério o fato de deixar Deus de fora. Esqueceu que existe outra vida e nem tudo termina aqui. Tampouco podemos culpá-lo de forma enfática sem, ao mesmo tempo, afirmar que milhões de pessoas hoje vivem da mesma forma. Elas pensam que nada mais existe e que tudo acaba na sepultura.

O JOVEM QUE POSSUÍA TUDO

E, pondo-se Jesus a caminho, correu um homem ao seu encontro e, ajoelhando-se, perguntou-lhe: Bom Mestre, que farei para herdar a vida eterna? Respondeu-lhe Jesus: Por que me chamas bom? Ninguém é bom senão um, que é Deus. Sabes os mandamentos: Mestre, tudo isso tenho observado desde a minha juventude. E Jesus, fitando-o, o amou e disse: Só uma coisa te falta: Vai, vende tudo o que tens, dá-o aos pobres e terás um tesouro no céu; então, vem e segue-me. Ele, porém, contrariado com esta palavra, retirou-se triste, porque era dono de muitas propriedades (MARCOS 10:17-23).

Quase todos conhecem a história desse jovem. Era uma pessoa amável, boa, religiosa... A Bíblia diz que ele se aproximou de Jesus de forma correta. Ele não somente correu para não perder a sua oportunidade, como também veio a Ele e se "ajoelhou". Ele possuía muitas qualidades que nós teríamos aprovado. De fato, era uma pessoa bem aceita por quase todos. Nós o teríamos aceitado sem problemas:

a- Era sincero
b- Tinha temor a Deus
c- Conhecia a lei e era religioso
d- Tinha uma boa atitude
e- Tinha uma boa posição
f- Tinha muito dinheiro
g- Era jovem, podia fazer muitas coisas
h- A sua conduta era "intocável"
i- Estava disposto a obedecer...

Ele podia ser membro de qualquer uma das nossas igrejas. E, como acontece por ser rico, nós o teríamos colocado num cargo de liderança.

> ELE TINHA ABSOLUTAMENTE TUDO...
> MENOS O QUE ERA MAIS IMPORTANTE.

Deus não vê as cosias como nós as vemos. Jesus soube penetrar fundo no assunto, porque ele conhece o que existe em cada coração. O jovem lhe disse: "Bom mestre". Fala de bondade porque acredita na sua própria bondade. Ele pensava que era a característica mais importante. Jesus o confrontou diretamente com o problema: Se a bondade é a medida da vida eterna, somente Deus merece viver no céu; só Ele é a bondade absoluta. No restante, nós falhamos. E falhamos muitas vezes, não importa o que tenhamos, o que sejamos ou as boas pessoas que pensamos ser.

Aquele homem não era capaz de compreender nem a graça de Deus e nem a sua própria perdição, porque perguntou a Jesus: "...que farei para herdar a vida eterna?" A conversa precisava ir em outra direção. A vida eterna está baseada em outros princípios, e não na bondade. O jovem não quis entender. Então Jesus o desmascarou publicamente. Se a bondade é a medida para se ter a vida eterna, ele não só teria de guardar os mandamentos, como também doar tudo o que possuía. Isso, sim, é ser bom! Mas tanto o guardar todos os mandamentos como o doar tudo é algo impossível.

Nada há ninguém tão bom como Deus; nenhum de nós merece estar na Sua presença. Jesus disse isso, e o jovem aparentemente entendeu. Portanto, onde começaram os problemas dele? Foi a partir da primeira pergunta. Você se lembra que ele disse: "Que farei?" Sempre perguntamos a Deus o que precisamos fazer como se tudo dependesse de nós. Pelo visto, a vida do jovem era "perfeita". Todavia, ele falhava naquilo que era mais importante: sua motivação. Não se trata de fazer, mas de crer. Nós não somos os atores do roteiro, porque a única coisa que merecemos é a morte. Deus é quem merece levar todas as honras.

Mateus acrescenta um detalhe muito importante, que é o jovem fazendo a pergunta: "Que me falta ainda?" (MATEUS 19:20). Ele pensava que já havia feito tudo. Portanto, tinha de ser aceito como bom ou, mais concretamente e em suas próprias palavras, "herdar" a vida eterna. Era como se lhe pertencesse por tudo o que ele havia feito, por ser uma "pessoa boa". Esse é o problema de algumas pessoas que são demasiadamente boas para que sejam felizes no mundo, e mundanas por demais para serem felizes com Deus.

> HÁ PESSOAS QUE SÃO DEMASIADAMENTE BOAS PARA SEREM FELIZES NO MUNDO, E POR DEMAIS MUNDANAS PARA ESTAREM FELIZES COM DEUS.

A resposta de Jesus nos enche de assombro. O jovem afirmava que havia guardado todos os mandamentos. Mas, quando Jesus lhe falou do seu cumprimento, mencionou apenas os que definiam o relacionamento dele para com as pessoas, e não os que falavam diretamente de Deus (v.19). Ele disse isso porque o jovem pensava que a sua conta para com a lei fosse perfeita. Mas, na realidade, estava falhando já no primeiro mandamento, que é o mais importante de todos, qual seja: o de amar a Deus sobre todas as coisas. A sua adoração ao Criador era apenas aparente, a sua obediência aos mandamentos era simplesmente externa e sem qualquer valor para o Senhor.

Mesmo assim, Jesus foi mais longe do que nós teríamos imaginado. A Bíblia diz que, olhando para ele, Jesus o amou (v.21). O coração de Jesus não ficou insensível diante daquele jovem porque sabia que ele era sincero, embora não estivesse disposto a pagar o preço. Isso é muito similar à atitude de muitos hoje em dia, que sabem o que é certo, o que Deus lhes pede, mas não querem se comprometer. Ao se afastar, o jovem demonstrou que não amava a Deus sobre todas as coisas.

Mesmo sendo uma pessoa "boa", a sua vida estava cheia de ídolos. O dinheiro estava em primeiro lugar.

Todos ficaram impactados com a reação de Jesus quando o jovem, com tristeza, foi embora. Eles estranharam que o deixasse partir sem tentar "obrigá-lo" a entender o que Ele estava dizendo. Dessa forma, diante da pergunta sobre se era difícil alguém se salvar, Jesus disse claramente: É impossível! Não somente para os ricos, mas para todos.

Se não descansamos no Senhor, não cremos nele, e deixamos de apresentar nossa bondade como presente diante de Deus, é impossível chegarmos a Ele.

Se a nossa pergunta for "Que é preciso fazer?", a resposta será "nada".

Deus não precisa de nada de nós. Ele nos salva porque assim o quer. Se não entendermos isso, não saberemos o que é o evangelho. Deus não enviou Seu Filho a uma cruz para morrer em nosso lugar esperando que nós também fizéssemos algo para completar a Sua obra.

Não!

O Sacrifício foi total, perfeito, incompreensível para nós, mas absolutamente suficiente e único. Não se pode merecer, nem muito menos comprar! Não importa o dinheiro que você tem e o quão bom você acredita ser. Diante de Deus, tudo isso de nada vale. A vida do Seu Filho é infinitamente mais valiosa do que tudo quanto possamos fazer.

Existem muitas coisas que agora precisamos aprender: a primeira é que, apesar do amor do Messias, das Suas palavras, do Seu olhar e Seu carinho para com ele, o jovem foi embora. Ninguém poderia lhe ter dado mais. Ninguém estava disposto como Jesus a responder suas perguntas e satisfazer sua curiosidade espiritual. Ele podia esperar que lhe explicasse o que fazer com os seus bens e se "arriscar" a falar, face a face, com Deus porque era a sua vida que estava em jogo.

Mas ele foi embora.

Deixou o lugar e a pessoa que poderia mudar a sua vida e conceder-lhe a vida eterna que ele tanto desejava. Queria a vida eterna, mas não desejava, com o mesmo empenho, o relacionamento com Deus. Ele não compreendeu que é impossível ter vida sem Deus. Queria as bênçãos, mas não queria Jesus.

Em certo sentido, muitos vivem da mesma forma que o jovem rico. É como se estivessem pedindo uma transação comercial: "Eu sou bom, ó Deus, vê tudo o que faço. Que me podes dar por todas as minhas ofertas, meu trabalho por ti, e o tempo que te dedico? Que ganho por te servir?" Não imagine que pessoas que assim pensam são difíceis de se encontrar; elas estão em todas as religiões e em todas as igrejas. Não têm tempo para Deus, embora digam o contrário. A única coisa que desejam é vivenciar sua religião e ser "boas" pessoas. Isso é tudo.

O evangelho não é isso. Não existe outra maneira de seguir a Jesus a não ser "arriscando tudo" por Ele. É impossível ficarmos no "meio termo" em nossas decisões. Não podemos oferecer nossa mão direita a Deus, enquanto que, com a esquerda, controlamos o que nos dá prazer. Trata-se de Deus, e não de nós. Ou descansamos nele, cem por cento, ou perecemos. Podemos pensar que temos tudo, e podemos ser tão religiosos que todos nos vejam. Mas se Deus não nos conhece, de nada serve nossa fama nem tudo o que temos.

O SALÁRIO E A GRAÇA

Porque o reino dos céus é semelhante a um dono de casa que saiu de madrugada para assalariar trabalhadores para a sua vinha. E, tendo ajustado com os trabalhadores a um denário por dia, mandou-os para a vinha. Saindo pela terceira hora, viu, na praça, outros que estavam desocupados e disse-lhes: Ide vós também para a vinha, e vos darei o que for justo. Eles foram. Tendo saído outra vez, perto da hora sexta e da nona, procedeu da mesma forma, e, saindo por volta da hora undécima, encontrou outros que estavam desocupados e perguntou-lhes: Por que estivestes aqui desocupados o dia todo? Responderam-lhe: Porque ninguém nos contratou. Então, lhes disse ele: Ide também vós para a vinha. Ao cair da tarde, disse o senhor da vinha ao seu administrador: Chama os trabalhadores e paga-lhes o salário, começando pelos últimos, indo até aos primeiros. Mas o proprietário, respondendo, disse a um deles: Amigo, não te faço injustiça; não combinaste comigo um denário? Toma o que é teu e vai-te; pois quero dar a este último tanto quanto a ti. Porventura, não me é lícito fazer o que quero do que é meu? Ou são maus os teus olhos porque eu sou bom? Assim, os últimos serão primeiros, e os primeiros serão últimos [porque muitos são chamados, mas poucos escolhidos (MATEUS 20:1-16).

Poucas coisas existem tão mal compreendidas como a graça de Deus. Muitos procuram explicações, outros tentam definir o termo dizendo que existe uma graça "barata" e outra menos barata, e não sei quantas coisas mais. Eu garanto a você que, quanto mais tempo passa em minha vida, mais me conscientizo de que não chegaremos a compreender o amor de Deus. Às vezes, penso que não conseguiremos nem sequer na eternidade! Deus é como Ele é. Ele dispensa a Sua graça sobre nós e é digno de ser amado. Ninguém pode reclamar nada de Deus.

> A GRAÇA É GRAÇA. NÃO SE PODE MERECÊ-LA NEM HOJE E NEM JAMAIS. E CONTINUARÁ SENDO ASSIM SEMPRE. É MELHOR QUE NÃO NOS ESQUEÇAMOS DISSO.

Jesus quis mostrar uma parte da graça de Deus quando contou essa parábola. O reino de Deus é assim; não podemos "dar mais voltas" ao assunto. Nós jamais teríamos agido como o dono da vinha, porque o amor não se encontra na essência do nosso caráter. Somos egoístas por natureza e continuamos sendo assim, mesmo depois de conhecer o Senhor. Por trás de muitas decisões que tomamos e que julgamos ser justas, somente está nossa motivação de fazer valer nossa opinião. Por isso, muito nos custa compreender o caráter de Deus. Essa é a razão por que tanto nos parecemos com o irmão do filho pródigo. Poucas vezes, sabemos compreender o nosso Pai. Preferimos discutir sobre a graça, em vez de ficarmos calados, admirando a misericórdia do Pai. Impressionados porque Ele nos amou!

O dono da vinha vive e paga em função da graça, e não da dívida. Ele quer dar a todos o que lhes teria correspondido se o mundo fosse justo e eles tivessem podido trabalhar o dia todo. Dessa maneira, ele não é injusto para com os primeiros, nem tampouco com os últimos aos quais as circunstâncias da vida ("Ninguém nos contratou") haviam tratado mal. Deus sempre dá para todos o que é justo (v.4). Ele mesmo foi à procura dos trabalhadores. Não foram eles que se apresentaram. Todos estavam desocupados a ponto de perderem o dia. E o dono da vinha foi à procura deles.

No final da tarde, quando todos terminaram de trabalhar, o dono da vinha disse ao seu mordomo: "Chama os trabalhadores e paga-lhes o salário, começando pelos últimos, indo até aos primeiros" (MATEUS 20:8). Deus desejava que aprendessem a lição da graça. Por isso, começou a pagar a partir dos que haviam chegado por último. Não queria que nenhum deles tivesse inveja dos outros. Por isso, a única maneira de compreenderem a lição era ver a reação dos que trabalharam mais. Se tivesse feito ao contrário, os primeiros teriam recebido seu pagamento e saído contentes ao receberem o que era justo. Não saberiam o que iria acontecer depois, mas tampouco teriam aprendido nada.

O Dono queria que vivessem juntos, sem se julgarem, nem que tivessem inveja uns dos outros; que soubessem se alegrar, vendo o que os outros receberam. Deus queria ensinar a todos a maior lição que existe: a lição da graça.

> DEUS É BOM POR NATUREZA E A SUA MAIOR VIRTUDE É ESBANJAR A SUA GRAÇA.

Na misericórdia, a questão não é tanto que os primeiros sejam os últimos, mas que os últimos sejam os primeiros. Deus não é injusto com ninguém, mas o que Ele faz é "esbanjar" a graça para todos. Não nos deve causar estranheza, porque Ele é bom por natureza. Deus, porventura, tira a vida daqueles que blasfemam contra Ele? Deixa de abençoar com chuvas as propriedades que pertencem aos ateus? Envia pestes e catástrofes somente àquelas nações que não o mencionam em sua constituição? Não, a Bíblia nos ensina que Deus semeia o bem, para os bons e para os maus. Isso faz parte da Sua graça e da Sua misericórdia. E graças a Ele por ser assim! Estaríamos perdidos se fosse de outra maneira.

Você sabe qual é o nosso problema? A inveja. "Tenho mais direitos do que ele!", é o que nós pensamos, e nossos julgamentos nos impedem de compreender a graça de Deus. Obrigamos os outros a fazer e a tomar decisões que nós não tomamos simplesmente por acharmos que estamos com a razão. Ouça com atenção: "Porventura, não me é lícito fazer o que quero do que é meu? Ou são maus os teus olhos porque eu sou bom?" (MATEUS 20:15).

Deus é bom. Nós o admiramos, louvamos e lhe agradecemos quando a Sua graça "cai" sobre nós. Mas sentimos inveja dos outros quando Deus decide abençoá-los. Esse é um dos segredos da parábola. Por trás de muitos "protestos" ou tentativas para "explicar" a graça de Deus, não há nada mais que atitudes arrogantes e cheias de inveja. Jesus disse que isso significa ter "olho mau", quer dizer, ver com maus olhos os bens que os outros desfrutam. Por essa razão, às vezes gostamos de argumentar sobre a graça e dizer que somente determinadas pessoas podem recebê-la, e só os que fazem tal e tal coisa (frequentemente é o que dizemos) podem receber o amor de Deus.

Deus dá como quer e a quem quer. E foi por isso que Sua Graça chegou até nós, felizmente. É muito melhor desfrutar do relacionamento, da companhia e da misericórdia de Deus, em vez de nos preocuparmos se outros merecem ou não. Deus tem todo o direito de fazer o que quiser com o que lhe pertence, não tem de nos pedir permissão. Não tem de cumprir as nossas regras, nem seguir a nossa teologia, por mais perfeita que pareça ser. Não tem de se defender diante de nós sobre se o Seu amor e Sua graça são baratos ou caros. Não somos nós os que vão decidir quem pode ser salvo ou não.

Por isso, nós o amamos. Porque Deus é como Ele é. Essa é a razão de continuarmos vivos e termos um futuro eterno pela frente. A graça e a misericórdia nos alcançaram, embora jamais as tenhamos merecido. Por essa mesma graça, Deus nos perdoa e nos faz Seus filhos, embora isso nos custe entender.

Embora alguns jamais queiram compreender.

Bem, é suficiente que cheguemos à Sua Presença. Aí vamos entender (Até que enfim!) que não merecíamos nada, e temos tudo!

19 | OS DOIS FUNDAMENTOS

Jamais me esquecerei da primeira vez que visitei Roma. A cidade é impressionante: milhares de anos de história podem ser vistos entre monumentos, caminhos, esculturas e edifícios. A visita ao Coliseu romano é algo que ninguém pode deixar de fazer. Aquele lugar nos lembra do sofrimento e da morte de muitos mártires cristãos que não quiseram negar sua fé durante os primeiros séculos da era cristã. Mas não vou me esquecer dessa visita por um pequeno detalhe pessoal. Quando eu estava percorrendo a parte antiga da cidade, o mundo começou a dar voltas para mim e caí praticamente desmaiado. Depois de algumas horas, Miriam e eu oramos pedindo ajuda ao Senhor, e assim pudemos seguir adiante em nossa visita com as crianças. Quando voltei para casa, o médico disse que o meu desmaio tinha a ver com um problema na região cervical e eu precisava descansar. E mais que tudo, nadar várias vezes por semana.

Creio que você já adivinhou o que aconteceu: segui o conselho do médico ao pé da letra... só por alguns dias!

Isso nos acontece com frequência. Sabemos exatamente de que necessitamos, mas nem sempre fazemos o que é preciso fazer e que é imprescindível para a nossa saúde. Conhecemos perfeitamente a teoria, mas como diz o ditado espanhol "Del dicho al hecho, hay un largo trecho ("Entre dizer e fazer há uma grande diferença.")

O CONHECIMENTO DE DEUS, OU TRANSFORMA NOSSA VIDA, OU NÃO SERVE PARA QUASE NADA.

No idioma hebraico, a união entre crer e confiar é inseparável, porque as duas palavras vêm da mesma raiz. Você não pode crer sem confiar. É impossível saber sem atuar. Quando você crê, deve envolver sua vida nisso. Se não acontecer assim, não estará crendo em absoluto. Se você sabe algo, deve aplicá-lo, pois de outra forma é quase pior que se não soubesse. Até o "conhecer" tem um sentido experimental, e chega a ser aplicado à relação sexual e à total integração do que amamos em nosso íntimo: ou se conhece mental, física e espiritualmente, ou não se conhece em absoluto. E, realmente, não é assim?

O conhecimento de Deus, ou transforma nossa vida, ou serve para muito pouco.

Muitos pensam que a solução para quase tudo está em ter mais conhecimento. O mundo se acertará quando as pessoas souberem mais e a cultura chegar a todos. Na mesma linha, há quem pense que o cristianismo mudará a sociedade quando todos chegarem a saber mais da Bíblia e dos princípios do evangelho. A surpresa é que a Palavra de Deus não concorda com essa teoria. Jesus teve de explicar uma história completamente radical para aqueles que conheciam (às vezes de forma quase perfeita) a lei de Deus, mas não a cumpriam.

A "CASA" DA NOSSA VIDA

Todo aquele que vem a mim, e ouve as minhas palavras, e as pratica, eu vos mostrarei a quem é semelhante. É semelhante a um homem que, edificando uma casa, cavou, abriu profunda vala e lançou o alicerce sobre a rocha; e, vindo a enchente, arrojou-se o rio contra aquela casa e não a pôde abalar, por ter sido bem-construída. Mas o que ouve e não pratica é semelhante a um homem que edificou uma casa sobre a terra sem alicerces, e, arrojando-se o rio contra ela, logo desabou; e aconteceu que foi grande a ruína daquela casa (LUCAS 6:47-49).

Quando construímos uma casa, selecionamos os materiais com muito cuidado. Queremos que sejam os melhores. Passamos tempo estudando os detalhes de cada dependência: cores, formas, tamanhos. Jesus contou a história de dois construtores de casas, mas começou pelo que é de fato o mais importante: os fundamentos. As duas casas eram aparentemente iguais, e os construtores edificaram-nas praticamente da mesma forma. Jesus não nos deixou ver diferenças na construção, no tamanho e no gasto de cada um dos construtores. Poderia ser até que a casa edificada sobre a areia fosse mais vistosa ou mais cara. Não importa. A aparência não revela o que existe dentro; as diferenças externas de pouco valem. O que mantém firme uma casa são os seus alicerces, porque é neles que se encontra a firmeza quando vêm as chuvas, as torrentes de água e os ventos.

Às vezes, as provas chegam de "cima", do céu, como é o caso das chuvas. Se quisermos ir ao fundo da ilustração, poderemos dizer que o que nos chega do alto pode não ter sentido para nós. Podem ser os momentos na vida quando pensamos que Deus está ausente, ou chegamos até a imaginar que Ele é o responsável pelo nosso sofrimento.

Em outras ocasiões, o que se lança contra nós são as torrentes: tentações e problemas daqui, da terra. Situações que vêm de dentro de nós mesmos, dos nossos desejos. Tudo o que tem sua origem aqui "embaixo", o que nos parece difícil de controlar e que por vezes pode parecer que está destruindo a nossa vida.

Por último, chega o vento: ele nos golpeia de fora e aparece por todos os lados, disfarçado de circunstâncias que não entendemos. São pessoas que nos ferem, alguns querendo nos machucar, e outros, sem saber; notícias inesperadas ou os altos e baixos próprios da vida; ventos que nos fazem abalar e cair e que sempre se mostram mais fortes do que nós mesmos.

Nenhum de nós escolhe sofrer. Os maus momentos não parecem ser bons companheiros para ninguém, tanto que procuramos escapar deles o mais depressa possível. Jesus ensinou que a tormenta revela o que existe no íntimo de cada pessoa. Somente no quebrantamento, conseguimos descobrir quem realmente somos e sobre o que está fundamentada a nossa vida.

Muitas vezes, Deus permite as tormentas para que nos firmemos cada vez mais na Rocha.

A CASA NA ROCHA E A CASA NA AREIA. APARENTEMENTE IGUAIS.

Uma casa firmada na rocha e outra, na areia. Quando chegam as tempestades, uma cai, a outra permanece. O mesmo acontece na vida: aparentemente nossas vidas são iguais à vida de qualquer outra pessoa, e tudo parece ir bem. Externamente não há muita diferença entre uma pessoa que confia em Deus e outra que não confia. Às vezes, um descrente pode parecer mais íntegro do que alguém que crê em Deus. A verdade é que podem ser encontrados verdadeiros "charlatões" que conhecem muitas coisas a respeito de Deus e falam dele em todo lugar... Mas quando vem a tempestade, percebe-se o que existe no fundo, o que se encontra na base da vida. Quando as tempestades chegam, provamos que a casa está bem construída: não somente conhecemos as verdades de Deus, mas também sabemos que elas fazem parte da nossa prática diária.

"Portanto, assim diz o SENHOR Deus: Eis que eu assentei em Sião uma pedra, pedra já provada, pedra preciosa, angular, solidamente assentada; aquele que crer não foge" (ISAÍAS 28:15,16). Se dissermos que cremos em Jesus, devemos alicerçar nossa casa sobre a Rocha, colocando em prática o que o Mestre ensinou. Não só nos apoiar na Rocha, mas inclusive cavar profundamente para que nossa casa esteja bem assentada sobre ela (MATEUS 6:8). Assim deve ser a nossa busca do Senhor: irmos cada vez mais fundo, deixando tudo de lado para amar e obedecer-lhe. Precisamos buscar sempre que o nosso relacionamento com Ele chegue ao fundo do nosso coração, até o mais íntimo da nossa vida.

Se não for assim, podemos correr o risco de termos Jesus perto de nós, inclusive escutando Suas palavras porque nos fazem bem, mas termos edificado nossa casa na areia. Um homem chamado Simão provou isso na sua própria carne...

O RELIGIOSO E A PECADORA

E eis que uma mulher da cidade, pecadora, sabendo que ele estava à mesa na casa do fariseu, levou um vaso de alabastro com unguento; e, estando por detrás, aos seus pés, chorando, regava-os com suas lágrimas e os enxugava com os próprios cabelos; e beijava-lhe os pés e os ungia com o unguento. Ao ver isto, o fariseu que o convidara disse consigo mesmo: Se este fora profeta, bem saberia quem e qual é a mulher que lhe tocou, porque é pecadora. Dirigiu-se Jesus ao fariseu e lhe disse: Simão, uma coisa tenho a dizer-te. Ele respondeu: Dize-a, Mestre. Certo credor tinha dois devedores: um lhe devia quinhentos denários, e o outro, cinquenta. Não tendo nenhum dos dois com que pagar, perdoou-lhes a ambos. Qual deles, portanto, o amará mais? Respondeu-lhe Simão: Suponho que aquele a quem mais perdoou. Replicou-lhe: Julgaste bem. E, voltando-se para a mulher, disse a Simão: Vês esta mulher? Entrei em tua casa, e não me deste água para os pés; esta, porém, regou os meus pés com lágrimas e os enxugou com os seus cabelos. Não me deste ósculo; ela, entretanto, desde que entrei não cessa de me beijar os pés. Não me ungiste a cabeça com óleo, mas esta, com bálsamo, ungiu os meus pés. Por isso, te digo: perdoados lhe são os seus muitos pecados, porque ela muito amou; mas aquele a quem pouco se perdoa, pouco ama. Então, disse à mulher: Perdoados são os teus pecados. Os que estavam com ele à mesa começaram a dizer entre si: Quem é este que até perdoa pecados? Mas Jesus disse à mulher: A tua fé te salvou; vai-te em paz (LUCAS 7:36-50).

Simão quis ouvir de primeira vez os ensinos de Jesus, e por isso convidou o Messias para estar em sua casa. Jesus aceitou o convite e a refeição transcorreu normalmente até que uma mulher apareceu. Era uma mulher conhecida e acusada por todos. Todos sabiam quem ela era e o que fazia para ganhar a vida. O autor do evangelho enfatiza que era uma pecadora. Tanto a conheciam que assim foi apresentada, como sendo uma pecadora por excelência.

Ninguém imaginou o que ela ia fazer. Chegou junto ao Mestre e "...colocando-se por trás", sentindo-se indigna por ali se encontrar e nem sequer podendo olhar para o Messias, começou a chorar e a regar os pés do Mestre com as suas lágrimas. Não somente sentia sua indignidade, como também sabia da sua impotência, da sua necessidade de perdão... e quem sabe, reconhecia, ao mesmo tempo, a "impossibilidade" de ser perdoada. Mesmo assim, quis que suas lágrimas limpassem os pés de Jesus, demonstrando com aquele gesto que ela precisava ter o coração completamente purificado.

Simão se irritou, e também os que estavam à mesa com ele. Simão era uma boa pessoa, pelo menos era assim que ele se considerava ao se comparar com "essa" pecadora que acabava de entrar. Ainda mais que ela nem sequer pediu licença ao Mestre para se aproximar. Simão pensava que a mulher já estava cansando e perturbando o Mestre publicamente com suas lágrimas. Simão jamais faria uma coisa dessas, pois tinha refinada educação e conhecia muito bem a lei, para se portar de maneira ridícula diante do chamado Messias.

Se o Messias era quem dizia ser, nunca teria permitido um comportamento assim.

A nossa arrogância nunca deixa de nos impressionar. Eles não acreditavam ser merecedores de ter um "profeta" entre eles, mas chegaram ao ponto de julgá-lo. Depois de julgarem a mulher, passaram a admitir o direito de decidir o que Deus tinha de fazer.

O maior perigo, quando nos julgamos ser melhores do que os outros, é que acabamos acreditando que somos quase tão bons como o próprio Deus. De fato, ao julgarmos, já nos colocamos no Seu lugar. Jesus mostrou que era o Messias, o verdadeiro profeta de Deus, não somente porque sabia quem era aquela mulher, mas também porque revelou publicamente o que havia no coração e na mente de Simão sem que ele dissesse qualquer coisa.

O que Simão não sabia era que, na comparação com a pecadora, ele se saisse mal porque Deus olha para o nosso coração e não para o nosso "exterior". Ele conhece a nossa atitude. Somente os que dele se aproximam, sentindo que não têm direito a nada, é que podem ser recebidos. As palavras de Jesus soaram como a maior surpresa da noite para todos: "Os teus pecados estão perdoados". Ao contrário do que Simão pensava, Jesus conhecia perfeitamente aquela mulher Ainda assim, perdoou-lhe, mesmo sabendo de todos os seus pecados.

> AQUELA "PECADORA" NEM SEQUER SE SENTIA DIGNA
> DE OLHAR OS PÉS DO SENHOR JESUS.

Simão conhecia a lei e os profetas, mas não as colocava em prática. Ele construiu sobre a areia, e a sua casa veio abaixo sem a necessidade de chuvas, enxurradas ou ventos.

Pouco tempo depois, Jesus contou outra história. Três pessoas passaram perto de um homem que estava sofrendo. Dois observaram e se foram. Um terceiro abandonou seu horário e sua "agenda" com o propósito de ajudá-lo. As duas primeiras pessoas conheciam perfeitamente a lei, mas não a cumpriram. Construíram sobre a areia. A terceira se firmou na Rocha, quase sem se dar conta, porque fez exatamente o que Jesus teria feito.

UM SAMARITANO CHEIO DE COMPAIXÃO

Certo homem descia de Jerusalém para Jericó e veio a cair em mãos de salteadores, os quais, depois de tudo lhe roubarem e lhe causarem muitos ferimentos, retiraram-se, deixando-o semimorto. Casualmente, descia um sacerdote por aquele mesmo caminho e, vendo-o, passou de largo. Semelhantemente, um levita descia por aquele lugar e, vendo-o, também passou de largo. Certo samaritano, que seguia o seu caminho, passou-lhe perto e, vendo-o, compadeceu-se dele. E, chegando-se, pensou-lhe os ferimentos, aplicando-lhes óleo e vinho; e, colocando-o sobre o seu próprio animal, levou-o para uma hospedaria e tratou dele. Qual destes três te parece ter sido o próximo do homem que caiu nas mãos dos salteadores? O que usou de misericórdia para com ele. Então, lhe disse: Vai e procede tu de igual modo (LUCAS 10:30 37).

Um levita e um sacerdote. Os dois viram a necessidade e observaram como o homem ferido estava morrendo sem ajuda. Diante daquela situação, os dois cumpriram seu dever legal e religioso, em vez de obedecerem à vontade de Deus. Tiveram a possibilidade de salvar o homem, mas nada fizeram.

O sacerdote e o levita viram o homem ferido, mas os dois passaram "...pelo outro lado do caminho" (v.31). Deram uma volta para não se encontrarem com a pessoa necessitada. Nem sequer quiseram se aproximar dele, porque as suas tradições lhes impediam de ajudar: não podiam tocar num morto antes de prestarem seu culto a Deus. Por esse motivo, nenhum deles quis se aproximar para ver se o homem estava morto ou não. Para eles, as leis eram mais importantes do que a vida das pessoas. A religião era mais importante que o próprio Deus.

> OS DOIS RELIGIOSOS, OS QUE CONHECIAM A LEI, DERAM UMA VOLTA PARA NÃO SE ENCONTRAREM COM O HOMEM FERIDO. O "DESPREZADO" SAMARITANO SE APROXIMOU DE PROPÓSITO.

O samaritano teve "compaixão". Essa é a "palavra-chave" que marca a diferença em uma vida. O Senhor Jesus disse que o samaritano "chegou" porque vinha do outro lado. Quis se aproximar, foi ver se o necessitado precisava de ajuda. Os religiosos, que conheciam a lei, deram uma volta para não o ver; o samaritano se aproximou de propósito. Ele entendeu perfeitamente a lei do amor, apesar de saber que a ele, sendo samaritano, um judeu nunca ajudaria. Ele conhecia muito melhor o espírito da lei e a compaixão de Deus do que aqueles que eram mestres. Um samaritano estava muito mais perto do coração de Deus do que todos os que estavam dedicando as vidas a Ele.

Ele se preocupou com o ferido; não somente o levantou e o levou, como também cuidou das suas feridas. Comprometeu-se com ele, esforçou-se para curá-lo. Deu do seu tempo e das suas forças por um desconhecido. Nós muitas vezes praticamos "obras de caridade" para pessoas que não conhecemos, damos dinheiro para gente que vive longe de nós, sem nos preocuparmos com o que lhes aconteça e pensamos que estamos fazendo o que Deus diz. Entretanto, dar, segundo o modelo de Deus, é comprometer-se com o que fazemos: "contagiar-nos" com as enfermidades do nosso próximo, abraçar ao que sofre, e dar do nosso tempo aos que têm necessidade de serem ouvidos. Ajudar aos que estão perto de nós.

Qualquer outra coisa é somente dar do que nos sobra.

O samaritano levava consigo azeite e vinho; ele ia preparado para ajudar os outros. Não foi algo isolado; era parte do seu caráter; a bondade era o seu estilo de vida. Quem sabe conhecia pouca coisa da lei, sendo desprezado em suas crenças por ser um samaritano, mas havia compreendido o coração de Deus. Sabia o que significava viver ajudando os outros.

Os líderes religiosos em Israel nada fizeram para salvar os que necessitavam de ajuda. O ódio que os judeus tinham pelos samaritanos era tal, que o intérprete da lei não quis responder quando Jesus lhe perguntou quem havia feito o bem. Por isso, não disse "o samaritano", mas disse simplesmente "aquele que teve compaixão".

Era uma frase muito esclarecedora para eles. Jamais chegariam a reconhecer que um samaritano cumprisse a vontade de Deus, e eles não. Para eles, apenas os judeus eram o seu próximo, e tudo acabava aí. Jesus não quis explicar quem era o próximo, mas lhe devolveu o argumento: se a questão é amar, nós mesmos temos de começar a fazê--lo, sem esperar que os outros nos ensinem o caminho. Nós somos o próximo de todos os demais, não são os outros que têm de nos ajudar. Assim é o caráter de Deus e a maneira como Ele nos trata a cada dia: Ele dá de forma incondicional, sem nada esperar em troca. Assim nós, que somos Seus filhos, devemos viver.

Isto é construir sobre a Rocha: amar e obedecer ao nosso Criador. Essa é a demonstração concreta de que o amamos.

É importante o que nós conhecemos a respeito dele. Faz-nos muito bem escutar e compreender as aplicações da lei. Mas somente se construirmos sobre a Rocha, nossa vida ficará a salvo. A chave não é o conhecimento em si, porque algumas vezes, inclusive nossas "crenças", nos levam a dar voltas para não nos encontrarmos com pessoas que precisam de ajuda. Da mesma forma podemos chegar a acreditar que somos muito bons por tudo quanto conhecemos, e julgarmos os outros quando se aproximam, chorando, aos pés de Jesus.

Os sacerdotes, levitas, fariseus, Simões e muitos dos seus amigos, não souberam entender o coração de Deus. Sabiam muitas coisas a respeito dele, mas construíram sobre a areia porque não foram capazes de amar e ajudar aos que estavam perto.

E o Senhor foi muito claro ao dizer que se não amarmos aos que vemos, de forma alguma estamos amando Àquele que não vemos.

A pecadora e o bom samaritano, sim, foram aprovados pelo Senhor Jesus. As suas vidas estavam seguras na Rocha.

Eles são exemplos para nós.

20 AS PERGUNTAS DO MESTRE

Os educadores, professores e pedagogos dizem que uma das atividades de que as crianças mais gostam é brincar. Penso que alguns dizem isso porque não têm filhos. Eu descobri que a atividade mais importante para uma criança é "importunar" seus pais com perguntas. Podem fazer mais de duzentas por dia. Perguntas sobre as pessoas, os animais, as cosias, os trabalhos, sobre o que veem, sobre o que não veem, perguntas sobre qualquer coisa. E quando não há o que mais perguntar, aparecem os "por quês" de cada atividade no Universo por mais simples que pareça ser. Então, quando você pensa que os assuntos terminaram, aparecem as perguntas espirituais, as mais difíceis de serem respondidas.

Faz algum tempo, voltávamos de uma viagem com a família, e nossa filha Kenia, com quatro anos naquela altura, derrubou-nos com a seguinte pergunta: "Papai, de que mais precisamos na vida: do Espírito Santo ou da glória de Deus?"

Miriam e eu nos olhamos e concordamos no mesmo pensamento: se estas são as suas perguntas agora com quatro anos, o que nos perguntará quando tiver catorze?

Vivemos em um mundo onde se perguntam muitas coisas. Inclusive aqueles que dizem não acreditar que Deus existe vivem fazendo perguntas: Onde está Deus quando alguém sofre? Por que Deus permite tudo aquilo? Cremos no direito de perguntar, e pode ser certo, mas, você pensou alguma vez nas perguntas que Deus nos faz?

Poucas vezes, temos parado para ler as perguntas que o Senhor Jesus fez. Ele sabia de tudo, assim essas perguntas não eram para que Ele soubesse algo que desconhecia; eram perguntas transcendentais. Jesus não esperava uma resposta porque o mais importante era (e continua sendo) que as pessoas estivessem mais perto dele e que reconhecessem que isso era mais importante que todas as razões e as respostas. Esse foi o processo que Jó "sofreu" quando quis saber o porquê da sua falta de esperança e lançou suas queixas ao Criador. Deus respondeu de uma forma que ninguém poderia imaginar. Ele respondeu fazendo muitas perguntas ao Seu servo. E nelas Jó encontrou o descanso, o consolo, e a sabedoria de que necessitava para aquele momento crucial em sua vida, porque se deu conta de que Deus queria conversar com ele, viver ao lado do Seu amigo. O mais importante não eram as respostas às suas perguntas, mas saber que Deus estava com ele.

Se muitas vezes necessitamos perguntar a Deus, mais vale que agora ouçamos as perguntas que Ele nos faz.

> MUITAS VEZES DEUS NOS FAZ PERGUNTAS PARA NOS AJUDAR A VENCER NOSSA INCREDULIDADE.

Que aproveita ao homem ganhar o mundo inteiro e perder a sua alma? (MARCOS 8:36).

Quem sabe, essa seja a pergunta por excelência.

Muitas perguntas de Jesus foram diretas aos que estavam perto dele: Seus discípulos, as pessoas, os escribas e os fariseus. Dessa vez, Jesus deixou escrita uma pergunta no coração de toda a humanidade.

Se tivéssemos de preparar várias mensagens sobre o materialismo na vida, e os problemas que ocasiona em nosso coração e nos relacionamentos com os outros, não teríamos problemas. Existem muitos argumentos, exemplos de vidas perdidas, problemas familiares e um sem fim de motivos que nos levariam a procurar convencer a todos de que temos de pensar em qual é de fato o valor da nossa vida, muito mais do que viver pensando somente na realidade do que é material.

Jesus nada explicou nem quis acrescentar qualquer arrazoado. Simplesmente deixou no ar uma pergunta. Em uma frase, resumiu tudo o que desejava dizer. Até hoje, essa pergunta nos abala completamente. Todos precisamos respondê-la pelo menos uma vez quando tomamos a decisão de seguir a Jesus, ou não. "Que daria um homem em troca de sua alma?" (MARCOS 8:37). Todos se lembram dessas palavras, todos têm tido que responder essa pergunta alguma vez. Ninguém pode ficar insensível ou ignorar este argumento: ganhar o mundo inteiro perdendo sua alma. Não é uma pergunta para se pensar nem para responder, mas é uma pergunta que o levará ao único que pode mudar a sua vida.

QUANTOS PÃES TENDES? (MARCOS 6:38)

Pouco antes da multiplicação dos pães e dos peixes, Jesus quis colocar à prova a fé dos Seus discípulos. Era uma situação extrema, porque não podiam dar de comer a tanta gente. Então Jesus os questionou, perguntando-lhes quantos pães tinham. Queria que soubessem que, nas mãos de Deus, mesmo o que parece ser quase nada pode ser suficiente.

Essa é uma pergunta para vencer nossa incredulidade, para que olhemos para o que temos e o coloquemos diante do Senhor, em vez de nos preocuparmos com o que nos falta. É uma pergunta para aprendermos a enfrentar cada situação, descansando nele e não tanto em nossas forças, nossos bens ou nossa sabedoria.

ONDE COMPRAREMOS PÃES PARA LHES DAR A COMER? (JOÃO 6:5)

Outra situação extrema. Outra vez, milhares de bocas para alimentar.

Eles ainda não haviam compreendido a lição sobre a dependência em Deus. Por esse motivo, Jesus permitiu que voltassem a ter mais de cinco mil pessoas sem ter nada para comer. Agora Ele não lhes pergunta pelos pães, mas por algo mais difícil de se encontrar: o dinheiro. O bendito dinheiro!

Suponho que você se lembra como a história terminou: Jesus fez com que houvesse pão para todos, e que sobrasse mais do que eles teriam imaginado, porque Deus nunca dá com escassez ou avareza. O problema para os discípulos chegou uns momentos depois que a multidão foi alimentada. Quando estão caminhando, naquele mesmo dia, de repente percebem que eles não tinham pão. Jesus havia multiplicado a comida para mais de cinco mil pessoas e agora se preocupam porque acreditam não haver pão para eles, que são apenas doze! (MATEUS 16:8).

Jesus precisa lhes dizer com um certo ar de desânimo: "Homens de pouca fé, por que vocês estão falando que não têm pão?" Assim somos todos: depois de ver como Jesus alimentou as multidões, preocupamo-nos porque nenhum pão ficou para nós. Depois de recebermos de Deus absolutamente tudo, vivemos angustiados com os detalhes de cada dia.

NÃO COMPREENDEIS AINDA?

Jesus, percebendo-o, lhes perguntou: Por que discorreis sobre o não terdes pão? Ainda não considerastes, nem compreendestes? Tendes o coração endurecido? 18Tendo olhos, não vedes? E, tendo ouvidos, não ouvis? (MARCOS 8:17-21).

Quando o nosso coração é insensível para as coisas de Deus tornamo-nos incrédulos. Esquecemo-nos de quem Ele é e de tudo quanto fez por nós no passado. Ainda não compreendeis? Depois de tanto tempo com o Messias, os discípulos ainda estavam com a mente fechada. Isso é normal. Se nosso coração está endurecido não há maneira de compreender o que Deus quer fazer por nós.

Jesus foi muito direto ao perguntar. Ele sabia perfeitamente o que os discípulos pensavam, mas desejava que eles ficassem "desarmados" para que pudessem reconhecer o que lhes faltava e colocassem um freio na sua incredulidade e na sua ignorância. Ele desejava que soubessem que, com a Sua ajuda, seriam capazes de vencer o medo.

AS PERGUNTAS DE JESUS SEMPRE TÊM UM SENTIDO TRANSCENDENTAL.

QUEM É MINHA MÃE E QUEM SÃO MEUS IRMÃOS? (MATEUS 12:48)

Pode ser que essa seja a pergunta mais difícil de se entender.

Jesus amava profundamente Sua família. Havia passado a maior parte da Sua vida com eles, trabalhando, ajudando, comprometendo-se em cada detalhe do "dia a dia". Mas ao começar Seu ministério, a vontade do Pai parecia ser outra porque, nesse momento, começou a explicar os "segredos do reino" e a mostrar o poder de Deus diante de todas as pessoas. Em primeiro lugar, perante Sua família e de Seus amigos, mas também diante de todos, mesmo dos que não o compreendiam ou dos religiosos que chegaram a odiá-lo.

Ele sempre fez a vontade do Pai, e essa vontade era diferente, às vezes, da sua própria família. Em certa ocasião, quiseram que Ele se apresentasse publicamente, embora o Seu tempo ainda não tivesse chegado. Em outro momento, desejaram que Jesus fizesse milagres no lugar onde vivera para vencer a incredulidade dos Seus vizinhos, mas não era esse o método de Deus. Nem sempre os planos da sua família na terra coincidiam com os planos da família celestial.

Por esse motivo, a pergunta é muito importante. De alguma forma Jesus estava buscando mais que uma afirmação ou uma resposta. Ele esperava que as pessoas se comprometessem e fossem capazes de deixar tudo para segui-lo. Ele buscava discípulos que não discutissem os planos de Deus, mas que os aceitassem quase que cegamente. Eles iam ser Seus irmãos. Os irmãos de Deus.

É OU NÃO É LÍCITO CURAR NO SÁBADO? (LUCAS 14:3)

Por vezes a família de Jesus não entendeu a Sua missão, e muito menos, os religiosos. Faltou-lhes tempo para enfrentá-lo e dizer para todos que

Ele era um endemoninhado. Jesus não quis discutir com eles, simplesmente deixou perguntas que eles não puderam responder.

Não existe coisa melhor que fazer perguntas aos que se julgam saber tudo, porque, quando não podem responder, eles mesmos (e também quem os escuta!) descobrem a falsidade em que se encontram. Não existe melhor forma de revelar o engano dos que pensam ser superiores a todos, que deixá-los sem saber o que dizer.

Com esta pergunta Jesus revelou a hipocrisia e a pouca vontade deles de praticarem o bem: "É lícito fazer o bem no sábado, curar ou salvar uma vida?" (LUCAS 6:9). O que é mais importante: a lei de Deus ou o Deus que fez a lei? Quando respondemos essa pergunta, revelamos se o amor de Deus é a coisa mais importante em nossa vida e se nossa lealdade a Ele é maior que a nossa fidelidade às leis religiosas.

POIS QUAL É MAIS FÁCIL? DIZER: ESTÃO PERDOADOS OS TEUS PECADOS, OU DIZER: LEVANTA-TE E ANDA? (MATEUS 9:5)

Outra pergunta para os que acreditam ter tudo sob controle.

Todos sabiam que somente Deus pode perdoar os pecados. Só Ele podia operar os sinais que Jesus estava fazendo. Os escribas e fariseus perseguiam Jesus buscando como pegá-lo, e jamais o reconheceram como Filho de Deus. Agora eles se encontram com uma pergunta frontalmente direta porque, para Jesus, perdoar ou curar era fácil. Porém eles tinham que se dar conta de que estavam falando com o Filho de Deus, o Messias.

Mas eles não quiseram reconhecê-lo. Jamais responderam a essa pergunta.

UMA PERGUNTA-CHAVE: VÓS TAMBÉM QUEREIS RETIRAR-VOS?

Por último, recordamos a pergunta mais carinhosa, a que foi dirigida ao coração daqueles a quem Jesus amava. Talvez a pergunta mais difícil para todos, e com certeza aquela mais desconcertante para os discípulos.

Nessa pergunta, esconde-se grande parte do caráter do coração de Deus. Não são palavras ditas de forma acidental. Jesus as escolheu para nos ensinar como é a Sua graça; graça esta que não obriga, mas que concede liberdade. Deus espera que nós decidamos, que o amemos pelo que Ele é, e não por outro motivo.

É uma pergunta absolutamente sincera. Jesus seguiria adiante mesmo que os discípulos o abandonassem. Os Seus planos não seriam vencidos pela tristeza ao ver que os que lhe amavam poderiam abandoná-lo. O Criador cedeu todos os Seus direitos para que os Seus seguidores não perdessem os direitos deles.

> *Mas Jesus, sabendo por si mesmo que eles murmuravam a respeito de suas palavras, interpelou-os: Isto vos escandaliza? Que será, pois, se virdes o Filho do Homem subir para o lugar onde primeiro estava. À vista disso, muitos dos seus discípulos o abandonaram e já não andavam com ele. Então, perguntou Jesus aos doze: Porventura, quereis também vós outros retirar-vos? Respondeu-lhe Simão Pedro: Senhor, para quem iremos? Tu tens as palavras da vida eterna; e nós temos crido e conhecido que tu és o Santo de Deus* (JOÃO 6:61-69).

Os que seguiam Jesus não compreenderam o que Ele estava ensinando. Às vezes, escandalizavam-se porque não eram capazes de aceitar que Ele fosse entregar Sua vida numa cruz e que eles podiam terminar a vida deles de igual forma numa cruz. Eles o viam tão próximo do Pai, o que os fazia sentirem-se um tanto incomodados. Jesus era demasiadamente "espiritual" para eles.

"Isso vos escandaliza?" Perguntou-lhes Jesus. Nossa reação ao chamado de Deus costuma ser essa. Sentimos um certo medo daqueles que vivem perto de Deus. Perturba-nos ouvir os que caminham com

Jesus e parecem não dar valor algum a qualquer outra coisa. Pensamos ser um escândalo que algumas pessoas não possam passar um único momento das "suas vidas", seja o que estiverem fazendo, sem vivenciar uma autêntica necessidade de falar com o seu Pai.

Meu pai tem servido ao Senhor em sua vida e na Igreja por mais de cinquenta anos. Um dia me disse algo que me soou como uma brincadeira, mas era muito importante: "Quando você tem um crente em casa e lhe diz para que ouça ou veja alguma pregação, ou que leia um pouco da Bíblia juntos e orem, a maioria das pessoas diz que tem muita pressa, e se vão antes de se passarem cinco minutos".

Há muitas pessoas que dizem amar a Jesus, mas não querem passar muito tempo com Ele. Não sabem estar perto do Mestre, desfrutá-lo, conhecê-lo mais a cada dia. Uma coisa é ir à igreja todas as semanas e participar das atividades. Outra coisa muito diferente é viver cada momento sabendo que Jesus está com você e depender cem por cento do Espírito de Deus. Por isso, muitos se escandalizam com os que desejam viver perto do Pai e se tornarem mais parecidos com Jesus. Sentem medo dos que buscam a Deus em cada momento de suas vidas.

A grandeza de um Deus que permite nossas dúvidas.

Como aconteceu com os discípulos, Deus permite nossas dúvidas. Se não existisse lugar para elas, nenhum de nós poderia estar diante dele. O Senhor conhece o que há em nosso coração. Não devemos nos preocupar, nem fingir. Ele sabe das nossas fraquezas e não quer nos forçar. Pedro (graças a Deus pela sua vida!) foi completamente sincero quando lhe respondeu: "Tu tens as palavras de vida eterna". Isso é o mais importante! A base de tudo, a rocha da nossa salvação… embora não seja tudo. Muitos sabem que as palavras de Deus são eternas, mas isso significa pouco para as suas vidas.

Por isso Pedro exclamou: "Nós cremos e sabemos…". Essa é a diferença: não somente crer! É preciso conhecer pela experiência. Temos de tomar como nosso aquilo em que cremos. Porque a vida cristã, antes que tudo, é uma vida espiritual. O apóstolo Paulo entendeu isso perfeitamente quando, inspirado por Deus, escreveu: "...já não sou eu quem vive, mas Cristo vive em mim" (GÁLATAS 2:20).

Não estamos procurando seguir o exemplo de Cristo, buscando nos portar de uma forma religiosamente correta.

Não! A única opção é ter Cristo vivendo dentro de nós. Que Ele seja o Senhor, que o busquemos a todo momento. O que recebemos em nossa mente precisa impregnar cada instante da nossa vida, e cada espaço do nosso ser...

- Nas preocupações
- Nos maus momentos
- No trabalho e nos estudos
- Na família
- Em nossos sonhos
- No que fazemos com nosso dinheiro
- Em nosso caráter
- Em cada atividade
- Em nossas decisões e nossa vontade...
- Em tudo quanto somos e temos!

Essa é a melhor maneira que temos para responder a todas as Suas perguntas.

Este é a imagem do Deus invisível, o primogênito de toda a criação; pois, nele, foram criadas todas as coisas, nos céus e sobre a terra, as visíveis e as invisíveis, sejam tronos, sejam soberanias, quer principados, quer potestades. Tudo foi criado por meio dele e para ele. Ele é antes de todas as coisas. Nele, tudo subsiste (COLOSSENSES 1:15-17).

O Espírito do Senhor Deus está sobre mim, porque o Senhor me ungiu para pregar boas-novas aos quebrantados, enviou-me a curar os quebrantados de coração, a proclamar libertação aos cativos e a pôr em liberdade os algemados; a apregoar o ano aceitável do Senhor e o dia da vingança do nosso Deus; a consolar todos os que choram (ISAÍAS 61:1,2).

Portanto, assim diz o Senhor Deus: Eis que eu assentei em Sião uma pedra, pedra já provada, pedra preciosa, angular, solidamente assentada; aquele que crer não foge (ISAÍAS 28:16).

E, assim, habite Cristo no vosso coração, pela fé, estando vós arraigados e alicerçados em amor, a fim de poderdes compreender, com todos os santos, qual é a largura, e o comprimento, e a altura, e a profundidade e conhecer o amor de Cristo, que excede todo entendimento, para que sejais tomados de toda a plenitude de Deus. Ora, àquele que é poderoso para fazer infinitamente mais do que tudo quanto pedimos ou pensamos, conforme o seu poder que opera em nós, a ele seja a glória, na igreja e em Cristo Jesus, por todas as gerações, para todo o sempre. Amém! (EFÉSIOS 3:17-21).

DEUS FORTE...

*Olhamo-lo, mas nenhuma beleza
havia que nos agradasse* (ISAÍAS 53:2).

21 ALGUÉM MAIOR DO QUE TUDO

Quando pergunto a alguém sobre o momento do passado que gostaria de vivenciar, ele costuma responder: "Quando Jesus estava fisicamente na terra". Quase todos gostaríamos de ver o Messias percorrendo a Palestina, ensinando, curando, fazendo milagres... A questão é se nós o reconheceríamos. Se ninguém nos dissesse que ele era o Messias, nós o teríamos descoberto, saberíamos que Ele era o Deus feito homem? Nós o seguiríamos?

> *Por aquele tempo, em dia de sábado, passou Jesus pelas searas. Ora, estando os seus discípulos com fome, entraram a colher espigas e a comer. Os fariseus, porém, vendo isso, disseram-lhe: Eis que os teus discípulos fazem o que não é lícito fazer em dia de sábado. Mas Jesus lhes disse: Não lestes na Lei que, aos sábados, os sacerdotes no templo violam o sábado e ficam sem culpa? Pois eu vos digo: aqui está quem é maior que o templo. Mas, se vós soubésseis o que significa: Misericórdia quero e não holocaustos, não teríeis condenado inocentes. Porque o Filho do Homem é senhor do sábado* (MATEUS 12:1-8).

Os líderes religiosos do Seu tempo não quiseram reconhecê-lo. Jesus saiu completamente dos esquemas deles, de tudo o que eles haviam esperado. Queriam um libertador, um vingador quase justiceiro. Portanto, um Rei que os escolhesse como Seus súditos principais. Em muitas ocasiões, falaram com Ele, mas somente para discutir. Queriam impor a sua maneira de ver as coisas e não aceitaram os ensinamentos de Jesus, nem a Sua atitude perante a vida. Nada do que Jesus fazia lhes parecia bom.

Ele lhes falou de Alguém que era maior que o templo, maior que o dia de descanso, maior que todas as coisas. Estava ali com eles. Mas não o quiseram ouvir.

Que insensatos foram ao não reconhecerem que o Messias era o Senhor do templo! Ele mesmo que havia feito a lei, e o templo era a casa do Seu Pai. Um dia, o templo e as demais coisas seriam destruídas, mas Ele permanecerá para sempre. "Jesus, todavia, tem sido considerado digno de tanto maior glória do que Moisés, quanto maior honra do que a casa tem aquele que a estabeleceu (HEBREUS 3:3).

Jesus é mais do que as crenças, as doutrinas, os rituais e as tradições; maior que o templo, a igreja e os seus líderes. "Alguém maior do que tudo." Se Jesus não ocupa o primeiro lugar, o cristianismo não é nada. Conhecer a Jesus de uma forma intelectual e fria, sem que influencie nossa vida, é quase pior que nunca ter ouvido falar do Seu amor e do Seu sacrifício por nós. Em quem está a nossa confiança? Nas doutrinas? Nas leis? Nos rituais religiosos? Existe Alguém maior que tudo isso, e Ele está aqui.

> CONHECER JESUS DE MANEIRA INTELECTUAL E FRIA, SEM QUE INFLUENCIE NOSSA VIDA, É QUASE PIOR QUE NUNCA TER OUVIDO FALAR DO SEU AMOR E DO SEU SACRIFÍCIO POR NÓS.

Existe Alguém que é maior do que o nosso pecado. O único que pode, sabe e quer nos perdoar. Alguém maior que toda a espécie de mal, maior que o diabo e todos os seus anjos. Às vezes nós, os crentes, vivemos preocupados e até obcecados com o que o maligno possa fazer, sem nos darmos conta de que Alguém maior que o diabo está conosco.

Muitos passam tanto tempo analisando as características e a forma de atuar do príncipe do mal, que não dispõem de tempo para desfrutar do seu Senhor. Esse é o problema dos que veem o diabo em toda parte, em todas as situações, dentro de praticamente todas as pessoas, em quase todas as circunstâncias. Alguém maior que Satanás está conosco.

Jesus é maior do que qualquer situação ou dificuldade. Maior que as tempestades da vida, maior que qualquer notícia inesperada, maior que nossa ansiedade, do que nossas frustrações; maior que o nosso medo, insegurança, solidão, e qualquer outra coisa que nos torne infelizes. Ele é maior do que todas as nossas falhas, nossas lembranças, ou nossas frustrações.

Vivemos como se o mais importante em nossa vida fosse o que já passou, sem percebermos que o melhor ainda está por chegar. Não devemos nos afligir com as recordações, com a desilusão pelo que não fizemos, com a frustração dos nossos erros no passado e pela inquietação ao acreditarmos que poderíamos ter sido algo diferente. Alguém maior do que tudo isso está conosco. Alguém que nos conhece e nos ama, que sabe exatamente o que sentimos e o que desejamos. Alguém que jamais nos abandona.

Muitas vezes, acontecem-nos coisas na vida que não entendemos, situações fora de controle, momentos nos quais só podemos chorar. Perguntamos ao Senhor e aguardamos Suas respostas, mas o sofrimento parece não querer ir embora. Alguém que é maior que o sofrimento está conosco, Alguém que não nos abandona. Alguém maior do que, inclusive, a própria morte (1 CORÍNTIOS 15:55-57).

Ninguém é como Ele. Nada pode ocupar o Seu lugar. Ele é maior do que nossos segredos escondidos, maior do que nossos divertimentos, nosso trabalho ou nossos "deuses" ocultos. Ele é maior do que tudo, não importa o que você queira acrescentar. Você pode colocar nome e sobrenome à situação que vivencia, porque Alguém muito maior está aqui. Jesus é o Senhor de todas as coisas.

> *Ninivitas se levantarão, no Juízo, com esta geração e a condenarão; porque se arrependeram com a pregação de Jonas. E eis aqui está quem é maior do que Jonas. A rainha do Sul se levantará, no Juízo, com esta geração e a condenará; porque veio dos confins da terra para ouvir a sabedoria de Salomão. E eis aqui está quem é maior do que Salomão* (MATEUS 12:40-42).

Jonas era admirado pelos judeus em face do seu livramento milagroso e pela sua defesa dos valores do povo escolhido. Mas era também admirado pela sua "rebeldia" contra Deus, porque todos queriam, assim como o profeta, que os habitantes de Nínive fossem destruídos, porque eram seus inimigos. Jesus teve de fazê-los recordar que os habitantes de Nínive simplesmente creram na pregação de Jonas e se arrependeram. Os judeus agora escutavam o Pregador, que era a Palavra feita carne, aquele, em quem, podiam confiar plenamente porque era o próprio Deus lhes falando... Mas eles não O quiseram ouvir.

Nenhum servo de Deus pode sequer estar à altura do seu Senhor.

Alguém que era maior que Jonas. A mesma lição, que os religiosos daquele tempo não quiseram aprender, continua sendo uma das mais difíceis para nós. Pode ser uma das lições mais importantes na história do cristianismo.

Nenhum servo de Deus pode sequer estar à altura do seu Senhor. Em nosso mundo, cheio de religiões e seitas, proliferam os que desejam se colocar no mesmo nível que Deus. Jesus é o maior de todos os pregadores, cantores, escritores, músicos, missionários, líderes, profetas, apóstolos, bispos, pastores, mestres, evangelistas e qualquer outro nome que colocarmos.

Se não formos capazes de aprender isso, o cristianismo continuará enfrentando os mesmos problemas que tem tido ao longo da história. Problemas com pessoas que se julgaram quase tão importantes como Deus. De fato, assim alguns ainda continuam acreditando! Pessoas que desejam "controlar" a Deus, afirmando que Ele faz o que eles dizem.

Inclusive nos fazem chamá-los de certas formas para despertar a admiração de todos. Alguns são bispos para se distinguirem dos pastores; outros, profetas e até apóstolos para serem diferentes de bispos, e assim por diante. Inclusive alguém se diz o representante de Cristo na terra! Cuidado! Jamais devemos esquecer que houve um que quis se colocar à altura de Deus e se disfarça como anjo de luz... embora já saibamos como terminarão os seus dias. Pode ser que alguns tenham bons motivos para conquistar títulos, mas permita-me dizer que, no fundo, damos a impressão de querermos estar acima dos outros e ter mais autoridade que os demais. É um problema de arrogância e orgulho. Simples assim.

O nosso Senhor, o maior de todos, o Rei dos reis, tornou-se nosso servo por amor a nós. Nunca nos parecemos tanto com Ele, e Ele se sente melhor conosco quando somos simplesmente servos. E tampouco devemos cair na tentação de sermos considerados, como por vezes dizemos, "grandes servos de Deus" porque ambas palavras não podem estar juntas. Ou somos grandes ou somos servos.

Ninguém pode se aproximar da majestade de Deus. Quando fazemos as cosias atuando como Jesus espera de nós, e quando chegamos a trabalhar de tal maneira que todos "sintam orgulho" de nós, devemos nos lembrar que, como o próprio Jesus disse, somos apenas servos inúteis. Talvez na próxima vez quando alguém me apresentar em algum lugar, deveria dizer: "Está entre nós o servo inútil, Jaime Fernandez". Esse seria um bom título, porque nos recordaria continuamente o maior privilégio que existe na terra: o de sermos simplesmente servos do Mestre.

Você se lembra, "Alguém maior que todos está aqui"... Alguém com todos os direitos sobre a nossa vida. Os contemporâneos de Jesus criam que Salomão tinha sido o "homem" por excelência; ninguém podia se comparar em sabedoria com ele. Muitos vieram de longe para escutar Salomão e para contemplar a sua beleza e suas riquezas. Entretanto, naquele momento, os responsáveis pela vida espiritual do povo não davam dois passos para ouvir o Senhor Jesus...

Quantas vezes nós fazemos o mesmo! Investimos tempo para escutar os homens e ler seus livros porque nos interessa conhecer suas opiniões, enquanto deixamos passar os dias sem escutar Jesus, sem estar a sós com Ele, sem buscá-lo por meio do Espírito de Deus. Deixamos de ouvir e obedecer ao nosso Pai, talvez por estarmos demasiadamente ocupados em escutar e obedecer a muitos homens da estirpe de "Salomão".

Pouco a pouco, nossa vida cristã vai perdendo o entusiasmo e o impacto no mundo que nos cerca porque vivemos envolvidos com as nossas próprias palavras, nosso conhecimento quase infantil e nossas doutrinas inventadas. Não nos lembramos de que Alguém maior de todos está aqui.

DEUS ESTÁ MUITO ACIMA DA LEI

Muitos não quiseram entender que o Senhor Jesus está muito acima de tudo, inclusive da lei. Ele a cumpriu, sim, mas sempre dentro do seu verdadeiro significado, passando por alto muitas vezes naquilo que chamamos de "letra morta". Não porque não quisesse admiti-la, mas porque sabia, com exatidão, em cada momento, qual era o espírito da lei, a razão por que ela foi instituída. Afinal de contas, a lei não foi dada para "prender" a Deus, mas para melhor revelar o Seu caráter. Não foi escrita para escravizar a Deus em Seus próprios princípios, mas era para fazê-lo conhecido dos homens.

O evangelista Mateus relata a situação quando Jesus se aproximou dos endemoninhados, apesar de fatores que os levaram a ser desprezados por todos:

Eram estrangeiros.

Viviam nos sepulcros, portanto eram imundos.

Estavam endemoninhados, ninguém podia se aproximar deles (MATEUS 8:28-34).

Jesus passou por cima da lei para curá-los.

Ele "quebrou", em várias ocasiões, o dia de repouso: "Mas ele, conhecendo-lhes os pensamentos, disse ao homem da mão ressequida: Levanta-te e vem para o meio; e ele, levantando-se, permaneceu de pé (LUCAS 6:7,8). Os mestres da lei haviam estabelecido que não se podia fazer lodo no dia de Sábado. Jesus fez isso de propósito para curar um cego. Alguém maior do que a lei estava com eles, e não perceberam.

Em outra ocasião, Lucas diz em seu evangelho (7:11-17) que Jesus fez parar um cortejo fúnebre e tocou no caixão e no morto. Era a maior impureza cerimonial (a do pior tipo) e que ia contra a lei. Quebrou uma das maiores superstições dos judeus, mas Ele não se importou. O Messias quis passar por cima das normas e tradições para ressuscitar o jovem. Alguém maior que todas as superstições estava ali, e continua a estar aqui com cada um de nós.

TODOS OS POVOS DEFENDEM MAIS SEUS COSTUMES DO QUE AS SUAS LEIS.

O evangelista João coloca vários detalhes importantes no encontro de Jesus com a mulher samaritana que revelam o caráter de Jesus e a Sua absoluta liberdade. Os judeus e os samaritanos não podiam se falar em público, mas Jesus não seguiu esse costume. Nenhum homem teria conversado sequer com a esposa na frente dos outros. As normas sociais daquela época proibiam que se fizesse isso. Jesus falou com uma samaritana. Segundo eles, com uma das "piores" mulheres, porque todos sabiam que ela vivia em pecado. Mesmo no dia de hoje, muitos nem sequer teriam saudado aquela mulher.

Jesus ficou dois dias na casa de samaritanos sem se preocupar com o que as pessoas diriam. Judeus e samaritanos não podiam se ver, nem podiam estar juntos (JOÃO 4:40), mas Jesus o fez. Os mestres daquele tempo diziam que nenhum judeu podia comer ao lado dos samaritanos, porque isso o tornaria cerimonialmente impuro diante de Deus. Jesus não deu importância a isso. Ele continua sendo maior do que todas as normas sociais.

Jesus não foi se encontrar com um sacerdote, como a lei exigia, depois de tocar num leproso.

Nenhuma mulher podia tocar num homem não sendo sua esposa, mas Jesus permitiu que uma prostituta, em lágrimas, ungisse Seus pés.

"Então, lhe disse Jesus: Levanta-te, toma o teu leito e anda. Imediatamente, o homem se viu curado e, tomando o leito, pôs-se a andar. E aquele dia era sábado (JOÃO 5:8,9), Jesus curou o paralítico no dia do repouso, e poderia lhe pedir que se cuidasse pelo que estivesse fazendo, porque não devia escandalizar a ninguém. Mas Ele não fez isso. Ele ordenou "toma o teu leito e anda". Jesus o colocou diretamente na boca dos leões porque lhe mandou que desobedecesse a lei. O paralítico de Betesda foi caminhando ao templo, levando consigo a cama porque desejava dar graças a Deus. Para Jesus, isso estava bem feito, embora, segundo a lei, mereccia a morte.

Deus tinha estabelecido o sábado, não somente para descansar, mas para Ele estar com Seus filhos, para que todos pudessem desfrutar da presença do Criador. O descanso não significa nada se não usarmos esse tempo para vivenciá-lo com o Senhor. A lei perde o sentido se não nos aproximarmos de Deus. Jesus é o Senhor do dia do repouso.

Jesus andou no sábado, muito mais do que a lei permitia Ele o fez de propósito para que todos vissem. Eles pensavam que Jesus não podia ser Deus ao desobedecer essas leis. Essa era a razão por que o desprezavam. Não era um problema espiritual, mas uma questão de orgulho.

Muitos continuam querendo controlar a Deus.

Muitos que se chamam seguidores do Mestre creem que Ele só pode fazer o que eles permitem. Talvez não se expressem assim de uma forma tão clara, mas no fundo é o que eles pensam.

JESUS SEMPRE QUIS ENSINAR PRINCÍPIOS DE VIDA, E NÃO NORMAIS. NÃO TEMOS LISTAS PARA O QUE DEVEMOS OU NÃO DEVEMOS FAZER.

Jesus não veio para promulgar leis, mas para nos mostrar o caráter do Pai. Ele sempre falou dos princípios do reino, não de uma série de normas a seguir. Ninguém pode entrar na presença de Deus por haver cumprido todas as ordens. No reino de Deus, a única coisa que vale é ser Seu filho. Viver uma vida perfeita é impossível!

Não há listas de pequenas coisas que não podemos fazer, ou obrigações de um verdadeiro filho de Deus. Podemos ser quase perfeitos ao cumprirmos o que nos pedem, ou não fazer o que não devemos. Mas ao mesmo tempo podemos estar falhando naquilo que é mais importante, porque se o fazemos por orgulho, pela arrogância para que os outros nos vejam, ou para ganharmos o favor de Deus, isso é muito pior do que se não fizéssemos nada.

Deus nos quer "obrigar" a pensar. Ele é maior do que todas as coisas. Deus quer que nossa vida dependa de estarmos com Ele, buscando-o e compreendendo-o. Que o conheçamos por meio do Seu Espírito. O importante não são as normas. O que nos faz crescer não é comprovar todas as nossas decisões numa lista do que podemos ou não podemos fazer.

Quando temos leis, queremos viver com elas sem necessitarmos de Deus. A vida seria mais fácil sabendo o que podemos ou não podemos fazer. Além disso, acreditamos que somos bons, fazendo-o! Mas nossa vida muda radicalmente quando compreendemos que alguém maior do que tudo está aqui.

Aprendemos a viver quando nos aproximamos do nosso Criador antes de tomarmos qualquer decisão. Quando o buscamos para conversar, para conhecer, para refletir, para obedecer, e não para lhe pedir uma lista para o que é lícito ou não.

Nesse processo, compreendemos que não há ninguém maior do que o Senhor Jesus Dessa maneira, vamos conhecendo-o mais, entendendo como Ele pensa e a razão por que Ele é a pessoa mais feliz que existe. Nesses momentos, aprendemos a decidir, porque compreendemos o que é bom, e o que não é. Sabemos o que nos ajuda a crescer em nossa liberdade e naquilo que nos tira essa liberdade; porque cada hora que passamos com Jesus somos transformados por dentro. Isso nos ajuda a nos tornarmos mais parecidos com Ele.

A cada dia que passa, aprendemos a ser imensamente santos e felizes como Ele é.

Alguém maior do que tudo está aqui.

22 LIBERDADE AOS DOMINADOS PELO PODER DO MAL

Uma das mais importantes características, no tempo do Senhor Jesus, foram as grandes manifestações do poder do mal. Como nunca antes, parece que o diabo havia arregimentado todos os seus anjos e suas forças para roubar, matar e destruir o plano de Deus na pessoa de Jesus e na vida de todos os que viviam naquele tempo. Tudo parecia ser permitido com o objetivo de vencer o Messias.

Penso que o mesmo vem acontecendo hoje em dia porque se aproxima a segunda vinda de Jesus. Não são apenas as manifestações diretas do poder de Satanás (jamais houve tantos cultos ao maligno, missas satânicas, gente possessa etc.), como também a cada dia cresce o número de pessoas escravizadas pelo poder do mal. Esse mal aparece em nosso estilo de vida, nos problemas com relacionamentos pessoais e familiares, na violência e na falta de sentido dos que governam na maioria dos países. Tudo é uma evidência da nossa fraqueza diante dos ataques do maligno.

O Messias veio para libertar os prisioneiros do mal. Para nos libertar a todos! Fez isso na primeira vinda, e continua fazendo desde então pelo poder do Espírito Santo.

E logo toda a multidão, ao ver Jesus, tomada de surpresa, correu para ele e o saudava. Então, ele interpelou os escribas: Que é

*que discutíeis com eles? E um, dentre a multidão, respondeu:
Mestre, trouxe-te o meu filho, possesso de um espírito mudo; e
este, onde quer que o apanha, lança-o por terra, e ele espuma,
rilha os dentes e vai definhando. Roguei a teus discípulos que o
expelissem, e eles não puderam. Então, Jesus lhes disse: Ó geração
incrédula, até quando estarei convosco? Até quando vos sofrerei?
Trazei-o. E trouxeram-lhe; quando ele viu a Jesus, o espírito
imediatamente o agitou com violência, e, caindo ele por terra,
revolvia-se espumando. Perguntou Jesus ao pai do menino: Há
quanto tempo isto lhe sucede? Desde a infância, respondeu; e
muitas vezes o tem lançado no fogo e na água, para o matar;
mas, se tu podes alguma coisa, tem compaixão de nós e ajuda-
nos. Ao que lhe respondeu Jesus: Se podes! Tudo é possível ao que
crê. E imediatamente o pai do menino exclamou [com lágrimas]:
Eu creio! Ajuda-me na minha falta de fé! Espírito mudo e
surdo, eu te ordeno: Sai deste jovem e nunca mais tornes a ele.
E ele, clamando e agitando-o muito, saiu, deixando-o como se
estivesse morto, a ponto de muitos dizerem: Morreu. Mas Jesus,
tomando-o pela mão, o ergueu, e ele se levantou* (MARCOS 9:15-27).

Naquela ocasião Jesus descia do monte da transfiguração com três dos Seus discípulos aos quais mostrara parte da glória de Deus. Eles haviam sido levados quase ao próprio céu, de tal forma que desejaram ficar ali para sempre, e já não mais lhes importavam as pessoas, nem queriam descer para enfrentarem as lutas de cada dia. Mas Jesus lhes abriu os olhos fazendo-os ver que a Sua missão estava ali abaixo, onde os discípulos discutiam com as pessoas por algo que eles não puderam fazer.

Nas discussões, começam quase todos os nossos problemas. Quando não vivemos conforme o poder de Deus, começamos a discutir. O maligno se alegra quando vê os nossos embates porque esta é uma das suas melhores armas: fazer-nos cair como crianças. Vendo como "ajeitamos" tudo, aborrecendo-nos e discutindo; observando como somos capazes de perder tempo decidindo quem está com a razão.

Quando não há poder de Deus, nós perdemos tempo discutindo.

Jesus foi quem realmente se entristeceu com eles. Disse-lhes que eram pessoas sem fé. Ela tinha toda a razão, a começar pelos discípulos que não puderam expulsar o demônio devido à sua falta de fé.

Incrédulos eram também os escribas, os quais vinham somente para tentar Jesus e fazê-lo cair em alguma armadilha. Incrédulos eram os familiares do jovem, principalmente o pai dele, que julgava a situação impossível de ser solucionada... E os mais incrédulos de todos eram os que haviam se aproximado para "ver o espetáculo" e observar o que estava acontecendo, para ver o que o Messias faria numa situação tremendamente difícil.

O orgulho disfarçado de curiosidade espiritual é uma das maiores faltas de fé. Lembrem-se de que Jesus somente se irritou com dois tipos de gente: com as pessoas que se julgavam religiosas e com os que não queriam crer. Deus não pode "suportar" os que vivem desta maneira: de uma parte, os que enganam intencionalmente, julgando-se bons e fingindo estar perto de Deus somente para que os outros os vejam; de outra, os que não creem. Em certo sentido, ambos são quase idênticos: é a mesma coisa querer enganar a Deus, ou não crer nele.

Embora, apesar de tudo, Jesus quando vê o jovem, diz-lhes: trazei--o. Ele continua a suportá-los porque ainda existe em Seu coração suficiente amor capaz de transformar as pessoas mais incrédulas. Sempre se pode ir a Jesus quando outros falham. Nos momentos difíceis, nas dúvidas, em qualquer situação da nossa vida; inclusive quando pecamos ou somos incrédulos, a melhor opção é voltarmos para Jesus. O que devemos fazer é levar todos os nossos fardos a Ele.

A reação das forças do mal ante o comando de Jesus não dá lugar a dúvidas. A Bíblia diz que "imediatamente" (v.20) o maligno começou a sacudir o jovem. Ele sabia que a sua "guerra" estava perdida; por isso, procurou destruir o jovem para conservar o seu troféu. O jovem vivia escravizado "desde a infância". Muitas vezes deixamos que o mal nos acompanhe durante anos, acostumamo-nos com ele e nada fazemos para mudar. Esse é o problema de milhões de jovens em nosso primeiro mundo que se deixam escravizar pelo consumismo, jogos, prazer, drogas... Na grande maioria das vezes, sem que os pais lhes façam algo para evitar esses danos, porque em primeiro lugar, nem se preocupam com o que os filhos veem nos meios de comunicação, nem com o que fazem para passar o tempo.

Neste momento, damo-nos conta de que era justo que Jesus se aborrecesse. De repente, o pai completa sua incredulidade dizendo a Jesus: "Se tu podes (v.22). Quantas vezes, tratamos Deus da mesma forma! Temos visto Sua mão sobre nós em muitas ocasiões, mas na menor oportunidade dizemos a Ele: "Se Tu podes fazer algo...".

Naquela ocasião, nós não teríamos aguentado mais e teríamos ido embora. Mas Jesus não repreendeu o pai por sua falta de fé. Não quis argumentar com ele, explicando que o Seu poder era suficiente para ressuscitar mortos, ou para vencer as forças do mal. Não. Jesus simplesmente lhe devolveu a pergunta. Obrigou o homem a enfrentar diretamente sua incredulidade.

Este é o problema do ser humano: a incredulidade. Desde Adão e Eva até hoje, cada etapa na história está marcada pela desconfiança do homem para com o seu Criador. E a incredulidade nos afasta de Deus, do ser que mais nos ama e que mais tem feito por nós. Podemos quase dizer que cada bênção de Deus tem sido respondida por um orgulhoso afastamento do homem. É como se de nada precisássemos! Somente pela inútil insegurança de acreditarmos que nós controlamos nossa vida... Quantas vezes "limitamos" Deus com a nossa incredulidade!

> CADA BÊNÇÃO DE DEUS TEM SIDO RESPONDIDA COM UM ORGULHOSO AFASTAMENTO DA PARTE DO HOMEM. É COMO SE DE NADA NECESSITÁSSEMOS.

Quando Jesus libertou o jovem, ele ficou como morto. Não é estranho, porque o diabo sempre paga com essa moeda. Quando seguimos seus conselhos, a única coisa que recebemos é destruição física e espiritual. Muitos jovens caem na armadilha ao quererem segui-lo. Enquanto isso, o maligno acaba com eles. Muitas pessoas de todas as idades estão presas na cruel ignorância de seguir a quem busca somente a morte delas. O diabo quis matar o jovem ao sair dele. "Se não for meu, não será de ninguém." Isso parece ser a filosofia mortal do destruidor por excelência.

Deus faz tudo ao contrário: o que Ele deseja é o nosso bem; quer restaurar nossa vida, dar-lhe sentido, torná-la livre para a Sua glória. O que Jesus queria era curar o jovem. E conseguiu.

Em primeiro lugar, tomou-o pela mão. O mal deixou o jovem prostrado, caído. A inquebrantável graça do Senhor Jesus levantou-o. Não existe qualquer possibilidade de permanecer morto diante daquele que é a Vida. Deus não permite, sequer por um minuto, que Seus filhos fiquem prostrados. Ele sempre quer nos levantar e devolver nossa dignidade.

Em segundo lugar, ergueu o jovem. Deus não deseja que fiquemos prostrados por toda a nossa vida. "Porque sete vezes cairá o justo e se levantará; mas os perversos são derribados pela calamidade (PROVÉRBIOS 24:16). Levamos dentro de nós a imagem do nosso Criador. Essa imagem não pode permanecer caída, nem vencida. O único momento quando nos prostramos voluntariamente é quando adoramos o nosso Salvador.

Por último, a Bíblia diz que o jovem se colocou em pé. Uma nova vida começou para ele. Por vezes, queremos permanecer prostrados e com pena de nós mesmos. Perdidos, humilhados, tristes, angustiados. Parece que existe algo "santo" no sofrimento diante das pessoas, mas Deus não quer que vivamos assim. É preciso colocar-se em pé! Não se pode vencer a tristeza se alguém não deixa de gostar dela. Não podemos ser restaurados se continuamos amando a miséria e tendo compaixão de nós mesmos em nosso coração.

Ao desembarcar, logo veio dos sepulcros, ao seu encontro, um homem possesso de espírito imundo, o qual vivia nos sepulcros, e nem mesmo com cadeias alguém podia prendê-lo; E rogou-lhe encarecidamente que os não mandasse para fora do país. Ora, pastava ali pelo monte uma grande manada de porcos. E os espíritos imundos rogaram a Jesus, dizendo: Manda-nos para os porcos, para que entremos neles. Indo ter com Jesus, viram o endemoninhado, o que tivera a legião, assentado, vestido, em perfeito juízo; e temeram. Os que haviam presenciado os fatos contaram-lhes o que acontecera ao endemoninhado e acerca dos porcos. E entraram a rogar-lhe que se retirasse da terra deles (MARCOS 5:2-17).

Outra pessoa com problemas. Não somente estava escravizada como também provocava ferimentos em si mesma. O homem é o único ser humano capaz de se destruir aos poucos, o único que luta contra a própria saúde física e espiritual. Pode ser que você pense que não tenho razão, mas só lhe peço que dedique alguns momentos para perceber ao seu redor as coisas que as pessoas fazem e que as estão destruindo pouco a pouco: vícios, costumes, hábitos de consumo, drogas...

Seja qual for a situação, Deus pode mudá-la. Todos quantos conheciam aquele homem louco, ferido e perigoso encontram-no agora sentado, conversando com Jesus e no seu perfeito juízo. Quando alguém se encontra pessoalmente com Jesus, a ansiedade desaparece, e a tranquilidade e a paz na alma enchem a vida completamente.

Quando ainda não conhecíamos Jesus, vivíamos "despidos" porque, de certo modo, todos conheciam nossas fraquezas. Quando Jesus transforma nossa vida, Ele nos veste com o Seu encanto e Seu entendimento. Ele conhece tudo o que existe no fundo do nosso coração, nosso defeitos, nossas culpas e nossos erros, mas nos ama mais do que ninguém. Podemos nos assentar com Ele para conversar assim como se faz com o melhor amigo que temos. Porque Jesus é o nosso melhor amigo.

> MUITAS PESSOAS PREFEREM VIVER ALIMENTANDO OS SEUS "PORCOS" EM LUGAR DE DESFRUTAR DE UMA VIDA CHEIA DE LIBERDADE.

Essa história tem algumas surpresas ocultas. Uma delas é o fato de que havia judeus cuidando de porcos. É uma surpresa porque o porco era considerado um animal imundo, e sua carne estava proibida por lei... Não creio que alguém fizesse sandálias para homens e bolsas de senhora com pele de porco! Aqueles homens cuidavam e engordavam os porcos para comer sua carne. O curioso é que quando perderam os porcos ficaram muito irritados. Enfim, não importava que algo fosse imundo, desde que resultasse em dinheiro. Era assim que deviam estar pensando.

É o que chamo de a "lição dos porcos". Muitas pessoas preferem porcos com dinheiro em lugar de uma vida cheia de liberdade, mas sem os porcos. Não é muito diferente hoje em dia. É melhor que você não pergunte a ninguém sobre o valor dos seus "porcos" porque você pode se dar mal... Todos estamos cuidando de alguns "porcos": certos negócios escusos, algumas ambições, o dinheiro fácil, um ou outro "pequeno pecado" oculto...

O mais perigoso de tudo é quando declaramos para Jesus: "Retire-se deste lugar!" Porque estamos perdendo os nossos "ganhos". Gostamos dos assuntos espirituais e as palavras de Jesus nos fazem bem, mas às vezes não queremos que Deus intervenha demasiadamente em nossas vidas. Que Ele esteja perto, mas não perto demais! "Rogaram-lhe que Ele se retirasse do seu território". Se nossos porcos continuam sendo tão importantes ao ponto de pedirmos a Deus que se afaste, perdemos a parte melhor da nossa vida.

Pense por um momento: o que acontecerá quando tudo acabar? Sempre me lembro de um cântico que aprendi quando criança. Numa das estrofes se dizia: "O sol se esconde, mas Cristo fica". Um dia o sol vai se esconder de forma definitiva. E então, o que vai ficar?

Um dia, quando nossa vida acabar, terá sentido aquilo que fizemos? Deus quer mudar a vida completamente, não basta uma simples reforma. De nada vale limpar um pouco a casa e pensar que tudo mudou. Temos de preencher nossa vida com o Seu Espírito ou o mal voltará novamente! (LUCAS 11:24-26).

Algumas pessoas se aproximam de Deus somente para que Ele as ajude em determinados momentos. E, quando se veem livres das suas enfermidades, suas dúvidas e seus problemas, esquecem-se de quem colocou Sua mão sobre elas. Muitos saem do mundo das drogas, do jogo, do álcool, ou de outras coisas que as prendem, mas, ao não encontrarem sentido em suas vidas, mais cedo ou mais tarde, acabam em algo igual ou pior.

Não basta abandonar o mal; o nosso coração deve estar satisfeito e cheio. Não é suficiente tratarmos de "reformar" nossa vida e fazer promessas para melhorarmos em alguns momentos especiais. Deus deve preencher nossa vida.

Não deixe que o diabo o engane. Como o melhor imitador do Universo, ele procura nos fazer acreditar que age em nossas vidas exatamente como Deus o faz, mas o seu objetivo é nos destruir. O caminho que muita gente trilha pode ser parecido, e as circunstâncias e sinais podem ser quase idênticos, porque o maligno se disfarça de anjo de luz, mas se o seguirmos, o final do caminho pode ser terrível.

Há caminho que ao homem parece direito, mas ao cabo dá em caminhos de morte (PROVÉRBIOS 14:12).

Como um de quem os homens escondem o rosto (ISAÍAS 53:3).

23 | O AMIGO DOS MENOSPREZADOS

Há alguns anos, visitei a casa de um amigo. Estivemos falando e orando por muito tempo e nos aprontamos para sair. Num canto da sala, havia um grande aquário e ali paramos alguns momentos para ver e observar os peixes de várias cores. Nós não costumamos valorizar os detalhes, mas nossa pequena Iami observou algo que nos passou despercebido. O aquário era dos maiores que eu tinha visto na vida, cheio de luzes, algas, pedras, e peixes de vários formatos. Todos ali dentro pareciam desfrutar do ambiente, apesar de nada se comparar com o mar profundo e azul. Todos os peixes, menos alguns que tinham um pequeno espaço de onde não podiam sair. Para eles, era impossível gozar a beleza das plantas. Confinados em um canto, estavam condenados a ficar num espaço reduzido, sozinhos e "amargurados". Bem, não sei se os peixes podem sentir amargura, mas essa era a sensação que eu vivenciei ali.

Perguntei ao nosso amigo sobre o motivo de aqueles peixes estarem sozinhos sem experimentar a "liberdade" de um enorme aquário, e ele nos respondeu: "Eles não podem conviver com os outros peixes porque eles os comem".

Não pude deixar de pensar nisso em nossa volta para casa. Não acredito que os peixes fossem capazes de "reconhecer" a sua situação e tudo quanto estavam perdendo simplesmente porque não aprenderam a conviver com os outros, mas... quantas pessoas, de fato, não podem viver com os outros porque terminam "devorando-os"! Quantos perdem a alegria e satisfação de quase tudo, a suavidade das palavras, o carinho de um abraço, a sensação de serem amados e milhares de coisas mais, simplesmente porque menosprezam a todos! Se não aprendermos a viver com os outros, somos nós os infelizes, os que perdem tudo, "condenados" a viver num simples canto do mundo exclusivamente nosso. Em preto e branco.

> MUITAS PESSOAS PODEROSAS E CHEIAS DE DINHEIRO NO MUNDO VIVEM COMO SE AS OUTRAS PESSOAS EM NADA FOSSEM IMPORTANTES.

Em todas as épocas da história, existiram mulheres e homens poderosos. São aqueles que tomam as decisões, os que são admirados, os que muitas vezes governam e decidem a seu bel prazer. Alguns (infelizmente muito poucos) assumem seu papel e sabem usar o poder e o seu dinheiro para que a maioria das pessoas tenha uma vida melhor. Outros (os demais) vivem como se lhes importasse unicamente a sua própria vida.

O RELACIONAMENTO DE JESUS COM OS "PODEROSOS"

Quando Jesus nasceu, vários grupos de homens governavam a vida social e política daquele tempo. Faz-nos bem recordar alguns pormenores dessas pessoas, visto que podem ser tipos que aparecem nos outros momentos da história. Às vezes, pensamos que temos avançado muito, entretanto creio que não temos saído do lugar onde estávamos.

Jesus viveu livre de toda pressão social, porque sabia que os planos de Deus sempre se cumprem, e não dependem de pessoas com dinheiro, ou dos que têm o poder de tomar "importantes" decisões. Deus não busca os "grandes" para lhes pedir favores. Ele escolhe aos que desejar, e eles sempre costumam ser os "inesperados". Jesus não buscou as riquezas ou o poder para mudar a sociedade. Ele se dirigiu, em primeiro lugar, aos pobres e transformou o mundo com as mãos vazias. Mostrou a todos que a vida é um presente, a graça é um presente, a revelação de Deus é um presente... e assim poderíamos seguir com uma lista interminável de tudo o que desfrutamos e com o que Deus nos tem concedido. Ninguém pode comprar nem merecer coisa alguma do que realmente vale a pena na vida.

> *Posto que miríades de pessoas se aglomeraram, a ponto de uns aos outros se atropelarem, passou Jesus a dizer, antes de tudo, aos seus discípulos: Acautelai-vos do fermento dos fariseus, que é a hipocrisia* (LUCAS 12:1).

A multidão era grande, milhares de pessoas haviam se reunido para o escutar. Lucas diz que elas se atropelavam umas às outras, tanto que Jesus escolheu com cuidado as palavras que ia pronunciar. Ele sabia que todos iriam prestar atenção, e começou a falar com Seus discípulos e com todos quantos estavam ali: Ele queria que soubessem dos perigos que encontrariam. Falou-lhes dos pães sem fermento, uma figura que eles bem conheciam.

Deus havia explicado na lei que o fermento representava o mal em si próprio. Da mesma forma como o fermento chega a todas as partes da massa, o mal se espalha rapidamente em nossa vida, sem deixar qualquer espaço livre, porque o fermento, em sua aparência, é algo muito pequeno, quase insignificante, mas que se expande até alcançar o último espaço. Jesus explicou aos discípulos que tomassem cuidado porque havia muitos tipos diferentes de fermento na vida espiritual. Todos eles têm algo em comum, pois nos afastam de Deus. Quase sem que o percebamos.

O FERMENTO REPRESENTA UM PERIGO EM NOSSA VIDA E PODE CRESCER COM RAPIDEZ. QUASE SEM QUE NÓS O PERCEBAMOS.

O FERMENTO DE ANÁS E CAIFÁS

Os dois sumos sacerdotes foram os que mais diretamente enfrentaram o Messias. Eles próprios estavam vivendo uma situação irregular, porque somente podia haver um sumo sacerdote, mas Anás e Caifás tinham acertado as coisas para conservarem o poder de uma forma quase mafiosa. A história diz que eles haviam comprado o cargo e que o compromisso deles com Deus era nulo. Mesmo assim, faziam valer seus direitos como máximos responsáveis pela religião daquele tempo. Ninguém podia fazer ou dizer coisa alguma da parte de Deus se não estivesse de acordo com eles.

Foram eles que pediram a Pilatos que crucificasse Jesus (JOÃO 19:6) e insuflaram a multidão para que gritasse contra o seu Messias. Para tanto foram capazes de renunciar todos os princípios quando declaram: "Não temos rei, senão César!" (JOÃO 19.15). Preferiram estar de bem com o inimigo romano, e renegar tudo o que fosse espiritual, antes de acreditarem em alguém que dizia ser o Filho de Deus.

O poder leva as pessoas à prática de coisas absurdas. Os sumos sacerdotes não se preocuparam em falar e pagar pelas mentiras (E a vida deles não era uma verdadeira mentira?) Para condenarem Jesus. Procuraram pessoas sem escrúpulo para que dessem falso testemunho contra o Messias, no próprio templo de Deus. As pessoas que guiavam espiritualmente o povo mentiram para fazer valer os seus direitos. Os que tinham de dar o exemplo de fidelidade a Deus, eram os mais falsos.

Os que, teoricamente, representavam a Deus na terra, condenaram o próprio Deus!

> SE JÁ ERA SUFICIENTEMENTE "INCRÍVEL" QUE HOUVESSE DOIS SUMOS SACERDOTES, MUITO MAIS FOI TEREM ELES DECIDIDO PELA CRUCIFICAÇÃO DO SEU CRIADOR.

"E os principais sacerdotes, tomando as moedas, disseram: Não é lícito deitá-las no cofre das ofertas, porque é preço de sangue

(MATEUS 27:6). Se a mentira era parte do fermento de Anás e Caifás, a hipocrisia era outro importante ingrediente. Não quiseram receber as moedas que Judas devolveu porque eram "preço de sangue", e isso ia de encontro à vontade de Deus. Não lhes preocupou condenar o Messias baseando-se em mentiras e inveja, nem lhes tremeram as mãos ao pagarem a um traidor para que entregasse Jesus. Mas aparentaram cumprir a lei recusando as trinta moedas porque não queriam ficar manchados com o sangue de Judas. Esqueceram que a vida inteira deles era uma mancha total. Ninguém se achava tão longe de Deus como eles.

Infelizmente, o fermento de Anás e Caifás não morreu com eles. Existe gente que vive como se Deus estivesse lhes devendo algo. Depois de passarem um tempo "trabalhando" em nome de Deus, pensam que, de alguma forma, Deus tem de abençoá-los e aprovar tudo quanto fazem. Eles impõem seus próprios conceitos religiosos e creem ter todo o direito moral de tomar as decisões que somente o Criador pode tomar. Vivem no esplendor dos rituais da sua religião, e inclusive, alguns se nomearam a si mesmos os sucessores de Cristo na terra, ao mesmo tempo que o negam com os seus atos. A única coisa que julgam ter valor em sua existência é a mentira e a hipocrisia. Tudo vale para conseguirem e conservarem o poder.

O FERMENTO DE HERODES

Herodes personificou alguns dos problemas mais graves da humanidade, pois o orgulho, a arrogância e a vaidade da vida foram parte essencial do seu caráter. Orgulho, ao dizer a Deus "…minha vida é minha, e não quero que ninguém a controle". Arrogância e vaidade, em acreditar que ninguém precisa de Deus para nada, a não ser para que venha fazer o que nós queremos.

> O PODER POLÍTICO COSTUMA CRER QUE TEM TUDO E QUE TEM TAMBÉM O DIREITO DE FAZER TUDO O QUE ACHAR POR BEM.

Herodes era a pessoa mais poderosa em Israel. Num momento de luxuria, dominado pelo prazer e a soberba dos que muito possuem, e que tanto gostam de esbanjar orgulho em grosserias idiotas, diante dos que gostam dos seus gracejos, vendeu sua lealdade para matar João Batista, tirando a vida a um dos seus amigos. Alguém que ele admirava profundamente (MARCOS 6:14-29).

Esse é o valor que costuma ter a amizade para todos aqueles para os quais não importa acabar com quem quer que seja para chegarem aonde querem estar. Herodes menosprezou a Deus e condenou o Seu profeta. Não quis saber nada do que fosse espiritual, porque as pessoas que têm poder não necessitam de ninguém que lhes ensine. Ele viveu como quis e deu as costas a todas as oportunidades que teve para ser uma pessoa diferente.

Mais tarde, quis ver Jesus para conhecê-lo e escutá-lo, mas não conseguiu (LUCAS 9:9). Dessa vez, foi Jesus que não lhe deu uma palavra sequer. Ele não somente não merecia ouvir qualquer palavra (nem nós merecemos!), como também o Mestre quis deixar bem claro a tolice moral daquele que havia tirado a vida ao Seu amigo, João. Jesus mostrou com aquele ato que aqueles que vivem na vaidade das suas próprias decisões têm de conviver também com as consequências dessas decisões. Quando foi julgado, levaram Jesus a Herodes, mas Ele não lhe dirigiu uma só palavra. Foi a maneira de Jesus fazer ver que ele era culpado, não só pela morte de João Batista, mas também por não querer ouvir a voz de Deus.

Aqueles que julgam ter o direito de fazer qualquer coisa devido ao seu poder, seu dinheiro ou sua inteligência, terminam chegando à conclusão de que, diante do seu Criador, suas armas de nada servem.

Para eles, que tanto poder julgam ter, talvez no momento mais importante da sua vida, quando mais necessitarem, Deus mesmo não lhes decida dirigir a palavra.

O FERMENTO DOS FARISEUS

Os fariseus formavam o mais conhecido grupo entre os religiosos. Certa vez, alguém disse que eram "boas pessoas" no pior sentido da palavra!

O deus deles era o legalismo e as normas, a lei e as tradições. Viviam procurando cumprir cada um dos preceitos estabelecidos, porque isso lhes fazia sentir que eram melhores do que os outros. Sempre negaram a graça, visto que isso era algo demasiado para eles. Deus não tinha outro jeito a não ser aceitá-los porque eram bons. Viviam de uma forma arrogante, porque, como se portavam bem, acreditavam que Deus devia entrar nos seus "esquemas" e agir como eles determinavam. Esta era a sua religião: o orgulho de quem olha para os outros vendo-os com soberba devido às suas "boas obras" e o seu conhecimento da lei. Defendiam a doutrina da lei acima de todas as coisas.

Acima do próprio Deus, caso fosse necessário.

O primeiro para eles não era Deus, mas o seu próprio partido religioso. Jesus os desmascarou ao dizer: "Ai de vós, escribas e fariseus, hipócritas, porque rodeais o mar e a terra para fazer um prosélito; e, uma vez feito, o tornais filho do inferno duas vezes mais do que vós!" (MATEUS 23:15). Os seus convertidos eram levados ao farisaísmo, e não a Deus, pois o que realmente lhes preocupava era ter mais seguidores, mais pessoas que os admirassem, que os vissem quase como "pequenos deuses".

E não encontramos, porventura, hoje em dia pessoas assim? E o que é mais triste: não agimos nós mesmos dessa forma em muitas ocasiões? Um detalhado estudo das palavras de Jesus, no capítulo 23 do evangelho segundo Mateus, leva-nos a conhecer os traços que hoje identificam as religiões e as seitas em qualquer lugar do mundo[1].

> OS FARISEUS ERAM "BOAS PESSOAS" NO PIOR SENTIDO DA PALAVRA.

"Guardai-vos de exercer a vossa justiça diante dos homens, com o fim de serdes vistos por eles; doutra sorte, não tereis galardão junto de vosso Pai Celeste" (MATEUS 6:1-4). De vez em quando, precisamos fazer um pequeno exame. Temos de chegar até o fundo do nosso coração e constatar quais são as atitudes que praticamos em certas coisas, principalmente na vida espiritual.

Os fariseus serviam a Deus "para serem vistos" pelos outros. É a pior motivação na prática das coisas boas, porque, ao preferirmos a recompensa dos homens, já não mais receberemos a recompensa de Deus. Jesus disse que aquele que espera a admiração dos outros "já recebeu sua recompensa" (v.2). Isso vem registrado em termos comerciais para que o entendamos muito bem. Os que buscam o reconhecimento nas ruas e trabalham, para que os outros os vejam, e medem sua espiritualidade pelo que fazem em público, já estão recebendo o pagamento por tudo quanto merecem. Nada esperam do que Deus lhes possa dar.

O que fazemos para Jesus é para demonstrar nosso amor a Deus, e não para os outros. Orar, jejuar, ofertar, são coisas que "devemos a Deus", e não ao público. Se o que buscamos é para que os demais nos vejam, já temos nossa recompensa. Se o que queremos é impressionar os outros pelo bom que somos, haverá alguns que fiquem impressionados, mas Deus não.

Esse é um perigo do qual não estamos muito longe. A palavra "fariseus" em hebraico significa "separados" e é a mesma raiz do que nós usamos algumas vezes ao dizermos que somos santos. Eles se julgavam "santos" porque estavam separados do mal, cumpriam todas as leis e sua conduta externa era intocável. Mas Jesus lhes disse que estavam mais longe de Deus do que ninguém. A arrogância deles os denunciava, porque a santidade deles nada mais era do que uma máscara para impressionar as outras pessoas. É triste, mas é verdade: quando nós nos deixamos ser levados pela adulação, a arrogância e o orgulho, não somos tão bons quanto pensávamos porque estamos caindo no pecado que mais nos separa de Deus, na atitude que o diabo mais aprecia.

A ARROGÂNCIA NÃO É BOA, MESMO QUE ESTEJAMOS NA MAIS ABSOLUTA INTIMIDADE.

O que Deus espera de nós é algo bem diferente. "Tu, porém, ao dares a esmola, ignore a tua mão esquerda o que faz a tua mão direita (MATEUS 6:3). Não somos tão santos como pensamos ser. Não devemos falar das coisas boas que fazemos, nem para nós mesmos. A arrogância não é boa nem sequer na mais absoluta intimidade. Existe um privilégio que Deus nos concede porque Ele nos enche de paz quando terminamos um trabalho bem feito. Mas se começarmos a nos contemplar a nós mesmos para obtermos a glória que "nos pertence", colocamo-nos na beira do abismo. Um único pensamento orgulhoso pode nos conduzir para a ruína.

Os fariseus, escribas e rabinos haviam colocado a tradição acima da lei, e como resultado, o peso que as pessoas tinham de levar era insuportável. A cada dia, criavam novas tradições, novas leis, novos preceitos para se tornarem agradáveis a Deus. O povo não somente precisava conhecê-las, mas também cumprir tudo o que eles diziam. Mas eles mesmos não moviam uma palha sequer para ajudar alguém. Jamais compreenderam o que é o amor a Deus e aos outros. Pode ser que tenha sido esta uma das razões por que Jesus os acusou de fecharem o reino de Deus a todos. Nada mais afasta os descrentes do que o mau comportamento dos que se dizem crentes.

Jesus também desvendou a cegueira moral deles. Era uma cegueira voluntária e bem aceita por todos "Ai de vós! Porque edificais os túmulos dos profetas que vossos pais assassinaram (LUCAS 11:47). Eles construíam sepulturas aos profetas, aos mesmos que eles haviam torturado e matado. Era uma forma de acalmar a sua consciência, ou melhor dito: o último ato de uma cruel hipocrisia. Nós não somos muito diferentes. Temos o costume de erguer monumentos aos servos de Deus quando morrem, usando as mesmas pedras que lhes "atiramos" quando estavam vivos! Quantas vezes não queremos escutar o que homens e mulheres de Deus nos dizem, mas depois os exaltamos e admiramos quando morrem e partem para estarem com o Senhor!

> NÓS NÃO SOMOS MUITO DIFERENTES. ERGUEMOS MONUMENTOS AOS SERVOS DE DEUS QUANDO MORREM, USANDO AS MESMAS PEDRAS QUE LHES "ATIRAMOS" ENQUANTO VIVIAM.

Os fariseus pareciam ser boas pessoas porque sabiam muito bem expor a Palavra de Deus. Alguns eram capazes de recitar de memória livros inteiros da lei ou dos profetas. Mas isso de nada servia, porque se esqueceram que a Bíblia precisa ser explicada e aplicada, e não somente recitada. Não é suficiente conhecer a Palavra de Deus. Ela deve ser amada e obedecida. Muitas vezes dizemos que a vida cristã e a Igreja se transformariam radicalmente com a simples exposição da Palavra de Deus, e isso não é totalmente certo. Os fariseus o faziam, conheciam bem o que Deus era e o que lhes pedia, mas nada significava na vida deles.

Eles conheciam o Antigo Testamento até o menor detalhe, mas isso só fazia com que eles se enchessem de orgulho. A sabedoria deles afastava-os dos "pobres pecadores perdidos" que estavam ao seu redor. E eles mesmos não queriam reconhecer que aquela atitude os afastava de Deus. Este é o fermento dos fariseus: hipocrisia, aparência, sendo a religião e a doutrina as coisas mais importantes. Este é o maior problema de muitos: perder a beleza do evangelho no instante em que a graça perde o seu sentido.

O FERMENTO DOS ESCRIBAS

O fermento dos escribas é talvez o mais difícil de ser controlado porque penetra dentro de nós sem nos darmos conta. Pouco a pouco, vamos nos afastando do nosso Criador, porque a única coisa que nos interessa é que Ele faça o que lhe pedimos e se comporte como nós queremos.

> OS RABINOS ENSINAVAM QUE DEUS OCUPAVA
> UM DETERMINADO NÚMERO DE HORAS DO DIA ESTUDANDO A LEI
> E OS SEUS PRECEITOS. A QUE PONTO CHEGAVA O ORGULHO DELES!

Quando nos tornamos religiosos e começamos a ser "bons", chegamos a pensar que merecemos algo da parte de Deus. De fato, Ele é o centro de tudo, mas nós também temos o direito de estar do Seu lado porque temos feito muitas coisas para Ele! Jesus nos ensinou que devemos permitir que o Pai decida tudo, sem nada esperar, somente abrindo nossas mãos para a Sua bênção. Não temos direitos como o irmão do filho pródigo pensava (LUCAS 15:28), nem devemos admitir que já estamos fazendo muito para o Senhor. Portanto, Ele deve agir bem para conosco e nos abençoar! Quando assim pensamos, julgando que Ele nos deve reconhecimento e gratidão, deixamos de pensar na Sua graça, e começamos a nos queixar porque Ele não nos dá o que devemos receber pelo nosso trabalho. Essa foi a atitude de Marta quando questionou o Mestre (LUCAS 10:41). Não devemos pedir jamais o que julgamos ser nosso, mas sempre oferecer nosso amor de forma incondicional. De outra maneira estaremos nos queixando e reclamando, como aqueles que trabalharam na vinha (MATEUS 20:10).

O Senhor Jesus disse certo dia "...a verdade vos libertará" (JOÃO 8:32). São palavras que têm transformado muitas pessoas, culturas e nações. Mas ninguém deve se esquecer que Jesus disse isso no contexto das tradições judaicas, que "...obrigavam e prendiam" os que procuravam, com sinceridade, obedecer a Deus. A verdade nos liberta primeiramente dos conceitos humanos porque nos ensina o que existe no coração de Deus: imensa graça não merecida por nós. Graça para se desfrutar e dá-la aos outros. Graça que ultrapassa qualquer limite que a religião queira impor.

Se você se encontra tão preso às tradições que passa mais tempo procurando cumpri-las do que amando ao Senhor, você terá deixado de desfrutar da Sua graça. Se você julga estar fazendo muito para o

Senhor de modo que Ele tem de abençoá-lo, o seu coração se encontra cheio do fermento dos escribas. Pode ser que você tenha conhecido o Senhor, mas seu coração continua a ser escravo de você mesmo, do que você faz, da sua santidade e das coisas que o cercam. Somente a verdade poderá libertá-lo.

O FERMENTO DOS SADUCEUS

Os saduceus criaram, sem o saber, um tipo de "fermento" que tem crescido mais do que qualquer outro nos últimos anos. É defendido pelos que pouco acreditam na realidade espiritual, dos que defendem que o sobrenatural deve ser explicado à luz da realidade natural. O fermento dos saduceus cresce na mente de algumas pessoas ao próprio nível do conhecimento e da ciência. Para muitos, a Palavra de Deus já não mais tem valor, porque eles têm ultrapassado os limites da razão e se têm colocado quase na mesma altura do seu Criador. O que encontram na Bíblia é apenas um certo sentimento cultural e religioso, porque aceitam que muitos dos ensinos da Palavra de Deus já passaram de moda.

Os saduceus nos acompanham mais vivos do que nunca. Para eles, o mais importante é o conhecimento e a filosofia; a ciência acima de todas as coisas. Conhecimento, filosofia e ciência são áreas que Deus nos concedeu para que chegássemos a conhecer a Ele e para ajudarmos outras pessoas. É um conhecimento que muitas vezes usamos para dar as costas, não somente ao Criador, mas a todos quantos temos perto de nós, porque nos tornamos arrogantes e orgulhosos.

Os saduceus modernos não acreditam em nada que seja sobrenatural. Para eles, não existe outra vida, não há ressurreição, nem milagres. Nada existe que valha a pena ser examinado se não se encaixar dentro das experiências materiais. O seu olhar não vai além do que está diante dos seus olhos. E enquanto eliminam o sobrenatural, perdem tudo quanto Deus nos concedeu para que aprendêssemos a desfrutar da vida. Daquela que temos agora e da vida que teremos no futuro.

O FERMENTO DE PILATOS

O último tipo de fermento é quase imperceptível. Ele tem a ver com o valor que damos ao que os outros dizem, ao chamado poder social, às opiniões das maiorias. Trata-se de querer ser aceito, amado e admirado por todos, fazendo qualquer coisa que os outros nos peçam. É a tirania do "que dirão"; são as decisões que tomamos pelo que os outros nos disserem. É viver colocando nossas mãos em nossos olhos para não vermos, passando por cima de qualquer tipo de injustiça, só para ficarmos de bem com todos. Somente para não sermos vistos como pessoas diferentes.

O fermento de Pilatos cresce dentro de nós quando não somos capazes de dizer a verdade e nos calamos quando deveríamos falar; quando deveríamos ajudar aos necessitados e lutar contra as injustiças, e nós simplesmente olhamos para o outro lado. Esse fermento atinge todo o nosso ser quando nos envergonhamos de Jesus para não perdermos algo que julguemos ser mais precioso que Ele, mesmo que não queiramos admitir.

> OS DIFERENTES TIPOS DE "FERMENTO" QUE HAVIA NAQUELE TEMPO CONTINUAM PRESENTES NO DIA DE HOJE. TALVEZ COM MAIS FORÇA DO QUE NUNCA.

Seis tipos de "inimigos" do Senhor Jesus. Seis fermentos destrutivos que se introduziram na humanidade desde os primeiros tempos da história. O mundo continua admirando os mesmos princípios, e nós temos de optar se vamos deixar que eles nos conduzam. Não existe meio termo: ou nos arrastam, ou nós os vencemos. Ou somos como os outros, ou a diferença em nossa vida será tal que todos perceberão.

Imagine que você comece a viver de uma forma completamente diferente. Imagine que, com a ajuda de Deus, vença as ideias dominantes de um mundo que não sabe para onde vai. Pense no que aconteceria se, com o poder do Espírito Santo, vivêssemos cada dia...

- Sem dar valor à aparência e ao que for mais atraente na parte de fora. Sem julgar os outros pelo que vemos no seu exterior e sem capitular à ditadura das modas e das opiniões dos outros.
- Amando sinceramente a Deus e às pessoas, sem nos deixar levar por "modelos e tradições religiosas sem sentido".
- Dependendo sempre de Deus e não confiando tanto em nós mesmos.
- Agradecendo de coração aos outros, esquecendo-nos do orgulho de dizer a todos o que fazemos de bem.
- Deixando de tomar decisões pelo que vamos ganhar ou pela posição que vamos ocupar, mas fazendo o que é justo, bom e correto. Dando e ajudando pessoas que aparentemente não o mereçam.
- Confiando no Criador e amando a todos, entregando nos e sabendo que a realidade espiritual é o que dá sentido à nossa vida.

A nossa única opção é nos tornarmos cada dia mais parecidos com o Senhor Jesus. Refletir em cada momento o Seu caráter, para que todos vejam a Ele em nossos relacionamentos com outras pessoas. Acima de todas as coisas, acima dos dons, trabalhos, ministérios e o que mais quisermos acrescentar, afirmamos que não há nada mais importante que refletir o caráter de Jesus em nossa vida, em nossa família, junto aos amigos e inimigos; em situações favoráveis e nos momentos em que só podemos chorar, seja qual for a nossa situação ou o lugar onde estivermos.

Que nenhum tipo de fermento vença em nossa vida, mas, sim, o radiante brilho da Luz de Cristo.

NOTA

1. As características das seitas e religiões estão perfeitamente explicadas pelo Senhor Jesus no capítulo 23 do evangelho de Mateus. Sintetizamos aqui para que nos sirvam de reflexão porque a atualidade do tema e a exata definição dada por Jesus não podem passar despercebidas.

AS SEITAS DEFENDEM...

1. **Uma nova verdade** (vv.8,9). Elas defendem uma nova revelação de Deus, porque a Palavra de Deus não é a revelação final. É sempre preciso acrescentar-lhe algo que alguém tenha dito ou escrito.

2. **Outra interpretação da Bíblia** (v.16). Acréscimos à Bíblia, escritos de líderes ao mesmo nível (ou superior) à Bíblia. Fontes de autoridade não bíblica.

3. **Um novo Salvador** (v.10). Somente homem, ou somente Deus, ou um outro profeta, mas não aceitam a Trindade, uma base de salvação falsa. O Salvador deles não é o Senhor Jesus, mas Jesus mais outro ou outra para aqueles que dizem crer nele, ou simplesmente outro deus ou outro líder para aqueles que não creem em Jesus, e dizem que Ele foi apenas um profeta.

4. **Rejeição do cristianismo** (v.29). Eles são os únicos que se salvam. Criticam tudo e a todos. São os "santos" com exclusividade.

5. **Moral dúbia e palavras dúbias** (vv.3,25). Para bem entendermos, uma moral e uma ética para os Chefes, e outra para os liderados. Algumas coisas que os líderes podem fazer estão totalmente proibidas para os súditos.

6. **Mudanças na Teologia** (v.13). Uma teologia não baseada na graça de Deus, mas em obras, penitências, acréscimos, trabalhos, esforços etc., que arruínam o ser humano.

7. **Dependência de um líder** (ou de um determinado grupo) (vv.5,7). As palavras do líder ou dos líderes estão no mesmo nível que Deus, embora que, em princípio, não reconheçam isto. Controle psicológico mental (lavagem cerebral). Dizem que você não pode ler outras publicações. É impossível discutir ou se opor em nada. Você acaba sendo um escravo da organização.

8. **Salvação pelas obras** (vv.4,15). Você precisa fazer proselitismo para se salvar. Não há certeza de salvação.

9. **Falsas profecias** (v.33). O que é dito não se cumpre, e por isso, mudam o "discurso" em muitas ocasiões.

10. **Controle econômico** (vv.6,14,23). O mais importante dos seus adeptos são as contas financeiras. Uma das primeiras lições que todos devem aprender é contribuir, e não perguntar porque os líderes sabem muito bem o que fazem com o dinheiro. Como Jesus disse, buscam sempre os primeiros lugares e os primeiros frutos.

24 CRER PARA VER...

Os melhores momentos em nossa casa costumam ser pouco antes de dormir. Todas as noites, Miriam e eu nos juntamos as crianças e passamos um bom tempo conversando e orando juntos. Elas fazem muitas perguntas impossíveis, a cada noite, e nós procuramos responder à luz do que Deus nos tem ensinado ao longo dos anos. A verdade é que esses momentos são muito agradáveis.

Mais tarde todos oramos. E então sempre acontece: as orações das crianças são uma das recordações mais sublimes da existência de Deus aqui na terra. Ninguém que tenha orado como uma criança pode argumentar que Deus está longe. A sinceridade, a doçura e, acima de tudo, a sensibilidade de uma criança, vão além do que podemos entender ou imaginar. De verdade, creio que perdemos grande parte da glória de Deus quando crescemos e deixamos de orar como crianças.

Uma das frases de nossa filha Kenia mais repetidas desde seus quatro anos é esta: "Senhor, abençoa todo o mundo!" Isso sim que é entender a graça de Deus! Esta é a melhor lição que o Senhor Jesus deixou para todos nós: Ele sempre abençoou, amou e curou "todo mundo".

Aquilo que é extraordinário nos impressiona. Se nós nos encontrássemos hoje com Jesus, não esperaríamos dele uma bênção ou algumas palavras, mas lhe diríamos assim como lhe pediam Seus contemporâneos: "Faça um milagre!". Pensamos que, ao vermos algo sobrenatural, nossa fé sairia fortalecida. Caso víssemos um milagre, tudo se encaixaria em nosso pequeno mundo e seríamos então capazes de crer em qualquer coisa.

De fato, muitos hoje em dia vivem enganados por pequenos milagreiros e religiosos farsantes.

> DEMASIADAS VEZES, COMO NAQUELE TEMPO, CREMOS QUE SE VÍSSEMOS UM MILAGRE, TUDO SE ENCAIXARIA EM NOSSO PEQUENO MUNDO E SERÍAMOS CAPAZES DE CRER EM QUALQUER COISA.

O Senhor Jesus esbanjou bênçãos e amor para todos. Essa era a razão dos Seus milagres. Não os fez para convencer ninguém, inclusive não houve milagres onde as pessoas não acreditavam. A Sua palavra é muito mais importante que todo o sobrenatural. "Se, porventura, não virdes sinais" (JOÃO 4:48-50), disse Jesus um dia aos que viviam sedentos de milagres e fantasias, aos que não são capazes de confiar plenamente nas Palavras do Mestre sem nada mais, aos que se esquecem que, na vida espiritual, não é preciso ver para crer, mas crer para poder ver.

O Messias não viveu mostrando o Seu poder, assim como nós muitas vezes queremos fazer. Chegamos até a convidar as pessoas não crentes com um anúncio dizendo "venha ver milagres e curas"! Jesus não se anunciava, não tirava proveito de Suas curas. Muito pelo contrário, em muitas ocasiões, Ele nos surpreende mandando que a ninguém se dissesse o que Ele estava fazendo. O importante não era o poder, mas a mensagem. O que era verdadeiramente transcendental não era a transformação ou a cura no mundo visível, mas o triunfo no reino do invisível; a constatação de que as realidades espirituais são aquelas que valem a pena.

Os discípulos entenderam isso perfeitamente. Jamais, no livro de Atos, se pregou sobre os milagres de Jesus, mas sobre a Sua mensagem, Sua morte e Sua ressurreição.

QUE É MELHOR, CURAR OU PERDOAR PECADOS?

Jesus curava porque via a pessoa necessitada e conhecia a dor das pessoas. Ele veio trazer o reino ao Seu povo e nos ensinar como será o dia quando não mais haverá lágrimas, nem dor, nem tristeza, nem morte. Os Seus milagres sempre foram "instantâneos", não precisou dizer como nós fazemos: "Continue orando e, em algum momento, Deus irá curá-lo". Não houve circunstâncias atenuantes, nem encontramos pessoas que não puderam ser curadas. Não houve grupos de pessoas que foram curadas por Jesus, e outras que não foram curadas.

Embora o próprio Jesus dissesse que, em alguns lugares não realizou milagres devido à incredulidade das pessoas, Ele demonstrou Seu poder curando pessoas que nem esperavam que acontecesse, como foi com Malco quando Jesus restaurou a orelha que Pedro havia cortado (LUCAS 22:51). Jesus pode curar, mesmo que não exista qualquer fé na pessoa doente. Deus sempre faz o que lhe apraz e como quer, porque não está limitado por nada e nem por ninguém. Nada é impossível para Ele.

Jesus tampouco está limitado ao lugar onde se encontra. Ele pode curar a qualquer momento inclusive sem estar no mesmo lugar da pessoa enferma. Lucas, o médico que sempre escolhia com especial cuidado as palavras que usava, foi inspirado pelo Espírito Santo a escrever em seu evangelho (4:39) que Jesus "...repreendeu a enfermidade", a mesma palavra que ele usou para referir-se à ocasião em que Jesus falou ao vento e ao mar e aquietou a tempestade (8:24). Tudo lhe obedecia, toda a autoridade encontrava-se nas mãos de Jesus para que ninguém tivesse qualquer dúvida de que Ele era mesmo Deus feito homem.

Houve ocasiões quando Ele fez que todos saíssem do lugar onde ia fazer o milagre, como aconteceu quando ressuscitou a filha de Jairo (MARCOS 5:40), porque não buscava a publicidade, mas a sua restauração. Às vezes, a leitura de passagens como essa pode nos envergonhar a nós que vivemos encantados para que as pessoas conheçam o que fazemos, e buscamos que todos saibam do "poder de Deus" que vem sobre nós.

O QUE PREFERIMOS? QUE DEUS TRANSFORME O NOSSO MUNDO INTERIOR, QUE NOS LEVE COM ELE E QUE PERDOE NOSSOS PECADOS, OU QUE SIMPLESMENTE NOS ABENÇOE MATERIALMENTE?

Alguns foram ter com ele, conduzindo um paralítico, levado por quatro homens. E, não podendo aproximar-se dele, por causa da multidão, descobriram o eirado no ponto correspondente ao em que ele estava e, fazendo uma abertura, baixaram o leito em que jazia o doente. Vendo-lhes a fé, Jesus disse ao paralítico: Filho, os teus pecados estão perdoados. Mas alguns dos escribas estavam assentados ali e arrazoavam em seu coração: Por que fala ele deste modo? Isto é blasfêmia! Quem pode perdoar pecados, senão um, que é Deus? E Jesus, percebendo logo por seu espírito que eles assim arrazoavam, disse-lhes: Por que arrazoais sobre estas coisas em vosso coração? Qual é mais fácil? Dizer ao paralítico: Estão perdoados os teus pecados, ou dizer: Levanta-te, toma o teu leito e anda? Ora, para que saibais que o Filho do Homem tem sobre a terra autoridade para perdoar pecados — disse ao paralítico: Eu te mando: Levanta-te, toma o teu leito e vai para tua casa. Então, ele se levantou e, no mesmo instante, tomando o leito, retirou-se à vista de todos, a ponto de se admirarem todos e darem glória (MARCOS 2:3-12).

O que é mais fácil: perdoar pecados, ou curar? O que é melhor: curar uma vida, ou oferecer uma garantia por toda a eternidade? Essas parecem ser perguntas muito simples, mas no fundo nem nós mesmos queremos respondê-las, porque revelam quais são nossas motivações. Dando resposta a essas perguntas, revelamos publicamente se nosso coração está focado na terra ou no céu.

Pense com atenção! O que preferimos: que Deus transforme nosso mundo interior e perdoe nossos pecados para que vivamos cheios do Seu Espírito, ou simplesmente nos abençoe materialmente? O que é mais importante em nossa vida: o que é terreno, ou a eternidade? O que é visível ou o que é invisível? Quando Jesus lhes fez a pergunta, Ele os desafiou a tomarem uma decisão. O perdão dos pecados não era visível, mas a cura era. Jesus, ao ser Deus feito homem, mostrou que podia realizar as duas coisas. Naquele momento, eram eles que deveriam responder se aceitavam o Messias ou não.

QUE É MAIS IMPORTANTE, O PÃO MATERIAL OU O ESPIRITUAL?

Em declinando a tarde, vieram os discípulos a Jesus e lhe disseram: É deserto este lugar, e já avançada a hora; despede-os para que, passando pelos campos ao redor e pelas aldeias, comprem para si o que comer. Porém ele lhes respondeu: Dai-lhes vós mesmos de comer. Disseram-lhe: Iremos comprar duzentos denários de pão para lhes dar de comer? E ele lhes disse: Quantos pães tendes? Ide ver! E, sabendo-o eles, responderam: Cinco pães e dois peixes. Então, Jesus lhes ordenou que todos se assentassem, em grupos, sobre a relva verde. E o fizeram, repartindo-se em grupos de cem em cem e de cinquenta em cinquenta. Tomando ele os cinco pães e os dois peixes, erguendo os olhos ao céu, os abençoou; e, partindo os pães, deu-os aos discípulos para que os distribuíssem; e por todos repartiu também os dois peixes. Todos comeram e se fartaram; e ainda recolheram doze cestos cheios de pedaços de pão e de peixe. Os que comeram dos pães eram cinco mil homens (MARCOS 6:35-44).

Uma situação aparentemente desesperadora, com milhares de pessoas sem nada para comer, num lugar onde não havia qualquer solução possível. Os discípulos sabiam que Jesus poderia fazer algo, mas pelo visto Ele queria que os próprios discípulos resolvessem o problema. Por que lhes pediu que alimentassem a multidão? Eles precisavam aprender que a sua fé estava "limitada" quanto aos recursos de Deus. E como os recursos de Deus são ilimitados, confiar em Deus deve ser a primeira resposta em qualquer situação, por mais desesperadora que possa parecer.

Quando confiamos em Deus, qualquer circunstância pode ser usada por Ele. Por isso, Jesus lhes pediu que trouxessem os pães que eles tinham. Marcos diz que Ele os fez sentar em grupos de cinquenta, da mesma forma como Moisés organizou o povo no deserto para receber o maná (ÊXODO 18:21). O mesmo que lhes enviara o maná centenas de anos antes foi o que voltava para alimentar o povo. O Pão vivo que desceu do céu.

A atitude de Jesus continua a ser a mesma hoje em dia: "Traga o que você tem, embora seja pouco, e vamos orar". O poder de Deus é sempre maior quando menos recursos tivermos!

Deus reservou um detalhe para o final, quando todos já estavam alimentados, os discípulos recolheram doze cestos cheios de pedaços de pão. Cada um deles podia levar um cesto para se lembrarem que Deus estava cuidando deles. Voltaram para suas casas com uma prova irrefutável de que Deus, não só havia multiplicado o pão, mas também de que jamais deveriam duvidar dele.

> RECOLHERAM DOZE CESTOS CHEIOS DE PEDAÇOS DE PÃO.
> OS DISCÍPULOS VOLTARAM ÀS SUAS CASAS, CADA UM COM UM CESTO,
> NUMA PROVA IRREFUTÁVEL DE QUE DEUS CUIDAVA DELES,
> E QUE JAMAIS DEVIAM DUVIDAR DELE.

Naqueles dias, quando outra vez se reuniu grande multidão, e não tendo eles o que comer, chamou Jesus os discípulos e lhes disse: Tenho compaixão desta gente, porque há três dias que permanecem comigo e não têm o que comer. Mas os seus discípulos lhe responderam: Donde poderá alguém fartá-los de pão neste deserto? E Jesus lhes perguntou: Quantos pães tendes? Responderam eles: Sete. Tinham também alguns peixinhos; e, abençoando-os, mandou que estes igualmente fossem distribuídos. Comeram e se fartaram; e dos pedaços restantes recolheram sete cestos. Eram cerca de quatro mil homens. Então, Jesus os despediu (MARCOS 8:1-9).

Pouco tempo depois, eles se encontram numa situação parecida. Por causa daquela experiência que tiveram com o Senhor, somos tendentes a crer que, na ocasião que seguiu, confiariam no Senhor. Mas não foi assim: apesar de cada um ter levado um cesto cheio de pedaços de pão que sobraram no milagre que Jesus realizou, os discípulos voltaram a fazer as mesmas perguntas de sempre: "Donde poderá alguém fartá-los de pão neste deserto?" (8:4). A incredulidade reapareceu e desconfiaram de Jesus... outra vez. Esqueceram-se de que Deus pode preparar a mesa e colocar pão em qualquer lugar.

"Pão no deserto" é uma das imagens mais encantadoras do evangelho. O Pão da vida é mais necessário quanto mais famintos estivermos; quando atravessamos o maior deserto da nossa vida e, aparentemente, não existe qualquer solução.

Jesus multiplicou os sete pães que eles tinham. A Bíblia diz que "...tomando os sete pães, partiu-os, após ter dado graças, e os deu a seus discípulos" (8:6). Jesus repartiu o pão para que os discípulos pudessem distribuir às pessoas. Dessa vez, não foi Ele quem o fez diretamente, pois o milagre não saiu primeiro das Suas mãos. O Senhor deseja que os discípulos participem da multiplicação. Precisam aprender a confiar nele! Todos precisamos aprender isso!

Deus nos abençoa espiritualmente para que possamos repartir nosso pão com a multidão. O pão físico e o pão espiritual. Deus quer nos usar. Ele quer que nós sejamos as suas "mãos", Seus administradores. As pessoas que nos cercam têm de ver em nós a mesma generosidade que viram em Jesus. Se alguém está passando fome, é nossa responsabilidade.

E ainda mais, o que podemos dar aos outros é o mesmo Pão da vida. A Bíblia diz que, na noite em que Jesus foi entregue, partiu o pão e se deu a si mesmo! Ele se multiplicou para toda a humanidade, de uma forma espiritual, de uma vez por todas e para sempre, porque Ele pessoalmente é o único que pode satisfazer as necessidades de todos.

OS MAIORES "DESGOSTOS" QUE CUSTARAM AO SENHOR FOI SER INCONTROLÁVEL.

Muitos viram os Seus milagres, e outros lhe pediram que mostrasse o Seu poder. Muitos outros os desfrutaram (foram curados, comeram o pão etc.). Mas isso nenhuma mudança provocou em suas vidas. Jesus não fez milagres para que eles cressem, mas para que confiassem nele. Ninguém precisa dizer a Deus o que Ele deve fazer. Nem sequer os que o servem!

Assim é Deus, Ele é incontrolável. Ele sempre faz a Sua vontade e não podemos enquadrá-lo em nossas regras, ou nossos desejos, porque Ele age de acordo com princípios que estão fora do nosso alcance. Ele é o único que conhece todas as coisas. Portanto, Suas decisões sempre são corretas. Não apenas somos incapazes de dominá-lo, como também, em algumas ocasiões, não podemos explicá-lo.

O problema é que os escribas, fariseus e mestres da lei queriam que Jesus sempre fizesse o que eles desejavam, porque eram os responsáveis pela vida espiritual das pessoas. Querer controlar a Deus, dominá-lo, dizer-lhe o que Ele pode ou não pode fazer continua sendo o maior perigo hoje em dia por ser uma tentação grande demais para nós. De fato, muitos caem nessa tentação.

Deus é Deus e continuará sendo, apesar de nós, das nossas ideias e de nossas decisões. Uma das figuras mais conhecidas do Senhor Jesus na Bíblia é Ele como o "Leão da tribo de Judá". Você consegue se imaginar querendo domar um leão para tê-lo tranquilo em sua casa? Você pensa que é possível lhe dizer o que pode ou não pode fazer?

Deus não pode se negar a si mesmo. Ele é Soberano, Todo-poderoso, Majestoso... Lembre-se de que até o momento mais difícil da vida do

Senhor Jesus, o da Sua crucificação e morte, somente chegou quando Deus permitiu: vez após outra, no Novo Testamento, encontramos a frase "O meu tempo ainda não chegou", porque tudo, mas absolutamente tudo, estava nas mãos de Deus.

Essa é a nossa maior fortaleza, nossa confiança no Messias, que é Deus Forte, Todo-poderoso, Incontrolável, que cumpre Sua amorosa vontade acima de qualquer obstáculo, e nos ensina a ser corajosos e conquistar o reino de Deus como pessoas corajosas.

E tudo isso como legítimos herdeiros do Vencedor.

O mal não pode triunfar sobre Ele, a enfermidade e a morte não têm poder diante dele. O diabo e seus anjos não têm força sequer para impedir que Ele levante a Sua mão. Ese é o nosso Salvador, aquele que abençoa e ama a todos, aquele que estende Suas mãos para abraçar, mas é também aquele que estende as mãos como o Poderoso Guerreiro, como o Triunfador da história, o Invencível Restaurador do bem e da paz.

O nosso Protetor!

Certamente, ele tomou sobre si as nossas enfermidades e as nossas dores levou sobre si
(ISAÍAS 53:4).

25 | FEZ TUDO MUITO BEM

Faz alguns anos, foi celebrado na Espanha o casamento do príncipe herdeiro com a sua noiva. Milhares de pessoas estiveram nas ruas, aguardando a passagem da comitiva real para ver os noivos, e milhões mais viram tranquilamente em suas casas por meio da televisão. Madri, a capital do país, havia se preparado e enfeitado como nunca. Tudo parecia novo, radiante, festivo; as pessoas estavam alegres. Os líderes máximos de todo o planeta estavam entre os convidados. Por esse motivo, tiveram de "esvaziar" literalmente ruas e edifícios para garantir que tudo estivesse sob controle.

O curioso é que esse "esvaziar" também implicava em deixar as ruas limpas de mendigos, pobres e gente mais ou menos "indesejável" para alguns. Isso não somente acontece quando é celebrado um casamento da realeza, como também em qualquer importante evento na cidade: Jogos Olímpicos, reuniões ministeriais, visitas de reis etc. Ninguém quer ver um único pobre, doente ou sem teto, nas ruas. Não fica bem, dizem, que haja mendigos importunando as pessoas que estão passeando pela cidade.

Apesar de tudo, ser pobre hoje em dia é muito mais fácil do que nos tempos do Senhor Jesus. Os responsáveis pela religião haviam ensinado que os pobres eram assim em consequência de viverem longe de Deus, e que os enfermos estavam assim devido ao seu pecado. Todos acreditavam nessas palavras, de forma que ser pobre e doente era a pior coisa que poderia acontecer. Segundo eles, era uma maldição de Deus. Todos lhes davam as costas: ser pobre e mendigo significava estar marcado para toda a vida.

Os próprios discípulos de Jesus defenderam essa ideia quando se encontraram com um cego, e perguntaram diretamente a Jesus: "Mestre, quem pecou, este ou seus pais, para que nascesse cego?" (JOÃO 9:2).

Jesus se opôs a essa forma de se ver a enfermidade. Explicou-lhes que, para Deus, tudo é diferente. O enfermo é amado, o pobre é querido, e os que nada têm estão mais perto do Pai que nenhuma outra pessoa. Se alguns pensavam que a enfermidade e o sofrimento eram fruto do pecado, teriam a maior surpresa das suas vidas, porque ninguém iria sofrer tanto como o próprio Filho de Deus. Ele voluntariamente levou sobre si nossas enfermidades e as nossas dores!

> JESUS EXPLICOU QUE, PARA DEUS, AS COISAS SÃO MUITO DIFERENTES: O ENFERMO É AMADO, O POBRE É QUERIDO, E OS QUE NADA TÊM ESTÃO MAIS PERTO DE DEUS DO QUE NENHUMA OUTRA PESSOA.

Se eles pensavam que o sofrimento era o castigo de Deus, ninguém ia ser mais castigado que o próprio Filho de Deus. E Jesus não somente levou consigo nossas dores, como dedicou a maior parte da Sua vida para curar os que sofriam e estar ao lado dos mais necessitados.

NOVE CURADOS E UM SALVO

De caminho para Jerusalém, passava Jesus pelo meio de Samaria e da Galileia. Ao entrar numa aldeia, saíram-lhe ao encontro dez leprosos, que ficaram de longe e lhe gritaram, dizendo: Jesus, Mestre, compadece-te de nós! Ao vê-los, disse-lhes Jesus: Ide e mostrai-vos aos sacerdotes. Aconteceu que, indo eles, foram purificados. Um dos dez, vendo que fora curado, voltou, dando glória a Deus em alta voz, e prostrou-se com o rosto em terra aos pés de Jesus, agradecendo-lhe; e este era samaritano. Então, Jesus lhe perguntou: Não eram dez os que foram curados? Onde estão os nove? Não houve, porventura, quem voltasse para dar glória a Deus, senão este estrangeiro? E disse-lhe: Levanta-te e vai; a tua fé te salvou (LUCAS 17:11-19).

Dez leprosos juntos. Para todos eles, aquela era a única companhia que podiam ter, porque qualquer outra pessoa os teria rejeitado. Aprenderam a enfrentar suas tristezas estando uns perto dos outros. Um deles era samaritano: judeus e samaritanos não podiam se encontrar. Mas dessa vez a necessidade de aconchego que todos tinham era muito mais importante do que as normas sociais. A necessidade deles estava muito acima do seu orgulho.

Jesus conhecia o íntimo deles, pois a Sua atitude foi muito diferente das outras ocasiões em que tocou num leproso, ou curou com Suas palavras. Ele enviou aqueles dez leprosos ao sacerdote: "Ide e apresentai-vos". Eles só poderiam reagir de duas maneiras: a primeira, obedecer para ver o que aconteceria; a segunda, voltar a Jesus e lhe perguntar: "Nós queremos ser curados, por que devemos ir ao sacerdote se somos leprosos? Vão zombar de nós!"

Eles tinham muitas dúvidas, mas obedeceram. Ficaram curados enquanto iam porque esse era o plano de Jesus! Ele lhes estava ensinando a exercer a sua fé, a dar passos de fé! A viver pela fé! Não é apenas uma questão de crer, mas de se colocar no caminho. Não é, porventura, uma importante lição para todos nós?

O que aconteceu foi que, enquanto iam, foram curados e a história terminou.

Ainda não, porque ainda há tempo para uma grande surpresa. Lucas escreve que, exatamente naquele momento, o mais importante começou. Um dos leprosos voltou ao lugar onde Jesus estava, considerando que não podia ser curado sem reconhecer e agradecer ao seu Salvador. Voltou glorificando a Deus. Voltou sozinho!

Os outros nove viram, mas não se importaram. Ouviram como aquele samaritano glorificou a Jesus, porque a Bíblia nos diz que ele o fez "em alta voz". Não queria continuar se escondendo! Tinha vivido menosprezado por anos, mas agora que estava curado, bem que merecia gritar.

Voltou, e os outros nove viram-no, mas ele voltou sozinho. Ninguém o acompanhou.

Quando chegou ao lugar onde Jesus se encontrava, se prostrou. Ele se inclinou aos pés de Jesus dando-lhe graças. Não queria sequer levantar sua cabeça porque o seu coração chorava de gratidão, mas justo neste momento Jesus começou a falar. Melhor dito, a perguntar. De certa forma, foi uma pergunta direta e terrível:

Não eram dez os que foram curados? Onde estão os nove? Não houve, porventura, quem voltasse para dar glória a Deus, senão este estrangeiro? (LUCAS 17:17-19).

Quanta tristeza pode haver numa pergunta quando Deus espera que a respondamos!

Há muito mais do que imaginamos por trás dessa pergunta. Muitas pessoas buscam a Deus, quando precisam, e Deus se "deixa" encontrar. Concede-lhes cura, bênção, paz, solução para os seus problemas ou para alguma situação extrema. A grande maioria aceita com alegria o que Deus dá, para depois se esquecer em pouco tempo.

Consideramos Deus como nosso particular "solucionador de problemas". Quando dele necessitamos, vamos em busca dele; quando a vida corre bem, esquecemo-nos dele. Quando estamos angustiados, oramos, jejuamos, buscando a outros, pedimos a ajuda do céu. Quando tudo volta à "normalidade", esquecemos que foi Deus quem nos ajudou e passamos dias inteiros sem estar na Sua presença para lhe falar ou lhe agradecer.

Esta é uma característica da modernidade: você só é querido enquanto é útil. Costumamos fazer isso também com nossos amigos e com as pessoas que temos ao nosso lado. Quando não precisam mais de você, todos se esquecem. Quando as coisas vão bem, quase todos desaparecem.

Quando assim vivemos, perdemos o melhor do que temos tido. Quase seria mais conveniente não termos visto a Deus e nada termos recebido dele do que vivermos desta maneira: Depois que Ele nos fala e nos ajuda, esquecemos dele como se nada tivesse acontecido.

OS OUTROS NOVE, ONDE ESTÃO?
AS PERGUNTAS DE DEUS VÃO ALÉM DO QUE PENSAMOS.

O que havia no coração dos outros? Nove deles foram purificados da enfermidade mais cruel daquele tempo, mas apenas um voltou para ser salvo. Muitos ouvem a Palavra do Senhor, podendo, inclusive, sentir o toque de Deus em suas vidas, mas não querem voltar, não querem se comprometer. Não são capazes de vir e se prostrar aos pés de Jesus.

Enfim, os nove judeus seguiram adiante para se apresentarem ao sacerdote e cumprir assim o que estava escrito na lei. Para eles a lei estava muito acima da gratidão. Preferiram seguir os rituais religiosos antes de dar graças ao Salvador. Voltaram mais tarde às suas casas, mas não "curados e salvos". Apenas curados.

Seria demais imaginarmos o que poderia ter sido o caráter de cada um deles? Porque, quem sabe possamos ver muitas pessoas de hoje em dia espelhados em suas vidas.

- O religioso que não quer mais de Jesus, basta-lhe o pouco que julga ter. Como os escribas no tempo de Jesus, vive feliz com as suas doutrinas e deixa Deus de lado. Não lhe importa que Deus o tenha curado.
- Aquele que somente quer sentir-se bem e vive governado pelos seus sentidos. Admira o que Deus faz, mas jamais se

compromete. Supõe que poderia perder muito e não se importa que Deus o tenha curado.
- O folgado não quer dar um passo em nenhuma direção. Não se move o mínimo que seja para não correr qualquer risco, nem que ninguém o acuse. Não lhe importa que Deus o tenha curado.
- Ele se julga uma boa pessoa, levando sua vida baseada no orgulho pelas coisas que executa bem. Inclusive, para ele, seria impossível ser curado, mas não importa. Agora sente-se melhor e acredita que Deus lhe devia isto.
- Aquele que jamais se compromete porque sempre quer estar de bem com todos para que ninguém se chateie com ele. Não quer colocar o Criador em primeiro lugar na sua vida, embora saiba que Deus lhe tenha dado tudo.
- Aquele que deseja agradar a dois senhores, procurando desfrutar de tudo. Gosta das coisas de Deus, mas também gosta do que o mundo lhe oferece. Que necessidade existe de deixar um dos dois senhores? Sim, Deus o curou, mas que importa isso?
- O orgulhoso que não necessita retificar nada. Ele nem sequer precisa de Deus. Não existe lugar para Ele em seu mundo, porque ele se fez por si mesmo. E embora estivesse doente perto da morte, não quer reconhecer que Deus o tenha curado.
- O "ouvinte esquecidiço" a quem o Senhor Jesus se referiu em várias ocasiões. Ele aprecia o que escuta até que alguém lhe conte algo diferente. Agora está curado, mas não lhe importa quem o curou.
- Aquele que ignora o valor da eternidade e só vive pensando no que é material. Ele acredita que haverá um tempo para tomar a decisão. Mas agora ele está muito ocupado. Esteve a ponto de morrer, mas não é capaz de reconhecer que é Deus quem lhe dá vida a cada momento.

Todos precisavam voltar a Jesus para serem salvos, mas não o fizeram. Chamaram-no de "Mestre", mas isso os compromete muito pouco. Ainda hoje quase todos reconhecem que Jesus é o melhor Mestre da história. Mas, para muitos, partir daí para tomar uma decisão e segui-lo, é um grande abismo.

> O SAMARITANO APRENDEU NUM INSTANTE O QUE PARA MUITOS LEVA A VIDA INTEIRA: A GRANDEZA DO AGRADECIMENTO.

O contraste com a atitude do samaritano é impressionante. Para ele, a vida só teria sentido se voltasse a estar aos pés do seu Salvador. E ali ficou. Não apenas um instante, como tantas vezes nós fazemos quando precisamos de alguma coisa dele para depois imediatamente seguirmos nosso caminho.

O samaritano permaneceu prostrado.

Não se preocupou com o tempo, ainda mais, não se importaria em permanecer aos pés do Salvador. Ele era o seu Senhor, a quem devia tudo. Não quis sequer se levantar.

Jesus teve de lhe pedir que se levantasse, porque o samaritano havia aprendido em um instante a grandeza do agradecimento: ele não se considerava digno sequer de estar em pé diante do seu Salvador. Voltou para a sua casa curado e salvo.

UM SURDO MUDO COM BONS AMIGOS

> *Então lhe trouxeram um surdo e gago e lhe suplicaram que impusesse as mãos sobre ele. Jesus, tirando-o da multidão, à parte, pôs-lhe os dedos nos ouvidos e lhe tocou a língua com saliva; depois, erguendo os olhos ao céu, suspirou e disse: Efatá! Que quer dizer: Abre-te! Abriram-se lhe os ouvidos, e logo se lhe soltou o empecilho da língua, e falava desembaraçadamente*
> (MARCOS 7:31-37).

Sem dúvida esse era um homem especial: podia apenas pronunciar algumas palavras e não podia ouvir o que seus amigos lhe falavam. Mas ele amava os amigos, os quais o amavam também. Ele pouco sabia de Jesus porque não podia ouvi-lo, mas os amigos levaram-no até Ele e pediram que lhe impusesse a mão. Jesus viu a fé que tinham e o curou, mas não diante de todos. Marcos diz que o levou à parte, sozinho. Ele precisava fixar-se nos olhos de Jesus. Era a única coisa que podia fazer porque não podia ouvir. Jesus tocou nos ouvidos dele, para que pudesse escutar, e na língua, para que pudesse louvá-lo.

O processo é o mesmo quando nós queremos adorar o nosso Senhor: em primeiro lugar precisamos estar a sós com Ele, em intimidade e no secreto do nosso quarto de oração. Temos de passar tempo com Ele e que nada exista mais importante que viver perto do nosso Criador. O surdo ouviu a voz do Messias. Essas foram as primeiras palavras em sua vida. A primeira palavra que ouviu veio da eternidade. Jesus quis que ele olhasse para cima. Por isso, ergueu os olhos ao céu para que o enfermo pudesse ver de onde chegava a Sua ajuda.

> A REAÇÃO DOS QUE CONHECERAM JESUS DIZENDO "ELE FAZ BEM TODAS AS COISAS" É UM ECO DAS MESMAS PALAVRAS DE DEUS NA CRIAÇÃO.

Os que viram o milagre disseram: "Ele faz bem todas as coisas", embora Jesus nunca buscasse aplausos públicos ou curas extraordinárias para que as pessoas as vissem. Eles reconheceram que foi a mão de Deus que havia atuado. Eles usaram a mesma frase que Deus disse no final de cada momento da criação: "Viu Deus tudo quanto fizera, e eis que era muito bom" (GÊNESIS 1:31). Eles entenderam que Jesus era o Deus Criador.

A MENINA QUE APENAS "DORMIA"

Falava ele ainda, quando chegaram alguns da casa do chefe da sinagoga, a quem disseram: Tua filha já morreu; por que ainda incomodas o Mestre? Mas Jesus, sem acudir a tais palavras, disse ao chefe da sinagoga: Não temas, crê somente. Chegando à casa do chefe da sinagoga, viu Jesus o alvoroço, os que choravam e os que pranteavam muito. Ao entrar, lhes disse: Por que estais em alvoroço e chorais? A criança não está morta, mas dorme. E riam-se dele. Tomando-a pela mão, disse: Talitá cumi!, que quer dizer: Menina, eu te mando, levanta-te! Imediatamente, a menina se levantou e pôs-se a andar; pois tinha doze anos. Então, ficaram todos sobremaneira admirados (MARCOS 5:35-43).

Jairo foi à procura de Jesus para que sua filha fosse curada. Por um bom tempo, a sua fé foi provada, porque várias vezes Jesus se "deteve" com outras curas, e o tempo ia passando. Jairo estava no limite do desespero, porque, de uma parte, a sua confiança no Messias ia crescendo ao ver o Seu poder, mas o tempo que passava era crucial para a sua filha. Nesses momentos chega-lhe a pior notícia: "Tua filha morreu". Jesus lhe diz: "Não temas crê somente". Jairo queria continuar crendo, mas até quando?

Chegaram à casa, e a fé que Jairo tinha era cada vez menor. Quando entraram, a família estava cercada de muitas pessoas. Algumas estavam ali pela amizade, mas muitas outras vieram para chorar e se lamentar.

"Enquanto estava falando". A filha de Jairo morreu quando Jesus estava com ele. E surge a pergunta que nós temos no coração em tantas ocasiões: Como me pode acontecer algo mau enquanto estou com o Senhor? Como pode meu filho ou filha, meu pai ou minha mãe etc. morrer quando estou andando com Jesus?"

Jairo precisou aprender a esperar em Deus, embora aparentemente nada de bom estivesse acontecendo. É o mesmo que nós temos de fazer! Deus age entre nossa dor e nossa esperança e espera que confiemos nele, que valorizemos mais a esperança e que deixemos de alimentar a dor. Embora muitas às vezes, essa atitude nos pareça impossível, porque sempre surgem as mesmas perguntas: Por que me acontece algo mau se estou com Jesus? Como podem morrer, minha filha, meu filho, meus pais, minha esposa, meu marido, meu melhor amigo etc.? Deus nada pode fazer? Não estou fazendo o que é certo? Não estou com Ele? Por que, então...?

Esse é o momento quando precisamos nos lembrar que sempre há esperança quando Cristo toca na vida de uma pessoa. Jesus tocou na filha de Jairo, e ela se levantou dentre os mortos. Jesus lhe disse: "Menina, eu te mando, levanta-te!" Não era somente uma ordem para que a vida lhe retornasse, mas era também para lhe devolver a dignidade como pessoa. Não importa se caímos por culpa da amargura, da ansiedade, das drogas, da dor, do ódio, ou por qualquer outro inimigo que nos tenha vencido. Embora por vezes algumas coisas nos deixem no chão e aparentemente mortos, Deus nos levanta e restaura nossa vida. Para Ele, estamos apenas dormindo... aguardando o toque da mão do Salvador.

E não apenas isso, porque Ele se preocupa com os detalhes que julgamos menos importantes. A primeira coisa que Jesus pediu aos pais da menina foi que lhe dessem de comer. Assim é nosso Deus: não só nos dá vida e nos levanta, mas também cuida de nós. Ele se preocupa com cada necessidade em nossa vida, não querendo que nada nos falte.

Conhecemos muitas histórias por meio dos evangelhos. Sabemos que o Senhor Jesus não escondeu os doentes, mas se colocou ao lado deles: Ele os dignificou e os levantou. Não somente os curou, mas se preocupou com eles e lhes concedeu a maior parte do Seu tempo, buscou-os e abraçou-os. Ele quer que todos nós façamos o mesmo: que aprendamos a estar ao lado dos menosprezados. O sofrimento não é um castigo de Deus como acreditavam os religiosos de outros tempos, mas é uma oportunidade que Ele nos dá para mais nos parecermos com o Seu Filho. Se queremos viver como cristãos, devemos andar como Ele andou. Se queremos pregar o evangelho, a melhor forma de fazê-lo é preocupando-nos com os que são menosprezados e com os que sofrem.

Temos de viver sempre perto de Jesus; custe o que custar. Crer nele, que não somente tem poder para mudar qualquer circunstância, como também aprender a descansar completamente nele. Na saúde ou na doença; na pobreza ou na riqueza... Essas promessas, porventura, não nos são conhecidas?

Pois nada menos que isso deve ser o nosso compromisso de amor por Jesus.

Homem de dores e que sabe o que é padecer (ISAÍAS 53:3).

26 | JAMAIS TEVE PRESSA

Quando alguém precisa encontrar trabalho, costuma ver anúncios. Jornais, revistas, murais de supermercados e edifícios públicos têm ofertas de emprego que merecem ser vistos. Em quase todas essas ofertas, costuma aparecer uma expressão: "Com experiência". Seja qual for o trabalho, é imprescindível alguma experiência no setor. Poucas empresas admitem pessoas que não saibam o que fazer.

O profeta Isaías apresentou Jesus como uma pessoa com experiência em aflições. Ninguém poderia pensar que Deus se apresentasse assim. As Suas credenciais poderiam ter sido: Criador, Mestre, Poderoso, Filho de Deus, Salvador... Entretanto, quando lemos a Bíblia, encontramos um Messias diferente: acessível, amável, determinado, humilde e, acima de tudo, acostumado ao sofrimento.

1. SUA TRANQUILIDADE

Jesus nunca teve pressa. Dispunha de três anos para cumprir Seu ministério, mas nunca o vemos correndo. Ele se entreteve com as crianças, e falou com as pessoas que se encontravam sozinhas, menosprezadas e doentes. Ele se deteve para curar cegos e os leprosos. Às vezes, podia estar pressionado pela tirania das coisas necessárias. De fato, Seus discípulos o acusaram mais de uma vez fazendo uma pergunta, "Por que não fazes isto ou aquilo?" Mas Ele seguiu Seu caminho tranquilamente, falando, abençoando, curando, explicando cada detalhe a qualquer um que desejasse. Ele não queria viver apressadamente.

Ele não quis converter o mundo todo, embora pudesse fazê-lo, mas somente àqueles que o aceitaram. Não forçou as situações, não correu desejando estar em toda parte, mas fez a coisa mais simples: falou a uma pessoa em cada situação. Ele é o melhor exemplo para nós, que buscamos o reconhecimento e as grandes realizações em nossa vida, querendo fazer o trabalho no lugar de vinte pessoas, sem nos darmos conta de que o nosso Deus é o Deus das coisas simples, das conversas a sós. Jesus nos ensinou a viver em paz.

2. SUA DISCIPLINA E SEUS COSTUMES

Indo para Nazaré, onde fora criado, entrou, num sábado, na sinagoga, segundo o seu costume, e levantou-se para ler
(LUCAS 4:16).

Apesar de Ele ser Deus, assistia na sinagoga conforme era Seu costume. Quase sempre as opiniões que ouvia estavam muito longe de ser a Palavra de Deus. Com certeza, muitas vezes teve vontade de corrigir o que os líderes religiosos diziam "em nome" do Seu Pai, mas Ele continuava indo à sinagoga na qual se criara. Conservando-se em silêncio, o que para nós é quase impossível de se praticar.

Ele passava noites inteiras orando. Queria estar com o Seu Pai. Esse era um dos seus imprescindíveis desejos. O profeta havia declarado "Busquei entre eles um homem que tapasse o muro e se colocasse na brecha perante mim, a favor desta terra, para que eu não a destruísse; mas a ninguém achei (EZEQUIEL 22:30). E Jesus cumpriu a vontade de Deus. Ele foi o homem que sempre esteve intercedendo pelos outros, pelo Seu povo, a favor de cada um de nós!

Deus se fez homem e escolheu viver sob a "tirania" da disciplina. "À tarde, ao cair do sol, trouxeram a Jesus todos os enfermos e endemoninhados" (MARCOS 1:32). Depois de um dia cansativo, em que havia caminhado, ensinado e curado, e embora já fosse noite, Jesus continuava recebendo a todos. No dia seguinte, quase não tendo podido descansar, levantou bem cedo de manhã, quando ainda era escuro, para orar, assim como em outros momentos da Sua vida...

Ele jamais se deixava levar pela urgência do momento. Frequentemente, levava Seus discípulos para descansar e meditar. Quando João Batista é decapitado, (não se deve esquecer que alguns dos Seus discípulos haviam antes sido discípulos dele), "E ele lhes disse: Vinde repousar um pouco, à parte, num lugar deserto (MARCOS 6:31). Nós teríamos explicado aos discípulos as razões do reino e os motivos por que Deus permitiu que João fosse morto. Jesus os acolheu e os levou para descansar. Às vezes, esquecemo-nos de que um acolhimento nos ajuda a curar muito melhor do que um sermão.

3. SUA RADICALIDADE

"Radical" é uma palavra que nos soa um tanto estranha. Pensamos que uma pessoa radical é alguém que vai dando "tiros" para todo lado e odiando quase todo mundo. No seu sentido original, "radical" é alguém "apegado à raiz, alguém que busca a razão e o fundamento de todas as coisas. Alguém que nos possa parecer desafiador porque não quer levar uma vida superficial.

Jesus foi radical na sua maneira de ensinar, de viver e de explicar o reino de Deus. Nunca foi superficial, nem mudou Sua mensagem por nada deste mundo.

"Então, perguntou Jesus aos doze: Porventura, quereis também vós outros retirar-vos?" (JOÃO 6:67). Ele perguntou isso aos Seus discípulos, quando muitos o abandonaram, porque não haviam compreendido a mensagem do evangelho do Reino. Ele não "aguentava" os indecisos, os que avaliam os custos de cada decisão e querem estar em toda parte sem se comprometer. Não quis fundar Seu Reino com pessoas medrosas, tristes e "indecisas". Para seguir a Jesus é preciso entregar a vida. Para Deus, não servem os que desejam ter um pé em cada lado, como se não quisessem viver sem Deus e sem o mundo, pois em algum momento poderiam precisar de um dos dois.

> "QUEREIS TAMBÉM VÓS OUTROS RETIRAR-VOS?"
> NINGUÉM TERIA ARRISCADO TANTOS DIAS DE ENSINAMENTO
> E ESFORÇO DIANTE DA POSSIBILIDADE DE SEUS DISCÍPULOS
> NÃO O ENTENDEREM E O ABANDONAREM...

Foi radical na mudança de vida que anunciou. Ele disse a um dos líderes religiosos e mestre em Israel que precisava nascer de novo (JOÃO 3), a alguém que estava procurando levar uma vida em conformidade com a lei de Deus. Ele não disse isso à prostituta, nem à mulher samaritana com seus cinco maridos, nem a Mateus, o cobrador de impostos, embora todos eles necessitassem nascer de novo. Isso foi dito à melhor pessoa que se podia encontrar em Israel!

Ele aceitou o risco de cada momento. Ensinou-nos que Deus não depende do conforto em Sua vida, mas que é capaz de ir muito além do que pensamos, porque não mede o que dá ou a graça que esbanja. O nosso Pai gosta que nós também vivamos dessa maneira. Jesus viveu "dependendo" das decisões de outras pessoas, assumindo "riscos" desde o Seu nascimento, porque grande parte da Sua vida foi conduzida pelo que os outros pensavam e faziam. Embora Ele estivesse por trás de tudo, submeteu-se à obediência voluntária de outros. Viveu uma perfeita "aventura" ao permitir que aquilo que outras pessoas faziam o afetasse diretamente. Nada o surpreendia porque Ele sabia de tudo, mas jamais nos deu a imagem de querer ter tudo sob o Seu controle, como nós tantas vezes fazemos.

Foi corajoso com toda a força do Seu coração. Não é um Messias indeciso, que sempre está cedendo, sem ser capaz de manter Sua opinião. A força do Seu caráter foi demonstrada em muitas ocasiões, não somente quando enfrentou os escribas, os fariseus e os mestres da lei, ou quando expulsou os cambistas do templo... Inclusive quando guardou silêncio, ao ser acusado falsamente, mostrou o caráter indomável do Seu coração! Ele é a verdade em pessoa, jamais teve de ceder diante de nada e de ninguém.

Ele mesmo ensinou aos Seus discípulos que, no evangelho, não existe lugar para os que se deixam levar porque são os "...fortes os que conquistam o reino de Deus" (MATEUS 11:12).

4. SUA DETERMINAÇÃO

> *E aconteceu que, ao se completarem os dias em que devia ele ser assunto ao céu, manifestou, no semblante, a intrépida resolução de ir para Jerusalém e enviou mensageiros que o antecedessem. Indo eles, entraram numa aldeia de samaritanos para lhe preparar pousada. Mas não o receberam, porque o aspecto dele era de quem, decisivamente, ia para Jerusalém* (LUCAS 9:51-53).

Por volta da metade do Seu ministério, Jesus começou a preparar Sua partida deste mundo. Como quem está com tudo bem planejado, Ele empreendeu Seu caminho de volta ao Seu Lar, à glória que tinha na presença do Pai. O caminho na direção da cruz estava marcado, e todos conseguiam ler no rosto do Messias que estava determinado ir a Jerusalém. Todas as pessoas souberam disso.

Ele sabia que ia morrer, e caminhava na frente de todos. Os Seus discípulos estavam completamente assustados, cheios de medo, temendo pelo que ia acontecer. Quando começaram a entender que Ele precisava morrer, quiseram convencê-lo a mudar Seus planos, mas Jesus não lhes deu importância, porque desejava fazer daquela maneira. Esperava cumprir a decisão de ir à cruz em nosso lugar. Caminhava na direção daquele lugar, indo à frente de todos. Isso podia ser visto no Seu rosto. Nada conseguiria afastá-lo daquele objetivo. Nada podia vencer Seu amor por nós.

Jesus havia passado muitos dias no Getsêmane, orando. Sabia que era o lugar onde Seu sofrimento seria quase mortal, mas se acostumara a orar ali como se quisesse dar boas-vindas à dor. Durante o dia, ensinava no templo. Mas, ao escurecer, saía e passava a noite no monte chamado das Oliveiras (LUCAS 21:37). Nós fugimos do sofrimento porque não nos damos conta de que pode ser uma parte essencial em nossa vida. Jesus nos ensinou que o quebrantamento não somente pode ser a vontade de Deus para nós, como também é o melhor que nos pode acontecer!

Assim foi a determinação do Senhor Jesus. Toda a Sua vida é considerada no evangelho de Lucas como uma longa viagem. Viagem do céu à terra, na primeira parte do livro; viagem rumo à cruz, na segunda parte. Jesus estava em viagem, e Lucas menciona isso, vez por outra, porque Sua vida consistia em ir a Jerusalém para obedecer à vontade do Pai. Esse foi o motivo por que Jesus orou em todo momento.

Nossa vida também é uma viagem. Sabemos para onde? Quanto tempo passamos em oração buscando a vontade do Pai?

5. SEU EXEMPLO

Quando Lucas começa o relato de Atos dos Apóstolos, fala sobre o que o Mestre "começou a fazer e ensinar (ATOS 1:8). Essa é a verdadeira sequência. Entretanto, não é o que costuma acontecer em nossa vida. Gostamos de falar muito, e fazer pouco.

No mundo onde os grandes "charlatões" dos meios de comunicação são os heróis, Jesus se preocupou, em primeiro lugar, em fazer; e, mais tarde, em falar.

A vida de Jesus tem a ver com a Sua experiência com o sofrimento. Você se lembra do que dissemos no começo? Essa é a base do caráter de Jesus, experimentado em aflição, na dor, na solidão. Este foi o Seu exemplo para nós, embora não seja do agrado de alguns:

> *Em seguida, foi Jesus com eles a um lugar chamado Getsêmani*
> *e disse a seus discípulos: Assentai-vos aqui, enquanto eu vou ali*
> *orar; e, levando consigo a Pedro e aos dois filhos de Zebedeu,*

começou a entristecer-se e a angustiar-se. Então, lhes disse: A minha alma está profundamente triste até à morte; ficai aqui e vigiai comigo. Adiantando-se um pouco, prostrou-se sobre o seu rosto, orando e dizendo: Meu Pai, se possível, passe de mim este cálice! Todavia, não seja como eu quero, e sim como tu queres. E, voltando para os discípulos, achou-os dormindo; e disse a Pedro: Então, nem uma hora pudestes vós vigiar comigo? Vigiai e orai, para que não entreis em tentação; o espírito, na verdade, está pronto, mas a carne é fraca. Tornando a retirar-se, orou de novo, dizendo: Meu Pai, se não é possível passar de mim este cálice sem que eu o beba, faça-se a tua vontade. E, voltando, achou-os outra vez dormindo; porque os seus olhos estavam pesados. Deixando-os novamente, foi orar pela terceira vez, repetindo as mesmas palavras. Então, voltou para os discípulos e lhes disse: Ainda dormis e repousais! Eis que é chegada a hora, e o Filho do Homem está sendo entregue nas mãos de pecadores (MATEUS 26:36-45).

O Messias queria lhes ensinar a bênção do sofrimento, a contradição quase incrível de seguir a vontade de Deus para entregar a vida e fazer isso cheios de alegria. Pediu-lhes que orassem com ele, mas Seus discípulos não foram capazes sequer de entender o que estava acontecendo. Jesus, longe de querer lhes explicar o que sentia, ou de lhes cobrou pelo fato de se ver sozinho, perdoou-os com afeto. Não era momento para sermões ou explicações. Jesus precisava dos Seus amigos mais do que nunca. Ainda assim, preferiu não recriminá-los por nada.

Voltou ao lugar onde eles estavam pela segunda e, inclusive, pela terceira vez, usando as mesmas palavras, mas encontrou a mesma resposta. Ele estava sozinho, de maneira que, colocou toda a Sua vida e Seu sofrimento nas mãos do Pai. Isso faz lembrar a todos nós que a perseverança não ofende a Deus. Às vezes nos questionamos se Deus não estará cansado de ouvir nossas orações, de ouvir sempre as mesmas petições, evidenciando que continuamos com os mesmos temores. Jesus voltou três vezes à presença do Pai, expressando a mesma dor. O Nosso Pai sabe o que está em nosso coração. Ele nos ajuda a orar por meio do Seu Espírito. Ele sabe do que necessitamos. Deus sabe de tudo o que acontece e nos ajuda em nossa fraqueza.

> SE PENSARMOS QUE NA VIDA NUNCA HAVERÁ TRISTEZA,
> E QUE TUDO QUANTO NOS ACONTEÇA SERÁ UM TRIUNFO APÓS OUTRO,
> TALVEZ TENHAMOS EQUIVOCADO NA ESCOLHA DO MESTRE.

O Messias foi um homem experimentado em aflição. Por isso, não é estranho que nós também tenhamos de assim viver. Se pensarmos que, em nossa vida, nunca haverá tristeza e que tudo quanto nos aconteça será um triunfo após outro, talvez estejamos seguindo um mestre equivocado. Jesus nada possuía, não teve onde dormir, foi menosprezado e rejeitado. Ele mesmo nos advertiu sobre o que aconteceria em nossa vida, jamais quis nos enganar ou que alguma situação nos tomasse de surpresa: "Tenho-vos dito estas coisas para que não vos escandalizeis. Eles vos expulsarão das sinagogas; mas vem a hora em que tudo o que vos matar julgará com isso tributar culto a Deus. Isto farão porque não conhecem o Pai, nem a mim (JOÃO 16:1-3).

Muitas vezes, não seremos tratados como pessoas normais. Pode acontecer que percamos todos os privilégios, ou quem sabe não possamos levar nossos filhos ao colégio. Pobres, maltratados, conduzidos à morte. Isso vem acontecendo em muitos países do mundo, mesmo nos dias de hoje. Milhares de pessoas estão pagando com a vida o privilégio de seguir o Messias.

Mesmo assim, Jesus não está forçando ninguém a segui-lo. Nós somos os que decidimos. Decidimos se queremos ser tratados como Ele e sermos perseguidos como o perseguiram (MARCOS 10:38). Que ninguém pense que se pode seguir a Jesus e não ser maltratado; que ninguém creia haver alguma possibilidade de viver perto do Mestre sem sofrer as consequências.

Bem-aventurados sois quando os homens vos odiarem e quando vos expulsarem da sua companhia, vos injuriarem e rejeitarem o vosso nome como indigno, por causa do Filho do Homem. Regozijai-vos naquele dia e exultai, porque grande é o vosso galardão no céu; pois dessa forma procederam seus pais com os profetas. Amai os vossos inimigos, fazei o bem aos que vos odeiam; bendizei aos que vos maldizem, orai pelos que vos caluniam. Ao que te bate numa face, oferece-lhe também a outra; e, ao que tirar a tua capa, deixa-o levar também a túnica; dá a todo o que te pede; e, se alguém levar o que é teu, não entres em demanda. Como quereis que os homens vos façam, assim fazei-o vós também a eles (LUCAS 6:22,23, 27-31).

"Bem-aventurados sois quando os homens vos odiarem". A pergunta é demasiadamente direta para nós: Qual é a fonte da nossa felicidade? As igrejas cheias e bonitas? Sucesso na vida? Fama no ministério? As bênçãos que Deus nos concede a cada dia? Nossa situação econômica ou social? Nossas celebrações? Jesus nos ensinou que somos bem-aventurados quando entramos nos "...degraus do menosprezo" (LUCAS 6:22). Concentre-se em Suas palavras como se tratasse de uma enxurrada de ódio; a perseguição se fazendo cada vez mais forte:

- "Vos odiarem": Às vezes, somos tratados de uma forma injusta pelo fato de sermos crentes.
- "Expulsarem da sua companhia": O passo seguinte é nos deixarem de lado, não quererem estar conosco.
- "Vos injuriarem": Atacam-nos pessoalmente, dizem mentiras contra nós.

- "Rejeitarem o vosso nome como indigno": O último passo é não quererem que ninguém tenha nada a ver conosco.

Diante de tudo isso, temos somente uma forma cristã de reagir. O próprio Senhor Jesus explicou mais adiante (LUCAS 6:27). Esta é a única maneira de se fazer as coisas: da maneira divina, aquela que necessitamos aplicar em nossa vida. É claro demais para ficar escondido:

1. Vos odiarem	1. Amai
2. Expulsarem da sua companhia	2. Fazei o bem
3. Vos injuriarem	3. Abençoai (falai bem)
4. Rejeitarem vosso nome como indigno	4. Orai pelos vossos inimigos

Se nos odeiam, amamos. Se se afastarem de nós, responderemos, fazendo o bem. Se os outros nos insultarem, nós abençoamos. Quando nada quiserem saber de nós, responderemos orando por eles, pedindo que Deus os proteja. Essa deve ser a nossa maneira de viver.

Uma vida completamente diferente. Uma vida radical, radiante, cheia de beleza. Uma vida capaz de transformar o mundo, mesmo em meio ao sofrimento. Uma vida com os olhos postos no nosso Senhor, descansando no que não se vê, no que é eterno. Uma vida cheia do Espírito de Deus, desfrutando sempre da vontade do Pai.

Uma vida que cada vez mais se parece com a vida do Senhor Jesus.

27 | ENCONTROS NO MAR

O mar era um dos lugares preferidos por Jesus. Os evangelhos mencionam que Ele chegava à praia, em muitas ocasiões, para passear, orar ou ensinar. Às vezes, ficava sentado perto do mar e observava. Muitos dos Seus ensinamentos foram ouvidos juntamente com o agradável som das ondas. Alguns dos Seus milagres aconteceram com o fundo azul do horizonte. Por vezes, Suas palavras e Seus gestos "cheiravam" a peixe. Os discípulos aprenderam a segui-lo caminhando com os pés meio enterrados na areia da praia.

Um dos evangelistas, Marcos, era discípulo de um pescador. Pedro inclusive chama-o de "filho" quando manda saudações na primeira das suas cartas[1]. Pedro não se esqueceu das suas origens apesar da passagem do tempo. Quando ele contou para Marcos muitos dos momentos que passou com Jesus, e ele os colocou no seu evangelho, damo-nos conta de que foi junto ao mar que Pedro passou grande parte dos seus dias com o Mestre.

Jesus não somente escolheu pescadores para serem Seus discípulos, como também lançou mão de circunstâncias relacionadas com o mar para lhes ensinar lições eternas, lições imprescindíveis em suas vidas. Eles jamais se esqueceram desses ensinos, porque o mar estava no Seu coração.

1. JESUS CHAMA SEUS DISCÍPULOS

Jesus chamou os que iam ser Seus discípulos. Escolheu-os pessoalmente. Não os buscou no templo, onde estavam os intérpretes da lei, os mestres e os religiosos. Tampouco os encontrou entre a família do rei; nem entre os soldados. Não foi ao Sinédrio, onde se encontravam os mais experientes e preparados espiritualmente de todo o povo de Israel. Jesus foi diretamente ao mar da Galileia, o lugar onde frequentemente os pescadores tinham de lutar contra as tempestades, e chamou aqueles que estavam acostumados a trabalhar no limite do risco para dar de comer às suas famílias.

Pescadores. Eles conheciam bem a profissão deles. Não eram preguiçosos. A história nos diz que, quando Jesus os chamou, alguns estavam consertando as redes e outros estavam pescando. Todos trabalhavam duro. Os pescadores sabem esperar e conhecem o desânimo ao não apanhar nada e voltar a começar tudo com a mesma energia no dia seguinte. Sabem confiar em Deus, quanto ao que devem fazer, e também sabem que quase tudo depende do que Deus pode lhes oferecer, mais do que da sua habilidade no trabalho.

> JESUS FOI DIRETAMENTE AO MAR DA GALILEIA, AO LUGAR ONDE FREQUENTEMENTE ACONTECIAM AS TEMPESTADES, PARA CHAMAR ÀQUELES QUE ESTAVAM ACOSTUMADOS A VIVER NO LIMITE DO RISCO.

Marcos escreve sob a inspiração do Espírito Santo, mas também com a influência do apóstolo Pedro. Essa é a razão por que conhecemos tantos detalhes sobre o momento quando Jesus chamou Seus discípulos. Era um dia normal, e eles estavam se preparando para começar a trabalhar, mas Jesus chegou...

> *Caminhando junto ao mar da Galileia, viu os irmãos Simão e André, que lançavam a rede ao mar, porque eram pescadores. Disse-lhes Jesus: Vinde após mim, e eu vos farei pescadores*

de homens. Então, eles deixaram imediatamente as redes e o seguiram. Pouco mais adiante, viu Tiago, filho de Zebedeu, e João, seu irmão, que estavam no barco consertando as redes. E logo os chamou. Deixando eles no barco a seu pai Zebedeu com os empregados, seguiram após Jesus (MARCOS 1:16-20).

O Senhor Jesus caminhava junto ao mar, como se quisesse que eles soubessem que Ele os estava procurando. Ele era Deus e sabia onde eles estavam, mas de certa maneira estendia Sua busca para que os que iam ser Seus discípulos vissem que Ele veio para encontrá-los.

Jesus os chamou, e eles imediatamente deixaram suas redes e o seguiram. Não precisaram de nenhum sinal, somente de Cristo (v.19), "Ele os viu". Havia muitos outros pescadores, mas Ele os escolheu. Deus sabe quem somos, Ele nos vê em nosso trabalho, conhece os nossos sonhos, sabe o que existe no coração de cada um. Ele nos busca, embora nos julguemos ter pouco valor. Lembre-se de que Jesus "...chamou aos que Ele quis" (MARCOS 3:13). Não existe nenhuma possibilidade de se argumentar, discutir, ou decidir se alguém serve ou não. Deus sempre chama a quem Ele quiser e da maneira que Ele achar melhor. Para tanto, Ele é Deus.

Jesus estava muito cansado quando os chamou. Ele tinha percorrido um longo caminho e, na noite anterior, havia passado em oração, falando com o Pai. Entretanto, começou a ensinar naquele momento. Ele estava mostrando aos Seus discípulos o que significa praticar o bem em meio ao cansaço. Eles deixavam de pescar quando terminava o seu trabalho, ou quando nada conseguiam apanhar. O trabalho de Jesus nunca terminava. Jamais deveriam se esquecer daquela primeira lição.

Agora como seguidores do Mestre, deixaram seus barcos, alguns até deixaram o seu próprio pai, e foram após Ele. Este era o objetivo, "...que estivessem com Ele" (MARCOS 3:13). Esta foi a mensagem de Jesus: "Vinde após mim". Era a segunda lição que precisavam aprender porque não se pode dar o que não se tenha recebido. É preciso estar perto do Mestre. Não podemos ser fontes de vida se não estivermos dentro da Fonte com letra maiúscula.

Jesus não escolheu Seus discípulos entre os membros do Sinédrio, Templo ou no Palácio. Foi diretamente buscar aqueles que trabalhavam e arriscavam suas vidas no mar.

Ele os capacitou da melhor forma possível. Não quis avaliá-los quanto aos seus conhecimentos ou aptidões, mas ensinou-lhes a viver (MATEUS 17:14-21). A partir do momento em que os chamou, eles passaram a ser "um" com Ele. Algumas vezes seguiram-no fielmente. Mas, em muitas ocasiões, eles se equivocaram, falharam. Até, em algum momento, chegaram a abandoná-lo. Mas Jesus se comprometeu com eles, amou-os e defendeu-os com "unhas e dentes".

O chamado de Jesus foi inesquecível para todos. Cada evangelista lembra-se de pormenores do seu chamado, e inspirado por Deus, ensina-nos o que significou aquele momento em sua vida. No dia que encontraram Jesus, conversaram até a chegada da noite. João, o discípulo que seria chamado como discípulo amado, jamais se esqueceu do momento quando encontrou Jesus: "Respondeu-lhes: Vinde e vede. Foram, pois, e viram onde Jesus estava morando; e ficaram com ele aquele dia, sendo mais ou menos a hora décima (JOÃO 1:39).

Nenhum dos Seus discípulos esqueceu jamais dos detalhes e do momento do seu chamado.

> *De novo, saiu Jesus para junto do mar. Quando ia passando, viu a Levi, filho de Alfeu, sentado na coletoria e disse-lhe: Segue-me! Ele se levantou e o seguiu* (MARCOS 2:13-17).

O Messias continua chamando: Levi (Mateus) era judeu, mas também era publicano. Os cobradores de impostos eram expulsos da sinagoga e eram, em muitas ocasiões, qualificados como homicidas e ladrões. A Bíblia declara que Mateus era um publicano da pior espécie, um funcionário da alfândega, um dos que se colocavam nos portos recebendo os barcos com peixes, para lhes cobrar os devidos impostos. Habitualmente, cobravam a mais em benefício próprio. Os publicanos não podiam ser testemunhas em um julgamento e não tinham, segundo os judeus, qualquer possibilidade de se arrependerem e se voltarem para Deus. Mas Cristo o chamou e não lhe impôs nenhuma condição. Uma única palavra foi o bastante: "Segue-me!".

Jesus chamou apenas Mateus, mas o autor do evangelho escreve que muitos outros publicanos chegaram porque ele convidou a todos os seus amigos e fez um grande banquete para celebrar o seu encontro com Jesus. Até aquele momento, ele vivia preocupado com o dinheiro. Mas, de repente, Jesus chegou, e ele deixou tudo. A sua casa se encheu de alegria, e o Mestre se juntou à festa.

2. AS TEMPESTADES DA VIDA

Ora, levantou-se grande temporal de vento, e as ondas se arremessavam contra o barco, de modo que o mesmo já estava a encher-se de água. E Jesus estava na popa, dormindo sobre o travesseiro; eles o despertaram e lhe disseram: Mestre, não te importa que pereçamos? E ele, despertando, repreendeu o vento e disse ao mar: Acalma-te, emudece! O vento se aquietou, e fez-se grande bonança. 40Então, lhes disse: Por que sois assim tímidos?! Como é que não tendes fé? (MARCOS 4:36-41).

As situações "extremas" eram bastante normais entre os pescadores. E, em quase todas as viagens, a vida era colocada em risco, devido às tempestades. Viviam presos ao seu "destino" sem nada poder fazer para mudar as coisas. Muitas vezes, o máximo das suas forças não era suficiente para controlar o barco. Por isso que se "deixavam" ao que Deus quisesse fazer com eles. Não era porque assim o quisessem, mas era porque não tinham outra solução.

Apesar de estarem acostumados a tudo, Marcos relata um momento que jamais viveram antes. Naquela viagem, levavam com eles o Mestre e pensaram que isso era um "seguro de vida" para qualquer circunstância. Portanto, colocaram-se no mar com mais confiança do que de costume. Não era para menos. O Criador dos céus e da terra viajava no mesmo barco.

Quando a tempestade desabou, e eles se deram conta de que suas vidas corriam perigo, todos começaram a lançar fora a água e a se esforçarem para terem o barco sob controle. Todos, menos Jesus. Todos estavam preocupados, agitados, nervosos, cheios de medo. Enquanto isso, o Mestre dormia. Todos estavam perdendo, aos poucos, as forças e com elas, a vida. E o Messias, além de não se preocupar, continuava dormindo. Aquilo os deixou desconcertados. Inclusive, para alguns, foi motivo de irritação. Enquanto o Mestre continuava "dormindo", eles estavam trabalhando duro.

> ALGUMAS VEZES, NAS SITUAÇÕES MAIS DIFÍCEIS DA VIDA, APARENTEMENTE, DEUS ESTÁ "DORMINDO".

Os discípulos despertaram Jesus e o recriminaram, dizendo: "Não se te dá que pereçamos"?

Não lhe pediram ajuda, nem lhe pediram que aquietasse os ventos e o mar. Não falaram que confiavam nele e esperavam um milagre. Não! Despertaram-no para reclamar que Ele não se importava que eles morressem. Aparentemente, enquanto chegavam ao seu último suspiro de suas vidas e suas forças, o Criador estava dormindo.

A mesma coisa nós fazemos quando nos achamos numa situação que não entendemos. Clamamos a Deus e o culpamos, reclamando que não está vindo nos ajudar imediatamente. Pensamos que Ele não se importa com o que nos acontece, e que vive longe de nós. Somos mais rápidos para reclamarmos do Seu "dormir", do seu estar longe de nós, do que para lhe pedir que nos ajude.

Sentimo-nos melhor reclamando e culpando, do que confessando nossa necessidade.

O mais curioso em tudo isso é que, enquanto nos debatemos entre a reclamação e a dúvida, Jesus apenas precisa de uma palavra para controlar a situação. Ele ergueu Sua mão e disse ao mar: "Aquieta-te". Um único gesto de Deus faz com que tudo mude. Nós continuamos perguntando: "Por que o Senhor não fez isso antes"? A resposta continua sendo a mesma: Deus age no tempo certo.

Ele sempre espera que a nossa fé se manifeste. A confiança em Deus é o que faz a diferença, e nossa fé cresce quando for provada. É possível que Pedro se lembrasse dessa situação quando escreveu "Para que, uma vez confirmado o valor da vossa fé, muito mais preciosa do que o ouro perecível, mesmo apurado por fogo, redunde em louvor, glória e honra na revelação de Jesus Cristo (1 PEDRO 1:7).

Jesus é o Senhor da natureza. Ele dá ordens e o mar obedece. "Eu te ordeno", diz-lhe. Fala com poder, sem vacilações, determinando, sabendo que Ele é o Rei (MARCOS 9:25). Podia dormir tranquilamente porque Ele mesmo havia criado a natureza.

Então chega a pergunta crucial para eles: "Por que sois tímidos, homens de pequena fé?". Por muito que o mar rugisse, jamais lhes poderia causar dano. Jesus estava com eles. Ele continuava sendo o Todo poderoso, mesmo dormindo.

Deus tem tudo em Suas mãos, mesmo quando nos dá a impressão de estar dormindo. Podemos descansar tranquilamente.

Pedro não se esqueceu disso. Nos primeiros dias da Igreja, ele foi colocado na prisão para ser executado no dia seguinte (ATOS 4) e dormiu tranquilamente, confiando em Deus. Iria morrer e ficou dormindo profundamente! O anjo que foi ajudá-lo precisou tocar nele para acordá-lo. Pedro sabia que Deus não o abandonaria, de sorte que, na noite anterior ao dia que julgava ser o da sua morte, dormiu profundamente. Tranquilo. Descansando em Deus. Sabia que, até dormindo, Deus cuida de nós. Ele havia aprendido uma das lições mais importantes da vida.

3. A PESCA INESQUECÍVEL

> E viu dois barcos junto à praia do lago; mas os pescadores, havendo desembarcado, lavavam as redes. Entrando em um dos barcos, que era o de Simão, pediu-lhe que o afastasse um pouco da praia; e, assentando-se, ensinava do barco as multidões. Quando acabou de falar, disse a Simão: Faze-te ao largo, e lançai as vossas redes para pescar. Respondeu-lhe Simão: Mestre, havendo trabalhado toda a noite, nada apanhamos, mas sob a tua palavra lançarei as redes. Isto fazendo, apanharam grande quantidade de peixes; e rompiam-se lhes as redes. Vendo isto, Simão Pedro prostrou-se aos pés de Jesus, dizendo: Senhor, retira-te de mim, porque sou pecador. Pois, à vista da pesca que fizeram, a admiração se apoderou dele e de todos os seus companheiros, bem como de Tiago e João, filhos de Zebedeu, que eram seus sócios. Disse Jesus a Simão: Não temas; doravante serás pescador de homens (LUCAS 5:2-11).

Todos estavam esgotados. Haviam trabalhado a noite toda e continuavam lavando as redes para que elas não cheirassem a peixe morto quando saíssem novamente para pescar.

Jesus subiu no barco de Pedro. Não foi uma casualidade. Fez isso de propósito porque desejava lhe ensinar algumas coisas. Às vezes, Deus permite certas circunstâncias porque deseja fazer algo em nossa vida.

Pedro bem sabia que depois de ouvir Jesus teria de agir. As boas mensagens sempre levam à ação. Não se entende que ouçamos a Palavra de Deus e fiquemos de braços cruzados sem fazer nada. A ocasião parecia incrível. Jesus, um carpinteiro, dizendo aos pescadores como deveriam pescar. Era algo ridículo, mas eles obedeceram. Além disso, era de madrugada e, naquele mar, só havia peixes durante a noite. Nada parecia ter sentido, mas eles obedeceram. "Faze-te ao largo, e lançai as vossas redes para pescar", disse Jesus a Pedro, como se quisesse ensinar que o servir a Deus sempre nos conduz ao que é mais difícil, onde estão os problemas, em situações que talvez não possamos resolver. Seguir o Mestre sempre é avançar ao que é mais profundo: à raiz de tudo.

Pedro quis expor suas razões. Jesus talvez soubesse muito do evangelho do reino, mas a pesca era coisa dele. Argumentou com Jesus dizendo que haviam trabalhado por muito tempo. Essa não era a melhor motivação. Pode-se trabalhar muito com resultado nulo.

> PEDRO QUIS EXPOR SUAS RAZÕES. JESUS PODERIA SABER MUITO DO EVANGELHO DO REINO, MAS A PESCA ERA COISA DELE.

"Sob a tua palavra lançarei as redes", Pedro lhe disse, de repente, porque num momento descobriu a motivação perfeita: a obediência à Palavra de Deus. Talvez não tivesse a melhor atitude, como quando dizemos "Vamos em frente, não há outro remédio!"; como quando trabalhamos, evangelizamos ou fazemos algo para o Senhor porque Ele o disse, mas não fazemos por amor.

Mesmo sem estar totalmente convencido, Pedro fez o melhor, lançou a rede. Os peixes apareceram de uma forma surpreendente. Não foram um ou dois, mas centenas de peixes. Deus abençoa de maneira abundante nossa obediência. Isso não é uma espécie de chantagem divina, de forma que, quanto mais obedecermos, mais Ele nos dará. Não! A obediência em si mesma já é a bênção. Por isso, vale a pena!

Quando Pedro viu a quantidade de peixes, ele se inclinou aos pés de Jesus e disse: "Senhor, retira-te de mim, porque sou pecador". Agora sua atitude foi perfeita.

Os discípulos continuaram impressionados, quase com medo. Medo porque Deus havia feito um milagre com eles e não se sentiam dignos. Jesus aquietou, com Suas palavras, a situação no momento mais complicado e lhe disse: "Não temas". E acrescentou: "Doravante serás pescador de homens".

A vida deu uma volta completa para Pedro. Já não se tratava de trabalhar para viver, para comer, para manter a família. A partir daquele momento, o trabalho tinha a ver com o Reino de Deus. Somente depois de se negar a si mesmo, alguém pode seguir a Cristo. A partir de então, podemos "pescar" outras pessoas. E não devemos esquecer que o verbo usado por Jesus é "apanhar vivo", porque somente quem segue livremente a Jesus tem condições de conhecer a Sua liberdade.

4. APRENDENDO A ANDAR SOBRE AS ÁGUAS

> *Na quarta vigília da noite, foi Jesus ter com eles, andando por sobre o mar. E os discípulos, ao verem-no andando sobre as águas, ficaram aterrados e exclamaram: É um fantasma! E, tomados de medo, gritaram. Mas Jesus imediatamente lhes disse: Tende bom ânimo! Sou eu. Não temais! Respondendo-lhe Pedro, disse: Se és tu, Senhor, manda-me ir ter contigo, por sobre as águas. E ele disse: Vem! E Pedro, descendo do barco, andou por sobre as águas e foi ter com Jesus. Reparando, porém, na força do vento, teve medo; e, começando a submergir, gritou: Salva-me, Senhor! E, prontamente, Jesus, estendendo a mão, tomou-o e lhe disse: Homem de pequena fé, por que duvidaste? Subindo ambos para o barco, cessou o vento* (MATEUS 14:24-33).

Mais uma vez, os discípulos saíram ao mar, e Jesus não foi com eles. Muitas situações difíceis aparecem em nossa vida quando deixamos Jesus "em terra" (você já vai entender!). Quando pensamos que podemos viver sozinhos e nos tornamos arrogantes e autossuficientes, sem nos preocuparmos, ao empreender uma viagem (por menor que seja) sem levar Jesus conosco. Consciente ou inconscientemente, pensamos que não precisamos dele. Às vezes, até pensamos ser bom ficarmos um pouco à margem, sentindo-nos menos angustiados com a Sua presença.

Chegamos a nos convencer de que alguns momentos sem Deus não nos causarão dano. E então nos sentimos mais infelizes do que nunca; mais ansiosos do que nunca; mais desesperados que nunca, porque não podemos chegar ao nosso destino sem Ele. Não importa se nos referimos a uma pequena decisão, a algo que desejamos fazer, ou inclusive à total viagem da nossa vida. Se deixamos Deus de lado, fatigamo-nos, tratando de levar nosso barco a algum lugar.

> ÀS VEZES, PENSAMOS QUE TEMOS QUE "DESCANSAR" DELE, FICANDO UM POUCO À MARGEM, SENTINDO-NOS MENOS AFLIGIDOS COM A SUA PRESENÇA.

Sem Deus na vida, o vento sempre nos é contrário: podemos nos desgastar até a exaustão sem irmos a lugar algum. O mais importante de tudo é que Deus não nos abandona, embora nós o tenhamos deixado na margem do lago.

Jesus aparece quando já é madrugada: talvez a hora mais complicada, o momento menos apropriado, o instante menos esperado. Mas é Jesus, e é bom que venha. Seja quando o esperamos, ou seja, de madrugada; seja quando tudo está preparado ou quando parece que não temos forças para vê-lo, nós precisamos sempre dele, não podemos deixar que passe ao largo.

Todos o viram, mas pensaram que era um fantasma. Gritaram de medo! Apesar de conhecê-lo perfeitamente, eles se assustaram ao vê-lo. Algumas pessoas, quando ouvem tudo o que Deus lhes oferece, creem que não é certo, que tudo não passa de fantasia. Por vezes, nós mesmos, quando escutamos a voz de Deus, pensamos ver fantasmas e olhamos para outro lado. A resposta do Senhor é a mais terna e emocionante que podemos ouvir.

Jesus lhes disse: "Tende bom ânimo!", porque desejava que aprendessem a confiar nele. "Sou eu.", foi a frase seguinte porque necessitavam senti-lo mais perto que nunca. E disse também "Não temais!"; para que vencessem seu medo e voltasse a nascer a esperança.

> PARA SABER O QUE SIGNIFICA ANDAR SOBRE AS ÁGUAS, É PRECISO SAIR DO BARCO!

Poderia assim terminar a história, e os ensinamentos teriam sido impressionantes. De fato, para os discípulos a história terminou nesse momento.

Terminou para todos, menos para Pedro. Ele que sempre buscava "algo mais". E graças a ele, podemos melhor conhecer a Jesus. Deus gosta daqueles que não se conformam e sempre querem mais, que desejam se aproximar de Jesus um pouco mais. Pedro não se satisfez com um milagre e quis outro ainda maior. Quis andar sobre as águas! Nada menos que isso.

Se Jesus podia fazer, ele também poderia. Afinal de contas, Jesus havia dito que fariam as mesmas coisas que Ele e, inclusive, outras maiores. Assim Pedro se desafiou a si mesmo diante de todos e foi até onde Jesus estava.

Esta é a atitude que todos nós necessitamos ter: o desejo de desafiar Jesus no bom sentido da palavra. A necessidade de esperar sempre o melhor do Mestre sem nos importarmos se os outros vão rir de nós. O querer ir aonde Jesus está, embora tenhamos de suportar alguma zombaria pelo caminho.

O barco é o lugar seguro, confortável. Ele nos ajuda a vivenciar uma vida "tranquila" e "pacífica". No barco, temos conforto, segurança, desfrutamos e vivemos bem. Pode ser que estejamos seguindo o Senhor, mas de uma forma controlada, por vezes até sem que muitos saibam que somos crentes. Segurança, controle, igrejas sem problemas, crenças sem riscos... Se tomamos a decisão de crescer e seguir em frente, enfrentando novos desafios, sempre iremos sentir o desconforto do desconhecido.

Pedro começou a andar sobre a água. Gritou para Jesus: "Se és tu, Senhor, manda-me ir ter contigo"... Colocou seus pés sobre a água fortemente firmado na palavra do Mestre. Jesus havia dito "Sou eu. Não temais!". Então Pedro decidiu confiar em Sua palavra. "Se é Ele, então eu vou", pensou ele. Assim deve ser sempre, fazer tudo em nome de

Jesus. Pedir a Deus que nos ensine a Sua vontade, que nos ordene cumpri-la, embora seja arriscada. "Desafiar" a Deus e confiar nele.

Mas em pouco tempo ele começou a submergir. O vento, a tempestade, a escuridão, as ondas, a lógica, e talvez os gritos dos outros discípulos. Eram inimigos em demasia para Pedro, bastantes pressões para viver com tranquilidade. Pode ser que tenham sido os seus olhos que o fizeram afundar porque, quando deixaram de olhar para o Mestre, os pés também deixaram de obedecer.

Pedro cometeu apenas um único erro, qual seja, permitir que seu medo fosse maior que Deus. O medo não nos permite falar aos outros, impede que digamos o que Jesus faz, tira de nós a fé, destroça nossa vida, põe por terra nossa confiança em Deus...

O MEDO NOS AFUNDA!!!

Não sabemos quanto tempo Pedro andou sobre a água, mas apesar de Jesus continuar ali, e as Suas promessas também, o discípulo havia deixado de caminhar pela fé. Prontamente, entendeu que a única maneira de vencer o medo é confiar em Jesus, mesmo estando a se afundar. E foi isso que ele fez uma vez mais. Voltou a gritar, mas dessa vez, para pedir ajuda. E Jesus o acudiu. Pedro não tentou voltar ao barco nadando (isso ele podia fazer), mas buscou a ajuda do Mestre. Ele soube a quem se dirigir. E no caminho de volta ao barco, Jesus talvez tenha perguntado a Pedro a razão da sua dúvida enquanto ele estava fora do barco.

Ele tivera uma pequena fé, mas foi mais longe que qualquer outro.

Alguma vez você pensou? Se Pedro tinha uma pequena fé, quanto teriam os que permaneceram no barco? Vale mais submergir nas águas (embora estando com medo), do que permanecer a vida inteira no conforto do barco!

Todos voltaram à terra e continuaram seu trabalho, mas apenas Pedro tinha uma experiência com Jesus para contar, uma experiência que havia fortalecido a sua vida. Os outros podiam dizer que viram Jesus caminhando sobre a água. Alguns poderiam criticar Pedro pela sua pequena fé, talvez como possam fazer alguns pregadores de hoje ao se referirem à passagem. Mas o certo é que Pedro foi capaz de ir a Jesus; capaz de confiar nele de maneira desesperada; capaz de andar sobre as águas; capaz de qualquer coisa mais.

> SE PEDRO TINHA UMA PEQUENA FÉ, QUANTA FÉ TERIAM OS QUE FICARAM OLHANDO DO BARCO?

Pedro andou sobre as águas no meio de uma tempestade. Não devemos esquecer que Jesus não acalmou a tempestade até que chegaram ao barco (v.31). Devemos nos lembrar que Deus não aquieta as tempestades da vida, porque o que Ele deseja é andar conosco no meio delas para nos dar confiança. Até uma grande tempestade pode ser uma bênção em nossa vida se nos obriga a buscar o Mestre.

5. A PERGUNTA MAIS IMPORTANTE

Mas, ao clarear da madrugada, estava Jesus na praia; todavia, os discípulos não reconheceram que era ele. Perguntou-lhes Jesus: Filhos, tendes aí alguma coisa de comer? Responderam-lhe: Não. Então, lhes disse: Lançai a rede à direita do barco e achareis. Assim fizeram e já não podiam puxar a rede, tão grande era a quantidade de peixes. Aquele discípulo a quem Jesus amava disse a Pedro: É o Senhor! Simão Pedro, ouvindo que era o Senhor, cingiu-se com sua veste, porque se havia despido, e lançou-se ao mar. Ao saltarem em terra, viram ali umas brasas e, em cima, peixes; e havia também pão. Disse-lhes Jesus: Trazei alguns dos peixes que acabastes de apanhar. Disse-lhes Jesus: Vinde, comei. Nenhum dos discípulos ousava perguntar-lhe: Quem és tu? Porque sabiam que era o Senhor (JOÃO 21:1-14).

Jesus tinha ressuscitado e já havia aparecido em diversas ocasiões, mas os discípulos não tinham compreendido quais eram os Seus planos. Pedro estava com fome e decidiu ir pescar, e os outros discípulos o acompanharam. Foi uma boa decisão enquanto esperavam que o Mestre lhes explicasse qual seria a vontade de Deus para com a vida deles. E ali, novamente na praia, Jesus ia se encontrar com eles. Todos estavam com medo. Mas, além disso, Pedro havia passado pelos piores momentos da sua vida ao negar Jesus.

O problema foi que, quando Ele se aproximou, não o reconheceram. Pensaram que fosse uma pessoa estranha. Jesus estava ali, mas não sabiam que era Ele.

Em instantes, perceberam que era o Mestre que ali estava. Estavam mais perto dele, mas não era o bastante (v.5). Se Jesus é apenas um Mestre para nós, pouco poderemos fazer, pouca mudança haverá em nossa vida.

O passo seguinte foi reconhecê-lo como Rei da natureza, o Criador, aquele que tudo fez. Haviam visto Ele aquietar a tempestade e fazer com que a pesca fosse abundante. Pedro sabia disso. Por esse motivo, lançou-se na água para chegar antes que os outros. Já não se importava com os peixes nem a fome que sentia (vv.3,8); o que ele desejava era estar com Jesus.

Jesus se apresentou como o Anfitrião deles (v.9), aquele que convida, que sempre se encontra ao nosso lado, falando-nos, que deseja estabelecer um relacionamento com cada homem e cada mulher neste mundo. Pedro continuou observando tudo. Pela primeira vez em sua vida, permaneceu em silêncio, nada disse. Sabia que falhara com Jesus. Não queria nem levantar a voz, nem que se ouvisse dele alguma palavra.

> A PERGUNTA MAIS IMPORTANTE NA VIDA CONTINUA SENDO PARA NÓS A MESMA QUE JESUS FEZ A PEDRO: "AMAS-ME?"

Mas Jesus não se sentiu tão ferido como Pedro imaginara. Ele continuava sendo o Pastor com letra grande, aquele que nos conhece e nos chama pelo nosso nome. Começou a falar com Pedro, e lhe fez uma pergunta muito simples: "Amas-me?" Pedro havia se orgulhado de que ele o amava mais que ninguém e, embora todos o abandonassem, ele jamais...

Agora tinha de aprender que, se desejava servir a Jesus, deveria se preocupar com os demais, ajudando e cuidando. Ser fiel a Jesus não é se julgar superior aos outros, pensando que jamais irá cair. Amar a Deus é dar a vida pelos outros, e o amor é a única razão para isso.

O amor a Jesus deve sempre estar acima de tudo. Se cuidamos das ovelhas porque gostamos delas, somente vamos amar aquelas que são "como nós". Se o fazemos por orgulho, somente vamos servir a Deus quando os outros nos agradecem e nos elogiam. Se trabalhamos por obrigação, mais cedo ou mais tarde, vamos nos sentir angustiados. Seja qual for o motivo por que servimos a Deus, sempre será errado se não o fizermos por amor.

Na Palestina, existiam dois mares. Um era chamado "mar morto". Imagine a razão por que colocaram esse nome: era um mar que sempre estava calmo. Mesmo hoje você pode visitá-lo e verá que nele não existem ondas, nem tempestades. De certa forma, parece ser quase impossível que se afogue nele, porque possui tal quantidade de sal que as pessoas "flutuam" mais que em qualquer outro lugar. É um mar incrivelmente manso e próprio para o banho e para ser desfrutado. Mas o problema é que não há pesca, não há vida. É um mar inútil, morto.

O outro, é o mar da Galileia. Quase todos os meses, alguém morre ali. Em certas ocasiões do ano, existem ventos e grandes ondas. É perigoso e complicado para os pescadores. Poucos são os corajosos que entram nele. O prêmio é que está cheio de vida. Há abundância de peixe.

Os dois mares são uma parábola da vida. Você pode gostar da aparência e da tranquilidade sem fruto, ou pode se arriscar na tempestade e na luta. A escolha do Senhor Jesus sempre foi muito clara. Ele sempre foi ao mar do risco e da aventura, ao mar da vida, nunca quis estar perto do mar morto.

A vida cristã não é uma jornada negligente sob o domínio da inatividade. Não! O seguidor do Mestre está acostumado a entrar nas tempestades mais perigosas mesmo com o risco de perder a vida. A inutilidade não cabe no seu vocabulário. Tudo o que o cristão faz tem sentido na aventura de cada dia. A emoção e o desafio vivem conosco; não podemos nos separar deles.

Vivemos para nos encontrarmos com o Senhor em cada momento: em nosso trabalho, nos momentos difíceis, quando o mal nos atinge, quando dele necessitamos e quando achamos que podemos fazer as coisas por nós mesmos. Quando avançamos e quando temos medo. Somos corajosos porque somente os que assim vivem conquistam o reino dos céus, embora não sejamos melhores do que os outros, mas por nos arriscarmos a viver no mar da aventura, naquilo que vale a pena, no que envolvemos nossa vida em cada momento.

Tudo muda num encontro com Jesus. Inclusive o que está acontecendo agora. Não importa se é dor ou aborrecimento, cansaço ou exultação, solidão, amargura ou simplesmente a incompreensão de outras pessoas. Tudo muda num encontro com o Mestre e num diálogo a sós com Ele; no meio do risco ou da tranquilidade, da paz ou da tempestade; nos bons tempos ou nos maus tempos. Tudo pode mudar agora mesmo se você falar com o Senhor Jesus e se encontrar face a face com Ele.

Tudo muda quando você é suficientemente corajoso para segui-lo e andar sobre o mar; para pescar nas maiores profundezas ou até para estar tranquilo dormindo com Ele no meio da maior tempestade. Se somos suficientemente corajosos para descansar tranquilamente momentos antes da prova mais difícil ou mesmo quando temos de ver de frente a própria morte. Se arriscamos deixar nosso conforto para pescar ao Seu lado e servir aos outros, para trabalhar a fim de que este mundo mais se pareça com o que Ele planejou; para ajudar muitas vezes, resistir outras vezes e terminar vencendo sempre.

Para lutar pelo que vale a pena.

NOTA
1. Aquela que se encontra em Babilônia, também eleita, vos saúda, como igualmente meu filho Marcos (1 PEDRO 5:13).

28 | O OLHAR DE DEUS

Não sabemos como eram os olhos de Jesus. Não podemos sequer imaginar como seriam as pupilas daquele que um dia falou: "Haja luz!". E, por meio da Sua palavra, todos puderam ver. A Bíblia não fala da cor nem das características, nem nos diz se os Seus olhos eram pequenos ou grandes. Mas a Palavra de Deus nos deixa alguns detalhes esclarecedores quanto à maneira como Jesus via as pessoas. Quando lemos os evangelhos, podemos imaginar como foram alguns dos olhares de Jesus.

Cada uma dessas situações está enfeitada com todo tipo de detalhes e circunstâncias, como se o próprio Deus nos quisesse mostrar o que havia no Seu coração. Olhares de alegria e satisfação transbordante, olhares penetrantes, olhares de alguém que sabe o que vai dizer, olhares cheios de compaixão... e de tristeza também.

> QUANTO BEM NOS FAZ O FATO DE PEDRO TER APRENDIDO
> A OLHAR NOS OLHOS DE JESUS!

Quase todas as referências aos olhares do Senhor Jesus estão no evangelho de Marcos. Ele era o discípulo amado de Pedro, e Simão sempre observava os olhos de Jesus para tentar saber o que havia dentro do Seu coração. Pedro não perdia uma única oportunidade para ver seu Amigo. Hoje podemos conhecer mais do caráter de Jesus, porque

Pedro era um desses amigos que, quando você fala, ele quer ver seus olhos. Quer chegar mais além das palavras que está ouvindo. Quando Jesus falava, Pedro sempre quis saber o que havia no Seu olhar.

OS DISCÍPULOS TIVERAM DE ENFRENTAR ALGUMAS VEZES O SEU OLHAR.

Os outros discípulos se defrontaram algumas vezes com o olhar de Jesus. Eles, que sempre haviam recebido o amor e a compreensão do seu Mestre, tiveram de baixar a cabeça em algumas ocasiões, pelo fato de não poderem enfrentar sua vergonha. Um desses olhares o próprio Pedro sofreu quando quis, nada mais nada menos, alterar o plano de Deus! Ele se julgava tão corajoso e sábio que pensou conhecer melhor do que Jesus aquilo que estava acontecendo! Ousou "aconselhá-lo", dizendo que não devia ir à cruz. Imagine só! Jesus o repreendeu: "Jesus, porém, voltou-se e, fitando os seus discípulos, repreendeu a Pedro e disse: Arreda, Satanás! Porque não cogitas das coisas de Deus, e sim das dos homens" (MARCOS 8:33).

Pedro era um cara legal. Era tão sincero que disse a Marcos cada palavra que Jesus usou para repreendê-lo. Não quis esconder que Jesus o havia chamado de "Satanás" porque os seus planos eram muito diferentes dos planos que Deus havia estabelecido. Qualquer um teria "escondido" aquele momento, aquele grande equívoco. Para nós, continua sendo um privilégio o fato de Deus ter escolhido Pedro, pois temos muito que aprender da sua sinceridade e do seu amor pelo Mestre.

Como Pedro, precisamos aprender a olhar nos olhos de Jesus.

1. UM OLHAR QUE COMPREENDE

Os discípulos deixaram tudo e seguiram a Jesus. Comprometeram-se com Ele, aceitaram como suas as palavras dele e publicamente seguiram Jesus quando o Mestre os chamou. Jesus premiou a decisão e os desejos deles. Um dos Seus olhares mais gloriosos foi exclusivamente para eles.

E, correndo o olhar pelos que estavam assentados ao redor, disse: Eis minha mãe e meus irmãos (MARCOS 3:34).

Quando todos perguntaram a Jesus sobre a Sua família, Jesus olhou para os que estavam com Ele. Dirigiu o olhar aos Seus discípulos e às mulheres que o seguiam, e esse olhar revelou Seu amor, Sua aceitação, Sua compreensão e até Sua admiração por eles.

Ninguém os havia escolhido. Nenhum mestre teria colocado sua confiança nesse tipo de seguidores. Jamais teriam sido escolhidos para estabelecer um reino celestial. Jesus os amou. Para sermos justos, haveríamos de dizer que os aceitou, compreendeu e os amou. Não importa a ordem dos fatores, quanto ao que veio primeiro, se o amor ou a aceitação, porque vai além do que podemos compreender. Ele os escolheu e ficou feliz com eles.

Com um único olhar, Ele mostrou que eram os que desfrutavam do Seu carinho, que se comprometia com eles para chegar até o final. E, ainda que o defraudassem (o que de fato fizeram muitas vezes), Ele continuaria tendo-os como parte integrante da Sua própria família.

No Seu olhar, havia aceitação, compreensão e amor... sem se importar muito com o que vinha primeiro ou o que era mais importante das três coisas.

Se eu fosse um dos que estavam com Ele, aquele olhar de Jesus teria sido um presente do céu impossível de se esquecer. Exatamente como aconteceu com os seguidores do Mestre, quando Ele os exaltou em público, todo o povo entendeu que talvez os discípulos do Messias poderiam ser menosprezados por muitos, mas realmente eram a família do Deus feito homem.

2. UM OLHAR QUE BUSCA

O Salvador olhou certa vez buscando algo, ou melhor dizendo, buscando alguém. Uma mulher lhe havia tocado, e Ele sabia disso. Ela havia sido curada de uma cruel enfermidade, e foi Jesus quem o fez. Ele sabia quem era, mas desejava que se apresentasse publicamente.

Ele queria colocar como exemplo a sua fé. Jesus desejava que aquela que foi curada viesse "à luz". Ela possuía tanta fé ao ponto de pensar que o Mestre podia curá-la com um único toque! Cercado por gente que o pressionava e quase o arrastava pelas ruas, Jesus descobriu que alguém tocara com a mão o Seu manto, buscando poder curador de Deus. Então o Mestre se deteve e... "Ele, porém, olhava ao redor para ver quem fizera isto (MARCOS 5:32).

Foi aquele olhar que a restaurou completamente. Ela desejava ser curada, mas quando Jesus fixou Seus olhos nela, deu-se conta de que Deus lhe devolvera a sua dignidade: com Seus brilhantes olhos de alegria, presenteou aquela mulher com uma vida para sempre.

3. UM OLHAR QUE ALCANÇA O CORAÇÃO

Às vezes, Jesus teve de olhar de uma forma diferente. A Palavra de Deus não esconde que em alguns momentos Jesus se irritou e se entristeceu ao mesmo tempo. "Andava sempre, de noite e de dia, clamando por entre os sepulcros e pelos montes, ferindo-se com pedras (MARCOS 3:5).

O Messias queria curar um homem, e os religiosos o desafiaram. De acordo com as suas palavras, desafiaram-no dizendo que seria contra a lei. Os olhos de Jesus se encheram de raiva e tristeza ao mesmo tempo, ao se dar conta de que não lhes importava o sofrimento de ninguém, nem queriam fazer o bem a ninguém. Eles somente estavam empolgados com os seus próprios princípios e leis.

Eles se amavam tanto a si mesmos que apenas queriam estar com razão. O coração deles estava de tal forma endurecido que nele não cabia outra coisa que não fosse orgulho e arrogância: "Então, disse Jesus a eles: Que vos parece? É lícito, no sábado, fazer o bem ou o mal? Salvar a vida ou deixá-la perecer? E, fitando todos ao redor, disse ao homem: Estende a mão. Ele assim o fez, e a mão lhe foi restaurada. Mas eles se encheram de furor e discutiam entre si quanto ao que fariam a Jesus (LUCAS 6:9-11).

O olhar de Jesus os marcou; a sua ira e orgulho os condenou. Jesus sentiu uma imensa tristeza ao ver a incredulidade e o caráter fingidamente santo deles. Fixou neles um olhar desafiador porque Deus não admite o fingimento. Eles se encheram de ira.

> QUANDO, DIANTE DE UM OLHAR DE JESUS, REAGIMOS COM IRA, PROVAMOS, DE FORMA IRREFUTÁVEL, QUE NOSSO CORAÇÃO ESTÁ RADICALMENTE ENFERMO.

Um olhar diferente foi direcionado ao doente porque Jesus desejava que confiasse nele. Parece um detalhe sem importância, mas quando Jesus disse: "Estende a mão. Ele assim o fez, e a mão lhe foi restaurada." Ele poderia ter aberto a mão saudável para esperar que o Mestre lhe desse algo, ou para saudá-lo, mas estendeu a mão atrofiada porque viu no rosto de Jesus que Ele queria curá-lo.

Às vezes, Deus não espera de nós uma resposta lógica, mas uma demonstração de fé. Ele quer uma expressão de total confiança da parte de nós, porque o que Deus faz sempre é bem feito. Por vezes, as "ordens" que Deus nos dá não parecem ter sentido, mas Ele espera uma confiança absoluta. Nesses momentos, precisamos olhar em Seus olhos e descansar nele. Porque do Seu olhar flui a vida.

Quando reagimos com ira a um olhar de Jesus, estamos demonstrando que nosso coração está radicalmente enfermo.

4. UM OLHAR CHEIO DE AMOR

Você se lembra da história do jovem rico? Ele tinha de tudo: boa educação, bom caráter, uma vida estável economicamente falando, além do respeito pela sua família e pela religião dos seus pais. Era uma pessoa impecável. Embora tudo pudesse fazer parte da sua "fachada", somente ele mesmo sabia quanto de sinceridade havia em suas palavras e atitudes.

Quando se aproximou de Jesus, ele veio pensando mais no que merecia ganhar do que no que Jesus podia lhe dar. Acreditava que podia comprar a vida eterna como bom cumpridor da lei; faltava-lhe pouco para poder alcançá-la, de modo que pediu a Jesus que o ajudasse. Jesus o enfrentou com a própria lei na qual ele confiava. Jesus deixou tudo tão claro que era impossível para o jovem seguir fazendo de conta, que, pela primeira vez em sua vida, o jovem se viu como ele realmente era e sem saber o que fazer.

A grandeza do nosso Deus está em nos conceder Sua graça acima de tudo. O Senhor Jesus olhou para ele e o amou, mesmo sabendo que ele seria reprovado no exame; mesmo conhecendo que sua resposta (e o que foi mais sério — a sua decisão) seria completa e tragicamente errada. Assim é o caráter de Deus. Ele não espera que respondamos corretamente, nem que sejamos suficientemente "santos" ou "limpos" para podermos nos aproximar dele. Ele nos ama e diz isso com o Seu olhar. Mesmo sabendo que iremos rejeitá-lo.

"E Jesus, fitando-o, o amou e disse: Só uma coisa te falta: Vai, vende tudo o que tens, dá-o aos pobres e terás um tesouro no céu; então, vem e segue-me" (MARCOS 10:21). Depois de ouvir Jesus, o jovem partiu.

Ele sentiu-se amado, mas foi embora. Viu como o seu Criador colocava em seu coração um olhar cheio de amor. Porém isso, de forma alguma, importou a ele. O jovem gostava demais de si mesmo.

> DEUS NOS AMA E DIZ-NOS ISSO EM PRIMEIRO LUGAR COM O SEU OLHAR, MESMO SABENDO QUE VAMOS REJEITÁ-LO.

5. UM OLHAR QUASE IMPOSSÍVEL

Justo naquele momento, Jesus fixou os olhos em todos. Ele começou a procurar os que não queriam ser encontrados. Era um olhar quase impossível, porque instantes depois do convite àquele jovem, expressou uma das afirmações mais diretas do evangelho. Esperava alguma resposta, embora sabendo que ninguém naquele momento podia dar...

"Então, Jesus, olhando ao redor, disse aos seus discípulos: Quão dificilmente entrarão no reino de Deus os que têm riquezas!" (MARCOS 10:23).

Ninguém pôde responder a tais palavras. Nenhum dos discípulos decidiu dizer algo que valesse a pena. Então Ele voltou a olhar para todos, porque não desejava que pensassem que Ele permanecia insensível ao que estava acontecendo. Jesus nunca quis que eles pensassem que Ele gostava de condenar as pessoas, ou que falasse com uma superioridade divina. Marcos diz que Ele olhou para eles de forma penetrante porque conhecia no mais profundo do coração a vida de cada um deles. Explicou-lhes que é impossível aos que têm riquezas e vivem em função delas, embora sejam boas pessoas e aparentem crer em Deus, possam entrar no reino, querendo "comprar a vida eterna".

Ainda bem que Deus admite um, "contudo"!

"Jesus, porém, fitando neles o olhar, disse: Para os homens é impossível; contudo, não para Deus, porque para Deus tudo é possível" (MARCOS 10:27).

6. UM OLHAR QUE DESEJA SALVAR

Bendito o reino que vem, o reino de Davi, nosso pai! Hosana, nas maiores alturas! E, quando entrou em Jerusalém, no templo, tendo observado tudo, como fosse já tarde, saiu para Betânia com os doze (MARCOS 11:10,11).

"Tendo observado tudo, como fosse já tarde". Quais teriam sido os pensamentos de Jesus naqueles momentos? Suas palavras, Sua entrega, Sua morte, Sua dor, Seus profundos desejos de salvar a todos? Talvez buscasse alguém que realmente o seguisse por amor sem nenhuma outra condição! Quem sabe esperasse uma razão válida para a Sua dor...

Ele encontrou? Penso que sim. Ele encontrou no coração de cada pessoa que o seguiram e o amaram. Encontrou no grupo de mulheres que nunca o abandonaram. Encontrou nos discípulos que, mesmo com as suas infidelidades, foram capazes de voltar para Ele e de confiar nele.

E creio que não erro ao dizer que naquele momento Ele pôde ver além do tempo e do espaço, e encontrar muitos que, através dos séculos, e com todas as suas imperfeições, continuariam a amá-lo.

E, perdoe-me por dizê-lo desta maneira, mas creio que também encontrou uma resposta na minha vida. E na sua vida também, leitor! Porque admito que você está de acordo comigo que o simples olhar de Jesus merece tudo o que somos e temos.

> UM DIA, QUASE NO FINAL DO SEU MINISTÉRIO, JESUS OLHOU "AO SEU REDOR" COMO SE BUSCASSE UMA RESPOSTA, UM MOMENTO NA HISTÓRIA E UMA RAZÃO VÁLIDA PARA A SUA DOR...

7. UM OLHAR QUE RESTAURA

Mas Pedro insistia: Homem, não compreendo o que dizes. E logo, estando ele ainda a falar, cantou o galo. Então, voltando-se o Senhor, fixou os olhos em Pedro, e Pedro se lembrou da palavra do Senhor, como lhe dissera: Hoje, três vezes me negarás, antes de cantar o galo. Então, Pedro, saindo dali, chorou amargamente
(LUCAS 22:60-62).

Pedro havia discutido com Jesus em várias ocasiões. Sempre lhe falou de maneira sincera, e Jesus lhe respondeu da mesma forma. Naquele momento — o mais crucial da amizade entre os dois — Jesus não pôde falar com ele, por estar cansado, dolorido e submetido ao julgamento mais cruel. Somente pode lhe dirigir um olhar.

Somente?

Você alguma vez pensou? Os poderes constituídos e religiosos estavam acusando o Rei dos reis para levá-lo à cruz, e Jesus não queria se defender, porque essa cruz era da vontade de Seu Pai, e do Seu plano "secreto" para salvar a humanidade. Foi o momento mais importante da história: Jesus morreria e mais tarde ressuscitaria por amor a toda a humanidade. E justo naquele momento, Jesus voltou-se para olhar para Pedro, porque a vida dele era tão importante como a de milhões de pessoas. Ele estava enfrentando o julgamento da história, mas Ele tinha Seu coração voltado para o Seu discípulo. Ele o amava e se dirigiu para ele quando mais debilitado Ele se sentia. Quando mais debilitados estavam os dois.

Não lhe pôde dizer nada, não pôde ajudá-lo, animá-lo ou repreendê-lo. Somente quis olhar para ele, e assim o fez. "Voltou-se" para ver Pedro depois que lhe havia negado em três diferentes ocasiões, sendo que a última delas foi de uma forma total e radical, com juramentos e palavras pesadas. Os olhos de Jesus falaram, esquadrinhando o coração do Seu discípulo. Viram o que havia ali dentro, e conheceram o engano, a vergonha, o medo, a amargura, e muitas outras sensações que estavam destroçando a vida de quem havia prometido segui-lo até o final, para negá-lo alguns minutos mais tarde.

Os olhos de Jesus leram, num único momento, tudo o que Pedro estava sentindo. Todavia, esses olhos não o repreenderam absolutamente por nada; pelo contrário, expressaram o profundo amor do coração do amor que se preocupa, mesmo sabendo que está sendo traído. Naquele mesmo momento Pedro soube que Jesus havia orado por ele, tal como lhe havia prometido! Pedro soube que Deus lhe concedera a esperança e a certeza do perdão. O duro pescador viu, no olhar de Jesus, que não precisava se desesperar. E, embora chorasse e se sentisse perto das portas do inferno, devido à sua traição, até ali chegariam os braços do Amigo para resgatá-lo.

Aquele olhar restaurou a vida do apóstolo. De certa forma, é o olhar que todos sentimos quando caímos; quando nos afastamos do Pai, e Jesus nos busca para nos restaurar. É um olhar que jamais podemos esquecer.

> PEDRO VIU NO OLHAR DE JESUS QUE NÃO DEVIA SE DESESPERAR, QUE EMBORA CHORASSE E SE SENTISSE NAS PORTAS DO INFERNO PELA SUA TRAIÇÃO, ATÉ ALI CHEGARIAM OS BRAÇOS DO SEU AMIGO PARA RESGATÁ-LO.

Os olhos de Jesus sempre estão brilhando cheios de salvação. Mesmo quando se reconhecia desprezado, Jesus olhou para as multidões e chorou. O Criador Todo-poderoso sentiu-se quase cego de amor para salvar àqueles por quem ia morrer. Chorou pela cidade que Ele amava, chorou de tristeza pelos seus amigos. Chorou pela incredulidade daqueles que não queriam ver a graça de Deus.

Se é para nós difícil compreender alguns dos olhares de Jesus, será pouco toda a eternidade para entendermos as Suas lágrimas. Os olhos que encheram de beleza o mundo enquanto era criado, são os mesmos que nos contemplam através das lágrimas. Essa foi e continua sendo a "loucura" do amor de Deus por todas e cada uma das pessoas deste mundo. Pode ser que ainda hoje Jesus tenha de chorar ao ver tantos perdendo o sentido da sua vida e lhe dão as costas, como muitos são enganados até o destino cruel, enquanto não querem ouvir as palavras que o Criador lhes dirige.

Pode ser talvez que haja lágrimas nos olhos de Deus por alguém que agora mesmo esteja lendo este livro.

29 NO LIMITE DO INCRÍVEL

Como pasmaram muitos à vista dele (pois o seu aspecto estava mui desfigurado, mais do que o de outro qualquer, e a sua aparência, mais do que a dos outros filhos dos homens), assim causará admiração às nações, e os reis fecharão a sua boca por causa dele; porque aquilo que não lhes foi anunciado verão, e aquilo que não ouviram entenderão (ISAÍAS 52:14,15).

Muitos se impressionaram!

Todos admiramos o poder do Messias quando cura enfermos, ressuscita mortos ou quando o vento e o mar lhe obedecem com uma única palavra, mas talvez o mais incrível nele sejam outros detalhes.

Não nos deixa de impressionar a Sua ternura no trato com cada pessoa.

Tampouco o desafio ao poder constituído para fazer o que Ele acha que deve ser feito, muito além do que nós consideraríamos como "politicamente correto".

Maravilha-nos Seu amor pelos fracos; as crianças, os que se julgavam ninguém, as mulheres, os que estavam solitários, os leprosos... Deus veio formar um reino de pessoas menosprezadas, um exército de fracos, uma legião de solitários e enfermos para transformar o mundo.

Impressiona-nos a maneira como ensinava, levando ao limite as histórias para que pudéssemos recordá-las e compreendê-las, ouvindo-as apenas uma vez. Inclusive os que não queriam ouvi-lo afirmaram que ninguém ensinava como Ele. Vivemos admirados da Sua sabedoria, da suavidade do Seu rosto, Sua irresistível atração para crianças e adultos, a clareza e a radicalidade da Sua mensagem. É impossível lermos os evangelhos e permanecermos insensíveis a tudo quanto acontece.

Jesus nos mostra o verdadeiro caráter de Deus e nos surpreende com muitas das Suas expressões. Em primeiro lugar, porque aprendemos que o importante não é o que os homens fazem, nem sua busca de Deus. O que é verdadeiramente transcendental é o que Deus faz pelo homem, como se aproxima dele e como move todas as coisas para que a Sua graça se manifeste e o homem tenha a oportunidade de conhecê-lo.

O Messias não quis falar primeiramente da ira de Deus, nem da necessidade de se voltar para Ele, mas, sim, começou falando da felicidade, dos bem-aventurados, dos que podem conhecer a graça de Deus. O fracasso do homem querendo se aproximar de Deus e procurando fazer as coisas bem, encontra resposta na graça de Deus. Quanto mais inúteis nos sentimos, mais se revela o amor do Criador.

> O PARDAL CAI, DEUS O VÊ. NADA FOGE AO SEU DIVINO CONTROLE.

Impressiona-nos que Jesus nos apresente um Deus preocupado conosco nos mínimos detalhes. Nem nosso pai, mãe, marido ou esposa, nem o nosso melhor amigo sabem o que está em nosso coração e em nossa vida, mas Deus sabe. Por muito que eles nos amem e desfrutemos juntos, não somos tão importantes para eles como somos para Deus. O Senhor sabe de que precisamos e vê quando caímos, da mesma forma que vê o pardal quando cai. A diferença não é que o pardal deixe de cair, mas Deus o sabe. Esse é o significado de Romanos 8:28, pois em tudo quanto acontece Deus sempre trabalha para o nosso bem.

Que vos parece? Se um homem tiver cem ovelhas, e uma delas se extraviar, não deixará ele nos montes as noventa e nove, indo procurar a que se extraviou? (MATEUS 18:12-14).

É impossível explicar ou tentar compreender o que Jesus está dizendo. Ele é o único capaz de deixar noventa e nove ovelhas e sair para buscar aquela que falta. E, quando a encontra, faz uma festa! Isso tudo, apesar do pouco valor dessa ovelha que se desgarrou! Se pensarmos em termos econômicos, perder uma ovelha em cem é algo perfeitamente admissível, qualquer empresário teria dado como perda. Deus não é assim, porque não quer perder uma única das Suas ovelhas. Ele jamais abandona nenhum dos Seus filhos.

Ainda mais, Jesus diz que Deus é quem encontra a ovelha perdida. O Pai sabe onde cada um de nós se encontra. A questão é se "queremos" que Ele nos encontre. Nunca podemos esquecer que nossa vida tem significado nas mãos do Senhor. Quando nos encontra, Ele se deixa abraçar! A vontade de Deus é que ninguém se perca. Nem um só! O caráter de Deus exige que Ele acaricie e faça uma festa quando encontra a ovelha perdida, em lugar do castigo bem merecido.

Os fariseus acreditavam que Deus odiava os pecadores e queria condená-los. Algumas pessoas pensam em Deus como um pai, que primeiro corrige e depois ama. A Bíblia nos mostra que Deus ama em primeiro lugar buscando nossa salvação e nossa restauração antes de qualquer outra coisa.

NINGUÉM ARRISCA UM REBANHO INTEIRO PARA BUSCAR UMA ÚNICA OVELHA. TODOS NÓS TERÍAMOS DADO COMO PERDIDA E ACREDITARÍAMOS SER UMA BOA PORCENTAGEM PERDER UMA EM CEM. NEM TODOS! JESUS SAI PARA BUSCÁ-LA, ARRISCANDO TUDO PARA ENCONTRAR A OVELHA QUE FALTA, A QUE É IMPORTANTE PARA ELE.

AS GRANDES ESTRELAS: As crianças

Então, lhe trouxeram algumas crianças para que as tocasse, mas os discípulos os repreendiam. Jesus, porém, vendo isto, indignou-se e disse-lhes: Deixai vir a mim os pequeninos, não os embaraceis, porque dos tais é o reino de Deus. Em verdade vos digo: Quem não receber o reino de Deus como uma criança de maneira nenhuma entrará nele. Então, tomando-as nos braços e impondo-lhes as mãos, as abençoava (MARCOS 10:13-16).

Jesus se indignou com os Seus discípulos quando não deixaram que as crianças se aproximassem. Eles não eram capazes de compreender que o Messias, que veio para estabelecer o Seu reino, se detivesse para conversar com os pequeninos.

Lembro-me de que Iami, nossa filha mais velha, quando tinha três anos, só queria estar conosco. Com a chegada da noite, sempre queria ficar com seu papai e sua mamãe. Se lhe disséssemos que íamos castigá-la porque precisava dormir, devido às aulas no dia seguinte no colégio, ela dizia que não se importava, pois o que desejava era estar conosco. Muitas vezes, nós a encontrávamos atrás da nossa porta, esperando que saíssemos para ela nos dar um abraço. Infelizmente, quando crescemos, já não queremos estar com os nossos pais porque nos tornamos independentes, querendo viver a "nossa vida" e à nossa maneira.

Costumamos fazer isso com o nosso Pai celestial. Quando começamos a conhecê-lo, só queríamos estar com Ele. Quando crescemos e nos tornamos "maduros" e "fortes na fé", pensamos que já não precisamos mais da Sua presença. Queremos viver a vida espiritual à nossa maneira. Enquanto isso, Deus continua querendo ter-nos em Seu regaço para nos ensinar os segredos do reino.

Precisamos voltar a ser crianças. Quando Iami me pede algo, seja o que for, sempre vem com as duas mãos abertas, porque acredita que vou lhe dar muitas coisas. Não estende apenas uma mão, porque sabe que seu pai lhe dá o melhor e o máximo que pode dar. Nossa atitude diante de Deus deve ser esta: esperar e confiar que Ele vai nos dar tudo.

O Senhor Jesus passou muito tempo com as crianças porque brincava com elas. Ensinou-nos que não devemos viver com a sensação de que não temos tempo para nada. O Messias pregou por apenas três anos com a missão de mudar a história da humanidade em tão poucos dias, mas sempre passou tempo conversando com as crianças. Nossa segunda filha, Kenia, quando era bem pequena, não se expressava corretamente. Simplesmente, vinha para mim com seus braços abertos e seu rosto sorridente: queria que eu abraçasse e brincasse com ela. Deus nos espera da mesma forma: quer que nos cheguemos a Ele com nossos braços abertos, sorrindo, desejando estar com Ele, esperando que o Seu rosto ilumine nossa vida.

UM DOS MAIORES DESAFIOS DO SEU TEMPO: O trato com as mulheres

No tempo em que o Senhor Jesus viveu na terra, as mulheres eram consideradas como seres inferiores. Muitos rabinos e religiosos "oravam" cada manhã agradecendo a Deus o fato de não ser "gentio, mulher, ou animal". O culto na sinagoga só podia começar se estivessem reunidos dez homens. Não importava se houvesse cem ou duzentas mulheres esperando. Eram menosprezadas pelos religiosos e tidas como cidadãs de segunda classe. Nas sinagogas, não podiam sentar nos lugares reservados para os homens e não podiam falar nada. A única coisa que podiam fazer era ofertar.

As mulheres não podiam ser testemunhas nos julgamentos. A palavra delas não tinha qualquer valor. Bastava a mentira de um único homem para desacreditar dezenas delas. Os rabinos não as aceitavam em suas conversas porque diziam que as suas opiniões não valiam de nada. Ainda mais, diziam que deviam pedir "contas" ao marido por toda conversação desnecessária que ele teve com sua esposa. Nenhum mestre admitia uma mulher como seu discípulo, porque isso seria um desprestígio tão grande que a maioria dos homens o abandonaria. Sabe-se até do caso de um senador romano que foi expulso do Senado por abraçar sua esposa em público. Ninguém podia expressar amor à sua esposa, nem muito menos confessar que estava encantado com ela, porque era um sinal de fraqueza.

O império romano havia destruído a dignidade da maioria das pessoas, mas acima de tudo, das mulheres e das crianças. Qualquer pai podia jogar seu filho na lixeira se não gostasse dele, se estivesse doente ou fosse uma menina. As pessoas com dinheiro podiam comprar escravos de ambos os sexos, ou meninos e meninas com menos de dez anos para satisfazer seus desejos sexuais. O próprio Júlio Cesar chegou a ter uma esposa de onze anos. Pessoas admiradas hoje como "sábios" e "filósofos" da humanidade explicaram que a mulher era considerada como um ser completamente inferior ao homem, unicamente útil para a geração de filhos.

A história nos lembra também de seres humanos devorados por animais e obrigados a se matarem nos espetáculos de gladiadores e festas pagãs realizadas para divertir aos mais poderosos.

Esse foi o mundo em que Jesus viveu.

E não permaneceu calado. Lançou por terra todos esses conceitos e alçou a mulher a lugares onde nunca havia estado. Mulheres o acompanharam e o ajudaram. Falou publicamente com elas, exaltou-as, e lhes deu uma categoria superior em muitos momentos. Ele as dignificou ao máximo.

Jesus quis que o evangelho entrasse em Samaria por uma mulher que havia tido cinco maridos, e naquele momento vivia em pecado. Deus quis que as primeiras pessoas a proclamar o evangelho em Betânia fossem duas irmãs, Marta e Maria. Jesus permitiu que a pessoa que mais falasse dele em público fosse Maria Madalena. As mulheres, cujo testemunho não tinha valor algum, foram escolhidas por Deus para que anunciassem por toda parte a ressurreição de Jesus. Essas e muitas outras ações foram a maneira através da qual

Deus devolveu a dignidade à mulher, numa época em que todos zombavam delas.

Foi preciso que centenas de anos passassem para que a sociedade, e às vezes os próprios seguidores de Jesus tratassem as mulheres de igual forma e com a mesma dignidade que o Mestre as tratou.

Essa foi uma revolução no Seu tempo, e continua sendo nos dias atuais. A maior revolução social, que jamais havia existido. Em alguns países, onde a Palavra de Deus é proibida, muitos pais abortam ou assassinam suas filhas ao nascer, ao perceberem que são meninas.

E mesmo no chamado primeiro mundo, tão adiantado socialmente para alguns, o corpo da mulher continua sendo usado de forma degradante na publicidade... e que dizer da escravidão sexual, o trato com as mulheres etc.!

> SERIA IMPOSSÍVEL A HISTÓRIA DOS EVANGELHOS SEM A IMPORTÂNCIA QUE JESUS DEU ÀS MULHERES.

Jesus viveu de uma forma radicalmente diferente: você alguma vez parou para observar os detalhes que encontramos nos evangelhos sobre as mulheres? Ninguém teria inventado algo assim tão rigorosamente certo:

> *Havia uma profetisa, chamada Ana, filha de Fanuel, da tribo de Aser, avançada em dias, que vivera com seu marido sete anos desde que se casara e que era viúva de oitenta e quatro anos. Esta não deixava o templo, mas adorava noite e dia em jejuns e orações. E, chegando naquela hora, dava graças a Deus e falava a respeito do menino a todos os que esperavam a redenção de Jerusalém* (LUCAS 2:36-38).

Ana é uma mulher quase desconhecida para nós, mas a Bíblia nos diz que era uma profetisa e falava a todos publicamente. Estava no templo dia e noite, adorando e servindo a Deus, e falava da criança a todos que esperavam a redenção de Israel. Anunciava em público a mensagem do evangelho, apesar de ser mulher. Fazia isso no templo e fora dele, quebrando assim todas as "normas" do seu tempo, e as normas do nosso tempo existentes em muitos lugares. Tudo precisa ser dito.

Aconteceu, depois disto, que andava Jesus de cidade em cidade e de aldeia em aldeia, pregando e anunciando o evangelho do reino de Deus, e os doze iam com ele, e também algumas mulheres que haviam sido curadas de espíritos malignos e de enfermidades: Maria, chamada Madalena, da qual saíram sete demônios; e Joana, mulher de Cuza, procurador de Herodes, Suzana e muitas outras, as quais lhe prestavam assistência com os seus bens (LUCAS 8:1-3).

A Bíblia ensina que as mulheres que foram curadas acompanhavam Jesus. Era impensável que um Mestre o fizesse. Mas Jesus não somente permitia que o escutassem, como também que o ajudassem e conversassem com Ele. Elas amparavam Jesus e Seus discípulos financeiramente. Se já era uma vergonha que as mulheres estivessem com eles, quanto mais que cooperassem para o seu sustento! Jesus não deu importância a isso. Pelo contrário, o Espírito de Deus quis que esses dados fossem registrados em Sua Palavra. Deus não deseja que alguém tenha qualquer dúvida quanto à importância das mulheres na obra do Senhor.

Vendo-a Jesus, chamou-a e disse-lhe: Mulher, estás livre da tua enfermidade; e, impondo-lhe as mãos, ela imediatamente se endireitou e dava glória a Deus (LUCAS 13:12,13).

Colocar as mãos sobre uma mulher era motivo de escândalo naquele tempo. Nenhum dos líderes podia acreditar nele, porque esse gesto era ir muito além do que todos pudessem imaginar. Eram tão cegos que não podiam admitir que uma mulher pudesse ser curada daquela maneira. Jesus colocou Suas mãos sobre ela para curá-la, e todos precisavam ver aquilo!

Algumas pessoas querem impor normas quanto ao que as mulheres podem ou não podem fazer. Inclusive existem aqueles que desejam que elas permaneçam caladas sem poder dizer como Deus mudou a sua vida. Melhor seria que todos voltassem a ler os evangelhos e aprendessem como Jesus as tratou, como as escutou e as aceitou entre os Seus seguidores. Como o Mestre permitiu que glorificassem publicamente a Deus, e Ele mesmo também pedia que elas assim o fizessem.

Se queremos seguir a Deus, é de grande valia que o escutemos, antes de qualquer outra pessoa. Mais importante é que valorizemos o que Jesus fez, e não o que muitos outros líderes religiosos procuram nos explicar.

JESUS PERMITIU ÀS MULHERES MUITÍSSIMOS DETALHES QUE ESCANDALIZARAM A TODOS.

> *Então, Maria, tomando uma libra de bálsamo de nardo puro, mui precioso, ungiu os pés de Jesus e os enxugou com os seus cabelos; e encheu-se toda a casa com o perfume do bálsamo. Jesus, entretanto, disse: Deixa-a! Que ela guarde isto para o dia em que me embalsamarem* (JOÃO 12:3,7).

Maria usou seus cabelos para enxugar os pés de Jesus. Somente uma mulher suspeita de levar uma "vida má" se atrevia a tanto. O cabelo era considerado como a "glória" da mulher. Por isso, Maria quis demonstrar a todos que Jesus merecia toda a glória em sua vida. Se eles acreditavam que o cabelo era o seu bem mais precioso, ela o colocou aos pés de Jesus.

Os discípulos não haviam entendido que Jesus ia morrer e, portanto, ser sepultado. Mas, mesmo assim, Maria realizou aquela ação. Ela amava Jesus profundamente e o demonstrou. Jesus a exaltou diante de todos naquele momento e quis que ficasse escrito para o futuro.

As mulheres acompanharam Jesus até o fim. "Ora, Maria Madalena e Maria, mãe de José, observaram onde ele foi posto" (MARCOS 15:47). Elas foram as únicas suficientemente corajosas para se identificarem com Jesus após Sua morte. Enquanto os discípulos estavam escondidos por medo dos judeus, as mulheres não se importaram em ir ao túmulo de Jesus publicamente sem se preocuparem com o que lhes pudesse acontecer.

Os rudes e fortes pescadores tremeram e fugiram. As mulheres frágeis e consideradas como inúteis não tiveram medo de enfrentar a guarda romana, se fosse necessário, para que pudessem ungir o corpo do Messias. "Passado o sábado, Maria Madalena, Maria, mãe de Tiago, e Salomé, compraram aromas para irem embalsamá-lo" (MARCOS 16:1).

> AS MULHERES FORAM AS PRIMEIRAS TESTEMUNHAS DA RESSURREIÇÃO DE JESUS. EM UM TEMPO EM QUE A PALAVRA DELAS NÃO SERVIA PARA NADA, NEM ERAM ADMITIDAS EM ALGUM JULGAMENTO, JESUS FEZ APOIAR NA PALAVRA DELAS O ACONTECIMENTO MAIS IMPORTANTE DA HISTÓRIA.

Elas não podiam fazer nada: não podiam falar em público, nem se encontrar com Pilatos; não podiam falar com os membros do Sinédrio, nem lutar com os soldados romanos. Mas fizeram tudo! Permaneceram com Jesus, ao pé da cruz, e acompanharam o Seu corpo até a sepultura. Voltaram para lá enquanto todos estavam escondidos. E foram as primeiras a saber que Ele havia ressuscitado.

O seu testemunho não era válido em nenhum julgamento, mas Deus as escolheu para testificar o maior evento da história da humanidade: a ressurreição de Jesus. Não podiam falar em público, mas Deus fez com que elas dessem a notícia mais importante da história: "Jesus ressuscitou!"

Se não tivesse sido através delas, talvez a humanidade ainda não o soubesse! Sei que o que estou escrevendo não tem sentido, porque Deus teria usado outro meio para proclamar a ressurreição do Senhor Jesus, mas Deus não quis fazer de outra maneira! Não quis que fossem os discípulos os que dariam a notícia publicamente. Quis que fossem as mulheres!

Que elas falassem a todos e que as palavras delas ficassem escritas para a história, que foram testemunhas diretas e reais do evento mais importante da história.

Se sabemos que Jesus ressuscitou, foi, em primeiro lugar, porque as mulheres não se calaram.

Acaso, pode uma mulher esquecer-se do filho que ainda mama, de sorte que não se compadeça do filho do seu ventre? Mas ainda que esta viesse a se esquecer dele, eu, todavia, não me esquecerei de ti (ISAÍAS 49:15).

De longe se me deixou ver o Senhor, dizendo: Com amor eterno eu te amei; por isso, com benignidade te atraí (JEREMIAS 31:3).

Atraí-os com cordas humanas, com laços de amor; fui para eles como quem alivia o jugo de sobre as suas queixadas e me inclinei para dar-lhes de comer (OSEIAS 11:4).

Todos nós andávamos desgarrados como ovelhas; cada um se desviava pelo caminho, mas o Senhor fez cair sobre ele a iniquidade de nós todos. Ele foi oprimido e humilhado, mas não abriu a boca; como cordeiro foi levado ao matadouro; e, como ovelha muda perante os seus tosquiadores, ele não abriu a boca. Por juízo opressor foi arrebatado, e de sua linhagem, quem dela cogitou? Porquanto foi cortado da terra dos viventes; por causa da transgressão do meu povo, foi ele ferido (ISAÍAS 53:6-8).

PAI DA ETERNIDADE...

30 O SEGREDO DA FELICIDADE

Imagine que você é um pesquisador sociológico e sai à rua de qualquer cidade do nosso chamado "primeiro mundo" para perguntar a todos quantos encontrar quais são as pessoas que eles mais admiram. Imediatamente, muitos nomes vão aparecer na sua lista: artistas, atletas, políticos, gente que trabalha nos meios de comunicação, empresários... Todos eles têm algumas características em comum: fama, beleza, dinheiro, ambição. Todos são hipoteticamente felizes, porque possuem coisas que os outros não têm, ou estão um degrau acima de todos. São admirados por vezes, inclusive, por buscarem seu proveito pessoal, mesmo sendo injustos; admirados também pela sua capacidade de fazer qualquer coisa para alcançar seus objetivos. Sim, o poder atrai fortemente a todos.

No denominado Sermão da Montanha, Jesus anunciou qual era o segredo da felicidade, de uma forma completamente diferente. As características das quais Ele falou foram (e continuam sendo!) uma surpresa para todos. Ninguém as teria imaginado. Ninguém teria acreditado (de fato alguns ainda não acreditam) que alguém pudesse ser feliz naquelas circunstâncias.

Os evangelistas Mateus e Lucas as apresentam em seus escritos, mas cada um reconheceu em Jesus a maneira como Ele enfrentou os dois maiores problemas existentes na sociedade dos nossos dias:

- No evangelho de Lucas, Jesus atacou o paganismo, o amor ao dinheiro como a raiz de todo mal.
- Mateus falou do perigo de se obedecer à lei, dando atenção apenas à letra, e não ao seu espírito. Jesus explicou o engano da falsa religiosidade.

Às vezes, parece que o mundo se divide entre os que querem desfrutar ao máximo da vida em cada momento — e com a maior quantidade de dinheiro possível — e os que aparentam religiosidade, mas no fundo estão vazios. Pode parecer que eles seguem a Deus, mas o que realmente desejam é viver da mesma forma que os outros, mas sem que ninguém se dê conta. Viver da mesma forma, mas com o disfarce de boas pessoas.

Neste mundo dividido, o Messias começou a pregar. E quando ouvimos as Suas palavras pela primeira vez, temos a impressão de que vamos subindo uma escada em forma figurada, como se cada degrau fosse imprescindível para se chegar ao degrau seguinte. Parece que cada uma das características é a base sobre a qual se apoia a que vem depois.

Bem-aventurados os humildes de espírito, porque deles é o reino dos céus. Bem-aventurados os que choram, porque serão consolados. Bem-aventurados os mansos, porque herdarão a terra. Bem-aventurados os que têm fome e sede de justiça, porque serão fartos. Bem-aventurados os misericordiosos, porque alcançarão misericórdia. Bem-aventurados os limpos de coração, porque verão a Deus. Bem-aventurados os pacificadores, porque serão chamados filhos de Deus. Bem-aventurados os perseguidos por causa da justiça, porque deles é o reino dos céus (MATEUS 5:3-10).

1. OS POBRES DE ESPÍRITO

Felizes são os que vivem dessa maneira. Não somente é a primeira característica, como também é a base de tudo, porque pobres em espírito são os que sempre querem mais, os que admitem que precisam aprender. Felizes são os que vivem agradecidos e são capazes de admirar os outros. Você não pode chegar a entender as características seguintes se não souber o que significa ser pobre em espírito. Porque quem vive assim, por definição, sente a sua necessidade, se quiser seguir adiante e aprender. Se você se conforma com o que tem ou com o que é, está perdido!

Felizes são os que admitem que têm pouco a oferecer, os que se sentem aflitos por não terem nada nas suas mãos para oferecer aos outros, os que tudo esperam do Criador e sabem colocar sua confiança em Deus. Os que desejam desfrutar mais do Senhor, porque sabem que precisam dele e que somente em Sua presença vão encontrar a satisfação do seu coração.

Felizes são os que não se julgam imprescindíveis e sempre são capazes de valorizar as outras pessoas. Jesus disse que deles é o reino dos céus, porque ali ninguém pode entrar se não for pobre em espírito. Essa é a única chave para se viver na glória de Deus. "Mas deixarei, no meio de ti, um povo modesto e humilde, que confia em o nome do SENHOR" (SOFONIAS 3:12).

Os pobres em espírito são os que têm perdido toda a confiança na justiça própria; os humildes, os oprimidos, os menosprezados, os marginalizados. Pode ser que para nós pareçam simples, fracos e desamparados, mas os que são assim sentem a necessidade do evangelho. As boas novas não são para os que se julgam bons e dignos de Deus.

> ELE FOI O ÚNICO QUE PÔDE ESCOLHER O TIPO DE PESSOAS COM AS QUAIS QUERIA PASSAR SUA VIDA. E ESCOLHEU OS MAIS FRACOS.

Jesus sempre viveu dessa maneira. Seus amigos foram os debilitados, os necessitados, os menosprezados, os enfermos. Pode ser que a melhor definição para os que acompanhavam Jesus seja esta: pobres em espírito, pessoas a quem ninguém iria perguntar sobre questões materiais ou espirituais, porque a aparência deles revela pouco, mas são pessoas que, tendo Deus, têm tudo.

No reino de Deus, os fracos são felizes porque Jesus está ao lado deles. E esse reino se constrói com mulheres e homens pobres em espírito, mas ricos em viver face a face com Deus.

2. OS QUE CHORAM

Poucas vezes, percebemos alguém chorar de felicidade. Na maioria das ocasiões, é a dor que faz saltar nossas lágrimas. A vida cristã é uma vida cheia de alegria, mas há muitos momentos em que a tristeza nos faz desabar. Por isso, Jesus abençoa aos que sentem sua necessidade. Ele dá um coração especial aos que não suportam as injustiças. Deus provê consolo para os que derramam lágrimas por todos os que estão sofrendo.

Deus é o Deus dos que se encontram sozinhos, dos que são incompreendidos. O Senhor Jesus também chorou. Ele o fez na morte do Seu amigo Lázaro (JOÃO 11); chorou também quando viu como a cidade santa, Jerusalém, rejeitava-o como Messias e perdia a oportunidade de receber a salvação de Deus (MATEUS 23:37). Chorou por amor a nós, quando seguia para a cruz; sentiu-se morrer de tristeza (MARCOS 14:34), e não houve qualquer consolo possível. A Bíblia diz que Deus tomará em Suas mãos cada lágrima nossa, mas no momento de maior sofrimento, Deus desamparou Seu Filho para que nos pudesse amparar.

Chorar diante de Deus é uma bênção. A promessa da bem-aventurança "serão consolados" receberam-na os que se encheram de tristeza, na morte de Jesus, e foram consolados quando o viram ressuscitado. Essa é a maneira como Deus atua em nossas vidas. Ele não somente nos consola, mas também sofre ao mesmo tempo que nós sofremos. Vive conosco cada circunstância que atravessamos. Nunca nos deixa sozinhos, porque, em todas as nossas angústias, Ele é angustiado (ISAÍAS 63:9).

Jesus não veio para suportar nossa dor e nos ajudar a suportá-la. Ele veio para sofrer conosco, para estar conosco em cada situação desesperadora, acompanhando-nos e fortalecendo-nos. E, um dia, nosso choro terá fim. Por essa razão, somos felizes, ainda que tenhamos de chorar.

3. OS HUMILDES

Quem de nós escolheria a humildade como uma de suas características mais evidentes? Quem aceitaria não ser admirado, querido e reconhecido? Quem procuraria fazer o bem a cada momento sem receber qualquer recompensa, sem que ninguém soubesse? Quem deixaria de falar de si mesmo ou dos seus feitos, para sinceramente admirar os outros?

Não sei quantos podem dar resposta a essas perguntas, mas alguém que respondesse de boa vontade, teria de admitir que seu coração desfruta dessa recompensa por ser tão humilde! Ou por ser mais humilde que os outros, porque todos gostamos que nos estimem, que nos admirem e que nos reconheçam.

Deus diz que os humildes são felizes: aqueles que consideram os outros superiores a si mesmos vivem na santa liberdade de ter seu coração tranquilo porque nada os preocupa. Venceram a primeira e maior preocupação da humanidade: a opinião e o julgamento dos outros. Não precisam aparentar nada diante de ninguém.

Jesus era manso e humilde de coração. Ele foi o único que pôde escolher com quem queria passar a Sua vida. Batava uma demonstração das Suas qualidades, no momento oportuno (e Ele podia fazê-lo, sem nenhuma dúvida, porque era mesmo Deus), para que os sábios, os entendidos e os poderosos se colocassem aos Seus pés.

Mas ele sempre "fugiu" deles. Quando lhe perguntaram, Ele não respondeu. Quando suspeitava que o buscavam (quando quiseram torná-lo rei), Ele se escondeu. Veio para estar com os mais fracos, para anunciar o evangelho do reino aos humildes.

Essa é uma das decisões mais difíceis para o homem do século 21 entender, tão preocupado pelas poderosas influências e as aparições nos meios de comunicação. O reino de Deus sempre se fundamenta nos mais fracos. É a única maneira que temos para vivenciarmos a vida de Cristo: jamais esperar qualquer recompensa por algo, mas viver como Ele viveu, pensando sempre nos outros e procurando fazer todo bem, pelo simples prazer de praticar o bem, ainda que ninguém o soubesse (LUCAS 14:12).

> NO CORAÇÃO DE DEUS, O ORGULHO NÃO TEM NENHUM LUGAR.

Jesus declarou que os humildes herdarão a terra. Aqueles que creem (Cremos?), que têm muita sabedoria, poder ou dinheiro para conquistá-la, jamais poderão herdá-la. Inúmeras pessoas perdem sua vida, suas forças e sua saúde para chegarem ao seu objetivo: ser "alguém". E, portanto, serem lembrados, admirados e, se possível, conquistar o máximo poder. Toda a sua vida é ambição e nada mais. Mas nunca terão nada, não levarão sequer alguns centímetros de terra com eles quando morrerem. A única terra que receberão será a que couber em cima do caixão onde será colocado o seu corpo.

Os humildes herdarão a terra, porque o reino de Deus não pertence aos poderosos, nem aos que são capazes de fazer qualquer coisa para brilhar e reinar. No coração de Deus, o orgulho não tem lugar. Foi o nosso orgulho que destruiu o paraíso, e o nosso orgulho continua sendo o que nos afasta dele. Tudo de bom acontecerá àqueles que sabem que não são nada.

4. OS QUE TÊM FOME E SEDE DE JUSTIÇA

Diante de alguma situação, todos nós algumas vezes temos exclamado: Não é justo! A grande maioria de nós sente fome e sede de justiça. O problema é que, quase sempre, exigimos essa justiça dos outros, nas circunstâncias que enfrentamos e em certos relacionamentos... mas poucas vezes olhamos para dentro, para nós mesmos.

Deus espera que tenhamos fome e sede de uma perfeita justiça em nosso mundo interior; fome e sede para vivermos de acordo com a Sua vontade; fome e sede de que nossa vida seja reta, moral e espiritualmente.

> DEUS ESPERA QUE TENHAMOS FOME E SEDE DE VIVER DE UMA FORMA JUSTA, DE BUSCARMOS EM PRIMEIRO LUGAR A JUSTIÇA DE DEUS EM NOSSO CORAÇÃO E EM NOSSAS AÇÕES.

Este foi o exemplo do Messias. Viveu continuamente de acordo com a vontade do Seu Pai. Desejou ardentemente completar o trabalho para o qual tinha vindo ao mundo, para completar toda a justiça: "Quem fala por si mesmo está procurando a sua própria glória; mas o que procura a glória de quem o enviou, esse é verdadeiro, e nele não há injustiça (JOÃO 7:18). Este deve ser o nosso desejo: a justiça de Deus, do Deus revelado na Bíblia. Fome e sede de conhecer cada vez mais ao Criador.

O próprio Senhor Jesus anunciava que o caráter do Pai estava consubstanciado na lei e os profetas. Ele acreditava firmemente no que a lei e os profetas diziam. Não era um "livre pensador". Não admitiu o que muitos hoje dizem que a Bíblia precisa ser interpretada e entendida, e não deve ser tomada "tão literalmente". Ele foi radical quanto à defesa da palavra revelada, porque Ele mesmo é a Palavra revelada do Pai para nós.

"Serão fartos" — essa é a promessa! Se queremos ser saciados, precisamos buscar a Deus. Se temos fome e sede de justiça, o lugar para onde devemos ir é onde o Pai se encontra. Quando o filho pródigo teve fome, alimentou-se com as bolotas que os porcos comiam; ficou satisfeito com tudo o que tinha por perto. Quando pensou que ia morrer de fome, foi ao seu pai. Se buscamos satisfazer-nos somente em pequena medida, qualquer coisa será suficiente. Se queremos que o nosso coração encontre a eternidade, precisamos de Deus. Medimos nosso desejo por Deus pela nossa fome e sede dele mesmo. Não pelo desejo de vivermos cheios de atividades evangélicas, incluindo o serviço ao Senhor. Não! Fome e sede de Deus, de estarmos com Ele, de conhecê-lo.

Fome e sede de nos saciarmos apenas em Sua presença e viver lutando para que a Sua justiça se manifeste aqui na terra. Fome e sede de procurar fazer todo o bem, refletindo com nossa justiça, pelo poder do Espírito Santo, o caráter do nosso Pai que está nos céus.

5. OS MISERICORDIOSOS

Quando foi anunciado o nascimento do Senhor Jesus, Zacarias profetizou que aquilo que todos esperavam se tornaria realidade devido à "...entranhável misericórdia de nosso Deus (LUCAS 1:78). Quando Jesus anuncia que os misericordiosos são felizes, sabe o que está dizendo: É somente olhar para o Seu interior e ver que a misericórdia é a base essencial do Seu caráter, o que tem no mais íntimo do Seu ser.

A própria palavra, misericórdia, define-se por si mesma: o coração ao lado da miséria. Deus a desfruta tendo compaixão, colocando-se ao nosso lado. A presença, as palavras, os olhares, os abraços do Senhor Jesus, tudo nele é "coração", porque essa é a essência do Seu caráter. Tudo nele está cheio de misericórdia porque Ele se alegra fazendo o bem.

Deus quer que reflitamos o Seu caráter e sejamos conhecidos pela nossa misericórdia. Dessa maneira, parecemo-nos mais com Ele. Jesus se preocupou com as pessoas. Quando leu o livro do profeta Isaías, o coração dele se alegrou ao recordar que a Sua missão era "O Espírito do Senhor está sobre mim, pelo que me ungiu para evangelizar os pobres; enviou-me para proclamar libertação aos cativos e restauração da vista aos cegos, para pôr em liberdade os oprimidos" (LUCAS 4:18). Ele sabia o que estava no coração de cada pessoa e se preocupava com cada um. Conhecia os seus pensamentos e, mesmo assim, amava-os.

Ele conhece o que nós pensamos e, mesmo assim, ama-nos.

A Bíblia se encarrega de nos dizer, de forma clara, o tipo de pessoa que Jesus era. Hoje os líderes vivem em função do contato com as grandes multidões. Inclusive, entre os denominados líderes espirituais, encontramos pessoas que, aparentemente, não se preocupam com os menos "importantes". Essa não era a maneira como Jesus viveu. Grandes multidões o seguiam, mas Ele parava para curar uma única pessoa, um leproso" (MATEUS 8:1).

> GRANDES MULTIDÕES O ACOMPANHAVAM, E JESUS SE PREOCUPOU COM UM LEPROSO. ESSA ERA A SUA FORMA DE ENTENDER O MINISTÉRIO. NÃO SE IMPORTAVA EM ESTAR COM MUITOS, MAS A SUA MISSÃO ERA ATENDER CADA UM, PESSOALMENTE.

Uma vez mais, devemos recordar a promessa desta bem-aventurança: "alcançarão misericórdia". Deus sempre nos devolve muito mais do que nós damos. Quando ajudamos os necessitados e deixamos de lado nossos direitos, Deus se sente feliz ao ver que colocamos nosso coração ao lado dos que sofrem.

Deus continua mostrando Sua misericórdia para conosco. Somente reconhecemos a graça que estamos recebendo quando sabemos que nada merecemos. Vivemos a vida de Cristo quando temos misericórdia para com os outros.

6. OS LIMPOS DE CORAÇÃO

Há pouco, dissemos que a misericórdia de Deus se expressa pelo fato de Ele conhecer perfeitamente o que existe em nosso coração e, ainda assim, amar-nos. Agora Jesus ensina que a única maneira de se ver a Deus é tendo o coração limpo. Portanto, não temos muitas opções.

Deus sabe o que existe dentro de nós. Por isso, dia após dia, Ele precisa estar limpando nosso mundo interior. Podemos aparentemente enganar a muitos, mas não podemos ter duas caras diante do Criador. Ele sabe de tudo: do que fazemos bem e do que fazemos mal. Ele conhece nossas motivações, inclusive as nossas decisões espirituais. Não podemos enganá-lo. Ele sabe das razões por que oramos, ou por que desejamos estar com Ele, e, mesmo assim, suporta-nos, apesar das nossas dificuldades e dos nossos erros. Ele nos ama!

O Espírito de Deus é o nosso Ajudador. Pouco a pouco, Ele vai nos esvaziando de todas aquelas coisas que nos prejudicam e nos separam de Deus. Se permitirmos que atue em nossa vida, Ele retirará do nosso interior o ódio, a arrogância, a inveja, o orgulho, os maus desejos, a hipocrisia, as críticas e as mentiras, a cobiça... A lista pode parecer interminável, mas cada um sabe exatamente o que tem no coração.

Deus quer que sejamos felizes, e a única maneira de ser feliz é tendo um coração limpo, puro. Não se trata de nos medirmos ou nos compararmos com outras pessoas. "Ser tão bom como...". O objetivo é que o nosso coração seja como o coração de Deus. Essa é a razão por que os que têm um coração assim verão ao Senhor. Porque refletirão, como num espelho, o coração do Pai. Poderão estar com o seu Criador face a face.

Às vezes, perguntamo-nos a razão por que, quando lemos a Palavra de Deus, não somos capazes de encontrá-lo. Passamos longas horas com a nossa mente divagando por qualquer lugar, em vez de escutar a Deus. Não é por culpa dele, o problema está em nosso coração. Talvez não tenhamos perdoado alguém. Pode ser que tenhamos falado mal sobre outras pessoas, ou tenhamos pensamentos que não deveríamos ter, ou estejamos enraivecidos por alguma razão... O fato é que nosso coração não está limpo. Isso torna muito difícil nos encontrarmos com o nosso Criador.

Jamais disse algo sobre a aparência das pessoas.

Jesus é o perfeito exemplo quanto a ter um coração limpo e puro. Embora conhecesse o que havia no íntimo de cada pessoa, e ninguém podia enganá-lo, a Bíblia diz que amou a todos. Permitiu-lhes serem eles como eram para poderem ouvir a mensagem. Deu a todos a oportunidade de se decidirem pelo reino. Fez isso de modo incondicional. Preciso reconhecer que me surpreende o fato de Ele jamais ter dito algo sobre a aparência das pessoas. Supõe-se que alguma vez tenha encontrado alguém que não fosse do Seu agrado. Você pensa assim?

Eu mesmo não entendo a razão da minha surpresa, porque todos eram motivo para a Sua compaixão, todos eram aceitos por Ele. Jesus apenas resiste aos hipócritas, aos que não são capazes de serem eles mesmos, os que se entretêm "brincando" em ser religiosos.

Ele é o nosso exemplo. Somente com um coração limpo, podemos ver a Deus. Somente sendo perdoados e perdoando aos outros, podemos nos encontrar face a face com o Mestre.

Sem aparências, sem remendos e sem hipocrisia.

7. OS PACIFICADORES

O mundo está cheio de incendiários, de pessoas capazes de criar um problema a qualquer momento, ou de viver sendo, eles mesmos, um problema. Deus ama aos que trabalham pela paz e pela justiça. Ele procura pessoas especializadas em apagar incêndios. O discípulo de Cristo é, por natureza, um pacificador. E essa é, muitas vezes, a razão por que é visado. Ele vive seguindo o Príncipe da Paz, que não somente foi perseguido, como também foi crucificado.

O segredo para ser um pacificador é ter a vida cheia de paz. Jesus viveu assim: cheio de paz, em todos os momentos da Sua vida, embora tivesse muito trabalho, embora as pessoas se golpeassem para estarem com Ele. Paz, ainda que todos estivessem contra Ele e falassem mal dele. Paz, em meio a qualquer circunstância...

Os Seus discípulos estavam com medo da tempestade, Ele dormia.

Quase todos o abandonaram, Ele seguiu adiante rumo à cruz.

Judas o traiu, Ele o chamou de amigo.

Pedro se desesperou e cortou a orelha de um dos que vieram prendê-lo, Jesus o curou.

Os soldados lhe cuspiram, os ladrões o injuriaram... Ele continuou esbanjando graça. Amando a todos. Vivendo como um pacificador.

Reconhecido como o Filho de Deus.

> DEUS PODERIA TER-NOS CONDENADO,
> PODERIA TER-NOS ESQUECIDO... MAS BUSCOU A PAZ.

Ajudar a quem precisa e saber encher de paz qualquer momento da vida é refletir o caráter do Pai. Assim viveu o Messias. Poderia ter-nos condenado a todos, mas buscou uma forma de nos reconciliar. Ele era inocente, nós éramos os culpados. Ele demonstrou Seu amor continuamente, nós somos os que se rebelaram contra Deus.

Ele poderia ter-nos esquecido, mas buscou a paz. Por esse motivo, quando fazemos o mesmo e renunciamos a muitas coisas para que a paz prevaleça, e pedimos que o Espírito de Deus possa curar e restaurar o relacionamento entre as pessoas, nós nos comportamos como filhos do nosso Pai celestial. Refletimos o Seu coração nas cosias mais simples da vida. E Deus mesmo nos reconhece como Seus filhos. Nós somos os pacificadores.

8. OS QUE SÃO PERSEGUIDOS POR CAUSA DA JUSTIÇA

Digo-vos, porém, a vós outros que me ouvis: amai os vossos inimigos, fazei o bem aos que vos odeiam; bendizei aos que vos maldizem, orai pelos que vos caluniam. Ao que te bate numa face, oferece-lhe também a outra; e, ao que tirar a tua capa, deixa-o levar também a túnica; dá a todo o que te pede; e, se alguém levar o que é teu, não entres em demanda. Como quereis que os homens vos façam, assim fazei-o vós também a eles. Se amais os que vos amam, qual é a vossa recompensa? Porque até os pecadores amam aos que os amam. Se fizerdes o bem aos que vos fazem o bem, qual é a vossa recompensa? Até os pecadores fazem isso. E, se emprestais àqueles de quem esperais receber, qual é a vossa recompensa? Também os pecadores emprestam aos pecadores, para receberem outro tanto. Amai, porém, os vossos inimigos, fazei o bem e emprestai, sem esperar nenhuma paga; será grande o vosso galardão, e sereis filhos do Altíssimo. Pois ele é benigno até para com os ingratos e maus. Sede misericordiosos, como também é misericordioso vosso Pai (LUCAS 6:27-36).

Perseguido, acusado, questionado, insultado, odiado... Jesus disse que seriam felizes os que assim sofressem. No mundo onde os indesejados não encontram lugar, Jesus segue proclamando "Felizes são os perseguidos!" Numa sociedade que obriga a ter um certo padrão de vida, com a ameaça de críticas por todos, o Filho de Deus decidiu ser diferente.

Escolheu ser perseguido, acusado e odiado, aplicou a si mesmo a Sua mensagem. Muitos não praticam o que ensinam. Jesus cumpriu o que ensinou até o fim. Sabemos de muitas pessoas que gostam de dizer o que deve ser feito, mas jamais se comprometem com nada. Falam sempre de muitas coisas, mas a sua vida é totalmente diferente do que ensinam. Às vezes, até nós somos assim!

O Senhor Jesus disse: "Amai os vossos inimigos." e foi voluntariamente à cruz por amor a todos os que o menosprezavam, cuspiam nele e o maltratavam. Ensinou "Amai os vossos inimigos e orai pelos que vos perseguem", e cumpriu isso em todos os momentos da Sua vida. Levou isso ao extremo quando pediu o perdão do Pai para aqueles que lhe estavam tirando a vida.

Ofereceu Seu rosto para que o açoitassem e lhe cuspissem. Repartiram Suas vestes e Sua túnica. Não quis ficar com nada, nem defendeu Seus direitos. Ele era o Rei do Universo, e tudo quanto tinha era emprestado! Foi à cruz sem ter absolutamente nada... Havia ensinado que devemos dar ao que nos pede, e foi isso que Ele sempre fez. Curou incondicionalmente, até aqueles que não tinham fé, e a muitos que o abandonariam mais tarde e o trairiam. Jamais negou o bem a quem lhe pediu.

Essa foi a Sua maneira de nos ensinar que também seremos perseguidos. Essa é a "recompensa" aos que desejam entrar no reino de Deus, porque quando somos perseguidos em Seu nome, estamos em sintonia com Ele.

9. ALEGRAI-VOS QUANDO VOS PERSEGUIREM E VOS INSULTAREM

Bem-aventurados sois quando, por minha causa, vos injuriarem, e vos perseguirem, e, mentindo, disserem todo mal contra vós. Regozijai-vos e exultai, porque é grande o vosso galardão nos céus; pois assim perseguiram aos profetas que viveram antes de vós (MATEUS 5:11,12).

Eles o perseguiram, insultaram e o cravaram na cruz. Mas, mesmo nesses momentos, a vida de Jesus estava repleta de alegria. Ele nos ajuda, falando-nos da Sua experiência. Ele pode nos dar a força de que necessitamos, quando estamos sendo perseguidos. Pode fazer com que, no momento mais sombrio da nossa vida, sintamos a alegria que foi colocada diante dele.

Olhando firmemente para o Autor e Consumador da fé, Jesus, o qual, em troca da alegria que lhe estava proposta, suportou a cruz, não fazendo caso da ignomínia, e está assentado à destra do trono de Deus. Considerai, pois, atentamente, aquele que suportou tamanha oposição dos pecadores contra si mesmo, para que não vos fatigueis, desmaiando em vossa alma (HEBREUS 12:2,3).

Jesus sempre quis perdoar. Assim é o Seu caráter. Não se preocupou que o acusassem de esbanjar o amor de Deus para alcançar o perdão para todos, sempre com Seus braços abertos e Seu terno olhar. É como se estivesse esperando o mais íntimo gesto para manifestar Seu amor.

Temos lido, muitas vezes, as palavras do Senhor Jesus. Temos ficado extasiados com a beleza das bem-aventuranças. Ao mesmo tempo, ficamos desanimados, vendo que é impossível cumpri-las em nossa vida. Deus sabe o que está fazendo! Ele conhece nossa fraqueza, e não espera que lutemos com todas as nossas forças para sermos um pouco mais parecidos com o que Ele deixou escrito, porque sabe que isso é impossível.

Ele sabe que conseguimos apenas fracassar e nos frustrar. Por isso, enviou-nos Seu Espírito para nos ajudar em nossa fraqueza. As nove bem-aventuranças correspondem às características do fruto do Espírito (GÁLATAS 5:22,23). Você pode compará-las, uma a uma, e reconhecer que não podem ser alcançadas pela vontade humana, mas somente quando o Espírito de Deus trabalha dentro do nosso coração.

Esta é a nossa luta: deixar que Deus nos molde de acordo com a Sua vontade. Não se trata de normas, nem de uma nova ética. Trata-se, sim, de vivermos cheios do Espírito de Deus.

Desfrutar do Seu caráter, felizes por sermos como Ele, por mais difícil que nos pareça, ou muito diferentes que possamos parecer aos outros.

31 | JESUS COMO ANFITRIÃO, DEUS CONVIDANDO A TODOS

Suponha que você esteja lendo os evangelhos pela primeira vez, e nada conheça da história do Messias. O que mais lhe chamaria a atenção? Como você definiria Jesus? Para mim, o que mais me impressiona é o fato de Ele estar sempre "convidando". Se nós fôssemos deuses, passaríamos a vida dando ordens às pessoas. O Messias, Deus feito homem, simplesmente convida. Ele quer estar com todos, quer desfrutar da nossa presença e que nós também o vivenciemos, assim com Ele. Por isso, Ele se aproxima de todos. Você se lembra destas palavras?

Porque, onde estiverem dois ou três reunidos em meu nome, ali estou no meio deles (MATEUS 18:20).

"Ali estou no meio deles", como alguém que está aguardando que todos cheguem. Ele é quem convida e nos espera toda vez que nos encontrarmos em Seu nome. Ele é o anfitrião que nos abre a porta com um sorriso e nos abraça quando chegamos à Sua casa. O amigo que deseja abrir para nós o Seu lar para que descansemos e conversemos, para que sejamos restaurados e revigorados com Sua amizade. Ele jamais está ocupado para não nos atender e nos espera sempre. Como na história de Davi e Mefibosete (2 SAMUEL 9:6-13), o Rei sempre tem uma mesa preparada para comermos com Ele.

Somente com os íntimos, temos um momento de ceia. Podemos ter almoços de negócios, por prazer ou por outros motivos, mas a ceia em casa é somente para os melhores amigos, aqueles para quem você não precisa lembrar que está na hora de sair, porque você pode ficar com eles apreciando a conversa e a companhia até a madrugada. Jesus quer jantar conosco, falar-nos, abraçar-nos, consolar-nos, mergulhar-nos no Seu Espírito quando estivermos desanimados. Conversar até o amanhecer, quando não podemos dormir. Podemos passar os melhores momentos da nossa vida, quando aprendemos a desfrutar da presença de Jesus. "Eis que estou à porta e bato; se alguém ouvir a minha voz e abrir a porta, entrarei em sua casa e cearei com ele, e ele, comigo" (APOCALIPSE 3:20).

> JESUS QUER ESTAR À MESA CONOSCO, FALAR E ESCUTAR ATÉ O AMANHECER.

OS CONVIDADOS PARA UMA GRANDE CEIA

Ele, porém, respondeu: Certo homem deu uma grande ceia e convidou muitos. À hora da ceia, enviou o seu servo para avisar aos convidados: Vinde, porque tudo já está preparado. Não obstante, todos, à uma, começaram a escusar-se. Disse o primeiro: Comprei um campo e preciso ir vê-lo; rogo-te que me tenhas por escusado. Outro disse: Comprei cinco juntas de bois e vou experimentá-las; rogo-te que me tenhas por escusado. E outro disse: Casei-me e, por isso, não posso ir. Voltando o servo, tudo contou ao seu senhor. Então, irado, o dono da casa disse ao seu servo: Sai depressa para as ruas e becos da cidade e traze para aqui os pobres, os aleijados, os cegos e os coxos. Sai pelos caminhos e atalhos e obriga a todos a entrar, para que fique cheia a minha casa (LUCAS 14:16-23).

Jesus convidando a todos — esse é o Seu caráter. O homem se desculpando, rejeitando o convite do seu Criador — esse parece ser o nosso caráter.

Naquele tempo, o convite para um casamento era feito em duas etapas. No primeiro momento, o convidado dizia se aceitava ou não o convite; e, o segundo convite (somente para os que haviam aceitado) servia para confirmar todos os detalhes. Jesus contou aquela história para nos ensinar algo muito importante. Eles haviam aceito o primeiro convite, mas depois voltaram atrás. Não quiseram se comprometer. É como acontece no dia de hoje: tudo parece ir bem quando precisamos de Jesus. Até os que se dizem ateus clamam e buscam a Deus, quando se encontram sem saída ou quando estão desesperados. O problema começa no compromisso, com o segundo convite, com o momento de dizer a Deus que Ele é o mais importante na vida.

Por que apresentamos desculpas? Perceba que as desculpas eram tremendamente desonestas e sem lógica. Ninguém compra um campo sem antes o ter visto e o examinado a fundo. E, mesmo nesse caso improvável, o certo é que o campo continuaria por ali no dia seguinte. Ninguém investe dinheiro num animal de carga sem ter feito um teste antes.

O terceiro não quis ir porque tinha se casado. Porém, todos sabiam que, entre o povo judeu, os jovens, por lei, deixavam de ir à guerra e de trabalhar no primeiro ano de casados. Portanto, ele tinha todo o tempo do mundo para ir. Além disso, por que não levar consigo a esposa?

As nossas desculpas continuam sendo as mesmas.

Comprar um terreno hoje é falar sobre a preocupação com o futuro: nossos estudos, nossa profissão. Muitos pensam que isso é o mais importante na vida, sem se dar conta de que tudo o que possa vir a acontecer no futuro está nas mãos de Deus. Não devemos dar mais valor às "matemáticas" do que Àquele que criou os números como um pequeno passatempo. Deus nos concede o tempo para tudo: a nossa melhor profissão não é o doutorado, embora seja ótimo, mas melhor é a carreira da vida. Nós podemos aceitar o convite e continuar estudando.

A necessidade de testar as cinco juntas de bois representa a nossa preocupação econômica, o anseio pelo trabalho. Temos ouvido muitas pessoas dizendo: "Vou me envolver com Deus quando eu tiver um pouco mais de dinheiro". Mais tarde, dizem: "Depois que meus filhos crescerem". Ou então, "Quando eu tiver uma melhor posição econômica". Sem perceber, chegamos aos cinquenta anos e já não temos mais forças para tomarmos um sério compromisso com Deus. Poderíamos ter assumido um total compromisso com Jesus e continuar trabalhando.

A desculpa do casamento não tem a ver, em primeiro lugar, com o casamento em si, mas com os que colocam as questões sentimentais acima de Deus. Muitos destroem suas vidas quando se unem a uma mulher ou a um homem que não ama a Deus. Quando Jesus convida, a melhor forma de responder é levando a família consigo.

> AS DESCULPAS QUE INVENTAMOS, PARA APRESENTAR A DEUS, PODEM SER MILHARES, E MUITAS DELAS NOS PARECEM LÓGICAS... MAS NENHUMA É VÁLIDA.

DESCULPAS

Durante muito tempo, considerei seriamente a ideia de anotar as desculpas que as pessoas dão para não seguir a Jesus. Algumas delas parecem ser mais ou menos sérias. Mas, com o passar do tempo, tudo cai, como se fosse um castelo de cartas de jogo que desmorona ao mais simples sopro. Todos nós temos usado desculpas em determinadas ocasiões. A lista é interminável. São conhecidas para você?

- Estou muito ocupado;
- Tenho muito trabalho;
- Estou muito cansado;
- Todos são uns hipócritas;
- Eu perderia meu programa preferido da televisão;
- Meus amigos iriam rir de mim;

- Eu me aborreseria;
- Perderei meu tempo, se eu for;
- Não há santidade na Igreja;
- Não me sinto bem espiritualmente;
- Não me sinto bem fisicamente;
- Estou vivendo um mau momento;
- Isso é coisa para idosos, pastores e líderes;
- Isso é coisa de jovens;
- As pessoas vão se salvar, mesmo sem nós;
- Na última vez, zombaram de mim;
- Eu dou um bom exemplo, isso já basta;
- O horário não é favorável;
- Da última vez que fui, nem me deram atenção;
- Não concordo com aquilo que fazem;
- Hoje temos jogo de futebol, e eu não quero perdelo;
- Tenho um compromisso;
- Os que vão à Igreja não são melhores que eu;
- Eu vou aos domingos, e já faço muito;
- Não concordo com os líderes;
- Não vou porque eles não pregam o verdadeiro evangelho;
- Minha esposa não me deixa ir;
- Meu marido não concorda que eu vá…

> PODEMOS NÓS ACRESCENTAR MAIS UMA ZOMBARIA
> AO SOFRIMENTO DO SALVADOR, COLOCANDO NOSSAS DESCULPAS
> NA MESMA PLACA ONDE SE LÊ "JESUS NAZARENO, REI DOS JUDEUS"?
> PODEMOS TER DESCARAMENTO DE COLOCÁ-LA ALI AO LADO?

Você pode acrescentar qualquer outra desculpa ou escolher aquela que mais lhe agrade. Podemos fazer depois duas coisas: colocá-la num lugar onde possamos lê-la todos os dias, ou até ter uma desculpa diferente para cada dia; ou podemos colocar todas elas aos pés da cruz, vendo o Salvador sangrando, com as mãos perfuradas e o peito ferido, vertendo sangue e suportando tudo, ao ser cuspido e zombado. Porém Jesus não deu uma única desculpa. Ele se conservou em silêncio por amor a nós.

Se continuarmos a rejeitá-lo, será como acrescentar mais uma zombaria ao Seu sofrimento, cravando nossa desculpa no mesmo cartaz, onde se lê "Jesus Nazareno, Rei dos Judeus". É como dizer: "Senhor, não vou te seguir, nem quero me comprometer contigo, porque…".

> Continua sendo difícil ser um discípulo.
> É muito mais fácil estar convencido, do que comprometido.

TEMOS DE MORRER!

Em verdade, em verdade vos digo: se o grão de trigo, caindo na terra, não morrer, fica ele só; mas, se morrer, produz muito fruto. Quem ama a sua vida perde-a; mas aquele que odeia a sua vida neste mundo preservá-la-á para a vida eterna. Se alguém me serve, siga-me, e, onde eu estou, ali estará também o meu servo. E, se alguém me servir, o Pai o honrará (JOÃO 12:24-26).

Para dar fruto, a semente precisa morrer, tem de cair na terra. Da mesma forma, devemos estar dispostos a morrer para muitas coisas, para sermos úteis a Deus e transformar o mundo. Precisamos nos arriscar a cair na terra, e que nossa vida se perca. Um grão pode estar bem guardado, mas sempre será um único grão. Nunca chegará a nada. Se nós nos comprometermos a viver a nossa vida, Deus não poderá usá-la.

Se não quisermos morrer, Deus nos quebrantará até que aconteça. Não importa quanto tempo isso levará.

Algumas pessoas chegam a reconhecer isso quando a vida já está terminando. E então se lembram quão tolos foram por não terem antes desejado obedecer ao Senhor. Passaram tempo demais lutando para ter posses ou prazer, em vez de seguir o Mestre. Esqueceram que, se as coisas têm muito valor para nós e as agarramos com muita força, mais vai nos doer quando tivermos de nos desprender delas, quando tivermos de abandoná-las.

Deus continua convidando-nos a uma vida extraordinária, a melhor que existe. Ele nos chama para um diálogo eterno com Ele e para caminhar com o Senhor Jesus, que é o caminho mais excelente. Muitos de nós desprezamos o Seu convite. Pode ser que não o façamos diretamente, porque gostamos demais da religião para rejeitá-la abertamente, mas...

Não gostamos que Deus se intrometa em nossos assuntos. Ele pode governar o Universo e ter um plano para todas as coisas, mas não queremos que Ele dirija a nossa vida. Devemos reconhecer que somos inúteis e que só Ele pode nos ensinar a viver. Qualquer tipo de confiança em nossas possibilidades, dons ou atitudes somente nos levará ao fracasso.

Talvez, aparentemente, as coisas possam estar indo bem, mas o vazio em nosso coração seja imenso. Somente Deus pode preencher a nossa existência. Nenhuma atitude, serviço, bens ou pessoa, poderá fazê-lo. Quando queremos viver fazendo tudo com as nossas forças, estamos no momento mais perigoso, porque a vida cristã é uma existência de total dependência de Deus, uma luta contínua, um contínuo morrer.

Ou é isso, ou é nada!

32 TRÊS IRMÃOS: MARIA, MARTA E LÁZARO

Imagine que você esteja vivendo no tempo do Senhor Jesus. Você o teria convidado a comer e a dormir em sua casa com a sua família? Estaria sua casa aberta a todo instante? Teria Jesus a confiança de chegar quando quisesse, sem deixar qualquer recado, ou pedir licença? Penso que a maioria de nós diria que sim, que não se importaria que assim acontecesse, porque nossa casa sempre estaria à Sua disposição.

Tem certeza disso?

Os fatos nos dizem que, na maior parte das noites, o Senhor não tinha onde reclinar Sua cabeça. Não tinha um lugar para dormir, para descansar, para ser desejado e acolhido. Somente uma família teve sempre as portas abertas para Ele, pois eram amigos de Jesus, a casa para onde Ele foi em muitas ocasiões. Essa casa se encontrava em Betânia, onde moravam Marta, Maria e Lázaro. Três pessoas com um caráter bem diferente.

MARTA, A QUE SE PREOCUPAVA DEMAIS

Indo eles de caminho, entrou Jesus num povoado. E certa mulher, chamada Marta, hospedou-o na sua casa. Tinha ela uma irmã, chamada Maria, e esta quedava-se assentada aos pés do Senhor a ouvir-lhe os ensinamentos. Marta agitava-se de um lado para outro, ocupada em muitos serviços. Então, se aproximou de

Jesus e disse: Senhor, não te importas de que minha irmã tenha deixado que eu fique a servir sozinha? Ordena-lhe, pois, que venha ajudar-me. Respondeu-lhe o Senhor: Marta! Marta! Andas inquieta e te preocupas com muitas coisas. Entretanto, pouco é necessário ou mesmo uma só coisa; Maria, pois, escolheu a boa parte, e esta não lhe será tirada (LUCAS 10:38-42).

Marta era a responsável, pois Lucas escreve que a casa era de Marta, e Maria era sua irmã. Era assim que todos pensavam, e pode ser que Marta tenha assumido essa responsabilidade com muita seriedade. Talvez seus pais já tenham falecido, porque eles nunca são mencionados no texto bíblico. E já que Marta era a mais velha... ela se preocupava com os preparativos, para que tudo estivesse em ordem, e também se preocupava com o trabalho...

Ela se preocupava em demasia!

Ela se irritava quando sua irmã não a ajudava. Isso costuma sempre ser assim, quando trabalhamos com uma motivação errada, porque somos os primeiros a julgar os outros. Marta trabalhava e reclamava, ao passo que Maria havia escolhido a quietude da adoração, o desejo de sempre estar perto de Jesus.

O trabalho podia esperar um pouco.

"Andas inquieta e te preocupas com muitas coisas. Entretanto, pouco é necessário ou mesmo uma só coisa", foi o que Jesus disse a Marta, dando assim razão para a irmã que estava sendo criticada.

Maria apenas queria estar com Jesus, não queria perder nada. Nem deseja comer! Sem que ninguém lhe explicasse, ela havia compreendido perfeitamente o segredo do jejum, a necessidade de estar perto de Deus e não viver sequer um único momento longe dele.

Jesus queria ensinar a Marta que estar trabalhando com Ele é mais importante que estar ocupado *para* Ele.

O segredo da evangelização e da vida cristã é ter um coração apaixonado por Jesus, e não o trabalho como a primeira prioridade. Temos transformado o sucesso num ídolo, e os "resultados" que conseguimos são o produto da adoração a esse ídolo. O Senhor Jesus nunca se preocupou com os resultados naquilo que fazia. Ele simplesmente viveu e anunciou o evangelho do reino. Deus não quer que trabalhemos cheios de preocupação, cansaço e, por vezes, de amargura. O que Ele deseja é que o amemos em primeiro lugar. Essa é a única e correta motivação. Exatamente o que Marta não havia entendido.

> OS FILHOS NÃO NASCEM EM FUNÇÃO DO SERVIÇO OU DO TRABALHO, MAS PELO AMOR.

Lembre-se de que é através do amor a Jesus que nascem os filhos espirituais, e não pelo serviço. Se passamos a vida apenas trabalhando para Deus será difícil que as pessoas se aproximem dele, porque a única coisa que percebem é o nosso esforço, e não o nosso amor. Deus não quis que os filhos nascessem no casamento como o resultado do trabalho, mas, sim, como o resultado do amor.

Quando vivemos fascinados por Jesus, todos veem algo diferente em nós e querem saber a razão do nosso amor.

Jesus quer a Sua noiva para amá-la e não para que, primeiramente, seja Sua empregada. Nós procuramos viver como se Deus fosse o nosso Senhor, o que Ele de fato é, mas esquecemos que o nosso primeiro dever é amar a Ele de forma incondicional, desfrutar da Sua presença, estar ao Seu lado, orgulhosos por Aquele que temos dentro de nós. Que sejamos felizes por amarmos o nosso Salvador, ao nosso noivo e futuro marido.

> ASSIM COMO QUALQUER UM DE NÓS, JESUS QUER SUA NOIVA PARA AMAR, E NÃO PARA TÊ-LA, PRIMEIRAMENTE, COMO SERVIÇAL.

A Bíblia diz que Marta "se distraía" com muitas coisas. Esse é o sentido literal da palavra que Jesus usou. Às vezes, as boas coisas, inclusive o serviço, distraem-nos evitando que estejamos com Jesus. Quando o trabalho se torna mais importante que Deus, começamos a julgar os outros. Quando nossa medida espiritual é o que fazemos, a comparação se torna obrigatória: "Estou fazendo mais que você!"

Se a medida é o amor, deixamos de julgar os outros. É impossível saber quem ama mais ou menos, porque... quanto mais amarmos, tanto melhor!

A MORTE DE UM AMIGO, A PERDA DE UM IRMÃO

Chegou o dia mais triste para a família. Lázaro ficou doente, e Jesus soube disso. Até então, tudo parecia normal. O que causou estranheza a todos foi o fato de Jesus não se preocupar com o Seu amigo e nada fazer para ajudá-lo. Os fariseus, que sempre buscavam um motivo para desacreditar Jesus, envergonharam Maria e Marta quando o Mestre se "esqueceu" do Seu amigo Lázaro.

As coisas ficaram ainda piores quando Jesus disse que a enfermidade dele não era para morte. E, mais tarde, todos perceberam que Ele havia se "equivocado". Foram os piores momentos na vida de Maria e Marta. Sobretudo para Marta, que desejava ter tudo "sob controle". De repente, o Mestre deixou de aparecer e, ainda mais, esqueceu-se deles!

As pessoas não haviam percebido que o atraso fazia parte do plano de Deus, porque Jesus amava Marta (JOÃO 11:5) e tinha algo tremendo para lhe ensinar. Ele se preocupava com ela e desejava que soubesse que Ele estava ao seu lado e faria qualquer coisa por ela.

O mesmo acontece conosco porque não somos capazes de entender que, quando Deus parece não chega no tempo certo, Ele sempre tem um propósito. Aparentemente tudo vai mal, e alguns zombam de nós perguntando-nos: Onde está o Deus em quem confiamos?

O que nos parece ser um silêncio de Deus, enche-nos de tristeza, mas são elementos para fortalecer o nosso coração.

Disse, pois, Marta a Jesus: Senhor, se estiveras aqui, não teria morrido meu irmão. Mas também sei que, mesmo agora, tudo quanto pedires a Deus, Deus te concederá. 23Declarou-lhe Jesus: Teu irmão há de ressurgir. Eu sei, replicou Marta, que ele há de ressurgir na ressurreição, no último dia. Disse-lhe Jesus: Eu sou a ressurreição e a vida. Quem crê em mim, ainda que morra, viverá; e todo o que vive e crê em mim não morrerá, eternamente. Crês isto? Sim, Senhor, respondeu ela, eu tenho crido que tu és o Cristo, o Filho de Deus que devia vir ao mundo. Tendo dito isto, retirou-se e chamou Maria, sua irmã, e lhe disse em particular: O Mestre chegou e te chama. Ela, ouvindo isto, levantou-se depressa e foi ter com ele, pois Jesus ainda não tinha entrado na aldeia, mas permanecia onde Marta se avistara com ele. Os judeus que estavam com Maria em casa e a consolavam, vendo-a levantar-se depressa e sair, seguiram-na, supondo que ela ia ao túmulo para chorar. Quando Maria chegou ao lugar onde estava Jesus, ao vê-lo, lançou-se lhe aos pés, dizendo: Senhor, se estiveras aqui, meu irmão não teria morrido. Jesus, vendo-a chorar, e bem assim os judeus que a acompanhavam, agitou-se no espírito e comoveu-se. E perguntou: Onde o sepultastes? Eles lhe responderam: Senhor, vem e vê! Jesus chorou. Então, ordenou Jesus: Tirai a pedra. Disse-lhe Marta, irmã do morto: Senhor, já cheira mal, porque já é de quatro dias. Respondeu-lhe Jesus: Não te disse eu que, se creres, verás a glória de Deus? Tiraram, então, a pedra. E Jesus, levantando os olhos para o céu, disse: Pai, graças te dou porque me ouviste. Aliás, eu sabia que sempre me ouves, mas assim falei por causa da multidão presente, para que creiam que tu me enviaste. E, tendo dito isto, clamou em alta voz: Lázaro, vem para fora! Saiu aquele que estivera morto, tendo os pés e as mãos ligados com ataduras e o rosto envolto num lenço. Então, lhes ordenou Jesus: Desatai-o e deixai-o ir (JOÃO 11:21-44).

Quando Jesus estava chegando, Marta não pôde mais esperar e saiu correndo. Chegou ao local onde Jesus estava e, antes que Ele entrasse em casa, Marta expressou a dor que estava sentindo. Marta tinha problemas com as suas atitudes, pois falou com Jesus reclamando com a firmeza de quem sabia que estava com a razão, e lhe pediu explicações, como se pede a alguém que tenha feito algo indevido ou se esquecido de cumprir o seu dever.

Quando nossa primeira motivação é o trabalho, corremos o risco de ter como arma preferida a recriminação. Usamos isso diante de todos, na primeira oportunidade que tivermos, porque nós estamos trabalhando, cumprindo nosso dever. Portanto, acreditamos que temos o direito de dizer umas certas coisas, seja o que for.

E ponto final!

> OS QUE VIVEM PARA O TRABALHO, CORREM O RISCO DE TER COMO ARMA DE SUA PREFERÊNCIA A RECRIMINAÇÃO.

Jesus sorriu e fez Marta refletir. É um fato curioso que, sempre que o trabalho é totalmente nosso, Deus nos faz parar para que achemos tempo para pensar. Tempo para nos encontrarmos com Ele e ouvi-lo. Jesus respondeu a todas as perguntas de Marta e acrescentou: "Eu sou a ressurreição e a vida". Era uma forma de explicar que pouco lhe importava que Lázaro tivesse morrido, porque Ele podia ressuscitar o seu irmão. Aqui começaram os problemas para Marta, porque, se ela acreditava apenas intelectualmente naquilo que estava ouvindo, sua fé tinha pouco valor.

Jesus enfrentou a sua incredulidade de uma forma impressionante ao afirmar: "Eu sou!".

Ele estava ali, ao lado dela, da mesma forma que se encontra ao nosso lado, mesmo que Marta não acreditasse que Jesus pudesse fazer algo naquele momento. Deus tem paciência conosco. Muita paciência! Jesus levou Marta ao ponto que ela precisava chegar, ao dizer: "Crê em mim!". Isso é um conhecimento pessoal, íntimo, profundo, direto. Implica descansar toda a nossa vida, nossa mente e nossas emoções nele. Muito mais em um momento como aquele, em que a morte havia destruído quase toda a sua fé.

Jesus estava falando a Marta e também a milhões de Martas que existem na história da humanidade. Pessoas para as quais tem sido muito difícil descansar naquilo que Deus diz.

"E todo o que vive e crê em mim não morrerá, eternamente". A promessa é para todos, sem exceção. Só existe uma condição, que é a de estarmos vivos. É preciso reconhecer a Jesus como Salvador enquanto vivemos, pois de nada serve o que façamos por alguém que já morreu. De nada valem a religião, a tradição, as obras, as ideias e outras coisas mais! A perdição não existe para aquele que coloca a sua confiança em Cristo. Essa é a diferença. Quando cremos em Jesus, jamais morreremos. Viveremos para sempre!

Jesus poderia terminar a frase naquele ponto e esperar a reação de Marta. Mas não fez. Fez-lhe a pergunta mais importante da sua vida: "Crês tu isto?".

A pergunta mais importante na história de cada pessoa neste mundo. Marta respondeu "Sim, Senhor, eu tenho crido que tu és o Cristo, o Filho de Deus"... e se foi.

É possível crer que Jesus é a Vida em pessoa, que pode fazer o impossível e tem poder para ressuscitar mortos, e virar as costas? Pode-se ter o Messias ao nosso lado, sabendo que Ele é o Filho de Deus, e darmos meia volta para seguirmos nosso caminho?

Marta possuía uma fé firme (JOÃO 11:17). Acreditava e conhecia a verdade perfeitamente. Mas não soube dar o passo seguinte. Não foi capaz de descansar plenamente em Jesus e aguardar pelo que Ele ia realizar. Ela foi imediatamente buscar sua irmã Maria, dizendo-lhe que Jesus estava chamando por ela, o que era uma meia verdade. É a mesma atitude que temos quando dizemos a alguém: "Ore por mim porque sei que Deus ouve você". Isso porque não somos capazes de descansar no Senhor.

É curioso porque, quando nossa motivação espiritual é o trabalho, sempre acabamos indo em busca dos que vivem perto do Senhor. Sabemos que algo nos falta.

Então Maria chegou. Ela ficou aguardando Jesus, não se preocupou com nada porque confiava que, mais cedo ou mais tarde, Jesus viria. Não era preciso ir à Sua procura, pois sabia que, no exato momento, Ele chegaria. Essa é a grande diferença entre a confiança que espera e a insegurança que sai em busca de soluções, para logo se mandar, depois que as encontra, porque não tem paciência para continuar esperando.

É a grande diferença entre a oração, em que se descansa na presença do Senhor daquela outra que são só palavras.

Maria se levantou e se lançou aos pés de Jesus. Essa é a atitude de um adorador, de alguém que ama verdadeiramente. Maria se emocionou diante de Jesus; falou-lhe chorando. Nesse momento, viu como o sofrimento que ama sempre comove a Deus. Por isso, Jesus chorou e suas lágrimas foram um bálsamo que molhou Seu rosto. O coração de um adorador sincero faz Deus chorar.

Jesus não chorou pelo inevitável, que foi a morte do Seu amigo. Ele chorou pelo momento que estava vivendo. Ordenou que abrissem a sepultura.

Marta não aguentou!

Nós nos convencemos de que Jesus havia falado ao seu coração e ela conseguiu entender o que o Salvador queria lhe explicar, mas Marta ainda não acreditava. Quando Jesus ordenou que a pedra fosse retirada, foi ela quem disse que não seria possível porque já se haviam passado quatro dias. Muitas desculpas para não cumprir a vontade de Deus. Ela não acreditava!

> O CONHECER QUE SE USA NA BÍBLIA
> É UM CONHECIMENTO EXPERIMENTAL, PESSOAL,
> QUE CHEGA AO MAIS ÍNTIMO DO CORAÇÃO E DA VIDA.

Jesus não havia dito a Marta que Ele era a ressurreição e a vida?

Não era capaz de obedecer ao Messias nem sequer naquele momento? Não cria nele?

Jesus não argumentou mais com Marta. Não voltou a lhe explicar que Ele era mesmo Deus e que tinha poder para devolver a vida ao seu irmão, nem buscou qualquer outro tipo de argumentos. Simplesmente, deixou com ela uma pergunta, a mesma que continua conosco, dia após dia e em todos os momentos, quando nossa fé fraqueja:

"Não te disse eu que, se creres, verás a glória de Deus?"

Essa é a pergunta. A razão de ser da nossa vida, face a face com Deus.

"Tirai a pedra!", disse-lhes Jesus, antes de ressuscitar Lázaro. Poderia ter feito que Seu amigo saísse, mas pediu que eles fizessem algo. É como se Deus nos fizesse lembrar que temos de fazer a nossa parte, confiar e cumprir com o nosso trabalho antes que Ele realize o impossível.

Somente então foi que Jesus chamou Lázaro, e ele obedeceu à voz do seu Criador, voltando à vida. Por um momento, a história pareceu terminr. Foi então que ela começou. Receber um irmão que esteve na sepultura não é coisa que acontece todos os dias!

Mas quando a narrativa termina, encontramos uma frase que não pode passar despercebida. "Os judeus que tinham vindo visitar Maria". É curioso saber que os vizinhos não chegavam para se encontrar com Lázaro, mas com Maria. Não visitavam a casa para ver Marta, aquela que tinha todas as coisas em ordem, que fazia todas as coisas de forma perfeita, e podia convidá-los para saborosas comidas. Não, eles queriam estar com Maria.

Maria tinha uma qualidade difícil de se encontrar e, ao mesmo tempo, a mais simples de se conquistar: ela amava Jesus profundamente. Você se lembra do que foi dito há pouco? Os filhos são fruto do amor, e não do trabalho. Os que não conhecem a Jesus, precisam encontrar outras Marias, totalmente fascinadas e entusiasmadas com

Deus, pois estão cansados de ver tantas Martas em muitas religiões e em diferentes crenças.

Quando terminamos de ler a história, volta à nossa mente, como um eco, a "recriminação" de Marta a Jesus: "Se tivesses estado aqui...". Soa parecido ao que dizemos a Deus muitas vezes: Onde estavas quando tanto precisávamos do Senhor? Se o Senhor tivesse estado aqui, eu não teria passado tão mal! Se o Senhor estivesse aqui, tal pessoa não teria ficado doente, ou falecido; ou então, esse problema não seria tão grave...

É como se o Senhor estivesse ausente, ou não se preocupasse conosco! Os fariseus envergonharam Marta e Maria quando Jesus não veio. Às vezes, pode acontecer o mesmo em nossa vida, e outros nos zombem por acreditarmos e descansarmos em nosso Pai. Eles não sabem que os aparentes silêncios de Deus são provas para fortalecer o nosso coração. Jamais perceberam que, quanto mais silenciosos o nosso Pai está, é quando se encontra mais perto de nós.

Sim, Jesus veio!

Ele fez o que precisava ser feito e transformou completamente a situação. Nada escapou, escapa ou escapará ao controle das Suas mãos. Ele sempre chega no exato momento para fazer _tudo_ de que necessitamos.

E sempre será assim, embora que às vezes tenhamos de esperar. Se crermos, veremos a glória de Deus, mesmo nas circunstâncias mais difíceis; mesmo quando possamos pensar que Ele não esteja conosco quando precisamos dele.

33 | O DEUS DA LIBERDADE

"Se, pois, o Filho vos libertar, verdadeiramente sereis livres."

Essa frase resume o principal motivo no ministério de Jesus. É a melhor definição de Deus e do Seu caráter; Seu relacionamento com o ser humano; o oferecimento de uma extraordinária liberdade para não forçar Suas criaturas à decisão de viver e desfrutar dessa eterna liberdade que jamais perece. O Senhor Jesus dá e concede a liberdade, mesmo com a possibilidade de não ser aceita. Ele deseja que as pessoas descubram a sua própria liberdade, amando e conhecendo a Deus. Embora seja para Ele muito dolorido, o Senhor "respeita" a decisão daquele que não deseja segui-lo.

A. O DEUS QUE NÃO QUER CONDENAR NINGUÉM

Porquanto Deus enviou o seu Filho ao mundo, não para que julgasse o mundo, mas para que o mundo fosse salvo por ele
(JOÃO 3:17).

O versículo mais conhecido da Bíblia é João 3:16. Milhões de pessoas podem recitá-lo de cor. Tem sido dito que é o evangelho em miniatura. Correto! Mas jamais devemos nos esquecer do versículo seguinte, que acabamos de ler agora, porque é a conclusão do versículo anterior. Somente João 3:16 não é a melhor definição do evangelho, porque a frase não termina com ele. O versículo seguinte começa dizendo: "Porque...".

Não podemos entender o evangelho se não sabemos o que existe no coração de Deus. O maior desejo dele é que o mundo seja salvo, porque Ele não deseja condenar o mundo. Como grande Libertador, espera que tomemos uma decisão. Ele se compromete com a mesma liberdade que nos concedeu. Jesus não veio ao mundo para condená-lo, mas para que seja salvo por meio dele.

B. DEUS CHORA PELOS QUE SE PERDEM

Quando ia chegando, vendo a cidade, chorou e dizia: Ah! Se conheceras por ti mesma, ainda hoje, o que é devido à paz!
(LUCAS 19:41,42).

Jesus não "obriga" alguém a crer, e renuncia Sua capacidade de convencer as pessoas com milagres para trazê-las a Ele. E ele chora como faria alguém que não deseja usar o seu poder para subjugar a liberdade da outra pessoa. Muitos não podem entender que Jesus seja capaz de chorar por nós.

> NÃO QUIS MATAR, MAS, SIM, DAR A VIDA. NÃO ENTROU NOS SEUS PLANOS FAZER JUSTIÇA IMEDIATA, MAS APLICAR A MISERICÓRDIA.

Poucos lhe pediram perdão, mas Ele os perdoou de uma forma incondicional. Alguém disse que o trabalho de Deus é perdoar. E, embora não seja uma frase totalmente correta, leva-nos para muito perto do coração do Criador. O Senhor Jesus era o Messias enviado por Deus para cumprir as condições do perdão para a humanidade. Não veio para condenar, senão para salvar. Não queria matar, senão dar vida.

As consequências e a execução da Justiça chegarão mais tarde. A imagem de Deus que Jesus mostrou é a imagem de um Pai com as mãos estendidas, querendo abraçar, esperando nosso mínimo desejo para colocar Sua mão sobre o ombro e nos levar para casa.

Deus não busca primeiramente revelar o Seu poder, senão a Sua graça. Para Deus, o mais importante não é que as pessoas descubram Sua grandeza, mas que se envolvam na Sua misericórdia. Ele não está tão interessado em mandar, como está em amar. Não precisa demonstrar que Ele é Deus, porque isso não admite discussão. Ele continuará sendo sempre o Deus Todo-Poderoso, façam o que façam os homens, entendam assim ou não, admitam-no ou não.

Aquele que o segue, vai se aproximar dele, por sentir a atração do Seu Espírito, e não tanto por medo da Sua ira.

> *Vendo isto, os discípulos Tiago e João perguntaram: Senhor, queres que mandemos descer fogo do céu para os consumir? Jesus, porém, voltando-se os repreendeu e disse: Vós não sabeis de que espírito sois. Pois o Filho do Homem não veio para destruir as almas dos homens, mas para salvá-las*
> (LUCAS 9:54-56).

Nós somos bem diferentes. Aprendemos rapidamente a linguagem da justiça vingativa. Gostamos de dizer o que se pode e o que não se pode fazer. O nosso desejo mais profundo é que se faça o que nós dissermos, que possamos ter a última palavra em tudo. Nesse perigo caíram os discípulos: não foram escutados, ao falarem de Jesus, e se julgaram no direito de fazer a justiça com suas próprias mãos. Queriam vender caro o menosprezo a que foram submetidos. Jesus teve de lhes explicar que Ele "...tinha vindo para salvar vidas". Se estamos procurando fazer qualquer outra coisa, é porque seguimos um espírito bem diferente do Espírito de Deus.

Ele é o Senhor, e mesmo assim, concedeu a todos completa liberdade para que o rejeitassem. Não se sentiu ferido, como aconteceu com os discípulos, quando alguém lhes deu as costas.

Nós somos terríveis! Queremos enviar as pessoas diretamente ao inferno quando não nos dão a devida importância. Quando falamos a alguém sobre Jesus, e essa pessoa não nos quer ouvir, sacudimos o pó dos nossos pés numa velocidade vertiginosa. Não somos capazes de permitir que elas vejam em nossos olhos nem sequer um pouco de compaixão, de tristeza, lágrimas de afeto por alguém que se perde. Precisamos seguir o Espírito de Deus e pedir-lhe que purifique o nosso coração e nos faça muito mais parecidos como nosso Pai.

Precisamos aprender a colocar nossa mão sobre o ombro daquele que talvez não nos queira ouvir, para lhe mostrar o caminho de volta para casa.

C. DEUS AMÁVEL E SUAVE

Jesus é extremamente amável e suave. Chama à porta, não a força, nem a empurra para abri-la, mesmo com todo o direito que tem para fazê-lo. Ele é o Rei do Universo, mas espera pacientemente por uma resposta. Espera receber um sim, mas sabe que pode receber um não, porque Ele sabe de tudo. Entretanto, sem reagir com a irritação daquele que se sabe superior, responde com a compaixão daquele que é capaz de fazer qualquer coisa por amor.

Você quer alguns exemplos? Pense no ladrão na cruz. A Bíblia afirma que, no começo, os dois ladrões ofendiam e zombavam de Jesus. Não sabiam quem era aquele que estava ao seu lado e decidiram zombar dele. Jesus os escutou e mais uma vez guardou silêncio. Ele sabia que dava para conquistar a lealdade de pelo menos um deles. E assim aconteceu.

Outro exemplo, os dois discípulos que estavam a caminho de Emaús depois da ressurreição de Jesus. O Senhor mesmo apareceu e lhes explicou todas as coisas; não se afastou deles, enquanto não entenderam o que estava acontecendo. Ele não deixou que permanecessem na tristeza. Sabia que eles eram insensatos e incrédulos como os demais discípulos, mas não os abandonou à sua sorte. Decidiu perder algumas horas a mais para convencê-los e para torná-los capazes de ver além do que os olhos físicos deles conseguiam ver. E quando, por fim perceberam, Ele desapareceu.

> O QUE ELE PENSOU QUANDO DEU VIDA A JUDAS,
> A PILATOS, AOS SOLDADOS QUE ZOMBARAM DELE,
> AOS QUE GRITAVAM CONTRA ELE, AOS QUE CUSPIRAM NELE?

Por outro lado, não sei se você já pensou, mas eu jamais posso deixar de refletir nesse "momento" da eternidade, quando o Criador decidiu dar vida a cada pessoa deste mundo. Que pensou Ele quando concedeu a existência a Judas, a Pilatos, aos soldados que zombaram dele, aos que gritavam contra Ele, aos que cuspiram nele? Como foi capaz de permitir momentos de felicidade àqueles que iam tirar a Sua vida? Deus não negou a Herodes o direito de nascer, apesar de ele querer matar Seu Filho!

Ele concedeu a todos a liberdade de agir. Gostaria que não tivessem nascido? Não!!! Ele podia ter impedido que tivessem vida, mas não o fez.

Nenhum de nós teria permitido ver a luz àqueles que mais tarde nos maltratariam e cuspiriam em nós. Teríamos afastado de nós os que procurassem matar nossos filhos. Se fosse possível, mandaríamos fogo do céu mesmo antes que nascessem. Jamais teríamos feito qualquer coisa boa por eles...

Felizmente Deus é muito diferente de cada um de nós.

D. O PAI QUE ESPERA COM PACIÊNCIA A CADA DIA

Você se lembra da história do filho pródigo?

O pai podia ter ido buscar seu filho, explicar-lhe que sua rebeldia não o levava a lugar algum e depois trazê-lo de volta para casa. Com isso, teria demonstrado carinho para com ele. Não podemos esquecer que o filho se foi, renunciou à sua família e não quis saber de ninguém.

Um bom castigo lhe faria muito bem... Mas, enquanto nós pensamos na grandeza da disciplina, o pai permaneceu em casa, Ele esperou que as circunstâncias levassem seu filho a refletir.

Ele aguardou, ansioso, a cada noite, para que chegasse o momento de poder abraçá-lo.

> A HISTÓRIA DO "FILHO PRÓDIGO" É UMA DAS EVIDÊNCIAS MAIS SUBLIMES DO CARÁTER DE DEUS.

O capítulo quinze do evangelho de Lucas é fundamental para se "descobrir" o caráter de Deus. A primeira história que o Senhor Jesus contou, a da ovelha perdida, ensina-nos o quanto Ele é capaz de fazer para recuperar uma única vida. Mostra-nos a capacidade que o Senhor tem de ir à morte no lugar de cada um de nós.

A história da moeda ensina-nos a qualidade mais importante do Espírito Santo: a luz. Ela é indispensável para nos aproximarmos de Deus e extremamente importante para que nossa vida agrade a Ele. Sem a obra do Espírito de Deus, nenhum de nós poderia abraçar o Pai, nem amar Seu Filho.

A terceira história é conhecida como a do filho pródigo, embora pudesse ser chamada de "Pai cheio de misericórdia".

> *Passados não muitos dias, o filho mais moço, ajuntando tudo o que era seu, partiu para uma terra distante e lá dissipou todos os seus bens, vivendo dissolutamente. Depois de ter consumido tudo, sobreveio àquele país uma grande fome, e ele começou a passar necessidade. Então, ele foi e se agregou a um dos cidadãos daquela terra, e este o mandou para os seus campos a guardar porcos. Ali, desejava ele fartar-se das alfarrobas que os porcos comiam; mas ninguém lhe dava nada. Então, caindo em si, disse: Quantos trabalhadores de meu pai têm pão com fartura, e eu aqui morro de fome! Levantar-me-ei, e irei ter com o meu*

*pai, e lhe direi: Pai, pequei contra o céu e diante de ti; já não
sou digno de ser chamado teu filho; trata-me como um dos teus
trabalhadores. E, levantando-se, foi para seu pai. Vinha ele ainda
longe, quando seu pai o avistou, e, compadecido dele, correndo,
o abraçou, e beijou. E o filho lhe disse: Pai, pequei contra o céu
e diante de ti; já não sou digno de ser chamado teu filho. O pai,
porém, disse aos seus servos: Trazei depressa a melhor roupa,
vesti-o, ponde lhe um anel no dedo e sandálias nos pés; trazei
também e matai o novilho cevado. Comamos e regozijemo-nos,
porque este meu filho estava morto e reviveu, estava perdido
e foi achado. E começaram a regozijar-se. Ora, o filho mais
velho estivera no campo; e, quando voltava, ao aproximar-se
da casa, ouviu a música e as danças. Chamou um dos criados e
perguntou-lhe que era aquilo. E ele informou: Veio teu irmão, e
teu pai mandou matar o novilho cevado, porque o recuperou com
saúde. Ele se indignou e não queria entrar; saindo, porém, o pai,
procurava conciliá-lo. Mas ele respondeu a seu pai: Há tantos
anos que te sirvo sem jamais transgredir uma ordem tua, e nunca
me deste um cabrito sequer para alegrar-me com os meus amigos;
vindo, porém, esse teu filho, que desperdiçou os teus bens com
meretrizes, tu mandaste matar para ele o novilho cevado. Então,
lhe respondeu o pai: Meu filho, tu sempre estás comigo; tudo o
que é meu é teu. Entretanto, era preciso que nos regozijássemos e
nos alegrássemos, porque esse teu irmão estava morto e reviveu,
estava perdido e foi achado* (LUCAS 15:13-32).

Tudo se inicia com um ato de rebeldia. O filho mais novo não queria mais continuar com o seu pai. Ele pensava que a verdadeira vida estava fora, longe da família. O pai deixou que ele fosse. Isso significava perdê-lo totalmente, vê-lo morrer para sempre. Lembre-se do tempo em que a história aconteceu: o pai não podia saber onde ele se encontrava, nem receber notícias do seu filho, nem chamadas, nem cartas. A distância equivalia à "morte". Pode ser que este tenha sido o desejo do filho: qualquer coisa, menos voltar para casa.

A maior vitória do pecado é afastar-nos de Deus e nos deixar "mortos", sem saída, sem esperança. Longe do nosso Pai.

A parábola é um exemplo de como Deus nos trata: quando não queremos fazer a Sua vontade, Ele permite que cheguemos até o fim dos nossos erros. O filho desperdiçou tudo o que o pai lhe havia dado como se não tivesse qualquer valor. Ele ficou sem nada.

Os problemas para o filho pródigo começam quando descobre qual é o salário do pecado: escassez, miséria e abandono. Ele havia perdido completamente sua dignidade, vivenciando na sua carne o que era a contínua insatisfação. Depois de provar tudo, nada encontrou. Esse é um dos maiores enganos do pecado. Pensamos encontrar satisfação naquilo que faz crescer ainda mais a nossa necessidade e a nossa miséria.

A sua degradação foi tal que chegou a estar na mesma "condição" dos porcos.

Aquele foi o momento crucial da sua vida, quando se conscientizou de que precisava voltar para casa. É a primeira lição: muitos "pródigos" reconhecem sua situação, mas não dão o passo seguinte, não tomam o caminho da volta. Quando o filho teve fome, alimentou-se de bolotas; quando esteve ao ponto de morrer de fome, voltou ao seu pai. Da mesma forma, nós somente podemos chegar a Deus quando estamos verdadeiramente desesperados, e não quando achamos que nós mesmos podemos dar um jeito em tudo.

As motivações do filho foram exclusivamente materiais: estava sem trabalho e tinha fome. por isso, ele buscou uma justificativa "espiritual". Ensaiou várias vezes uma frase para "chegar" ao coração do seu pai. Queria comovê-lo e forçá-lo a perdoar, falando-lhe em tom religioso. Qualquer um de nós teria feito o mesmo, porque nos agrada sermos "castigados" pagando algum preço, para depois sermos aceitos.

Sabemos que o filho voltava unicamente por interesses pessoais, porque nos tempos de Jesus havia três tipos de trabalhadores: Uns trabalhavam somente algumas horas por dia, enquanto durava a tarefa para a qual foram contratados, e depois iam trabalhar em outro lugar. Outros permaneciam na casa do dono para viver, tanto eles como suas respectivas famílias; não apenas trabalhavam, como também passavam a fazer parte da fazenda, porque vivam ali. Um terceiro tipo de trabalhadores serviam durante o dia e comiam na fazenda; mas, à noite, voltavam para suas casas, em total liberdade. Esse último tipo foi o que o filho escolheu, porque a palavra que ele usou define suas intenções.

Ele queria trabalho e comida, porém continuar com sua vida independente. A grande surpresa para ele aconteceu quando chegou à sua casa. O pai não deixou sequer que ele explicasse o seu plano. Abraçou-o e o beijou, perdoando-o de modo incondicional.

Deus deseja que voltemos para Ele. De certa maneira, as razões não têm importância. As motivações podem até ser erradas se, no fundo, reconhecemos que precisamos dele.

O filho não se sentiu digno de nada e pensou em ser tratado como um trabalhador qualquer. Não tinha grandes expectativas, apenas queria voltar para casa. Pensou que o pai não seria capaz de perdoá-lo e de lhe devolver a sua dignidade como membro da família. Quão pouco ele conhecia do seu pai! Ele quis se humilhar para reconhecer que nada merecia. Entretanto, seu pai continuava amando-o, apesar de não saber do seu paradeiro, apesar de ter sido ofendido da forma mais cruel possível, apesar de ter sido menosprezado publicamente pelo seu próprio filho.

JESUS ACRESCENTOU UM IMPORTANTÍSSIMO DETALHE: O PAI ESTAVA ESPERANDO.

Jesus acrescentou um detalhe transcendental à história: o pai estava esperando. Muitas vezes, deve ter saído para ver se o filho estava voltando. Quem sabe, entrava no seu quarto e chorava a sua perda. Pode ser que cada manhã acordasse perguntando a si mesmo: Será que volta hoje? Onde estará? Quase podemos vê-lo indo, dia após dia, até um ponto da estrada para ver se alguém estava chegando. Não sabia nada do seu filho, e essa falta de conhecimento fazia o seu coração sofrer. Apenas desejava que ele voltasse... E então, o seu desejo aconteceu!

Quando ainda faltava muito para chegar à casa, seu pai avistou o filho que sempre foi amado, mesmo quando se encontrava distante. A atitude do pai revelou um perdão completo e um desejo de restauração. Era algo indigno para um adulto sair correndo. Mas o pai não quis esperar mais e saiu para se encontrar com ele, não para recriminá-lo pelo seu comportamento e castigá-lo, embora fosse isso o que o filho merecia. Ele correu, com todas as suas forças, para poder abraçá-lo.

Nesse momento, tudo lhe parecia pouco. Deu-lhe a melhor roupa, um anel da família, sandálias... Durante meses, seu filho havia trabalhado entre porcos, sujo, desleixado e cheirando mal. Mas seu pai nem sequer lhe pediu que se lavasse, simplesmente o abraçou e o beijou. Literalmente, "beijou-o várias vezes". Beijou-o afetuosamente, antes mesmo que o filho dissesse uma única palavra.

O beijo era um sinal de perdão. O pai perdoou-o antes que ele voltasse. Naquele momento, beijou-o publicamente para que todos soubessem que ele amava o seu filho. Não estamos falando de uma história qualquer, porque essa é A história. É o próprio Filho de Deus revelando o caráter do Seu Pai, mostrando, um a um, cada detalhe de um amor iluminado e de uma sublime graça.

E. O DEUS QUE ORGANIZA FESTAS

O último detalhe parece incrível: Deus organiza uma festa.

Jesus disse que o pai mandou matar o bezerro especialmente preparado para a ocasião. Ele aguardava a volta do seu filho. Por isso, estava preparado para organizar uma grande festa. Todos estavam imensamente felizes quando a história parece terminar. Mas alguém está faltando na cena: o irmão mais velho se irritou, levado pela amargura e pela inveja.

O pai também amava seu filho mais velho. A Bíblia diz que "...saindo, porém, o pai, procurava coniliá-lo" (LUCAS 15:28). Preocupou-se com ele! Deus continua a nos dar incríveis lições sobre a Sua graça. Esse filho mais velho não sentia amor, apenas queria que tudo fosse "conforme a lei", exatamente como queriam (e continuam querendo) os religiosos. Ele pensava que era um filho melhor porque sempre havia obedecido, mesmo quando seu íntimo estava cheio de orgulho. Nem sequer desejava reconhecer quem era seu irmão, porque disse ao pai: "...esse teu filho". Ele não podia se considerar irmão de alguém tão pecador!

Poucas vezes, percebemos que a diferença entre a alegria e a amargura é a capacidade para perdoar. Por que não entrar e participar da festa? Por que não desfrutar da alegria do pai? Amava-o tanto como amava o seu irmão! Ele saiu para buscá-lo e pedir-lhe que participasse da festa!

Será que o filho mais velho entrou? Terá ficado fora, emburrado e amargurado?

Jesus não nos conta o final da história, talvez para que nós mesmos completemos o enredo; para que façamos um exame em nosso coração e pensemos no que nós teríamos feito, e que decisão tomamos em muitos momentos da nossa vida.

Podemos compreender o que Deus faz, em termos da Sua graça, e desfrutarmos da Sua festa; ou podemos pensar que o que fazemos é merecedor de recompensa: ganhamos o que somos e, portanto, não temos de nos misturar com outra "gentalha". Ficamos sozinhos do lado de fora. Longe dos que voltam. Distantes da festa. Infelizmente, muito distanciados do nosso Pai.

> PODEMOS FICAR SOZINHOS DO LADO DE FORA. LONGE DOS QUE VOLTAM. DISTANTES DA FESTA. MAS ACIMA DE TUDO, MUITO DISTANTE DO NOSSO PAI.

Por muitos anos, essa história foi conhecida como a do "filho pródigo", mas melhor seria se falássemos do "filho amado". Era amado, mesmo quando estava separado do seu pai; era amado, mesmo quando não sabia; amado, até quando viva no pecado. Assim é Deus: varre a casa para encontrar algo que, aparentemente, não tem qualquer valor, na forma de uma dracma perdida. Deixa tudo e percorre os caminhos, procurando uma ovelha pouco disciplinada. Realiza uma festa, quando um filho esbanjador, mentiroso e mal-agradecido volta para casa.

Os fariseus ensinavam que havia alegria no céu quando um ímpio morria e era feita a justiça. Por essa razão, criticavam Jesus, porque somente os publicanos e pecadores o acompanhavam, e também comia com eles. Jesus nos ensinou que há alegria no céu por um pecador que retorna para Deus, e não pelos muitos justos que pensam não precisar dele.

Que bom para nós é saber que, quando um filho volta, Deus promove uma festa! Saber que, quando encontra a ovelha, não a coloca de volta no rebanho assim, sem mais nem menos, mas a toma nos seus braços e a acaricia! Todos temos valor eterno para Ele. Não importa que sejamos ovelhas que se desviem facilmente, "pequenas" moedas ou filhos que desejam viver a seu modo. Para Deus, temos todo o valor do mundo. E o recuperamos quando estamos com Ele. Não existe qualquer sentido em se perder.

Isto era o que os dois filhos da história que Jesus contou precisavam aprender. O mais importante era o relacionamento com o seu pai, desfrutar da sua presença conhecendo-o e amando-o. Viver felizes com o pai, sem necessidade de ir embora, como o filho mais novo, ou de trabalhar em casa amargurado, como o filho mais velho.

Se você está longe de Deus, volte para Ele! Ninguém ama você como Ele!

Se você se encontra perto de Deus e julga que isso lhe dá o direito para tudo, achegue-se a Ele! Quem sabe, você esteja mais longe do que julga estar. Ninguém ama você como Ele!

Não tinha aparência nem formosura; olhamo-lo, mas nenhuma beleza havia que nos agradasse (ISAÍAS 53:2).

34 NÃO HÁ LUGAR PARA O CRIADOR

Vivemos em um contexto que admira os vencedores. Nós, os cristãos, adoramos alguém que foi considerado um perdedor. Nossa sociedade segue os que estão no topo do poder político, econômico, ou religioso, e a esses "heróis" são dedicados milhares de livros e de horas nos meios de comunicação.

Enquanto isso, milhões de pessoas se declaram discípulos de um crucificado.

Ele nasceu menosprezado e, ao longo da Sua vida, foi insultado, perseguido, açoitado... Foi conduzido à morte de uma forma tal que, até aquele momento, ninguém o teria admirado como mártir, visto que Ele foi completamente desfigurado. Desamparado por todos (inclusive pelo Seu Pai), mostrou-nos que quase nada é como parece ser, e que, em nosso mundo, cheio de luzes e de brilhos exteriores e vazios, a Luz, com maiúscula, resplandece sempre a partir de dentro. E de onde menos esperamos!

Existe uma característica comum para todos os que vivem menosprezados: ninguém quer tê-los por perto, não há lugar para eles. Jesus carregou consigo o título de perdedor desde o Seu nascimento. Os pais dele não encontraram lugar na estalagem para que Ele pudesse nascer, porque eram pobres. Ele foi filho de uma família muito humilde, numa cidade pequena, Belém, a menor da Sua tribo

(MATEUS 2:6). Deus quis que Seu Filho nascesse num lugar totalmente desconhecido.

A HUMANIDADE NÃO TEM LUGAR PARA DEUS

"Não há lugar". Essa parece ser uma das frases mais repetidas na vida de Jesus. Não houve lugar para os Seus pais na estalagem. Outros sim, com mais dinheiro e melhor posição, conseguiram se hospedar. Mas eles não (LUCAS 2:7).

Jesus, o Criador do mundo inteiro, o Messias enviado por Deus, nada teve em Sua vida, nada lhe pertenceu. Ele se acostumou a viver servindo os outros sem se preocupar absolutamente com o que era dele. "Jesus lhes respondeu: o Filho do Homem não tem onde reclinar a cabeça" (MATEUS 8:20). Ele passou muitas noites tendo as estrelas como teto. Em muitas outras, somente a misericórdia dos Seus amigos (os de Betânia, e às vezes, a família de algum dos Seus discípulos) impedia-lhe de dormir na chuva ou na escuridão fria do inverno. Fazia o bem, curava enfermos, transformava vidas, pregava, mas não tinha lugar onde pudesse dormir.

> TODOS SE ESCANDALIZAVAM POR CAUSA DELE, VISTO QUE NÃO TINHA UM LUGAR PARA DORMIR, OU QUE PUDESSE CONSIDERAR COMO A "SUA" CASA.

Jesus teve de trabalhar muito para poder viver, porque era carpinteiro, e nada mais. Quando começou Sua vida pública, ensinando e ajudando as pessoas, Sua família e Seus amigos o menosprezaram. Às vezes, Ele mesmo e os Seus discípulos sentiam fome, e nada tinham para comer (MATEUS 12:1). Quem os visse diria que era gente perdedora, menosprezada, pessoas sem futuro algum.

"Jesus, porém, lhes disse: Não há profeta sem honra, senão na sua terra, entre os seus parentes e na sua casa" (MATEUS 6:4). Se é muito difícil entender que o Rei do Universo fosse menosprezado, mais difícil ainda é reconhecer que Ele escolheu viver assim. Ele veio para se oferecer

por amor a quem lhe tirou a vida. O Seu objetivo foi pagar as dívidas que nós tínhamos e não se importou em sofrer a dor que somente nós teríamos de padecer. Ele foi menosprezado...
1. Na Sua terra;
2. Entre Seus parentes;
3. Em Sua casa.

Nós poderíamos compreender que não tivesse honra em Sua própria terra, embora isso seja muito triste. Pior ainda, quando não somos reconhecidos pelos nossos parentes. Mas o que vai além da nossa imaginação é que tenha sido menosprezado pela Sua própria família. Os evangelhos dizem que houve ocasiões quando Sua mãe e Seus irmãos permaneciam longe do lugar onde Ele estava ensinando, como se quisessem guardar distancia dele. Inclusive chegaram a dizer que Ele estava "fora de si".

Jesus sofreu o desprezo, mas não permitiu que isso alterasse, em absoluto, a vontade do Seu Pai para com Ele. Jesus deu prioridade aos enfermos, aos pobres, aos menosprezados; viveu ao lado dos solitários e dos oprimidos. O evangelho não é uma teoria ou um ideal que se prega, mas algo que penetra no mais profundo da miséria humana para ser transformá-la. Essa foi uma das razões por que o Messias se colocou ao lado das pessoas indefesas.

Jesus não começou uma batalha para restabelecer a pureza doutrinária, mas viveu ao lado dos desvalidos. Essa continua sendo a nossa missão. Se não nos menosprezam, como fizeram com Ele, é possível que estejamos longe dos que precisam de nós, dos pobres e dos que se encontram sozinhos. Longe dos que nada têm para viver e dos que são considerados perdedores.

Talvez um dos problemas mais sérios da igreja dos nossos dias, principalmente no que é considerado como "primeiro mundo", seja o de defender um evangelho dos vencedores, dos ricos, dos poderosos, daqueles que não sentem falta de coisa alguma. Um evangelho de bênçãos apenas materiais, o evangelho da prosperidade. Um denominado evangelho do reino no qual o Rei não tem lugar.

> *Replicaram-lhes, pois, os fariseus: Será que também vós fostes enganados? Porventura, creu nele alguém dentre as autoridades ou algum dos fariseus? Quanto a esta plebe que nada sabe da lei, é maldita* (JOÃO 7:44-49).

Os seguidores de Jesus também foram apresentados como perdedores: pessoas com baixo poder aquisitivo e sem qualquer valor para a sociedade. Gente que ninguém teria escolhido para alguma posição importante. Mas foram eles que Jesus chamou para acompanhá-lo. Os discípulos de Jesus não tinham dinheiro, nem poder; ninguém os conhecia, nem podiam eles tomar decisões que influenciassem a vida de outras pessoas. Entretanto, a confiança deles estava em Deus. Tinham sido chamados pelo Filho de Deus — dignidade que o mundo não soube ver neles. Deus lhes concedeu isso em abundância.

A SOLIDÃO DE UM PERDEDOR.

> *E, levando consigo a Pedro e aos dois filhos de Zebedeu, começou a entristecer-se e a angustiar-se. Então, lhes disse: A minha alma está profundamente triste até à morte; ficai aqui e vigiai comigo* (MATEUS 26:37,38).

No Getsemani, Jesus passou a noite mais cruel da Sua vida e pediu aos Seus discípulos que orassem e vigiassem com Ele. Pela primeira vez, Ele lhes estava pedindo algo. Porém os discípulos não foram capazes de ajudá-lo e permanecerem ao lado dele. Apesar de Jesus sofrer uma tristeza indescritível, "Os discípulos todos, deixando-o, fugiram" (MATEUS 26:56). Ele sabia disso. Sabia que eles o deixariam sozinho. "Eis que vem a hora e já é chegada, em que sereis dispersos, cada um para sua casa, e me deixareis só; contudo, não estou só, porque o Pai está comigo" (JOÃO16:32)

Esse é um dos paradoxos na vida de Cristo. O mais triste, sem a mínima dúvida. Não é triste que, Aquele que dedicou Sua vida para amar os outros tenha ficado sozinho, quando mais precisou deles? Aquele que jamais abandonou alguém, sentiu-se abandonado, no momento mais cruel.

Jesus sentiu o mesmo que nós: dor, tristeza, abandono... Naquele momento da Sua vida, Jesus poderia ser considerado o maior perdedor da história. Mas Ele não estava só. Ficou para Ele o relacionamento mais inquebrantável e firme: o amor do Seu Pai. Essa é a razão por que passou aqueles momentos em oração. O Pai era o único que o entendia. Mesmo os anjos, que o acompanharam e o confortaram, eram incapazes de entender o que o Rei do Universo estava sentindo.

Quando mais tarde, Ele foi julgado, a humanidade encontrou finalmente um lugar para o seu Criador: o chamado "lugar da Caveira" (MATEUS 27:33). A tradição diz que ali estava enterrada a caveira de Adão. Aquele foi o lugar que o ser humano deu ao seu Salvador. O lugar que nós merecíamos. Jesus quis levar nossa culpa e ocupar o nosso lugar.

> O SER HUMANO ENCONTROU UM LUGAR PARA O SEU CRIADOR:
> O "LUGAR DA CAVEIRA".

Quando Jesus voluntariamente enfrentou a morte, ficou completamente só. Todos o abandonaram. E não só isso, nem se preocuparam com o que poderia acontecer com Ele. "Um homem bom e justo" (LUCAS 23:50), José de Arimateia, foi quem pediu o corpo de Jesus, porque ninguém mais quis saber do crucificado.

Uma sepultura. "Vinde ver onde ele jazia" (MATEUS 28:6). Quando tudo parecia ter acabado, o homem de Arimateia encontrou o lugar que Deus devia ocupar, uma sepultura.

Muitos têm desejado desde então ver Deus colocado nesse lugar. Não faltam os que anunciam aos quatro ventos: "Deus está morto!", como se isso fosse a melhor solução para o seu problema pessoal e ser a melhor notícia que o mundo pudesse ouvir. Como se o seu Criador lhes perturbasse.

O diabo acreditou que Deus estava morto para sempre e, com Ele, a esperança de todos os seres humanos, dessa forma, jamais haveria a notícia das primícias da ressurreição... mas não foi assim. Nós podemos viver para sempre porque o lugar onde colocaram Jesus foi apenas circunstancial e momentâneo. Pelo poder do Espírito de Deus, Jesus foi ressuscitado e agora se encontra assentado à destra do Pai, recordando que a morte continua sendo apenas isto: circunstancial e momentânea.

De fato, assim são todas as dificuldades na vida: circunstanciais e momentâneas.

DEUS PREPARA O MELHOR LUGAR PARA NÓS

Como teríamos nós agido se nos tivessem tratado daquela forma? Qual teria sido nossa reação depois de sermos desprezados, cuspidos, abandonados, feridos? Penso que teríamos movido céus e terra para que se fizesse justiça. Ninguém tem o direito de nos tratar daquela forma. E, de fato, costumamos fazer isso quando achamos que alguém nos feriu.

O Salvador respondeu de uma forma muito diferente.

Ele nos convidou para a Sua própria casa porque estava preparando um lugar para nós. Ele vive trabalhando para que ninguém fique de fora da grande festa eterna. Ele deseja que todos nós, que o crucificamos, sejamos convidados, resgatados, perdoados, amados...

> *Sai depressa para as ruas e becos da cidade e traze para aqui os pobres, os aleijados, os cegos e os coxos. Respondeu-lhe o senhor: Sai pelos caminhos e atalhos e obriga a todos a entrar, para que fique cheia a minha casa* (LUCAS 14:21-23).

> *Na casa de meu Pai há muitas moradas. Se assim não fora, eu vo-lo teria dito. Pois vou preparar-vos lugar* (JOÃO 14:2,3).

Jesus está preparando o melhor lugar para nós em Sua presença. Ele está enfeitando o céu de glória para a nossa chegada. Quer ter consigo todos os que o amam. Não quer que ninguém fique sem lugar.

> O SENHOR JESUS ESTÁ AGORA TRABALHANDO NA PREPARAÇÃO DE UM LUGAR PARA NÓS.

Pode parecer, aparentemente, que a vida do Senhor Jesus seja semelhante à história de um perdedor. Mas isso é apenas aparentemente. Ele é o Vencedor da história. Ainda hoje, milhares de cientistas, políticos, homens poderosos, mulheres com dinheiro e outros mais estão gastando suas vidas e bens na chamada "luta contra a morte", procurando alcançar a imortalidade e vencer o mais poderoso inimigo. Jesus venceu esse inimigo em questão de horas. Foi uma vitória definitiva, total, eterna. Uma vitória sem limites, uma vitória para todos.

Ninguém influenciou tanto a vida da humanidade como Ele.

Você pode negá-lo se quiser. Pode tentar escondê-lo. Pode até rejeitar tudo o que o Senhor Jesus fez. Mas um dia você terá de estar face a face com Ele, porque Ele é o Criador e o Vencedor ao mesmo tempo. Não foram Buda, Confúcio, nem Maomé que venceram a morte. Não foi nenhum líder religioso, nem o presidente ou o rei de nenhum país. Não foi nenhum cientista, empresário, ator ou esportista famoso. Qualquer pessoa ou deus no qual você colocar a confiança da sua vida fará que você fracasse. Agora e para sempre.

Aquele que está assentado no trono é o Vencedor! Ele é o Senhor Jesus!

Proclamando em grande voz: Digno é o Cordeiro que foi morto de receber o poder, e riqueza, e sabedoria, e força, e honra, e glória, e louvor. Então, ouvi que toda criatura que há no céu e sobre a terra, debaixo da terra e sobre o mar, e tudo o que neles há, estava dizendo: Àquele que está sentado no trono e ao Cordeiro, seja o louvor, e a honra, e a glória, e o domínio pelos séculos dos séculos (APOCALIPSE 5:12,13).

Estava Jesus orando em certo lugar
(LUCAS 11:1).

35 | FACE A FACE

De uma feita, estava Jesus orando em certo lugar; quando terminou, um dos seus discípulos lhe pediu: Senhor, ensina-nos a orar (LUCAS 11:1).

Os discípulos pediram poucas coisas a Jesus. Passaram três anos com Ele, mas não disseram: "Ensina-nos a falar com tu falas.", ou "Ensina-nos a dominar a natureza.", e nem sequer pediram poder para realizar milagres. Isso nós teríamos feito. De fato, é o que continuamos fazendo hoje: preocupamo-nos com os dons, o poder, o prestígio espiritual, o controle das pessoas, as atuações sobrenaturais...

O que mais impressionou os discípulos foi o relacionamento de Jesus com o Seu Pai. Por isso, pediram ao Senhor que lhes ensinasse a orar. Eles sabiam o que era verdadeiramente importante na vida! Ninguém como Jesus chegou a compreender o valor do tempo a sós com o Pai. A alegria de falar com Deus e escutá-lo, a ousadia de conhecer todos os Seus planos e cumpri-los. O privilégio de abrir o coração diante do Pai, sabendo que Ele o escutava e o amava.

Apesar de ser o Todo-Poderoso Filho de Deus, Jesus nos deu o maior exemplo de oração de toda a história: um exemplo de louvor e adoração nas palavras com que Ele se expressava em público falando com o Pai. Um exemplo de absoluta confiança, porque nada fez sem orar, não deu nenhum passo que saísse da perfeita vontade de Deus.

O QUE PEDIRÍAMOS A JESUS SE ELE NOS APARECESSE, AGORA MESMO, FACE A FACE? PEDIRÍAMOS QUE NOS ENSINASSE A ORAR?

Tudo o que Jesus fez, Ele o executou orando: a chamada dos discípulos, os milagres, a evangelização, o caminho para a cruz... qualquer situação importante na vida do Messias teve início com uma íntima e profunda conversa com o Seu Pai.

Não podemos entender a Sua vida sem enfatizar a importância da oração em cada momento.

Não podemos viver se não passarmos diariamente muitos momentos a sós com o nosso Pai. O diabo treme, quando nos vê de joelhos.

O nosso inimigo se preocupa se lemos a Bíblia, mas não muito, porque se apenas estudamos para encher nossas mentes, não existe qualquer problema para ele. Preocupa-se quando trabalhamos e servimos ao Senhor, mas também não muito. Ademais, quando quer nos anular, sobrecarrega-nos com trabalho além do que podemos suportar... Mas ele sabe que, quando oramos, Deus assume o controle. E isso o assusta.

Essa é a razão por que o diabo tem conseguido confundir a muitos sobre a oração. Não consegue destruí-la, mas pode imitá-la. Não pode retirar o seu poder, mas pode nos enganar para que não oremos, ou para que tornemos nossa oração inútil, enchendo-a de orgulho.

> *E, quando orardes, não sereis como os hipócritas; porque gostam de orar em pé nas sinagogas e nos cantos das praças, para serem vistos dos homens. Em verdade vos digo que eles já receberam a recompensa. E, orando, não useis de vãs repetições, como os gentios; porque presumem que pelo seu muito falar serão ouvidos* (MATEUS:5,7).

A piedade religiosa costuma cair pelo seu próprio peso. Muita gente quer aparentar espiritualidade. Porém, no íntimo, não há nada.

Jesus explicou que algumas pessoas eram tão devotas que não podiam esperar para chegarem ao templo, precisavam orar nas ruas. As suas orações eram apenas uma forma de se exaltarem a si mesmos. Oravam nas esquinas para serem vistos por todos os que andavam pelas ruas. A espiritualidade deles era tal que necessitavam que todos os vissem. Que coisa terrível!

Uma vida de oração apenas para ser vista é o maior engano que podemos cometer contra nós mesmos. Nada há nada mais triste do que uma religiosidade de aparência, porque faz perder o que existe de mais belo na vida: o relacionamento com Deus.

Isso costumam fazer os que não conhecem o Criador pessoalmente. Eles pensam que, da mesma forma que alguns juízes se deixam seduzir pelos discursos bem elaborados, Deus pode ser tocado por palavras eloquentes. É como se ouvíssemos melhor a um amigo se as palavras dele fossem mais corretas!

> *Dois homens subiram ao templo com o propósito de orar: um, fariseu, e o outro, publicano. O fariseu, posto em pé, orava de si para si mesmo, desta forma: Ó Deus, graças te dou porque não sou como os demais homens, roubadores, injustos e adúlteros, nem ainda como este publicano; jejuo duas vezes por semana e dou o dízimo de tudo quanto ganho. O publicano, estando em pé, longe, não ousava nem ainda levantar os olhos ao céu, mas batia no peito, dizendo: Ó Deus, sê propício a mim, pecador! Digo-vos que este desceu justificado para sua casa, e não aquele; porque todo o que se exalta será humilhado; mas o que se humilha será exaltado* (LUCAS 18:10-14).

Dois homens foram ao templo para orar. Entretanto, um deles era uma pessoa arrogante que não precisava, em absoluto, falar com Deus. Sentia-se bem exaltando a si mesmo e ao seu comportamento. Se tudo o que ele fazia era correto, por que então orar? Talvez fosse com frequência ao templo para que todos pudessem ouvi-lo nas suas orações. Todavia, o que ficou claro (conforme Jesus mesmo declarou) é que suas orações não chegavam a lugar nenhum.

O fariseu se colocava "separado" como se não quisesse se misturar com os outros. A sua "santidade" obrigava-o a guardar distância dos pecadores. Dia após dia, voltava para casa longe de Deus, embora ele mesmo acreditasse em coisas diferentes quanto à sua santidade. Ademais, quase poderíamos dizer que não lhe importava o que Deus pensasse, contanto que os outros vissem quão bom ele era. O fariseu recebia o que queria: a admiração dos que estavam perto dele. Mas também recebeu o desprezo de Deus, a quem ele tinha distante de si. Muito longe!

O outro era pecador. Tão pecador que não desejava sequer levantar os olhos ao céu. A única coisa pela qual suplicava era misericórdia. Nada mais. Nada de favores, bênçãos, pedidos ou necessidades espirituais. Apenas queria o perdão. E Deus o perdoou. A única coisa que desejava era que Deus tivesse compaixão dele. E isso Deus lhe concedeu. Sentia-se indigno de estar perto de Deus, mas Deus se aproximou dele.

O ensinamento de Jesus é bastante claro: nós mesmos podemos nos comportar como fariseus em algumas ocasiões. Inclusive, ao negarmos nosso orgulho espiritual, caímos na armadilha de orar: "Senhor, te dou graças porque não sou como aquele fariseu…". Sempre que olhamos para nós mesmos, deixamos de orar. Orar é falar com Deus. Se apenas queremos ser ouvidos pelos outros, não estamos orando.

Entretanto, quando nossa atitude é apresentar-nos de joelhos diante do Senhor, podemos descansar nos Seus braços abertos. Nós todos erramos e precisamos do perdão de Deus. Por isso, precisamos aprender a orar como aquele publicano.

> JESUS, PRIMEIRAMENTE, OCUPAVA-SE EM ORAR;
> E, MAIS TARDE, DE TODO O SEU TRABALHO.

Porém o que se dizia a seu respeito cada vez mais se divulgava, e grandes multidões afluíam para o ouvirem e serem curadas de suas enfermidades. Ele, porém, se retirava para lugares solitários e orava (LUCAS 5:15,16).

Jesus passou a noite em oração quando teve de chamar os Seus discípulos. Ele orava por longas horas quando tinha de decidir se partia de um lugar para outro a fim de pregar o evangelho. Orava em momentos de angústia, buscando a presença real do Pai e a absoluta comunhão do Espírito Santo. Apesar de Ele ser mesmo Deus, manifestado em carne, com Sua atitude, Suas palavras e Sua vida, Ele demonstrava a contínua dependência do Pai no poder do Espírito Santo.

Várias vezes, Jesus se retirou ao monte ou ao mar para orar. Dessa maneira, ensinou-nos o quanto necessitamos estar falando continuamente com Deus; "colocando-o" em nossos planos; pedindo Sua opinião sobre tudo o que fazemos; conhecendo-o melhor a cada dia; falando e ouvindo em todos os momentos e em todas as circunstâncias; descansando nele e abrindo-lhe nosso coração, sem querer aparentar nada.

Sem nos sentirmos donos de nada. Ninguém é maior do que quando se coloca de joelhos diante do seu Criador.

36 | JESUS LHES ENSINOU A ORAR...

Quando os discípulos pediram que Ele lhes ensinasse a orar, talvez Jesus tenha sorrido de satisfação, porque sabia que era o melhor pedido que podiam ter feito. Falou-lhes de um modo simples e todos se lembraram. Ele lhes propôs uma oração com apenas quatro frases, tão simples que podia ser lembrada com facilidade! Mas colocou, em poucas palavras, a eternidade de um relacionamento sem limites com o Pai.

Não era tão importante conhecer a exatidão de cada palavra, como saber a razão porque Ele as dizia. Não é tão importante que repitamos de vez em quando o que Jesus disse, mas que o nosso coração chegue ao trono de Deus.

Portanto, vós orareis assim: Pai nosso, que estás nos céus, santificado seja o teu nome; venha o teu reino; faça-se a tua vontade, assim na terra como no céu; o pão nosso de cada dia dá-nos hoje; e perdoa-nos as nossas dívidas, assim como nós temos perdoado aos nossos devedores; e não nos deixes cair em tentação; mas livra-nos do mal pois teu é o reino, o poder e a glória para sempre. Amém (MATEUS 6:9-13).

PAI

A primeira palavra da oração é a mais contundente de todas. Ninguém teria começado assim. Os judeus se dirigiam a Deus como o "Senhor do Universo". Nem sequer mencionavam o Seu nome de medo, unindo-se assim a uma sensação de reverência não muito bem entendida. Jesus ensinou os Seus discípulos a orar e começou dizendo "Abba" (Papai).

Deus está tão próximo de nós que podemos tratá-lo como nosso próprio pai — algo que os religiosos jamais entenderam. Jesus apresenta o Pai Eterno que está ao lado de cada um de nós. Ele nos deu a vida, e fez isso duas vezes: quando nos criou e quando nos salvou. Ele nos conheceu antes mesmo do nosso nascimento (SALMO 139; JEREMIAS 1), e nos ouve sempre. Se alguém soubesse tudo o que existe em nosso coração, teria um completo controle sobre nós e talvez fosse inimigo nosso. Mas Deus, que conhece absolutamente tudo quanto temos em nosso mundo interior, é quem nos ama totalmente, sem reservas.

> COMO UM VERDADEIRO PAI, ELE NOS ESPERA EM TODOS OS MOMENTOS E EM TODO LUGAR.

O nosso Pai é o único que sabe, a cada momento, de que necessitamos. "Deus, o vosso Pai, sabe o de que tendes necessidade, antes que lhe peçais" (MATEUS 6:8). Antes que nos aproximemos, Ele sabe que palavras iremos pronunciar. Por esse motivo, podemos ir com confiança e chamá-lo de Pai, porque nos ouve e quer viver conosco. *Não* é um Deus de momentos especiais, dias religiosos ou lugares sagrados. Ele é o Deus do cotidiano. Como um verdadeiro Pai, Ele está conosco em todo momento e em todo lugar, sempre disposto a nos ajudar. Por essa razão, Ele deseja que comecemos a orar, chamando-o de Pai.

Este foi o modelo de Jesus: sempre se dirigindo a Deus como Seu Pai. Somente em uma ocasião, na cruz, Jesus se expressou: "Deus meu, Deus meu, por que me desamparaste? " Naquele momento, o "afastamento" do Pai foi tal, que Jesus se sentiu completamente sozinho. Esta é uma dessas verdades teológicas que jamais conseguiremos entender: Deus o desamparou para nos amparar, para que nunca nos sintamos desamparados, para que aprendamos a orar e assim possamos chamá-lo de Pai em todo momento.

Jesus quis começar com essa palavra, para nos ensinar que o mais importante na oração é o relacionamento, e não o bom uso das nossas palavras. O que é verdadeiramente importante é passar um tempo com o Pai, ajudados pelo Espírito Santo e em nome do Senhor Jesus. Falar com Ele, ouvi-lo, viver em Sua presença. Tais momentos com Deus é que são importantes, não tanto pelo que necessitamos ou peçamos. Deus quer que saibamos sempre que o importante é falarmos com Ele. A felicidade se apoia em nosso diálogo com o nosso "papai", e as consequências dessa conversação são secundárias. A beleza das respostas é apenas um reflexo muito pequeno da radiante formosura dos momentos passados juntos.

Deus está muito perto, como um pai com seus filhos pequenos, quando começam a pronunciar as primeiras palavras. Em todas as línguas, em qualquer lugar do mundo, os bebês começam a se dirigir ao seus pais dizendo: "bababaaaba…". Daí se originou a palavra hebraica "Abba" ("papai"). Deus espera que nos dirijamos a Ele dessa mesma forma. Não quer perder uma única palavra dos Seus filhos.

> A BELEZA DAS RESPOSTAS À ORAÇÃO É APENAS UM REFLEXO INFINITAMENTE PEQUENO DA RADIANTE FORMOSURA DOS MOMENTOS PASSADOS JUNTO AO PAI.

Por esse motivo, quando oramos e começamos dizendo "Pai", recordamos como chegar à presença de Deus. Em várias ocasiões, Jesus afirmou que, somente quando nos tornamos como crianças, podemos chegar ao Seu reino; somente ao nos fazermos como crianças, podemos ver a Deus como nosso paizinho. Quando oramos e o chamamos de "pai", estamos aprendendo a confiar e a descansar nele, de uma forma incondicional e completa, assim como a criança confia no seu papai, em cada dia e em cada momento.

NOSSO

Se a primeira palavra da oração nos ensina a olhar para cima, a segunda palavra "nos obriga" a abrir nossos olhos e contemplar ao nosso redor.

Estamos falando com o Pai. Mas nunca devemos nos esquecer de que Ele é o nosso Pai, pois oramos ao mesmo tempo com todos os filhos de Deus. Embora a oração seja algo individual, Jesus nos ensinou a termos em conta, a cada momento, que fazemos parte de um corpo. Portanto, devemos nos preocupar com os outros. Jamais estamos sozinhos, embora assim nos sintamos. Ainda que estejamos num lugar desconhecido ou numa situação difícil, Deus nos ensina a orar "na companhia" de outras pessoas. Não estamos sozinhos.

Oramos também na comunhão do Senhor Jesus, falando ao mesmo Pai, embora o relacionamento seja diferente. "Pois, tanto o que santifica como os que são santificados, todos vêm de um só. Por isso, é que ele não se envergonha de lhes chamar irmãos" (HEBREUS 2:11). É em nome de Jesus que oramos, porque estamos nos dirigindo ao Seu Pai, o Pai que nos é comum. A Bíblia nos ensina que Jesus é o primogênito entre muitos irmãos! E o mesmo Espírito de Deus nos ajuda em nossa fraqueza para que percebamos que, na oração, toda a Trindade está envolvida. Quando oramos, Deus, em três pessoas, participa da nossa oração.

Lembre-se: Nenhuma igreja está mais perto de Deus do que quando ora e adora em unidade. Isto é discernir o corpo de Cristo: reconhecer que a pessoa ao nosso lado faz parte do mesmo corpo de Jesus. Esse é o princípio básico da oração que é feita em conjunto com outras pessoas. "Pois quem come e bebe sem discernir o corpo, come e bebe juízo para si" (1 CORÍNTIOS 11:29). Se oramos sem compreendermos o sentido da palavra "nosso", o orgulho dentro de nós impede que cheguemos ao Pai. Se agimos assim, é porque pensamos que podemos viver sozinhos, e não temos necessidade dos outros.

O nosso próprio orgulho nos julga, porque todos nós somos indignos de ser filhos do Rei! Tanto eu como aquele que está ao meu lado. Deus não se envergonha de nos chamar Seus filhos. Se Ele, que é perfeito, age assim, nós não temos qualquer direito de nos envergonharmos dos nossos irmãos.

> DISCERNIR O CORPO DE CRISTO É VER OS OUTROS CRENTES COMO MEMBROS DO MESMO CORPO DE JESUS. COMEÇAMOS A FAZER ISSO QUANDO ORAMOS.

QUE ESTÁS NO CÉU

No decorrer de toda a história da humanidade, mas principalmente no tempo dos impérios romano e grego, as pessoas adoravam os deuses, que eram os ídolos feitos por outras pessoas, e "viviam" com eles. Eram muitos os deuses, tendo cada um seu nome e suas características peculiares. Cada templo estava cheio de estátuas que eles conheciam, porque eles mesmos os haviam fabricado com as suas próprias mãos. Deuses presentes e visíveis, mas mudos, frios e inúteis.

Jesus ensinou que o único e verdadeiro Deus está nos céus e é invisível. Nosso Deus não é uma estátua, nem alguém que possa ficar confinado em um templo; Deus é Espírito e governa todo o Universo.

Não posso esquecer o dia quando visitamos Acrópoles de Atenas, na Grécia. Nossa filha mais velha, Iami, que estava com seis anos naquela época, viu as grandes estátuas dos deuses que os gregos haviam colocado enfileiradas no interior do templo. Depois de observá-las por cerca de um minuto, disse-me:

—"Papai, aquela gente era insensata, não acha?"

Eu lhe perguntei: "Por quê?" Não me esqueço da resposta:

—"Porque acreditavam em deuses que não podem se mexer, que não curam ninguém, e ainda mais, não podem ouvir você!"

Os que acreditavam em estátuas imóveis chamavam os israelitas de "adoradores de nuvens", porque oravam a um Deus que não podia ser visto. Jesus lhes ensinou que Deus está nos céus, acima de todas as coisas, e é impossível ser controlado, ou colocado num pedestal. Ele é aquele que tem tudo em Suas mãos.

Todos precisavam entender que é pouco inteligente confiar a vida a um pedaço de madeira ou a um montão de pedra que nós mesmos fabricamos.

> "PAPAI, AS PESSOAS ENTÃO ERAM MUITO TOLAS, PORQUE ACREDITAVAM EM DEUSES QUE NÃO PODEM SE MEXER, QUE NÃO CURAM NINGUÉM, E NÃO PODEM OUVIR VOCÊ".

Nosso Deus é o Supremo Ser, perfeitamente inteligente, que projetou o mundo e tudo o que ele contém. Deus está nos céus, e o que acontece na terra não escapa das Suas mãos. Existe uma Justiça final. Disso podemos estar tranquilos porque o nosso Pai está nos céus. É muito melhor do que, caso o nosso pai terreno fosse o rei ou o presidente do governo, pudéssemos dizer: "Meu pai se encontra no palácio; ele dará um jeito nessa situação."

Às vezes, andamos preocupados com os nossos direitos e procurando fazer justiça para que tudo esteja "amarrado e bem amarradinho". Ficamos preocupados quando alguém nos causa danos e não podemos reagir. Devemos nos lembrar sempre de que Deus está no Seu trono, nos céus. Ele é quem possui a última palavra em tudo. Precisamos descansar no fato de que Ele toma as decisões certas de acordo com a Sua vontade. Nosso Pai está nos céus para nos ouvir e estar com cada um de nós. "Do céu olha o Senhor para os filhos dos homens, para ver se há quem entenda, se há quem busque a Deus" (SALMO 14:2).

SANTIFICADO SEJA O TEU NOME

Santificar o nome de Deus é viver honrando-o em todos os momentos, de tal forma que, quando as pessoas nos veem, possam glorificar a Deus pelo que fazemos. Viver de tal maneira que as pessoas conheçam o caráter de Deus ao verem nosso comportamento. "Assim brilhe também a vossa luz diante dos homens, para que vejam as vossas boas obras e glorifiquem a vosso Pai que está nos céus" (MATEUS 5:16).

Santificamos o nome de Deus quando falamos do que Ele tem feito por nós, procurando, por todos os meios e em todas as circunstâncias, que as pessoas que nos cercam conheçam o Senhor Jesus. (ATOS 15:22).

Santificamos o nome de Deus quando nossa vida e nossos atos são santos, quando fazemos o que precisa ser feito... "Quero, portanto, que os varões orem em todo lugar, levantando mãos santas, sem ira e sem animosidade" (1 TIMÓTEO 2:8).

Santificamos o nome de Deus quando o adoramos na terra da mesma forma como é adorado no céu. As pessoas que nos cercam percebem a nossa adoração. E, quando nos veem de joelhos diante do Senhor, desfrutando da Sua presença e reconhecendo que Ele é tudo para nós, querem conhecê-lo da mesma forma que nós.

Santificamos o nome de Deus quando confiamos totalmente nele, porque essa é a base da oração e do nosso relacionamento com o nosso Pai. Nós o santificamos quando deixamos tudo em Suas mãos e não tememos o futuro porque descansamos em nosso Criador. E dessa maneira o "tornamos" santo diante de todos. "Nele, o nosso coração se alegra, pois confiamos no seu santo nome" (SALMO 33:21).

Santificamos o nome de Deus quando Ele responde nossas orações, e nós lhe oferecemos a vida em gratidão por essas respostas "...porque o Poderoso me fez grandes coisas. Santo é o seu nome" (LUCAS 1:49).

Santificamos o nome de Deus quando oramos por outras pessoas e intercedemos pelos que já conhecem o Senhor e pelos que ainda não o conhecem. "Busquei entre eles um homem que tapasse o muro e se colocasse na brecha perante mim, a favor desta terra, para que eu não a destruísse; mas a ninguém achei" (EZEQUIEL 22:30). Quando oramos uns pelos outros, o poder de Deus se manifesta. E, dessa maneira, Ele responde às nossas orações. "Confessai, pois, os vossos pecados uns aos outros e orai uns pelos outros, para serdes curados. Muito pode, por sua eficácia, a súplica do justo" (TIAGO 5:16).

> NÓS SANTIFICAMOS A DEUS QUANDO COLOCAMOS AS COISAS NAS MÃOS DE DELE, QUANDO CONFIAMOS NELE TOTALMENTE, NÃO TENDO MEDO DO FUTURO, PORQUE DESCANSAMOS EM NOSSO CRIADOR.

Santificamos o nome de Deus quando nosso coração está disposto a chegar à Sua presença, com humildade, sabendo quem é Deus e reconhecendo quem somos nós. A única maneira de se aproximar do Senhor é reconhecer que estamos falando com o Alto e Sublime, visto que os céus dos céus não podem contê-lo. Contudo, Ele ouve e responde as nossas orações. Não pelo que nós somos, mas pelo que Ele é. "Porque assim diz o Alto, o Sublime, que habita a eternidade, o qual tem o nome de Santo: Habito no alto e santo lugar, mas habito também com o contrito e abatido de espírito, para vivificar o espírito dos abatidos e vivificar o coração dos contritos" (ISAÍAS 57:15).

VENHA O TEU REINO
Jesus voltará para estabelecer o Seu reino. Ele veio uma vez para depois voltar novamente. Devemos orar para que esse reino venha, e que o Messias retorne logo à terra.

Alguns pensam que Jesus estava falando de uma forma alegórica, e que a implantação do reino é simplesmente espiritual, quer dizer, para que muitas pessoas o conheçam como Salvador e Senhor. Isso é uma parte da verdade, mas não é tudo! Quando Jesus estava para ser elevado ao céu, os discípulos lhe perguntaram: "Senhor, será este o tempo em que restaures o reino a Israel? Respondeu-lhes: Não vos compete conhecer tempos ou épocas que o Pai reservou pela sua exclusiva autoridade" (ATOS 1:6,7). Ele não lhes respondeu que estava falando espiritualmente, e que eles levariam o reino de Deus a todos, quando pregassem o evangelho. Não! Jesus lhes disse que esse reino chegaria algum dia.

Quando a mãe dos dois discípulos pediu a Jesus os principais lugares no futuro reino... "Perguntou-lhe ele: Que queres? Ela respondeu: Manda que, no teu reino, estes meus dois filhos se assentem, um à tua direita, e o outro à tua esquerda" (MATEUS 20:21). Jesus voltou a lhes falar de um reino literal, no qual o Pai tomaria a decisão de quem iria ficar junto ao Rei. Da mesma forma falou ao ladrão na cruz (LUCAS 23:42). É por isso que nos pediu que oremos para que Ele volte como Rei, com o mesmo desejo do ladrão crucificado: "Jesus, lembra-te de mim quando vieres no teu reino!". Quando oramos "... venha o teu reino", estamos reconhecendo Jesus como o único que tem o direito de reinar.

Quando evangelizamos, estamos anunciando o reino de Deus. Quando intercedemos pelas pessoas que não conhecem Jesus, trabalhamos para que o reino venha.

Oramos para que Ele reine em nossa vida e tenha a última palavra em tudo, em nossos relacionamentos com os que creem e com os que não creem.

Quando vemos como pessoas inocentes sofrem, quando os homens maus fazem a sua própria vontade, e o mundo se enche de corrupção, oramos para que Jesus venha como Rei. No contexto de todos os problemas e nas situações difíceis, dizer a Deus "Venha o teu reino", é pedir de coração que Ele coloque Sua mão sobre todas as coisas. Que seja feita a Sua vontade.

Que Ele tenha a última palavra em tudo!

> QUANDO VEMOS COMO OS INOCENTES SOFREM, E OS HOMENS MAUS FAZEM A SUA PRÓPRIA VONTADE, E COMO O MUNDO SE ENCHE DE CORRUPÇÃO, ORAMOS PARA QUE JESUS VENHA COMO REI.

Se não for assim, caímos numa situação quase ridícula: na Europa, existem vários países que são chamados de monarquias parlamentaristas. Os reis estão presentes, mas nada decidem, são simplesmente figuras constitucionais que podem desempenhar um papel em determinado momento, mas que não podem governar.

Muitos cristãos têm adotado esse estilo de vida. Deus é o rei, mas um rei inferior, porque nossa vida é governada por nós mesmos. Ele está presente, mas não pode tomar decisões, não permitimos que Ele intervenha. Nós temos a última palavra em nossos assuntos.

Quando vivemos assim, mostramos que nossa oração não é sincera, porque o Senhor não é o Rei em nossos negócios, nos estudos, em nossa casa, em nossa família, no uso do dinheiro, ou na maneira como nos divertimos... O melhor que podemos fazer é orar de coração: "Vem e reina na minha vida!". Essa é uma aplicação pessoal. Não se trata apenas de desejar que Ele reine, mas de permitir que Deus seja o Rei em cada dia da nossa existência.

FAÇA-SE A TUA VONTADE

A oração não poderia continuar de outra maneira, porque se queremos que Deus seja o Rei, nosso desejo deve ser que sempre se faça a Sua vontade. Nos céus, na terra e em nossa vida.

No céu, a vontade de Deus é feita. Por isso, o céu é o lugar mais perfeito e maravilhoso que existe. O céu é o lugar anelado, porque o Senhor está no Seu trono (APOCALIPSE 4:2).

Da mesma forma como Deus governa no céu, pedimos que o faça na terra. Oramos para que a Sua vontade seja a coisa mais importante em todas as decisões. Esta foi a missão do Senhor Jesus: "A minha comida consiste em fazer a vontade daquele que me enviou e realizar a sua obra" (JOÃO 4:34). Esta deve ser a tarefa para cada um de nós: buscar a vontade de Deus da mesma forma como desejamos comer, com o mesmo anseio que desejamos a própria vida.

No qual temos a redenção, pelo seu sangue, a remissão dos pecados, segundo a riqueza da sua graça, que Deus derramou abundantemente sobre nós em toda a sabedoria e prudência, desvendando-nos o mistério da sua vontade (EFÉSIOS 1:7-10).

Conhecer o mistério da vontade de Deus é o segredo para a nossa liberdade. Às vezes, torna-se difícil saber qual é a Sua vontade para conosco, porque nos esquecemos que, se algo é um mistério, não é fácil explicá-lo ou entendê-lo. As famosas discussões sobre até onde chega a nossa liberdade e até onde vai a vontade de Deus sempre existiram e continuarão existindo, porque Deus não nos revelou esse mistério. É algo muito profundo. Demasiadamente difícil para podermos entendê-lo.

Por isso, orar para que se faça a vontade de Deus é o mesmo que pedir a Deus que Ele se revele como Ele é; que Ele nos permita ver o Seu caráter, em todas as circunstâncias da nossa vida. Oramos para que Ele seja Deus em tudo, para que o vejamos como o Incomparável, Infinito, Impressionante, Incontrolável...

Que Deus seja Deus em nossa vida!

Pode ser que, algumas vezes, não entendamos as razões por que Ele age de uma determinada maneira. Continuará sendo um mistério. Mas jamais devemos nos esquecer que nossa confiança, nossa tranquilidade e também nossa liberdade dependem sempre de que Deus seja tal como Ele é. Embora por vezes seja difícil de compreender, vivemos seguros porque Ele é assim.

Nós refletimos o Seu caráter como Seus filhos, quando vivemos em função da Sua vontade. Não como uma obrigação, mas como um desejo profundo em nosso coração: "Agrada-me fazer a tua vontade, ó Deus meu; dentro do meu coração, está a tua lei" (SALMO 40:8).

O PÃO NOSSO DE CADA DIA

Até aqui, todas as frases que Jesus pronunciou, em Sua "oração modelo", soaram bastante espirituais. Embora todas tenham aplicações práticas, poderiam nos dar a impressão de que ainda não havíamos chegado à vida "real". Quando Deus nos diz que peçamos o pão de cada dia, tudo parece mudar.

Deus se preocupa com as nossas necessidades, sabe que precisamos comer, e Ele não se importa que lhe façamos lembrar: "...porque Deus, o vosso Pai, sabe o de que tendes necessidade". A outra face da moeda é que Jesus nos ensina a não pedirmos mais do que o pão de cada dia, para não irmos além e convertermos nossas orações em uma lista interminável de petições; para que não pensemos no que iremos necessitar amanhã, depois de amanhã, no ano que vem...

> DEUS SE PREOCUPA COM AS NOSSAS NECESSIDADES, COM A NOSSA COMIDA. ELE SABE QUE PRECISAMOS COMER E NÃO SE IMPORTA QUE O LEMBREMOS DISSO.

O que pedimos é o pão para este dia, para o dia de hoje. Precisamos aprender a viver um dia de cada vez e descansar em Deus quanto ao que possa acontecer amanhã. "Atendei, agora, vós que dizeis: Hoje ou amanhã, iremos para a cidade tal, e lá passaremos um ano, e negociaremos, e teremos lucros" (TIAGO 4:13). O que vier a acontecer para além do dia de hoje, está nas mãos de Deus. O que possamos fazer amanhã será se Deus quiser.

Buscar a Deus é pedir o pão cada dia que se inicia, colocando, em Suas mãos, tudo quanto possa vir a acontecer. Orando juntos como casal, como família, com nossos amigos, ou fazendo orações sozinhos. Assim começamos cada dia de uma forma completamente diferente.

Jesus nos ensinou a viver confiando em Deus, sabendo que tudo está sob o absoluto controle do Pai. Essa é a origem da nossa confiança e do nosso descanso. Se Jesus, sendo Deus, sabia fazer assim, muito mais nós temos de imitá-lo!

Além disso, necessitamos de outro pão a cada momento. Cristo é o pão que desceu do céu! A cada dia, temos de "comer" algo dele, tomar algo dele, conhecendo-o mais, amando-o mais. Falar com Ele e ouvi-lo para que o nosso amor cresça.

Receber, a cada dia, nossa dose do "pão do céu".

E PERDOA-NOS AS NOSSAS DÍVIDAS, ASSIM COMO NÓS TEMOS PERDOADO AOS NOSSOS DEVEDORES

Tão importante como o pão de cada dia, é o perdão de cada dia. Pedimos perdão a Deus, embora sabendo que nós já o temos. Um perdão único, incondicional, da parte do nosso Pai: a Bíblia afirma que, quando confiamos em Deus, Ele lança os nossos pecados nas profundezas do mar. "Tornará a ter compaixão de nós; pisará aos pés as nossas iniquidades e lançará todos os nossos pecados nas profundezas do mar" (MIQUEIAS 7:19). Ele os afasta de nós: "Quanto dista o Oriente do Ocidente, assim afasta de nós as nossas transgressões" (SALMO 103:12).

Quando passamos a ser filhos de Deus, o Senhor Jesus já não é apenas o nosso Salvador, mas também é o nosso Advogado. Entenda-me: Ele é o nosso Salvador e o será para sempre. Porém, não precisamos lhe pedir, a cada dia, que nos liberte do preço do pecado, porque isso Ele já fez. O que agora necessitamos é a Sua defesa contra o poder do pecado; precisamos da Sua ajuda na luta espiritual de cada dia. Precisamos ser cheios do Espírito de Deus para que o pecado, ainda presente em nosso corpo, não nos "amargue" a vida.

> MUITAS PESSOAS NÃO ENCONTRAM RESPOSTAS DE DEUS, NEM RESULTADOS EM SEU TRABALHO, PORQUE NÃO SÃO CAPAZES DE PERDOAR SEUS IRMÃOS.

Necessitamos ser perdoados, a cada dia... O pecado, como "pó" na estrada, suja-nos, de maneira tal que "Quem já se banhou não necessita de lavar senão os pés; quanto ao mais, está todo limpo" (JOÃO 13:10).

Quando Jesus lavou os pés dos Seus discípulos, explicou-lhes que, de modo similar, precisavam do perdão de Deus... e dos outros também. Todos os dias, temos de nos perdoar uns aos outros.

"Ao que Jesus lhes disse: Tende fé em Deus; porque em verdade vos afirmo que, se alguém disser a este monte: Ergue-te e lança-te no mar, e não duvidar no seu coração, mas crer que se fará o que diz, assim será com ele. E, quando estiverdes orando, se tendes alguma coisa contra alguém, perdoai, para que vosso Pai celestial vos perdoe as vossas ofensas" (MARCOS 11:22-26).

Muitas pessoas não conseguem respostas de Deus e nem resultados em seu trabalho porque não são capazes de perdoar seus irmãos. Jesus ensinou sobre o poder da fé. Todavia, no mesmo contexto, explicou que, se não nos perdoarmos uns aos outros, Deus tampouco nos perdoará. Lembre-se de que Jesus nos ensinou a orar. "...perdoa as nossas dívidas assim como nós temos perdoado aos nossos devedores.". Essa é a relação entre o poder que Deus nos dá, e o perdão que damos aos outros. Muitas vezes Deus não age em nossa vida porque guardamos um ressentimento contra outras pessoas, sem tê-las perdoado.

Jesus ensinou que o poder e a resposta à oração dependem do nosso perdão aos outros.

"Bem-aventurados os limpos de coração porque, verão a Deus.". Jesus declarou isso no começo do Seu ministério. Você está lembrado? Se perdoarmos os outros, conseguiremos ver a Deus nas bênçãos que outras pessoas recebem, e também poderemos vê-lo nas palavras dos nossos irmãos. Se não aprendermos a perdoar, não poderemos ver o Senhor. Se temos ciúmes ou inveja, a única coisa que conseguiremos ver é a nossa própria imagem, porque estamos apenas nos preocupando com nós mesmos.

Mas o Mestre foi mais além ao dizer: "...como nós temos perdoado", afirmando que nós devemos dar o primeiro passo.

Lembre-se que o perdão de Deus não é condicional, mas, sim, os efeitos de se sentir perdoado.

Precisamos perdoar os outros e também aprendermos a perdoar a nós mesmos: perdoar nossas decisões, nossos erros. O perdão é uma dádiva de Deus, o melhor favor que podemos fazer a nós próprios... e aos outros. Jesus disse: "Perdoai e sereis perdoados" (LUCAS 6:37). Literalmente, significa "soltai e sereis soltos. Quando não perdoamos, é como se estivéssemos presos a uma pessoa, às circunstâncias, ao nosso passado, ou aos nossos pecados. Jamais chegaremos a ter descanso, porque as pessoas às quais não temos perdoado estarão, em todos os momentos, conosco. Vivem presas aos nossos pensamentos, e não podemos livrar-nos delas, porque aparecem em nossa mente quando menos esperamos.

Quando Iami, nossa filha mais velha, tinha apenas três anos e fazia travessuras, nós a "castigávamos" fazendo-a ficar sentada numa cadeira por alguns minutos, para que pudesse refletir no que havia feito. Tão logo ela se sentava, começava a nos dizer "Te perdoo, te perdoo", porque pensava que essa era a forma de se pedir perdão. Eu sorria e a abraçava, porque ela estava me dando uma importante lição de vida. Não podemos continuar orando se não formos capazes de dizer com sinceridade: "te perdoo!".

NÃO NOS DEIXES CAIR EM TENTAÇÃO

Ninguém, ao ser tentado, diga: Sou tentado por Deus; porque Deus não pode ser tentado pelo mal e ele mesmo a ninguém tenta. Ao contrário, cada um é tentado pela sua própria cobiça, quando esta o atrai e seduz (TIAGO 1:13,14).

Todos temos de reconhecer que as tentações são alguns dos nossos maiores problemas. Somos tentados pelos nossos próprios desejos. O diabo nos tenta porque conhece as nossas fraquezas. E, de certa forma, Deus, como a origem última de todas as coisas, permite essas tentações para que nossa vida seja fortalecida quando as vencemos.

Jesus nos ensinou a orar, não para que sejamos livres da tentação, mas que não caiamos nela. O problema não são as lutas que enfrentamos, mas as derrotas que sofremos. A questão não é viver sem tentações, mas vencê-las. O próprio Jesus foi tentado em tudo, mas Ele se tornou vencedor.

> JESUS NOS ENSINOU A ORAR, NÃO PARA QUE SEJAMOS LIVRES DA TENTAÇÃO, MAS PARA NÃO CAIRMOS NELA.

A vitória dele é também a nossa. Ele conhece exatamente o que estamos sentindo e jamais foi derrotado. Por isso, a melhor forma de vencer a tentação é nos apropriarmos do Seu sangue, o Sangue de um Vencedor. O nosso Salvador venceu o pecado, portanto nós sabemos que podemos vencê-lo também. Se confiarmos nele, o diabo nenhum poder terá sobre nós.

> *Por isso mesmo, convinha que, em todas as coisas, se tornasse semelhante aos irmãos. Pois, naquilo que ele mesmo sofreu, tendo sido tentado, é poderoso para socorrer os que são tentados* (HEBREUS 2:17,18).

O Senhor Jesus pode, quer e sabe nos socorrer. Não devemos cair na mentira de que não podemos suportar a tentação ou a provação pela qual estamos passando agora mesmo! Jesus já venceu, e o sangue dele percorre em nossas veias a partir da cruz, desde essa perfeita "transfusão" de amor.

Mesmo assim, devemos nos lembrar sempre que, quando oramos "não nos deixes cair", precisamos ser sábios. Nosso papel não é nos aproximarmos o mais próximo possível ou brincarmos com a tentação, mas vivermos perto de Jesus e fugirmos do mal. O exemplo para nós jamais deve ser o de Sansão, perguntando-nos: "Até onde posso chegar sem que nada de mal me aconteça?" O nosso exemplo é José, o filho de Jacó, com sua atitude: "Devo fugir antes que seja tarde demais!".

Não vos sobreveio tentação que não fosse humana; mas Deus é fiel e não permitirá que sejais tentados além das vossas forças; pelo contrário, juntamente com a tentação, vos proverá livramento, de sorte que a possais suportar (1 CORÍNTIOS 10:13).

O diabo nos tenta para retirar o que temos de melhor, para nos derrotar, para que vivamos vencidos. Ele sempre quer que caiamos.

Deus nos prova para despertar o melhor que há em nós. Ele permite situações difíceis para que possamos sair aprovados, fortalecidos, vencedores (TIAGO 1:12).

Então, tentação não é a mesma coisa que provação. O que deve ser igual é a nossa oração e a dependência do Senhor. Oramos antes de sermos tentados, para estarmos preparados e não cairmos. Oramos quando somos tentados, elevando nosso coração a Deus, nesse mesmo instante, para nos darmos conta de que Ele está conosco. Pedimos a Deus sabedoria, quanto ao que fazemos, para onde vamos, para o que estamos fazendo, para não sermos vencidos pelo maligno.

LIVRA-NOS DO MAL

O nosso desejo agora é que o mal não nos prejudique. Pedimos a Deus a proteção contra o mal físico: enfermidades, situações desconhecidas, perigos e centenas de outras coisas mais, que temos de enfrentar na vida.

Necessitamos dessa mesma proteção contra o mal moral: as más decisões, a nossa própria maldade. Necessitamos da proteção de Deus quando outras pessoas tentam nos enganar ou nos prejudicar.

Buscamos a Deus, em oração, para que o mal espiritual tampouco nos alcance. Para não nos equivocarmos em seguir a Sua vontade e sermos cheios do Espírito Santo em tudo; para que tudo quanto fizermos glorifique nosso Pai e nos faça mais semelhantes ao Senhor Jesus.

Pedimos a Deus que nos livre da maldade da nossa própria mente natural e dos pensamentos que o diabo coloca em nosso coração; das ideias cruéis que podem nos assediar, e não conseguimos vencê-las. Oramos e pedimos que Deus nos conceda a vitória.

> PEDIMOS A DEUS QUE NOS LIVRE DE UM DOS MALES MAIS TRAIÇOEIROS, QUE É O MAL DA NOSSA MENTE NATURAL.

Deus envia anjos para nos guardar. Ele nos livra com o Seu poder, mas deseja que os seres espirituais vejam nossa confiança no Senhor. Oramos para que Deus mova as circunstâncias e nos livre. Oramos para que Deus restaure o que nós temos feito de errado. Embora paguemos as consequências pelo mal que praticamos, Ele vê nossa humilhação e nosso sofrimento e nos ajuda para não mais voltarmos a cair.

Oramos, tomando a armadura de Deus para podermos resistir nos dias maus, que são muitos. Oramos para podermos entrar na batalha espiritual e não permanecermos quietos, desfrutando do conforto natural que nos afasta de Deus. Oramos para aprendermos a descansar no Senhor, em todas as circunstâncias, e nos fortalecermos com o Seu poder enquanto enfrentamos o poder do mal... "Quanto ao mais, sede fortalecidos no Senhor e na força do seu poder. Revesti-vos de toda a armadura de Deus, para poderdes ficar firmes contra as ciladas do diabo [...]. Com toda oração e súplica, orando em todo tempo no Espírito e para isto vigiando com toda perseverança e súplica por todos os santos" (EFÉSIOS 6:10-18).

POIS TEU É O REINO, O PODER E A GLÓRIA PARA SEMPRE

Existem pessoas que, ao terminarem de orar, parecem estar mais desanimadas do que quando começaram a orar. Estão de tal forma preocupadas com a sua fraqueza com a maldade do inimigo e com tantas necessidades que têm, que temem que o mundo desabe sobre elas. Deus não quer que seja assim.

Há momentos quando precisamos chorar na presença do Senhor; colocarmos diante dele a amargura do nosso coração, ou pedirmos perdão de joelhos porque caímos. Mas na maioria das ocasiões, estar na presença do Pai significa encontrar a fonte da vida, a vitória sobre qualquer mal, e o entusiasmo em desfrutar da Sua presença.

Não existe privilégio maior do que passar tempo a sós com o Senhor, desvendando nosso coração diante dele. O segredo da vida é se encontrar face a face com Deus, em qualquer lugar do mundo, a qualquer hora, porque Ele está ao alcance de uma oração, ouvindo nossas palavras. É por esses motivos que, quando estamos com Ele, acabamos ficando cheios de entusiasmo.

> EXISTEM PESSOAS QUE, QUANDO ACABAM DE ORAR, PARECEM ESTAR MAIS DESANIMADAS DO QUE QUANDO COMEÇARAM A ORAR. É COMO SE O MUNDO SE DESABASSE SOBRE ELAS.

Dele é o reino! É a proclamação do que Deus é e faz, a expectativa da segunda vinda de Jesus. Assim começamos a orar. E, da mesma forma, terminamos! Os nossos dias devem estar tomados pelo desejo de que Jesus volte logo.

Dele é a glória e o poder! Dele é o nosso louvor e a nossa adoração! Nossa vida toda deve ser um sacrifício de louvor ao Criador. Nos primeiros anos do Cristianismo, as doxologias eram uma das expressões mais comuns dos cristãos. "Doxologia" é a transliteração do termo grego que significa "palavras cheias de glória": hinos de louvor ao Senhor Jesus. Cânticos marcados pelo brilho do Espírito Santo. Você se lembra de alguma delas que aparecem no Novo Testamento?

Ora, àquele que é poderoso para vos guardar de tropeços e para vos apresentar com exultação, imaculados diante da sua glória, ao único Deus, nosso Salvador, mediante Jesus Cristo, Senhor nosso, glória, majestade, império e soberania, antes de todas as eras, e agora, e por todos os séculos. Amém! (JUDAS 1:24,25).

Assim, ao Rei eterno, imortal, invisível, Deus único, honra e glória pelos séculos dos séculos. Amém! (1 TIMÓTEO 1:17).

Ora, àquele que é poderoso para fazer infinitamente mais do que tudo quanto pedimos ou pensamos, conforme o seu poder que opera em nós, a ele seja a glória, na igreja e em Cristo Jesus, por todas as gerações, para todo o sempre. Amém! (EFÉSIOS 3:20,21).

Quando oramos, nossas palavras devem estar cheias de glória. E assim será para sempre, porque esses momentos, face a face com Deus, enchem-nos de vida. Quando estamos com Ele, preparamo-nos para desfrutar dele por toda a eternidade.

Amém!

Essa é a última palavra. O desejo do nosso coração é que tudo seja como Deus quer que seja. Precisamos afirmar isso. É imprescindível que nós o saibamos e o sintamos. Porque Deus tem a primeira e a última palavra em tudo, e nós precisamos desejar que assim seja.

E o nosso coração se enche de paz quando oramos.

Todos nós andávamos desgarrados como ovelhas (ISAÍAS 53:6).

37 | A "EQUIPE" DE DEUS

Alguém disse, certa vez, que a melhor forma de se conhecer o caráter de uma pessoa é saber quem são os seus amigos. Às vezes, são as circunstâncias que os colocam ao nosso lado. Mas, na maioria das vezes, somos nós que os escolhemos. Podemos saber muito a respeito de uma pessoa, não só pelos amigos que escolhe, mas também pela importância que dá às amizades e pelo que é capaz de fazer por elas.

Ao longo de toda a história, foram os discípulos que escolheram os seus mestres. Seguiram aos que escolheram seguir, aos que lhes pareceriam mais interessantes ou àqueles que lhes ofereciam algo a mais. Admiravam o nome daquele que seguiam e se orgulhavam da sua escola.

Como quase sempre acontece, Deus faz tudo ao contrário do que esperamos. Foi Jesus quem escolheu os Seus seguidores (JOÃO 15:16). De acordo com a Sua sabedoria e em constante sintonia com a vontade do Pai e o discernimento do Espírito Santo, Jesus chamou os Seus discípulos. Não foi uma escolha ao acaso, mas a seleção mais cuidadosa da história. Não foram eles que o escolheram, mas foi Ele quem os buscou.

A grande surpresa é que a equipe de Jesus não era formada por pessoas escolhidas com base no seu talento, seu conhecimento, ou seu potencial econômico. O que Jesus fez foi chamá-los para viverem com Ele, foram escolhidos para acompanhá-lo. O Messias os selecionou sem nenhuma qualidade visível, pois o que Ele desejava é que estivessem com Ele (MATEUS 4:18). Mesmo assim, Deus destacou, na Sua Palavra, algumas dessas importantes características: trabalhadores, ousados, acostumados a sofrer e a enfrentar adversidades, pacientes... Mas, apesar de todas essas boas qualidades, nenhum de nós teria escolhido qualquer um deles para ser nosso discípulo, porque a própria Palavra de Deus se encarrega de no lembrar alguns dos seus maiores problemas.

QUE PESSOAS! VOCÊ OS TERIA ESCOLHIDO?

Pedro é o mais conhecido de todos: quase sempre falava sem pensar, tanto para o bem como para o mal. Era capaz de passar do sublime ao mais absurdo em questão de minutos. Considerava-se mais forte do que os outros e se apoiou, muitas vezes, na sua arrogância, porque se julgava sair bem nas comparações que ele fazia em relação aos outros discípulos. Foi capaz de dizer ao próprio Jesus que Ele não devia seguir para a cruz e que Ele estava se equivocando no Seu ministério. Muitas vezes, ele não o incomodou o fato de discutir e se aborrecer com todos. Era impulsivo e briguento como ninguém. Mas, quando se sentiu ameaçado e com o risco de ser preso, abandonou o seu Mestre. Nós jamais teríamos prestado atenção nele, mas Deus o escolheu.

> NÓS JAMAIS, TERÍAMOS DADO IMPORTÂNCIA A ELES, MAS DEUS OS ESCOLHEU.

João estava com cerca de vinte anos. Pelo que sabemos, era o mais jovem de todos e desejava ansiosamente estar o mais perto possível de Jesus. Era um tanto exclusivista, visto que uma vez pediu licença para mandar fogo do céu aos samaritanos que não queriam receber Jesus. Como quase todos os outros discípulos, também era tomado pela ambição de ser o primeiro. Um dia, planejou com o seu irmão Tiago e sua mãe, para ocuparem os lugares privilegiados no futuro reino. Eu não o teria escolhido para ser um dos meus discípulos. Mas Deus o escolheu.

Tomé poderia ser o próximo na lista. Ele levava na sua genética a palavra incredulidade. Não apenas por não acreditar nas coisas, mas porque, em algumas ocasiões, nem sequer chegava a entendê-las. Nunca ficava calado e era capaz de contagiar a todos com a sua falta de tato e de fé. E o pior era quando não conseguia entender o que lhe diziam, e reagia com sarcasmo. Ninguém o teria escolhido para ser apóstolo de uma fé que se baseia totalmente na confiança. Mas, apesar de tudo, Deus o escolheu para fazer parte dos doze.

Felipe é a típica pessoa que jamais falta em um grupo. Era o crítico da equipe, aquele que vive "com os pés no chão". Era uma pessoa que não se importava muito com as coisas espirituais, porque era capaz, em cada momento, de refletir o que a "maioria" pensava. Ele defendia o que era real, sempre capaz de ver e explicar as razões porque algo não podia funcionar. Ao ser caracterizado, ele seria denominado como "antirreligioso" e não teria lugar em nenhuma organização espiritual dos nossos dias. Mas Deus o escolheu.

E Mateus? Igual a ele não haveria qualquer dúvida! Que fazia um cobrador de impostos no grupo de pessoas que devia anunciar o reino de Deus? Era a pessoa mais menosprezada por todos, devido ao seu trabalho. Todos sabiam que ele cooperava com o império romano que os estava escravizando, e suas contas talvez fossem pouco claras quanto ao que cobrava ou o que deixava de cobrar. Para todos, ele seria um estorvo no avanço do reino de Deus. Mas Jesus o escolheu para ser um dos doze.

O próximo na lista é Tiago. Ele e seu irmão João eram conhecidos como "Filhos do trovão", pelo seu caráter indócil e sua energia. Não sabemos se era um dos mais orgulhosos ou simplesmente se deixava levar. Não tinha personalidade para fazer cessar determinados tipos de conversas, de tal forma que se apresentou com sua mãe para ter o direito de se assentar ao lado de Jesus no Seu reino. Era o tipo de gente que perturbava, porque sempre queria chegar aos primeiros lugares a qualquer preço. Ele teria perturbado até nós. Mas Deus o escolheu para ser um dos doze.

Não vale a pena ir adiante. Ficaríamos totalmente vencidos, porque não teríamos feito uma boa escolha.

Um momento! Existe um em quem encontramos suficientes razões para ser rejeitado: Judas, denominado Iscariotes. Era mentiroso, traidor, amava o dinheiro e procurava sempre o melhor para si mesmo. Furtava dos outros discípulos, de Jesus e dos pobres. Um dia até chegou a vender o seu próprio Mestre pelo preço de um escravo.

A Bíblia diz que Judas também foi ungido com o poder do Alto. Falou sobre o reino e realizou os mesmos milagres que os outros fizeram. Ninguém sabia que ele era o traidor, até que Jesus o revelou publicamente, porque ele havia passado totalmente despercebido. Quando saíram para pregar e para curar, nunca despertou qualquer suspeita de que não amava aquele "trabalho". Falava de Deus e, inclusive, fazia milagres como qualquer outro. Nós não somente não o teríamos escolhido, como não teríamos aguentado passar uma semana com ele! Mesmo que Jesus nos pedisse! Como viver com alguém assim? Jesus sabia que Judas acabaria por entregá-lo, traindo a única pessoa que confiou nele! Entretanto, Jesus o escolheu. E não apenas isso: Ele também o amou.

Esses foram os discípulos que Jesus escolheu.

Em muitas ocasiões, eles não entendiam o que o Filho de Deus lhes estava ensinando. Além disso, eram muito incrédulos. Jamais entenderam que Jesus precisava ir à cruz e morrer. Abandonaram Jesus no Seu sofrimento e o deixaram sozinho quando mais precisava deles. Dormiram quando Ele derramava suor de sangue por amor a eles. Deixaram ser dominados pelo medo de serem identificados com o único que havia acreditado neles. Quando mais deles Jesus necessitou, eles se esconderam e jamais pensaram que Jesus ressuscitaria. Pelo jeito, eram todos um caso perdido.

Não havia maneira humana de fazer com que se entendessem, porque eram por muito diferentes e, inclusive, contraditórios: um zelote; um cobrador de impostos; vários pescadores; dois irmãos sonhadores e materialistas, na mesma equipe de um amante do dinheiro; outro que só acreditava no que via. Era um grupo pequeno, mas parecia estar sempre a ponto de explodir. Quando Jesus lhes dizia uma frase, das mais simples que podemos imaginar, como aquela ocasião em que Ele falou dos fariseus que viviam cegos ao amor de Deus: "Se um cego guiar outro cego, cairão ambos no barranco", Pedro lhe disse: "Explica-nos a parábola"... Muitas vezes Jesus teve de lhes responder "Também vós não entendeis ainda?"

Eles eram jovens, nada influentes e menosprezados pelos poderosos. Todos eram pobres, não tinham cultura, títulos e nem apoio econômico. Deus os escolheu para nos ensinar que é Ele quem toma as decisões, e também para que vejamos refletidos neles os nossos erros, nossa própria indignidade e, ao mesmo tempo, saibamos agradecer a Deus o fato de sermos servos inúteis.

Com sinceridade, digo a você que, se eu estivesse no lugar de Deus, eu tampouco teria escolhido a mim mesmo!

> É POSSÍVEL QUE NÃO ENTENDESSEM MUITA COISA,
> MAS ESTAVAM DISPOSTOS A IR ATÉ ONDE O SENHOR QUISESSE.
> ISSO É O QUE JESUS CONTINUA ESPERANDO DOS SEUS DISCÍPULOS.

A MÃO DE DEUS OS TRANSFORMOU COMPLETAMENTE

A mão de Deus transformou-os completamente, o contato diário com o Senhor Jesus fez deles pessoas impressionantes. O poder do Espírito Santo encheu-os de tal maneira que foram capazes de revolucionar o mundo inteiro.

Ninguém pensaria que eram as mesmas pessoas de três anos antes. Deus pode, e quer, usar homens e mulheres que fracassam, que falham, que não têm as qualidades que o mundo espera de um "líder", mas que são suficientemente humildes para se colocarem nas mãos de Deus, em todas as circunstâncias. Pessoas suficientemente sábias para não esconderem nenhuma das suas fraquezas. Deus usa aqueles que foram rejeitados por todos, escolhe os que, maltratados em suas vidas, terminam acreditando que absolutamente nada são e que nada poderiam fazer sem Ele.

Deus se identifica com cada um de nós, fala quando nós falamos, trabalha quando nós trabalhamos, e se "arrisca" ver manchado o Seu nome quando fazemos algo que não é correto. Deus sabe do bom que existe em nosso coração e usa-o. Ele pode ver mais em nós do que o nosso desânimo. A menor qualidade que tenhamos, Ele a engrandece...

André, por exemplo, tinha o coração de um evangelista, pois sempre que aparecia em cena, era para falar de Jesus aos outros e levá-los até Ele. Essa era a motivação da vida dele. (JOÃO 1:41). Falou de Jesus para a sua própria família, ao seu irmão Pedro, aos seus conhecidos... a todos quantos encontrava!

Felipe se tornou quase imprescindível pela sua vocação prática. O que poderia ser a sua maior fraqueza, Deus usou para a Sua glória. Quando conheceu Jesus e disse a todos que Ele era o Messias, eles se desculparam com perguntas, mas Felipe não discutiu. Simplesmente disse: "Vem e vê" (JOÃO 1:46). Em qualquer momento, por mais difícil que fosse a situação, sempre encontrava uma solução: "Está aí um rapaz que tem cinco pães de cevada e dois peixinhos". Você se lembra disso?

POR QUE UM HOMEM SINCERO COMO NATANAEL ESTARIA LENDO A HISTÓRIA DE TRAPACEADOR COMO JACÓ?

"Felipe encontrou a Natanael e disse-lhe: Achamos aquele de quem Moisés escreveu na lei, e a quem se referiram os profetas: Jesus, o Nazareno, filho de José. Perguntou-lhe Natanael: De Nazaré pode sair alguma coisa boa? Respondeu-lhe Filipe: Vem e vê. Jesus viu Natanael aproximar-se e disse a seu respeito: "Eis um verdadeiro israelita, em quem não há dolo! Perguntou-lhe Natanael: Donde me conheces? Respondeu-lhe Jesus: Antes de Filipe te chamar, eu te vi, quando estavas debaixo da figueira... Em verdade, em verdade vos digo que vereis o céu aberto e os anjos de Deus subindo e descendo *sobre* o Filho do Homem" (JOÃO 1:45-50).

Natanael era outro dos doze. Um homem sincero, sem hipocrisias nem duplicidade. Jesus o apresentou dessa forma. Quando ele encontrou Jesus, reconheceu-o como Filho de Deus, Rei de Israel, e Mestre. Jesus havia visto Natanael debaixo da figueira, fazendo a leitura da lei. Pode ser que estivesse lendo, no livro de Gênesis, a história do sonho de Jacó, porque Jesus se referiu àquele momento. O fato é que Natanael viu que havia se encontrado com alguém maior do que Jacó: o próprio Senhor Jesus. O Messias lhe prometeu sinais ainda maiores e lhe explicou que aquela escada do sonho de Jacó se referia a Ele mesmo, porque Jesus conduz nossas orações e adoração à presença de Deus: "Em verdade, em verdade vos digo que vereis o céu aberto e os anjos de Deus subindo e descendo sobre o Filho do Homem" (JOÃO 1:50).

Natanael era um homem leal. Felipe foi quem o levou a Jesus, de sorte que, a partir daquele momento, sempre que aparece o seu nome nos evangelhos, está ligado ao nome de Felipe (MATEUS 10:3; MARCOS 3:18; LUCAS 6:4). Eles foram amigos inseparáveis. Essa era uma das qualidades que Jesus procurava nos Seus discípulos: amizade, fidelidade, lealdade...

Ela continua sendo uma das primeiras qualidades que Deus espera de nós. Em um mundo competitivo e egoísta por natureza, nós, que fomos chamados para sermos sal e luz, somos vistos, em primeiro lugar, pela nossa lealdade ao Senhor e pela nossa fidelidade para com os nossos irmãos. A sociedade precisa se impressionar pela maneira como nós tratamos uns aos outros, como nos cuidamos mutuamente, expressando, de forma prática, o amor de Deus pelos outros.

NINGUÉM AMOU TANTO OS SEUS AMIGOS COMO JESUS.

Esse amor incondicional e essa fidelidade inquebrantável tornaram-se evidentes na última ceia de Jesus com os discípulos. O Messias se assentou à mesa com eles. Doze homens escolhidos e o Seu Salvador compartilharam os momentos que antecederam a Sua morte. Jesus sabia de tudo, mas eles ainda não haviam entendido. Quando alguém enfrenta a morte, as palavras que pronuncia são extremamente importantes. Cada frase, dos capítulos treze ao dezessete do evangelho de João, fazem-nos tremer de emoção todas as vezes que as lemos.

QUANDO FOI ELEVADO AO CÉU, JESUS DEIXOU TUDO NAS MÃOS DOS SEUS DISCÍPULOS

Se nos impressiona o modo como o Messias escolheu e capacitou os Seus discípulos, é muito mais impressionante o que aconteceu após a ressurreição de Jesus, quando Ele deixou tudo nas mãos dos que o acompanharam.

Você pode imaginar a chegada triunfante de Jesus ao céu? Quem sabe, os anjos lhe tenham perguntado: Quem anunciará a mensagem do evangelho do reino? Quem ficou com a responsabilidade de falar da cruz e da salvação? Vais enviar algum profeta? Irás usar alguns dos santos do Antigo Testamento? Voltarás tu à Terra?

Jesus declarou que a missão seria executada pelos Seus seguidores: os discípulos e algumas mulheres. Deixar a responsabilidade de anunciar a mensagem mais importante da história com onze pessoas que o haviam abandonado e cuja característica mais evidente era o medo? Sim, os próprios discípulos não haviam chegado a entender o que teriam de pregar.

> *Recebereis poder, ao descer sobre vós o Espírito Santo, e sereis minhas testemunhas tanto em Jerusalém como em toda a Judeia e Samaria e até aos confins da terra. Ditas estas palavras, foi Jesus elevado às alturas, à vista deles, e uma nuvem o encobriu dos seus olhos* (ATOS 1:7-10).

Quando Jesus se despediu dos discípulos, pediu-lhes que esperassem. Quem sabe, alguns deles não quiseram esperar. Uma vez que o túmulo estava vazio, não podiam deixar passar mais algum tempo. Talvez outros podiam ter discutido quanto à falta de racionalidade em ficarem calados e quietos naquele momento. Nós costumamos ter pouca paciência para esperarmos o tempo de Deus!

Jesus lhes disse que o mais importante não era o que eles podiam fazer, ou os argumentos que tinham: tudo estava baseado naquilo que eram: testemunhas.

Não se tratava de fazer, mas de ser. Deus não nos pede que primeiramente trabalhemos, mas que *sejamos* testemunhas. Não é uma questão de programas, atividades ou campanhas, em primeiro lugar, mas sim, de viver. Significa que, quando amamos Jesus, não podemos estar calados. Somos sal e luz.

De certa forma, isso não é uma ordem, nem mesmo uma decisão. Não é algo que possamos escolher, pensar ou calcular. *Não!* Somos os Seus seguidores e não podemos ocultar esse fato. Ele está dentro da nossa própria vida, em nosso sangue. Ninguém pode se esconder e nem esconder a Ele. Ou somos, ou não somos! Não existe uma terceira possibilidade.

Deus nos chama para vivermos como um reflexo da Sua glória, proclamando, com a nossa vida, o que Ele tem feito em nós. Não é uma questão de fazer, planejar ou desenvolver; é uma questão de *ser*, de viver pelo poder do Espírito Santo. Para isso, Jesus nos chama. O restante é apenas um jogo religioso.

Estes foram os protagonistas da história: os apóstolos e as mulheres. Ninguém mais. Nenhum mestre da lei ou sacerdote do templo. Apenas onze homens amedrontados e incrédulos; algumas mulheres às quais não era permitido falar em público e nem testemunhar em juízo; alguns auxiliares que os acompanhavam; pouco mais tarde, um perseguidor e assassino de cristãos (Saulo).

Uma vez mais, a doce "ironia" de Deus usou simples homens e mulheres, pobres e menosprezados, para transformarem o mundo, com um único "segredo", conhecido audivelmente, porque se pode dizer que, mais do que os atos dos apóstolos, a história visualizou os atos Espírito Santo de Deus.

Jesus se identificou totalmente com eles através do Seu Espírito. Quando Ele falou com Saulo pela primeira vez, disse-lhe: "Eu sou Jesus, a quem tu persegues" (Atos 9). Jesus se tornou um com a Sua igreja, com os Seus fiéis seguidores do primeiro século. Mesmo que, para nós seja difícil de entender, Ele sofreu as adversidades cometidas contra eles (ATOS 8:3; 9:1,2; 22:4) e se identificou com os sofrimentos dos que lhe pertenciam.

Essa mesma igreja continua escrevendo o futuro. Jesus chama homens e mulheres em todos os lugares do mundo. Com os seus defeitos, com a sua maneira de não entenderem as coisas, com suas dúvidas e temores.

Com o poder do Espírito Santo!

Jesus continua sendo o nosso Senhor, nosso Rei, nosso Líder. Nosso noivo e futuro marido. E também, nosso amigo. Buscar a Sua vontade é encontrar a melhor coisa que nos possa acontecer. Saber que podemos decepcioná-lo nos deixa com medo de que isso realmente possa acontecer, mas vivemos com a segurança e a confiança de que Ele nos ouve e nos ama.

Deus continua escolhendo todo tipo de pessoas para estarem com Ele, não tanto para aparecerem ou liderarem, mas para refletirem Sua gloriosa imagem em todo o mundo. Para sermos muitos "Jesuses" em todas as partes, porque Ele se compromete conosco. Todos temos um lugar na equipe de Jesus. E Ele continua usando pessoas imperfeitas, que erram muitas vezes, mas que não se envergonham de chamá-lo o Deus deles.

O Deus de Abraão, de Isaque e de Jacó; o Deus dos que foram enganadores e mentirosos, dos que falaram, dos muitos que o decepcionaram. Mas Deus continua sendo o Deus deles, e continua também a ser o nosso Deus! Essa é a forma como Deus se apresenta diante de todos. Esses são os instrumentos que Ele escolheu para revolucionar o mundo e enchê-lo com a Sua glória.

38 | O MAIOR NO REINO DOS CÉUS

Um dia alguém teve a ideia de preparar um livro de "recordes". Ele sabia o que queria, porque a vaidade humana e a sua necessidade de reconhecimento não têm limites. Não importa o que você queira medir, sempre vai aparecer um que é "melhor" para ficar em primeiro lugar. Um maior que todos os outros! Gostamos de saber quem é o melhor, quem ficou em primeiro lugar, quem está no topo da lista. Por trás dos milhões de todo tipo de competições, sempre existe o secreto desejo de que "os nossos" sejam os melhores porque, dessa forma, nós também recebemos um pouco de glória.

A "MÃE" DE TODAS AS DISCUSSÕES

Certa vez, os discípulos tiveram uma grande discussão. Ela é origem de todas as discussões. Não tinha nada a ver com a salvação, nem com o caráter de Deus, com a lei e os profetas, e muito menos com a missão do Messias. Eles queriam saber quem era o maior no reino dos céus; qual deles deveria receber a maior glória. E essa discussão não foi coisa de um só momento, mas foi a pergunta mais vezes feita ao Mestre, aquela que mais preocupava os discípulos: Quem é o maior?

Infelizmente, essa mesma preocupação continua no coração de muita gente hoje.

> *Levantou-se entre eles uma discussão sobre qual deles seria o maior. Mas Jesus, sabendo o que se lhes passava no coração, tomou uma criança, colocou-a junto a si e lhes disse: Quem receber esta criança em meu nome a mim me recebe; e quem receber a mim recebe aquele que me enviou; porque aquele que entre vós for o menor de todos, esse é que é grande. Falou João e disse: Mestre, vimos certo homem que, em teu nome, expelia demônios e lhe proibimos, porque não segue conosco. Mas Jesus lhe disse: Não proibais; pois quem não é contra vós outros é por vós* (LUCAS 9:46-50).

Jesus tomou uma criança nos Seus braços e a envolveu com a Sua aceitação e carinho. Ele nos estava ensinando que, se queremos estar nos braços de Jesus, devemos ser como crianças. Os discípulos deveriam ter entendido isso, porque havia ficado bem claro que, diante de Jesus, as suas motivações não eram boas. Embora soubessem que precisavam ser como crianças, manifestavam o desejo de exercer autoridade sobre os outros. Gostamos de ser os mais importantes e de controlarmos os que temos ao nosso lado.

A PERGUNTA QUE MAIS VEZES FIZERAM AO MESTRE E O QUE MAIS PREOCUPAVA OS DISCÍPULOS: QUEM É O MAIOR?

Achamos que os discípulos entenderam a lição, mas imediatamente (não haviam passado sequer alguns minutos!) encontraram alguém expulsando demônios, e já queriam mandar neles. Observe a linguagem que usaram ao falarem com Jesus:

"Em *teu* nome" e "não *nos* seguem".

Nós acreditamos que somos os únicos que podem servir a Deus e pensamos que tudo deve passar pelo nosso controle. Todos precisam pedir licença para *nós*. Os outros não têm de seguir a Jesus primeiro, mas, sim, *a nós*. Ninguém pode fazer nada em nome de Jesus se nós não os autorizarmos. Assim pensavam os fariseus, e assim vivem os religiosos de todos os tempos.

Jesus coloca as coisas nos seus devidos lugares ao falar de "meu nome". Infelizmente, preocupamo-nos mais que sigam a nós do que o que acontece com o nome de Jesus. Tudo termina de uma maneira fatal: se estamos sempre discutindo com os outros, perdemos o nosso sentido de vida e deixamos de ser sal para o não crente (v.50). Se somos orgulhosos, nossa vida espiritual para nada serve, porque estamos procurando que os outros nos admirem, que venham às nossas Igrejas, que defendam o nosso nome, e não o nome de Jesus.

Finalmente, os discípulos começaram a entender. Reconheceram que não tinham qualquer direito de controlar a vida dos outros e, muito menos, de decidir quem devia fazer alguma coisa em nome de Jesus. Entenderam isso por uns poucos minutos. Na continuação da viagem, chegaram a um lugar onde ninguém queria recebê-los, e eles se irritaram. A ideia que "apresentam" a Jesus é incrível: "Vendo isto, os discípulos Tiago e João perguntaram: Senhor, queres que mandemos descer fogo do céu para os consumir?" (LUCAS 9:54). Eles se achavam capazes de fazê-lo!

Parece ser uma boa forma de se manter a pureza doutrinária. A todo e qualquer que não pense como nós, que desça fogo do céu sobre ele!

Não devemos julgar os discípulos com severidade porque, infelizmente, muitos têm pensado e continuam pensando de igual maneira. Em alguns países, milhares de pessoas são mortas pela sua fé. Em outros lugares, a "inquisição" consiste em falar mal dos que servem a Deus, fechando-lhes as portas e condenando-os, sem lhes dar a oportunidade para se defenderem. Por vezes, muitos jovens que, sinceramente se interessam pelo evangelho, são quase "assassinados" pelas tradições e as lutas eclesiásticas. Em outros momentos, as pessoas se afastam de Jesus quando veem nossas desavenças, nossos julgamentos, nossas más palavras ou o nosso orgulho.

Fazemos descer fogo do céu na primeira oportunidade, queimando inimigos, amigos e todo aquele que se colocar à nossa frente.

> QUERES QUE MANDEMOS FOGO DO CÉU E OS CONSUMA? INFELIZMENTE, EM DEFESA DA "PUREZA DOUTRINÁRIA", TEMOS "QUEIMADO" INÚMERAS PESSOAS, SEM LEVARMOS EM CONTA A OPINIÃO DE JESUS.

A resposta de Jesus foi humilhante para eles, e deveria sê-lo também para nós: "Vós não sabeis de que espírito sois!"

Eles não mereciam nada menos do que isso. Estavam vivendo no espírito do legalismo e sob o controle do que Satanás colocasse em suas mentes. Não estavam pensando em salvar, mas em destruir. Não desejavam amar, porém controlar.

Eles não haviam aprendido a estender suas mãos para abraçar, mas fechavam os punhos para ferir.

Não estavam seguindo o Espírito Santo, mas o espírito do diabo. Isso, sim, é coisa séria! Para eles e para nós!

> *Então, lhes disse: Bebereis o meu cálice; mas o assentar-se à minha direita e à minha esquerda não me compete concedê-lo; é, porém, para aqueles a quem está preparado por meu Pai. Ora, ouvindo isto os dez, indignaram-se contra os dois irmãos. Então, Jesus, chamando-os, disse: Sabeis que os governadores dos povos os dominam e que os maiorais exercem autoridade sobre eles. Não é assim entre vós; pelo contrário, quem quiser tornar-se grande entre vós, será esse o que vos sirva; e quem quiser ser o primeiro entre vós será vosso servo; tal como o Filho do Homem, que não veio para ser servido, mas para servir e dar a sua vida em resgate por muitos* (MATEUS 20:23-28).

Pouco tempo depois, Jesus teve de enfrentar o pedido dos filhos de Zebedeu e a mãe deles. O maior problema era que todos desejavam o mesmo que eles, embora não tivessem coragem de expressá-lo. Tampouco devemos nos apressar a julgá-los, porque foram a Jesus com uma atitude correta, porque desejavam estar perto de Jesus, tanto quanto possível. Mas a motivação deles estava errada: queriam estar acima dos outros. Às vezes, nossas atitudes são boas, mas nossas motivações podem não estar de acordo com a Palavra de Deus. Uma péssima motivação pode ser extremamente perigosa.

> DOIS DOS DISCÍPULOS TIVERAM A CORAGEM DE PEDIR PUBLICAMENTE O QUE TODOS DESEJAVAM.

Sabiam, porventura, João e Tiago, o que estavam prometendo? Não precisaram pensar duas vezes para responder à pergunta de Jesus. Eles disseram "sim, podemos" sem absolutamente se preocuparem. Nós somos rápidos para prometer coisas a Jesus, sem pensarmos no que estamos dizendo. Pensamos que o simples fato de que os outros nos escutem é motivação suficiente para fazer brilhar toda a nossa arrogância e levá-los a pensar que somos capazes de fazer qualquer coisa para Deus.

Todos se indignaram, porque desejavam a mesma coisa. Mas nós não devemos julgá-los. Não devemos nos esquecer de que é comum nós nos irritarmos e acusarmos publicamente os pecados que, muitas vezes, nós mesmos temos em nosso coração... quando vemos os mesmos pecados nas outras pessoas.

Quando lemos a narrativa, lembramo-nos do que Jesus falou sobre as crianças. A nossa grandeza como seguidores de Jesus não é medida pelo número dos que nos servem, mas pela quantidade de pessoas às quais servimos. Agrada-nos falar do nosso ministério, corremos e batalhamos, com todas as nossas forças, para termos uma equipe "tão grande como..." e para alcançarmos os orçamentos financeiros de tal pessoa, ou chegarmos até onde fulano chegou. Esquecemo-nos de que o "sucesso" de Deus é servir: a eternidade mede a grandeza pelo nosso serviço aos outros, e não pelas pessoas que nos servem.

O MAIOR PERIGO: QUE JESUS NÃO NOS CONHEÇA

Nem todo o que me diz: Senhor, Senhor! Entrará no reino dos céus, mas aquele que faz a vontade de meu Pai, que está nos céus. Muitos, naquele dia, hão de dizer-me: Senhor, Senhor! Porventura, não temos nós profetizado em teu nome, e em teu nome não expelimos demônios, e em teu nome não fizemos muitos milagres? Então, lhes direi explicitamente: nunca vos conheci. Apartai-vos de mim, os que praticais a iniquidade (MATEUS 7:21-23).

Finalmente, encontramos na pergunta, a chave. Qual é o fundamento da nossa vida? Em que se baseia a nossa salvação?

a. Alguns confiam na *doutrina* correta. Chamam Jesus de Senhor, portanto sabem quem Ele é, e o que fez. Entendem que Ele é o Senhor de tudo, mas isso de nada serve para eles.
b. Outros confiam no seu próprio *fervor*. Repetem a palavra Senhor duas vezes, como alguém acostumado a invocar a presença de Deus, e colocam todo o seu esforço para chegarem mais perto do Altíssimo. Mas de nada serve.
c. Muitos outros confiam no seu próprio *poder*. Afinal, profetizar, expulsar demônios, fazer milagres, não é pouca coisa. "Se o fazemos em nome de Deus, Ele tem que estar ao nosso lado". Esse é o argumento. Não é algo que já conhecemos? Mas não lhes serviu de nada. Podem ser realizados autênticos milagres, vivendo longe do Senhor. Inclusive, pode-se falar da parte de Deus, e alcançar vitórias sobre o demônio sem conhecer quem é o Salvador!

Muitos confiam na doutrina, outros em sua devoção, muitos outros mais no poder. E alguns confiam na combinação das três coisas, para demonstrar que são seguidores de Jesus. Podem até ser líderes da Igreja, porque os sinais são muito apelativos: poder, sabedoria, fervor... A parte triste é que nenhuma dessas coisas é válida por si mesma. As palavras de Jesus são terríveis. Elas nos explicam que eles nunca foram crentes.

"*Nunca* os conheci".

Eles não tinham sido salvos no passado, não estavam salvos naquele momento e nem seriam salvos no futuro, porque este é o maior perigo: que Jesus não nos conheça! Ainda mais, Ele os chama de praticantes do mal, coisa que Ele nunca disse falando das prostitutas e dos pecadores. Deus não admite os jogos espirituais. Ele odeia a religiosidade de aparência e as más aparências de santidade. Os que desejam se disfarçar de anjos de luz são os praticantes do mal, porque almejam ter o melhor dos dois mundos: do espiritual e deste mundo.

O maior perigo para todos é que o que fazemos ou dizemos chegue a tomar o lugar que pertence unicamente ao nosso Salvador. A tentação é estarmos tão ocupados no que aparenta ser religiosidade, que cheguemos a nos esquecer daquilo que Deus quer de nós.

Não existe nada mais importante do que conhecer Jesus. Melhor dito, nada existe de mais importante que Ele nos conhecer. Todo o restante passa. As demais coisas são relativas. À luz da eternidade, o que permanece em nosso coração é o nome de Deus. E também o nosso nome guardado no coração de Deus.

"QUEM É O MAIOR?" JESUS NÃO DÁ LUGAR A DÚVIDAS...

Quando o Senhor Jesus estava passando pelo momento mais difícil da Sua vida, Ele respondeu àquela pergunta, e o fez de forma ilustrativa. Assim como fez em outras ocasiões, não quis explicar, mas aplicar a lição. Não lhe importava tanto as palavras, mas, sim, as ações, porque os discípulos (e nós também!) não quiseram entender as Suas palavras, quando lhes falou de servir aos outros.

Na véspera do dia da crucificação, Ele, que tinha todos os direitos como Filho de Deus e Rei do Universo, assumiu a tarefa de um escravo e nos ensinou a lição mais importante na história da igreja. Uma lição da qual se fala pouco, prega-se menos e quase não se pratica em absoluto. Não tanto pelo fato em si, mas pelo que ela representa. Parece-nos tão repulsivo como o foi para os discípulos. É possível que tenhamos desejado retirá-la dos evangelhos e temos procurado espiritualizá-la, explicá-la, suavizá-la... Tudo, menos aprendermos do exemplo do nosso Senhor.

> *Durante a ceia, tendo já o diabo posto no coração de Judas Iscariotes, filho de Simão, que traísse a Jesus, sabendo este que o Pai tudo confiara às suas mãos, e que ele viera de Deus, e voltava para Deus, levantou-se da ceia, tirou a vestimenta de cima e, tomando uma toalha, cingiu-se com ela. Depois, deitou água na bacia e passou a lavar os pés aos discípulos e a enxugá-los com a toalha com que estava cingido* (JOÃO 13:2-5).

> UMA LIÇÃO QUE TEMOS NOS ESQUECIDO CENTENAS DE VEZES, INCLUSIVE ANTES DE APRENDÊ-LA... UM ENSINAMENTO DO QUAL POUCO SE FALA, PREGA-SE MENOS E QUASE NÃO SE PRATICA.

Você se lembra da pergunta: "Quem é o maior no reino dos céus?" Se você quer saber a resposta, comece a lavar os pés dos outros. Apanhe uma toalha e seja como um servo.

Um escravo serve a todos. Não tem direitos. Isso foi o que Jesus nos quis ensinar. Ele lhes concedeu toda a Sua autoridade. Eles poderiam lhe dar ordens, e Ele obedeceria com cuidado, com um amor inquebrantável, até a morte; com um serviço abnegado, limpando os pés dos discípulos, inclusive os pés do traidor.

Todos esperavam que algum servo viesse fazer esse trabalho, porque todos se julgavam dignos de que alguém lhes lavasse os pés. Ninguém pensou em si como aquele que pudesse se humilhar para limpar os pés dos outros. Daí a grande surpresa deles ao perceberem que era o Messias quem faria o trabalho de um escravo.

Tudo vem das primeiras palavras do capítulo. O Espírito de Deus nos queria ensinar qual era a razão da vida do Messias. Por isso, nos deixou uma frase simples e sublime ao mesmo tempo. Uma declaração que não se pode jamais esquecer. Uma simples frase que fala mais do Mestre do que milhares de livros escritos sobre Ele:

*Tendo amado os seus que estavam no mundo,
amou-os até ao fim* (JOÃO 13:1).

Ele nos amou até o limite extremo, eternamente, além de todos os limites, muito além do que se possa imaginar. Dessa fonte de amor, brota todas as demais coisas. Nenhum judeu podia ver-se obrigado a lavar os pés de outra pessoa! Os judeus não queriam ser escravos de ninguém. Nem nós tampouco. Jesus se fez nosso servo voluntariamente e o demonstrou começando a lavar os pés de todos.

Eles se sentiram incomodados. Desconcertados. Impressionados com o que estava acontecendo e incapazes de reagir diante do que estavam vendo: o Mestre lavando os pés de cada um deles, desfrutando do que estava fazendo, sorrindo e lhes falando.

Isso era algo demasiado grande para eles!

Um deles reagiu, porque não pôde mais se conter. Não podia permitir tal afronta; era impossível que aquela situação durasse um minuto mais. Era Pedro. Claro, não podia ser outro.

> QUANTO ORGULHO EXISTE POR TRÁS
> DE UMA FALSA HUMILDADE!

Aproximou-se, pois, de Simão Pedro, e este lhe disse: Senhor, tu me lavas os pés a mim? (JOÃO 13:6).

Quanto orgulho pode existir por trás de uma falsa humildade! Nenhum de nós gostaria que Jesus tomasse o papel de um escravo em nosso lugar. Seria humilhante que alguém nos visse! Nós, sim, estaríamos dispostos a fazer algo assim por Ele, para que todos vissem quanto amamos o Mestre, mas deixar que Ele nos lavasse os pés, jamais!

Jesus explicou a Pedro as Suas razões: o que Ele fazia era parte da Sua mensagem. Lavar os pés aos outros, e permitir que outros lavem os nossos pés, é viver o cristianismo e ter parte com Jesus. Pedro entendeu o que estava acontecendo, e as suas dúvidas desapareceram. E as nossas também.

Quando somos flagrados, a melhor reação é deixar que Deus faça as coisas à Sua maneira. "Então, Pedro lhe pediu: Senhor, não somente os pés, mas também as mãos e a cabeça" (JOÃO 13:9). Rimos quando lemos a resposta que Pedro deu, mas é assim mesmo que nós somos: capazes de passar de um extremo a outro com muita facilidade. Pedro sabia que não somente precisava que Jesus lhe lavasse os pés, mas o seu corpo todo. Ele queria se comprometer integralmente com o Mestre. Então que não ficasse uma única parte do corpo que não tivesse sido purificada por Jesus.

Pedro era impressionante. Continuava a ter um coração sincero para com Jesus, de maneira tal, que não lhe importava reconhecer que estava errado em querer ter "algo a mais" de Jesus. O Mestre lavou os pés dos discípulos, e todos ficaram surpresos. Porém, ninguém disse nada. Nós teríamos ficado sem a resposta de Jesus, caso Pedro não tivesse falado. "Vós me chamais o Mestre e o Senhor e dizeis bem; porque eu o sou. Ora, se eu, sendo o Senhor e o Mestre, vos lavei os pés, também vós deveis lavar os pés uns dos outros" (JOÃO 13:13,14).

O Messias primeiramente é Senhor, e depois Mestre. Nós costumamos dar a volta ao argumento. Gostamos mais de conhecer as coisas de Deus, antes de lhe obedecer. Preferimos os ensinamentos, ao compromisso... mas isto não é possível. Não podemos conhecê-lo mais profundamente se não lhe obedecemos!

Depois de Pedro ter entendido o que estava acontecendo, Jesus continuou lavando os pés dos discípulos...

Ele sabia que iam abandoná-lo, mas Ele lhes lavou os pés.

Sabia que Pedro ia negá-lo, e Ele lhe lavou os pés.

Sabia que Judas ia traí-lo, e Ele lhe lavou os pés.

Ele sabia que todos iam se esconder, tomados pelo medo, renunciando àquele a quem mais amavam, mas Ele lhes lavou os pés a todos. Nenhum deles era digno de levar o Seu nome e ser considerado um discípulo dele, mas Jesus não se preocupava. Continuou lavando os pés de todos. Continuou massageando a pele de cada um daqueles que haviam passado com Ele os últimos três anos. E, enquanto fazia isso, certamente, vinham muitos sentimentos ao Seu coração: dor, sofrimento, solidão, desamparo... Mas, acima de tudo, um amor profundo que ninguém pode entender. Um amor que chegou até o final e jamais se esgotou. Um amor que continuou, inclusive no momento mais difícil, quando se transformou em alegria nos instantes que antecederam a Sua morte.

Ele os perdoou, antes que cometessem o pecado; lavou-lhes os pés, antes de ser abandonado.

> PERDOOU-OS, ANTES QUE TIVESSEM PECADO;
> LAVOU-LHES OS PÉS, ANTES DE SER ABANDONADO.

Ele continua fazendo isso conosco. Sempre procura a nossa restauração.

Todos os discípulos, finalmente, entenderam que aquela era a resposta. O maior é aquele que serve, aquele que lava os pés. Aquele que se ajoelha para ajudar os outros. Eles jamais voltaram a lhe perguntar quem era o maior. Compreenderam que o maior no reino dos céus é aquele que é escravo de todos.

Dias mais tarde, todos se lembraram de que o Messias, o Rei do Universo, havia se ajoelhado para lhes lavar os pés, para lhes tirar o barro e a sujeira. Falaram, entre si, de como lhes havia lavado os pés, inclusive também os do próprio Judas. Alguém deve ter pensado que Jesus poderia ter esperado alguns momentos até que o traidor se retirasse para não passar por tal humilhação, mas Jesus quis fazer aquilo no começo da ceia para que todos se lembrassem que Ele havia se ajoelhado também aos pés de Judas.

Deus se ajoelhou para nos servir absolutamente a todos, sem exceção.

Essa é a atitude que Jesus toma para nos limpar. Deus desce e se coloca de joelhos para nos ajudar.

Essa é a única atitude que devemos ter para com os nossos irmãos! É a única motivação válida na Igreja. A única forma de ajudar, de corrigir, de nos consolar, uns aos outros.

Continuamos querendo saber quem é o maior no reino dos céus? Depois da leitura de João 13, sentimos dor somente no simples fato de perguntarmos. Não nos enganemos: às vezes, no contexto da igreja, vivemos de uma forma orgulhosa e arrogante. Disfarçamo-nos de humildade, serviço, santidade e muitas coisas parecidas, mas nosso coração pode estar muito longe do coração de Jesus.

Discutimos para mostrar que estamos com a razão; defendemos nossas doutrinas; julgamos os outros; vivemos desfrutando da vaidade de que os outros nos reconheçam e aplaudam o nosso nome; controlamos a vida dos que estão conosco e que se deixam manipular; e "maldizemos", de uma forma muito espiritual, aos infelizes que se colocarem contra nossas ideias e decisões.

Enquanto isso, o Rei do Universo continua se ajoelhando, dia após dia, para lavar os nossos pés e para nos ensinar que temos demasiado pó do caminho conosco e entre nós.

Para nos lembrar que o maior no Seu reino é aquele que serve, aquele que se ajoelha, aquele que chora, porque deseja ter um coração como o coração dele.

Cada um se desviava pelo caminho
(ISAÍAS 53:6).

39 PEDRO... O PRIMEIRO

De todos os discípulos que Jesus escolheu, existe um que merece um capítulo à parte. Você já pode imaginar quem é! Ele sempre falava, e dizia o que sentia e o que pensava, não era qualquer um. Por vezes, ele se antecipava naquilo que iria acontecer. Em outras ocasiões, destruía toda a sua credibilidade, equivocando-se redondamente. Não podia ficar calado em momento algum. Quando existia algo para ser dito, Pedro falava. Quando Jesus precisava de alguma coisa, Pedro era o primeiro que se apresentava para atendê-lo, o primeiro que respondia. Sempre!

Simão Pedro, uma vida cheia de problemas: os problemas que tinha, e os que criava.

Tudo na vida de Pedro era uma aventura. Vivia sendo um permanente problema, com os que tinha e com os que buscava ter. Ele não suportaria uma vida rotineira, sem sentido, enfadonha...

Teve problemas com a questão do perdão. Jesus precisou lhe explicar a lição mais importante sobre esse tema. Pedro tinha ouvido que os rabinos diziam que era justo perdoar uma pessoa três vezes. Pedro quis ser mais generoso e disse a Jesus que ele poderia perdoar, quem sabe, até sete vezes, mas Jesus lhe respondeu que precisava perdoar sempre. Pedro guardou isso no seu coração. No momento mais difícil da sua vida, lembrou-se de que Deus podia perdoá-lo, e esse foi o ponto de partida para a restauração da sua alma.

Teve problemas com o seu orgulho. Ele disse perante todos que jamais abandonaria o Mestre, para, em pouco tempo, ser vencido pela sua covardia. Falhou com Jesus, no momento mais decisivo da Sua vida. E não foi uma queda repentina, mas foi caindo aos poucos, quase sem se dar conta disso. Tal como muitas vezes pode acontecer conosco, ele passou do orgulho ao pranto.

> TODA QUEDA TEM SEUS PASSOS DESCENDENTES,
> QUASE IMPERCEPTÍVEIS.

Pedro tinha um problema com a sua arrogância. Foi o primeiro passo em falso. Depois de assegurar diante de todos que Jesus era o Messias, o Filho do Deus Vivo, Jesus garantiu que ele teria as chaves do reino dos céus, porque essa era realmente a mensagem do evangelho. O Espírito de Deus lhe havia revelado! Naquele mesmo instante, Pedro se considerou como chefe de todos, tanto é que, quando Jesus começou a lhes dizer que o Seu destino era ir para a cruz e morrer... "E Pedro, chamando-o à parte, começou a reprová-lo, dizendo: Tem compaixão de ti, Senhor; isso de modo algum te acontecerá" (MATEUS 16:21,22).

Ele se julgou tão importante e tão sábio que desejou alterar o propósito de Jesus e o próprio plano de Deus. Mesmo sem nada entender do que estava acontecendo, ele disse ao Messias que, em hipótese alguma, Ele devia sofrer por todos. Muito menos, morrer. Ele não ia permitir! Jesus teve de lhe dizer, naquele momento, que o que ele dizia vinha da parte do inimigo: "Para trás de mim, Satanás!" E Pedro entendeu que podia falar da parte de Deus e da parte do diabo em poucos minutos de diferença.

Ele não era tão importante, nem tão sábio, como se julgava ser. Nem nós, tampouco!

Então, Jesus lhes disse: Esta noite, todos vós vos escandalizareis comigo; porque está escrito: Ferirei o pastor, e as ovelhas do rebanho ficarão dispersas. Disse-lhe Pedro: Ainda que venhas a ser um tropeço para todos, nunca o serás para mim. Replicou-lhe Jesus: Em verdade te digo que, nesta mesma noite, antes que o galo cante, tu me negarás três vezes. Disse-lhe Pedro: Ainda que me seja necessário morrer contigo, de nenhum modo te negarei. E todos os discípulos disseram o mesmo (MATEUS 26:31-35).

Pedro não se preocupava em se comparar com os outros. Ele tinha a certeza de que jamais abandonaria o Mestre, mesmo que todos o deixassem sozinho. Jesus podia contar com a sua ajuda. Ele mesmo o defenderia, caso fosse necessário. Infelizmente, a arrogância costuma trazer consigo a autossuficiência e a negligência da comunhão com Deus em oração. Pedro e os outros não foram capazes de velar com o seu Mestre, no momento mais difícil da Sua vida, apesar de Jesus lhes ter pedido. "E lhes disse: a minha alma está profundamente triste até à morte; ficai aqui e vigiai" (MARCOS 14:34).

A partir do nosso orgulho e da nossa falta de dependência de Deus, costumamos chegar à preguiça espiritual. "Voltando, achou-os dormindo; e disse a Pedro: Simão, tu dormes? Não pudeste vigiar nem uma hora?" (MARCOS 14:37). Pedro não somente não orou, mas acabou dormindo.

Se o sono for mais importante que a oração, vamos cair muitas vezes.

Jesus ficou sozinho, depois de orar pela primeira vez. Tanto é que foi diretamente ao lugar onde Pedro estava. Ele o questionou, porque Pedro lhe havia assegurado, com ênfase, que não o deixaria sozinho. E, no momento em que Jesus precisava dele, Pedro dormiu. Três vezes, Jesus lhes pediu que orassem com Ele; e, nas três vezes, encontrou-os dormindo. Pedro falhou outra vez quando, pouco tempo depois, negou Jesus também três vezes.

> QUANDO SOMOS FRACOS NA ORAÇÃO,
> SOMOS FRÁGEIS TAMBÉM EM TUDO.

O quarto passo na queda de Pedro foi formado por algumas decisões erradas, impensadas e descontroladas... Foram erros contra a vontade de Deus. Quando chegaram os que vieram prender Jesus, Pedro procurou defender o Messias à sua maneira, e colocou sua vida em perigo. "Nisto, um dos circunstantes, sacando da espada, feriu o servo do sumo sacerdote e cortou-lhe a orelha" (MARCOS 14:47).

Após a nossa arrogância, de crermos que somos melhores do que os outros, de deixarmos de orar, nada de bom pode vir. Normalmente a única coisa que fazemos é ferir os outros. E, nem sempre, Jesus irá corrigir nossos erros como aconteceu nesse episódio.

O quinto passo foi ser tomado pelo medo. Pedro teve problemas com a pressão que outras pessoas lhe fizeram. Quando Jesus foi levado à casa do sumo sacerdote. João entrou no pátio para estar perto de Jesus, mas Pedro ficou do lado de fora (JOÃO 18:15). Ele ficou agitado, sem saber o que estava acontecendo, talvez tenha ficado com medo.

O medo nos faz seguir Jesus de longe. "Pedro seguira-o de longe até ao interior do pátio do sumo sacerdote e estava assentado entre os serventuários, aquentando-se ao fogo" (MARCOS 14:54). Se nos encontramos distantes do Mestre, aqueles que tivermos ao nosso lado não costumam ser uma boa companhia. Pedro se juntou aos soldados que acabavam de espancar Jesus. Aproximou-se dos mais cruéis e, ao mesmo tempo, quis chegar mais perto da fogueira. Ele sentia frio no seu corpo e na sua alma. Foi um frio aterrorizante, impossível de ser vencido com umas quantas brasas.

> QUANDO NOS ENCONTRAMOS DISTANTES DO MESTRE,
> AQUELES QUE ESTIVEREM AO NOSSO LADO
> NÃO COSTUMAM SER UMA BOA COMPANHIA.

Pouco depois, vendo-o outro, disse: Também tu és dos tais. Pedro, porém, protestava: Homem, não sou. E, tendo passado cerca de uma hora, outro afirmava, dizendo: Também este, verdadeiramente, estava com ele, porque também é galileu. Mas Pedro insistia: Homem, não compreendo o que dizes. E logo, estando ele ainda a falar, cantou o galo (LUCAS 22:58-60).

O último passo na queda foi a negação. Eles reconheceram que Pedro era da Galileia. Se estava ali, tão distante da sua região, era porque seguia a Jesus. Pedro respondeu literalmente "não sou", negando tudo. Chegando mesmo a negar-se a si mesmo.

Quando não queremos nos comprometer com Jesus, perdemos nossa identidade. Perdemos tudo, e nossa vida fica sem sentido. Se alguém tivesse ouvido Pedro naquele momento, diria que apostatou de tudo, dizendo que não era um seguidor do Messias, e que jamais tinha sido. Mas muitas vezes, as coisas não são como parecem. Deus jamais nos abandona. Ele continua nos amando e permanece ao nosso lado, mesmo quando o negamos.

Pedro estava completamente fora de si. Os guardas receberam Jesus e o golpearam, mas ele nada fez. Começaram a falar mal de Jesus, e Pedro permanecia calado. Permaneceu com eles por ali, totalmente inerte. Tampouco nada disse, nem procurou defender Jesus. Ele era apenas um a mais, não havia qualquer diferença no seu comportamento. Quis fazer um jogo duplo, não desejava abandonar Jesus, nem tampouco defendê-lo. Em seguida, diz a Bíblia, que ele saiu porta a fora. Não teve coragem para ir embora? Não quis abandonar totalmente a Jesus? Quantas vezes vivemos assim, sem coragem para seguirmos o Mestre, e sem nos afastarmos definitivamente dele!

De repente, um galo cantou. Pedro ouviu, mas não quis olhar para Jesus. Perdeu a sua primeira oportunidade. Jesus lhe havia dito que o galo cantaria duas vezes. Por que continuou negando-o, mesmo depois de ouvir um sinal tão claro?

> QUANTAS VEZES VIVEMOS ASSIM, SEM CORAGEM PARA SEGUIR A JESUS, E
> SEM CORAGEM PARA NOS AFASTARMOS DEFINITIVAMENTE DELE!

Pedro foi cada vez mais longe, no seu esforço para mostrar que nada tinha a ver com Jesus. É bem assim que nos acontece muitas vezes, quando vamos "caindo" sem percebermos. Na primeira vez, Pedro afirmou que não conhecia Jesus, e o disse para uma criada, que era alguém que não podia lhe oferecer o menor perigo. Na segunda vez, negou Jesus diante dos guardas. Na terceira vez, Pedro maldisse e jurou dizendo: "não conheço este homem!". Isso ele disse na frente de todos E como se fosse pouco, colocou Deus como sua testemunha.

Ele estava totalmente perdido e vencido. Sujeitou-se a uma maldição diante de Deus, tendo negado que conhecia Jesus (MARCOS 14:72). Ele entrou na noite mais escura da sua alma. Não apenas renunciou a Jesus, como também negou tudo o que Ele era. Talvez estivesse pensando que Deus já não o podia perdoar, por ter ido longe demais, e fosse incapaz de erguer a cabeça, porque sabia que negara seu melhor amigo. Pedro desistiu de si mesmo e pensou que já não haveria mais salvação para ele, foi derrotado para sempre…

Mas Deus não desistiu de Pedro. Jesus levantou Seus olhos e fixou-o. Naquele olhar, estava escrito o perdão.

DEUS "SE EMPENHOU" EM RESTAURAR PEDRO

A partir daquela noite, as horas foram terríveis. Cada minuto que passava, tudo parecia ficar pior, porque Pedro não podia falar com o seu Mestre, uma vez que Ele fora crucificado, morto e colocado numa sepultura. Embora se lembrasse de que Jesus havia prometido orar por ele, sua mente lhe dizia, de vez em quando, que nada seria igual. Ele havia abandonado o Salvador no momento mais difícil, e não apenas isso, havia também negado o seu relacionamento com Ele! Jesus fora entregue publicamente à vergonha de se sentir traído.

Por muitas horas, Pedro pode ter lutado contra a ideia de suicídio, porque a vida para ele não mais tinha sentido. Sabia que Judas se enforcara, e aquilo era uma tentação muito grande... mas ele também se lembrava de que Jesus lhe havia ensinado a perdoar setenta vezes sete, nada menos! Mesmo assim, o tempo passava, e suas lágrimas não encontravam consolo. Ele havia se portado tão indignamente, e pensava que jamais seria perdoado.

No terceiro dia, tudo mudou completamente, quando vieram avisá-lo de que Jesus havia ressuscitado! Aquela foi a "ordem" vinda do céu. Quando Jesus ressuscitou, veio a ordem para que o buscassem: "Mas ide, dizei a seus discípulos e a Pedro que ele vai adiante de vós para a Galileia; lá o vereis, como ele vos disse" (MARCOS 16:7), foi o que o anjo anunciou às mulheres. Era uma mensagem dirigida diretamente para ele: Deus mesmo se preocupou em restaurá-lo. Não somos nós que voltamos para Ele, é sempre Deus quem nos busca.

> EMBORA SOUBESSE QUE JESUS LHE HAVIA ENSINADO A PERDOAR SETENTA VEZES SETE, NADA MENOS, ELE SE JULGAVA INDIGNO DESSE PERDÃO.

Quando Pedro ouviu a notícia, correu até o sepulcro vazio e esperou. Não saiu dali, acreditando que, a qualquer momento, o seu Mestre apareceria. Desejava pedir-lhe perdão pessoalmente, queria chorar diante dele, porque estava cansado de fazê-lo sobre os lençóis que uma vez cobriram o corpo de Jesus.

Mas aparentemente nada aconteceu.

"Simão Pedro entrou no barco e arrastou a rede para a terra, cheia de cento e cinquenta e três grandes peixes; e, não obstante serem tantos, a rede não se rompeu" (JOÃO 21:11).

Finalmente, chegou o dia quando Pedro se encontrou face a face com Jesus. Quando ele o viu, reagiu como qualquer um de nós teria feito. Ele se pôs a trabalhar mais do que ninguém para merecer, de alguma forma, o perdão do seu Mestre. Ele se vestiu, correu, trouxe todos os peixes à terra e queria ver tudo bem preparado, como que querendo dizer a Jesus que ele continuava sendo o mesmo, que continuava desejando trabalhar para Ele. Ainda não havia entendido que o perdão de Deus é incondicional: Ele o amava e nada esperava em troca. " Depois de terem comido, perguntou Jesus a Simão Pedro: Simão, filho de João, amas-me mais do que estes outros? Ele respondeu: Sim, Senhor, tu sabes que te amo. Ele lhe disse: Apascenta os meus cordeiros" (JOÃO 21:15).

> EMBORA PEDRO TENHA NEGADO JESUS,
> ELE JAMAIS O ABANDONOU E O PROCUROU PARA RESTAURÁ-LO.

Quando Jesus o abraçou, fez-lhe a pergunta mais importante que Deus nos pode fazer. "Amas-me mais do que estes? " Essa frase foi demasiadamente direta para Pedro. Ele havia afirmado que, embora que todos abandonassem a Jesus, ele jamais o deixaria. Ele disse publicamente que o amava mais do que ninguém e estava disposto a ir à morte com Ele. Ainda que todos o abandonassem, ele jamais o deixaria.

Pedro o abandonou quando Ele mais precisava. Negou-o e praguejou publicamente.

Jesus não quis recriminá-lo, nem lhe explicou as razões da sua queda. Jesus não perdeu tempo falando dos seus problemas com o orgulho e a arrogância. Não, o Mestre é muito mais sábio do que tudo isso e muito mais carinhoso que qualquer um de nós. Ele foi muito mais direto que ninguém, perguntando se Pedro o amava. E ele respondeu que sim.

Agora sim poderá segui-lo até a morte! Pedro está preparado para morrer pelo seu Senhor. O amor é a base de tudo, e não o orgulho, nem nossas próprias forças ou o desejo de fazer as coisas bem-feitas. Finalmente, Pedro entendeu Jesus.

Mas Jesus não o deixou. Embora Pedro lhe dissesse que o amava, Jesus não parou. Voltou a fazer a mesma pergunta outra vez. E mais uma vez.

Três vezes!

Na terceira vez, Pedro percebeu o que estava acontecendo. Viu o fogo que Jesus preparou para assar os peixes e se lembrou do exato momento quando negou o seu amigo, quando esteve diante de brasas iguais àquelas, e por três vezes disse que não o conhecia.

Jesus havia preparado tudo, até os mínimos detalhes. Ele sabia que o negara três vezes e que precisava ser restaurado de igual forma. Fez-lhe as perguntas publicamente, diante de todos, da mesma forma como ele o negara. Perante todos, afirmou que não o negaria, e diante de todos, naquele momento, reconheceu que o amava.

Pedro se sentiu mais do que perdoado: ele soube que Jesus queria restaurá-lo completamente. Por essa razão, voltou a chorar como no dia da negação. Mas dessa vez não foi um choro amargo. Dessa vez, as lágrimas se misturaram com os sorrisos e os abraços do Mestre. E dos outros também.

Deus não desiste de nós. Não aceita que o neguemos, que nos afastemos dele ou procuremos viver de qualquer maneira. Deus deseja que voltemos para Ele. Busca-nos para nos restaurar. Ele não perde ninguém.

Não sei quanto tempo passou desde a última vez que você esteve com Jesus. Não sei se você está procurando fugir dele, ou viver o mais distante da Sua presença e da Sua Palavra. Quais os motivos? Só Deus e você sabem. Conhecemos os problemas que Pedro teve. São parecidos com os que você enfrenta? Medo de que o reconheçam? Medo de perder algo ou alguém por se comprometer com Jesus? Permita-me dizer que muitos se afastam de Deus por culpa de algumas pessoas na igreja, por culpa de palavras mal proferidas, ou por maus exemplos. Outras vezes, é por algum pecado oculto. Muitos o abandonam por não terem coragem de seguir Jesus de perto.

Não importa onde você esteja agora. Digo-lhe que não encontrará melhor lugar para viver do que nos braços do Pai. Ele está fazendo o impossível para chegar até onde você está agora! Para abraçá-lo e restaurá-lo! Embora você não acredite.

Volte!

Responda a simples pergunta de Jesus e diga-lhe de coração que você continua a amá-lo! Diga-lhe que você lamenta ter ido tão longe, tê-lo negado, ter cedido à pressão dos outros e ter afirmado que não o conhece.

Volte para casa! Você sabe que ama Jesus!

Jesus já acendeu as brasas e agora está preparando o jantar para lhe convidar e passar a eternidade com você!

Mas o Senhor *fez cair sobre ele a iniquidade de nós todos* (ISAÍAS 53:6).

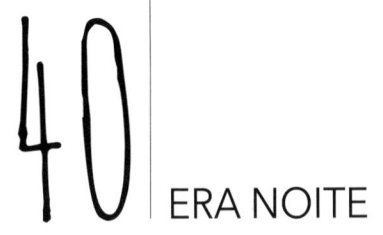

40 ERA NOITE

Duas histórias muito parecidas aconteceram nos três últimos dias da vida do Senhor Jesus, protagonizadas por dois dos discípulos mais conhecidos. Ambos menosprezaram e rejeitaram a pessoa mais querida. Mas o final foi muito diferente para cada um deles. Um foi restaurado e o outro se perdeu. Um confiou no perdão de Deus, mas o outro desprezou-o totalmente.

Pedro foi um deles. Você se lembra? Agora vamos considerar o outro, cujo nome era Judas. A Bíblia diz que depois de tomar a mais terrível decisão da sua vida, que foi trair o seu Mestre, se fez noite... noite na cidade, noite no coração de Judas, noite na história da humanidade... noite em todos os sentidos. Satanás acabara de entrar em Judas, e o reino das trevas se manifestou com toda a sua força.

Todos teríamos acreditado que seria fácil desmascarar Judas, conhecê-lo, saber das suas intenções e descobri-lo. Mas não foi assim. Sua vida toda era "normal". A única coisa que os demais discípulos perceberam foi que ele "gostava de dinheiro". Fora isso, os três anos do ministério público de Jesus nada revelaram de estranho no seu comportamento. Nem sequer, no momento mais decisivo, os demais discípulos entenderam que Judas seria o traidor (MATEUS 26:21-23).

Jesus lhes disse que um deles ira entregá-lo. Mas ninguém sabia quem era. Quanto temos de aprender sobre a graça e a fidelidade de Deus! Judas saiu para pregar como todos, fez milagres como os outros, conviveu com Jesus durante todos aqueles anos, tomou o pão e o vinho com o Mestre... Jesus lhe concedeu as mesmas oportunidades que dera aos outros. Ele teve de tudo. Mas vendeu o Senhor Jesus por trinta peças de prata. Somente após a sua traição os discípulos descobriram quem era: "Judas, filho de Tiago, e Judas Iscariotes, que se tornou traidor" (LUCAS 6:16). "Chegou a ser", como se a cada dia preferisse viver dessa maneira. Como se conscientizasse de que não desejava ser fiel ao Mestre, e sim, traí-lo, vendê-lo, menosprezá-lo...

O que havia no coração de Judas? Por que o entregou? Por dinheiro? Creio que não. Ele podia dispor de tudo o que queria, porque furtava da bolsa de dinheiro que Jesus tinha. De maneira que, trair a Jesus, era uma forma de se trair a si mesmo e perder a fonte do seu ganho. Por outro lado, não pediu uma grande soma de dinheiro aos líderes religiosos. Ele, simplesmente, aceitou "o que lhe ofereceram". "Que me quereis dar, e eu vo-lo entregarei? E pagaram-lhe trinta moedas de prata. E, desse momento em diante, buscava ele uma boa ocasião para o entregar" (MATEUS 26:15,16).

Não lhe importava o valor. Ele concordou, contanto que lhe dessem algo. A sua pergunta é desprezível: "Que me quereis dar?". Era como alguém que quisesse se desfazer de algo que lhe sobrava, de algo que não queria ter, pouco se importando quanto ao que lhe dariam em troca. Jesus nenhum valor tinha para ele. Pelo contrário, representava para ele um estorvo. Ele quase poderia ter feito a coisa sem ganhar nada, caso os líderes religiosos assim o desejassem.

> A HISTÓRIA DE JUDAS É MUITÍSSIMO CONHECIDA, MAS INFELIZMENTE É REPETIDA NA VIDA DE MUITAS PESSOAS.

AS CIRCUNSTÂNCIAS DA TRAIÇÃO

Na realidade, Judas não tolerava a santidade de Jesus. Uma santidade alegre, e não como a dos fariseus. Não admitia que o reino dos céus nada tivesse a ver com o orgulho do dinheiro, nem com a ambição dos poderosos, qualidades com as quais ele sabia trabalhar. Judas rejeitava que Deus avaliasse tudo de uma forma completamente diferente da maneira como nós o fazemos. O mal não consegue entender uma vida feliz que vem como fruto de um relacionamento atual e autêntico com Deus. Judas não suportou a graça do Messias. Não foi capaz jamais de compreender o amor do Criador.

> Jamais suportou a graça do Messias. Não foi capaz jamais de entender o amor do Criador.

Talvez o motivo da traição tenha sido o medo. Ele podia pensar que, prendendo Jesus, todos os Seus discípulos também seriam presos e condenados à morte. Pode ser que quisesse, levado pela sua ambição, ter uma boa posição, caso se colocasse de acordo com o sumo sacerdote. Quem sabe, com o tempo, chegasse a ser o responsável pela área econômica do templo! Por outro lado, todos os líderes religiosos estavam de acordo com a traição. Portanto, o melhor para ele seria acompanhar a maioria. A maioria sempre tem razão!

Apesar de ter comido no mesmo prato com o Mestre (essa era uma as maiores provas de amizade e lealdade naquele tempo), seguia guardando rancor por uma ou outra ocasião em que Jesus o haveria corrigido, devido ao uso do dinheiro. Inclusive no momento crucial da traição, a sua atitude foi reveladora porque continuou vivendo da aparência (MATEUS 26:49). Beijou Jesus, ao traí-lo. A palavra grega que Mateus usa dá a entender que foram vários beijos dados com efusão, como que desejando demonstrar algo. Como se nada daquilo que estava acontecendo fosse culpa sua.

Então, Judas, o que o traiu, vendo que Jesus fora condenado, tocado de remorso, devolveu as trinta moedas de prata aos principais sacerdotes e aos anciãos (MATEUS 27:3).

Tudo aconteceu tão depressa que Judas começou a duvidar. Pode ser que não tenha avaliado as consequências da sua traição. O fato é que, quando viu que Jesus não se defendia, mas se entregava voluntariamente à cruz, ele reconheceu que havia praticado uma injustiça.

Pesou na sua alma o fato de ter traído o seu Mestre. Muito mais ainda, ao perceber que o Messias não se preocupava com coisa alguma, porque tudo estava dentro dos Seus planos. Talvez Judas pensasse que Jesus faria algo sobrenatural e escapasse. Mas não foi isso que aconteceu. E então cometeu algo que Pedro não teve coragem de fazer: ele admitiu publicamente que estava com Jesus e que havia traído alguém injustamente.

Judas confessou seu pecado, mas fez isso ao sacerdote, à pessoa errada! Ele poderia aproxima-se de Jesus, mas não o fez. É uma história muitíssimo conhecida, porque muitos confessam suas faltas a sacerdotes, psicólogos, psiquiatras, pastores, líderes... em lugar de confessá-las diretamente a Deus e receber o perdão.

De uma vez por todas, temos de aprender que *ninguém* pode nos ajudar, a não ser o Senhor Jesus!

Judas ficou marcado por toda a eternidade. Ninguém quer se comparar com ele. Nenhuma mente sadia quer vivenciar um papel daqueles em nenhuma situação. Ninguém quer ser Judas, o traidor. É um título que mais depressa queremos tirar de nós, caso alguém chegue a suspeitar que nossa vida se pareça com a dele. E embora tenha tirado sua vida, infelizmente aquele não foi o final dele, porque a condenação o aguardava.

Jesus, porém, lhe disse: Amigo (MATEUS 26:50).

Precisamos voltar um pouco atrás, porque o mais triste de tudo foi que Judas desprezou todas as oportunidades. Até o último momento Jesus lhe ofereceu uma esplêndida oportunidade para ser restaurado ao lhe dizer: "Amigo", falando-lhe ao coração. Mas Judas o menosprezou.

Escolheu perder sua vida, afastando-a de quem mais o amava, para levá-la pouco a pouco até a escuridão total.

Nós agora podemos vê-lo de outra maneira. Ninguém deve seguir o caminho de Judas, deslizando-se suavemente sem o perceber. Seja o que for que esteja afastando você de Deus, abandone-o! Examine sua vida! Não permita que nada, nem ninguém, engane você! Não venda o seu Criador por umas poucas moedas, pelo que os outros lhe falem, ou por uma secreta ambição.

Volte-se para Jesus e ouça a Sua voz, chamando e dizendo: "Amigo...".

Mas ele foi traspassado pelas nossas transgressões e moído pelas nossas iniquidades; o castigo que nos traz a paz estava sobre ele, e pelas suas pisaduras fomos sarados (ISAÍAS 53:5).

*Tu, S*ENHOR*, conservarás em perfeita paz aquele cujo propósito é firme; porque ele confia em ti* (ISAÍAS 26:3).

Por cima da sua cabeça puseram escrita a sua acusação: ESTE É JESUS, O REI DOS JUDEUS (MATEUS 27:37).

*O povo que andava em trevas viu grande luz, e aos que viviam na região da sombra da morte, resplandeceu-lhes a luz. Tens multiplicado este povo, a alegria lhe aumentaste; alegram-se eles diante de ti, como se alegram na ceifa e como exultam quando repartem os despojos. Porque tu quebraste o jugo que pesava sobre eles, a vara que lhes feria os ombros e o cetro do seu opressor, como no dia dos midianitas; porque toda bota com que anda o guerreiro no tumulto da batalha e toda veste revolvida em sangue serão queimadas, servirão de pasto ao fogo. Porque um menino nos nasceu, um filho se nos deu; o governo está sobre os seus ombros; e o seu nome será: Maravilhoso Conselheiro, Deus Forte, Pai da Eternidade, Príncipe da Paz; para que se aumente o seu governo, e venha paz sem fim sobre o trono de Davi e sobre o seu reino, para o estabelecer e o firmar mediante o juízo e a justiça, desde agora e para sempre. O zelo do S*ENHOR *dos Exércitos fará isto* (ISAÍAS 9:2-7).

Deixo-vos a paz, a minha paz vos dou; não vo-la dou como a dá o mundo. Não se turbe o vosso coração, nem se atemorize (JOÃO 14:27).

PRÍNCIPE DA PAZ...

41 | OS CÉUS PROCLAMAM… A TERRA TAMBÉM, AINDA QUE SÓ POR UM MOMENTO

O lugar onde estávamos era impressionante: aquele hotel, em Andorra, rodeado de neve por todos os lados. Embora não fosse um mês de janeiro muito frio, naquela região se pode encontrar neve quase em qualquer parte do ano. Nós havíamos feito uma pequena viagem de alguns dias com as crianças para alguns dias de merecido descanso. O nosso hotel tinha várias piscinas de água quente e um "jacuzzi", e aproveitamos para nadar um pouco.

Parecia realmente ser algo quase sobrenatural sentirmos, com toda a família, aqueles jatos de água quente enquanto, através das janelas, podíamos ver como tudo estava branco de neve, e as pessoas andavam agasalhadas até às orelhas devido ao intenso frio. Naquele momento, Iami, com apenas cinco anos, estava aproveitando como nunca, ficou pensativa por alguns instantes e me disse: "Papai, isto é a vida eterna?" Para ela, aquilo foi o máximo que ela poderia ter imaginado.

> *"Papai, esta é a vida eterna?"*

Certo dia, os discípulos se encontraram num lugar inesperado: eles tinham subido a um monte com Jesus e, de repente, Ele se manifestou diante deles com uma glória que eles jamais haviam visto ou imaginado. Acreditaram que era impossível estarem num lugar melhor do que aquele.

> *Cerca de oito dias depois de proferidas estas palavras, tomando consigo a Pedro, João e Tiago, subiu ao monte com o propósito de orar. E aconteceu que, enquanto ele orava, a aparência do seu rosto se transfigurou e suas vestes resplandeceram de brancura. Eis que dois varões falavam com ele: Moisés e Elias. Pedro e seus companheiros achavam-se premidos de sono; mas, conservando-se acordados, viram a sua glória e os dois varões que com ele estavam. Ao se retirarem estes de Jesus, disse-lhe Pedro: Mestre, bom é estarmos aqui; então, façamos três tendas: uma será tua, outra, de Moisés, e outra, de Elias, não sabendo, porém, o que dizia. Enquanto assim falava, veio uma nuvem e os envolveu; e encheram-se de medo ao entrarem na nuvem. E dela veio uma voz, dizendo: Este é o meu Filho, o meu eleito; a ele ouvi. Depois daquela voz, achou-se Jesus sozinho. Eles calaram-se e, naqueles dias, a ninguém contaram coisa alguma do que tinham visto*
> (LUCAS 9:28-36).

Tudo aconteceu oito dias depois de Jesus ter dito aos discípulos que eles iam ver a Sua glória. Estas foram as Suas palavras: "Verdadeiramente, vos digo: alguns há dos que aqui se encontram que, de maneira nenhuma, passarão pela morte até que vejam o reino de Deus" (LUCAS 9:27). Eles não entenderam. Como em outras ocasiões, dava a impressão de que eles estavam um passo atrás do que Jesus lhes comunicava. Passaram-se oito dias, e Jesus não lhes havia dito quando aquilo iria acontecer. Pode ser que as Suas palavras, em alguns momentos, fossem esquecidas por Seus discípulos.

Às vezes, quando o tempo passa e a rotina aparece, pensamos que nada tem sentido, mas pode ser que Deus nos esteja preparando para uma visão da Sua glória. Cada dia é um presente de Deus, aconteça o que acontecer. Mesmo na solidão ou na monotonia de um simples trabalho, mas bem feito, Deus vai derramando bênçãos sobre a nossa vida.

De repente, tudo mudou! A aparência do Messias se tornou gloriosa, e Moisés e Elias apareceram.

Ninguém na terra havia compreendido o coração de Jesus. Tanto foi assim que Deus lhe enviou dois dos Seus profetas. No momento em que o Senhor estava a caminho do Calvário, a Sua alma foi confortada por dois amigos. Devem ter falado da Sua partida, da missão que teria em Jerusalém, ou das profecias que iria cumprir. O fato é que, por vários momentos, Jesus pôde conversar com quem entendia o que havia no Seu coração. Então Jesus voltou para ver os seus outros amigos, os discípulos, aqueles com os quais desejava contar em todo momento... Eles estavam muito cansados e quase não haviam entendido que era a própria glória de Deus que ali resplandecia. Mas, mesmo assim, compreenderam que deviam vencer o sono porque algo grandioso estava acontecendo.

Devemos nos lembrar que não podemos vivenciar a glória do Messias se temos os olhos apenas semiabertos. Jamais encontraremos a beleza no devaneio ou no sonho, e poucas vezes vamos conhecer as revelações de Deus no conforto e numa cama aquecida. Deus nos fala quando somos capazes de vencer qualquer situação para estarmos com Ele.

Pedro, como em outras ocasiões, não quis ficar calado nem quieto. O que ele viu, deixou-o deslumbrado de tal forma que decidiu permanecer ali para sempre. O seu desejo era bastante normal, ao pensar que não havia nada melhor do que estava vivenciando, e a verdade é que sempre queremos permanecer onde recebemos bênçãos espirituais. Mas Deus quer que sigamos em frente, que saiamos para fazer a Sua vontade, ajudando as pessoas. Nem tudo na vida é celebração! Mesmo que estejamos na própria presença de Jesus!

O QUE PEDRO VIU, DESLUMBROU-O DE TAL FORMA QUE DESEJOU PERMANECER ALI PARA SEMPRE.

O problema de Pedro foi o mesmo que nós enfrentamos: traçamos para Deus o nosso caminho e o "obrigamos" a fazer o que lhe dizemos. Pelo menos, é nisto que acreditamos: "Deus vai fazer algo grande em tal ou qual lugar", "Ele vai curar pessoas hoje porque se manifestará com poder", "O que vamos fazer marcará a história desta cidade, porque assim Deus o quer". Muitas vezes afirmamos coisas como essas, ou parecidas, sem antes fazermos uma simples pergunta: Alguém se preocupou em pedir a Deus a Sua opinião sobre esse assunto?

Em nossa vida, Deus deve sempre ser muito mais importante do que aquilo que Ele nos dá. Pedro queria ficar com as bênçãos a qualquer preço. Enquanto isso, estava perdendo Jesus de vista. Gostamos mais das extraordinárias sensações e do poder espiritual do que da vontade de Deus!

Enquanto Pedro dizia todas essas coisas, chegou a resposta de Deus. Clara, contundente, direta e sem que houvesse lugar para qualquer dúvida, revelou quem é Jesus: "Este é o meu Filho amado".

Você se lembra das palavras de Pedro? Em seu desejo de ali permanecer, ele havia colocado Moisés e Elias no mesmo nível do Messias: três tendas, uma para cada um deles. Todos iguais. Pedro estava incorrendo no maior erro na história do cristianismo: acreditar que profetas, mestres, discípulos, homens e mulheres de Deus podem estar na mesma altura do Unigênito Filho de Deus.

Existe apenas um que é digno de glória: o Senhor Jesus. Há somente um Filho Amado de Deus, um a quem devemos ouvir. O céu fala, e as suas palavras são definitivas: "A Ele ouvi". Não importa o que os outros façam.

Não importa o bem que nos façam: suas pregações, seus escritos, suas canções ou suas ações. Somente o Senhor Jesus merece a glória. Dividi-la com alguém seria um dos maiores pecados que cometeríamos.

Deus Pai quis que, exatamente naquele momento, Jesus ficasse só. Essa foi a resposta do Criador à proposta de Pedro.

Jesus é único, e Ele é o suficiente para nós.

Mateus, o autor do evangelho com o seu nome, também descreve esse acontecimento, mas de uma forma bem mais expressiva: ele fala da atitude dos discípulos. Quando ouviram a voz do Pai, "caíram com o rosto em terra" (MATEUS 17:6), num ato que implicava tanto adoração como humildade. Deram-se conta de que era o próprio Deus quem estava refletindo a Sua glória!

Jesus soube do que havia no coração deles porque estavam dominados pelo medo (v.8). Por isso, aproximou-se deles, colocou Sua mão sobre eles e os abraçou. Quando sentimos medo, poucas coisas nos ajudam tanto como sentir a mão de um amigo. Jesus lhes disse: "Levantai-vos!", porque eles haviam ficado prostrados, vencidos pelo cansaço e o medo.

"Não temais!", porque o medo nos paralisa, mas as palavras de Jesus nos levantam e enchem nossa vida de paz.

Você consegue imaginar o que havia no coração do Filho de Deus? Os céus proclamaram a glória de Deus no monte da transfiguração. Mas pouco tempo depois, em outro monte (o Calvário), o céu guardou silêncio.

Naquele momento, Moisés e Elias estiveram com Ele. Mas, no Getsêmani, apenas os anjos apareceram para fortalecê-lo. No monte da transfiguração, Deus falou e anunciou publicamente que Ele era o Seu Filho amado e estava "orgulhoso" dele. Quando Jesus estava morrendo na cruz, o Pai permaneceu em silêncio, e somente se ouviu o grito angustiante do Messias crucificado: "Deus meu, Deus meu, por que me desamparaste?".

No denominado monte da transfiguração, os discípulos viram como a aparência de Jesus se tornou branca e resplandecente; no Getsêmani, veriam o Seu rosto completamente coberto de sangue e menosprezado por todos: a Sua glória se maculou de sofrimento.

Pedro queria fazer três tronos: para Jesus, Moisés e Elias. No Calvário, estavam três cruzes, e o Criador ocupou o trono do centro entre os dois malfeitores.

Os discípulos ficaram acordados contemplando Jesus. Apesar de cansados, quiseram desfrutar da glória do Messias, ouvindo a voz do Pai que glorificava o escolhido de Deus. No Getsêmani, dormiram, deixando o seu Mestre sozinho. Jesus estava sofrendo pelos pecados deles, mas Seus amigos fugiram quando deles mais precisava.

É uma grande lição para nós: a glória nos mantém acordados; o sofrimento nos derrota. As grandes bênçãos nos fazem abrir os olhos e desfrutá-las. Os momentos difíceis nos tornam medrosos e nos ensinam a fugir. Pedro desejava permanecer no monte com Jesus, com Moisés, com Elias... Quando prenderam Jesus, todos o abandonaram.

E Pedro o negou, não quis saber nada dele. Jurou que não o conhecia.

A GLÓRIA NOS MANTÉM DESPERTOS; O SOFRIMENTO NÃO.

Eles desceram do monte depois de o céu proclamar o Messias como o Escolhido de Deus. Pouco tempo mais tarde, a terra também o aclamou. Embora muitos não fossem capazes de entender o que estavam fazendo naquele momento, ainda assim lançaram "hosanas" ao Rei.

A glória no céu é permanente; a glória da terra é passageira. A adoração no céu é sincera; na terra, costuma ser um impulso de um momento. A chamada "Entrada triunfal" foi exatamente isto: uma entrada, um acontecimento, uma simples festa para muitos.

Então, o trouxeram e, pondo as suas vestes sobre ele, ajudaram Jesus a montar. Indo ele, estendiam no caminho as suas vestes. E, quando se aproximava da descida do monte das Oliveiras, toda a multidão dos discípulos passou, jubilosa, a louvar a Deus em alta voz, por todos os milagres que tinham visto, dizendo: Bendito é o

Rei que vem em nome do Senhor! Paz no céu e glória nas maiores alturas! Ora, alguns dos fariseus lhe disseram em meio à multidão: Mestre, repreende os teus discípulos! Mas ele lhes respondeu: Asseguro-vos que, se eles se calarem, as próprias pedras clamarão. Quando ia chegando, vendo a cidade, chorou (LUCAS 19:35-41).

Jesus estava fielmente cumprindo a vontade do Pai. Por esse motivo, havia "paz no céu". Ele estava indo a Jerusalém para morrer! O céu lamentava, cheio de paz, na maior contradição que alguém tenha podido imaginar. O castigo da nossa paz caiu sobre o Senhor Jesus; aproximava-se o momento da Sua morte em nosso lugar.

O céu vivenciou o momento de paz mais difícil e tenso da história.

Alguns devem ter se lembrado das palavras dos anjos, quando anunciaram o nascimento de Jesus. "Paz na terra" disseram os anjos, porque naquele dia, embora muitos não o entendessem, a majestosa Glória do Filho de Deus havia deixado os céus e se transferiu à terra na pessoa do Rei que nasceu em Belém.

Jesus, sim, sabia o que estava acontecendo. Todos esperavam que Ele dissesse alguma coisa, que se manifestasse com poder e acabasse, de uma vez por todas, com os inimigos de Deus, fazendo justiça neste mundo...

Mas algo absolutamente sobrenatural acontece: Jesus chorou.

Ele chorou sobre Jerusalém, embora a multidão o estivesse aclamando. Ele sabia que a grande maioria dos que o aplaudiam jamais chegariam ao Pai com um coração sincero. Apenas imitavam o que os outros faziam, mas não queriam saber nada de que Deus restaurasse suas vidas. Ele sabia que muitos dos que o aclamam iriam gritar para que o crucificassem.

Jesus deixou de lado o louvor da multidão e só se alegrou com as palavras dos pequeninos, das crianças, dos que nada sabiam sobre a crucificação do Messias.

E a maior parte da multidão estendeu as suas vestes pelo caminho, e outros cortavam ramos de árvores, espalhando-os pela estrada. E as multidões, tanto as que o precediam como as que o seguiam, clamavam: Hosana ao Filho de Davi! Bendito o que vem em nome do Senhor! Hosana nas maiores alturas! E, entrando ele em Jerusalém, toda a cidade se alvoroçou, e perguntavam: Quem é este? E as multidões clamavam: Este é o profeta Jesus, de Nazaré da Galileia! Tendo Jesus entrado no templo, expulsou todos os que ali vendiam e compravam; também derribou as mesas dos cambistas e as cadeiras dos que vendiam pombas. E disse-lhes: Está escrito: A minha casa será chamada casa de oração; vós, porém, a transformais em covil de salteadores. Vieram a ele, no templo, cegos e coxos, e ele os curou. Mas, vendo os principais sacerdotes e os escribas as maravilhas que Jesus fazia e os meninos clamando: Hosana ao Filho de Davi! Indignaram-se e perguntaram-lhe: Ouves o que estes estão dizendo? Respondeu-lhes Jesus: Sim; nunca lestes: Da boca de pequeninos e crianças de peito tiraste perfeito louvor?
(MATEUS 21:8-16).

Naquele momento, Jesus entrou no templo e o purificou, querendo deixar bem claro que Deus não estava de acordo com o que faziam em Sua casa. Todos nós esperaríamos que os religiosos e os líderes se rebelassem contra o que Jesus fez, mas não reagiram. Eles não se preocuparam com o desafio que Deus fazia aos seus delitos, porque houve algo que lhes preocupou muito mais. O maior desgosto deles era que as crianças gritavam no templo, exaltando a Jesus. Elas diziam: "Bendito o que vem em nome do Senhor". Isso era demais para eles! O deus deles era a solenidade e a ordem, e de modo algum podiam permitir qualquer escândalo no recinto sagrado.

A reação deles foi direta e fora de controle. Às pessoas que defendem suas tradições, não lhes importa falar ao próprio Deus, não têm qualquer problema em questionar Deus por não saber o que Ele está fazendo. "Repreende os teus discípulos para que se calem!", ordenaram a Jesus. Fico impressionado que não tenham se preocupado com o que Jesus fez no templo: soltou os animais, derribou as mesas, lançou as moedas ao chão... e nada significou para eles. O que não aguentaram foi que os jovens estivessem louvando a Deus. O que os fazia ficar revoltados era ver as crianças cantando com alegria e dando louvores ao Messias.

"Não vês o que está acontecendo?" Não lhes importava que os utensílios do templo fossem destruídos; o perigo era que as pessoas estivessem felizes. O que os levou a prender Jesus e conduzi-lo à morte foi ver a multidão e os jovens seguindo-o.

> DEUS SOMENTE SE FAZ NECESSÁRIO PARA NÓS QUANDO SOMOS COMO CRIANÇAS.

Jesus não perdeu tempo em contestá-los: "da boca das crianças" disse Ele. A palavra que Ele usou nos ensina que o louvor está fundamentado nas crianças como se fosse uma "força militar". O Senhor dos exércitos tem estes guerreiros: as crianças e os que ainda mamam. Não precisa de outros. Toda "revolução" começa sempre no coração dos mais pequenos, dos jovens, dos que sabem desfrutar da glória do Messias que entrou vitorioso em Jerusalém.

Deus não necessita de nós, se nos julgarmos imprescindíveis ou se nos preocuparmos demais com o barulho que possa haver no templo, e pouco nos preocuparmos com a alegria das crianças. Se pensarmos assim, deixamos de ser necessários para Ele. Deus nos procura quando nos tornamos como crianças. Deus nos considera imprescindíveis quando aprendemos a louvá-lo e a descansarmos incondicionalmente nele. Aí, sim, podemos ser fortes.

Todos sabemos o que aconteceu nos dias seguintes: muitos deixaram de aclamar a Deus e passaram a pedir que o crucificassem. Grande parte dos que estendiam seus mantos à Sua frente e levavam palmas em suas mãos foram os mesmos que incentivaram e aplaudiram os que retiravam o manto de Jesus, escarneciam e cuspiam nele. Sem duvidar por um único momento, gritaram: crucifica-o!

A natureza não pôde suportar isso. Tal como o próprio Messias havia anunciado, as rochas partiram e a terra tremeu quando Jesus entregou o Seu espírito (MATEUS 27:51). As pedras clamaram quando os homens deixaram de louvar o seu Criador.

Mas sabemos que a história não terminou aí: a terra saltou de alegria, na ressurreição de Jesus. A pedra que havia sido colocada para selar o sepulcro saiu do lugar, porque não podia reter quem era a própria Vida (MATEUS 28:2). Os céus o aclamaram como Vencedor, como Rei dos Reis e Senhor dos Senhores. De alguma forma, a terra entendeu que Deus se fizera homem e viera para libertá-la.

As crianças expressaram seus louvores sem deixar que ninguém as calasse, pois estavam seguindo e cantando para o seu Salvador, o Filho de Deus. As crianças sabem melhor do que ninguém quem é o Autor da vida.

Era desprezado e o mais rejeitado entre os homens (ISAÍAS 53:3).

42 QUAL É O VALOR DE JESUS?

Mel Gibson foi o diretor e o produtor do filme "A Paixão de Cristo", baseado nas últimas doze horas da vida do Senhor Jesus. Muito se tem escrito e discutido sobre as cenas do filme, sua crueldade, e sobre a realidade do sofrimento do Messias. Para alguns, as cenas estão demasiadamente carregadas de sangue; para outros, o filme lhes ajudou a ver de uma forma realista o que tantas vezes leram.

O que poucos sabem é que, no começo, nenhum estúdio de Hollywood quis executar o projeto, porque pensaram que um filme sobre a morte de Jesus, e ainda mais, produzido em aramaico e grego, não teria qualquer interesse para ninguém. Estaria fadado ao fracasso! O diretor teve de colocar, do seu bolso, o dinheiro necessário para a produção e a filmagem. Mais tarde, todos se lamentaram ao ver os milhões de dólares que Mel Gibson havia recebido pela distribuição do filme em todo o mundo, pelos direitos a música, a venda dos DVDs etc. A história do Messias continua sendo atual, e dá muitos ganhos financeiros para alguns.

MILHÕES DE DÓLARES GANHOS HOJE, EM TORNO DA HISTÓRIA DA CRUZ. PORÉM, QUAL FOI O VALOR QUE DERAM AO SENHOR JESUS, QUANDO ESTAVA A POUCAS HORAS DE SER JULGADO?

Falamos de centenas de milhões de dólares ganhos em torno da história da cruz. Mas o que aconteceu quase dois mil anos atrás? Qual foi o valor que deram ao Senhor Jesus, poucas horas antes de ser julgado? Qual foi o Seu preço para muitos?

Dali a dois dias, era a Páscoa e a Festa dos Pães Asmos; e os principais sacerdotes e os escribas procuravam como o prenderiam, à traição, e o matariam. Estando ele em Betânia, reclinado à mesa, em casa de Simão, o leproso, veio uma mulher trazendo um vaso de alabastro com preciosíssimo perfume de nardo puro; e, quebrando o alabastro, derramou o bálsamo sobre a cabeça de Jesus. Indignaram-se alguns entre si e diziam: Para que este desperdício de bálsamo? Porque este perfume poderia ser vendido por mais de trezentos denários e dar-se aos pobres. E murmuravam contra ela. Mas Jesus disse: Deixai-a; por que a molestais? Ela praticou boa ação para comigo. Porque os pobres, sempre os tendes convosco e, quando quiserdes, podeis fazer-lhes bem, mas a mim nem sempre me tendes. Ela fez o que pôde: antecipou-se a ungir-me para a sepultura. Em verdade vos digo: onde for pregado em todo o mundo o evangelho, será também contado o que ela fez, para memória sua.

E Judas Iscariotes, um dos doze, foi ter com os principais sacerdotes, para lhes entregar Jesus. Eles, ouvindo-o, alegraram-se e lhe prometeram dinheiro; nesse meio tempo, buscava ele uma boa ocasião para o entregar. E, no primeiro dia da Festa dos Pães Asmos, quando se fazia o sacrifício do cordeiro pascal, disseram-lhe seus discípulos: Onde queres que vamos fazer os preparativos para comeres a Páscoa? Então, enviou dois dos seus discípulos, dizendo-lhes: Ide à cidade, e vos sairá ao encontro um homem trazendo um cântaro de água; segui-o e dizei ao dono da casa onde ele entrar que o Mestre pergunta: Onde é o meu aposento no qual hei de comer a Páscoa com os meus discípulos? E ele vos mostrará um espaçoso cenáculo mobilado e pronto; ali fazei os preparativos. Saíram, pois, os discípulos, foram à cidade e, achando tudo como Jesus lhes tinha dito, prepararam a Páscoa.

Ao cair da tarde, foi com os doze. Quando estavam à mesa e comiam, disse Jesus: Em verdade vos digo que um dentre vós, o que come comigo, me trairá. E eles começaram a entristecer-se e a dizer-lhe, um após outro: Porventura, sou eu? Respondeu-lhes: É um dos doze, o que mete comigo a mão no prato. Pois o Filho do Homem vai, como está escrito a seu respeito; mas ai daquele por intermédio de quem o Filho do Homem está sendo traído! Melhor lhe fora não haver nascido! E, enquanto comiam, tomou Jesus um pão e, abençoando-o, o partiu e lhes deu, dizendo: Tomai, isto é o meu corpo. A seguir, tomou Jesus um cálice e, tendo dado graças, o deu aos seus discípulos; e todos beberam dele. Então, lhes disse: Isto é o meu sangue, o sangue da [nova] aliança derramado em favor de muitos (MARCOS 14:1-24).

Muitas pessoas se preparavam para a Páscoa. Entretanto, apenas uma delas sabia que seria a última Páscoa da Sua vida. Sete tipos de pessoas diferentes o cercavam. Como elas reagiram na última Páscoa do Senhor Jesus? O que fez com que todas elas aparecessem em cena foi a forma como reagiram diante do Messias.

Melhor dito, o valor que deram ao Messias naquele exato momento: alguns o odiavam, outros foram indiferentes para com Ele; uns poucos o amavam... De alguma forma, todos nós estávamos ali na última Páscoa. Todos precisamos achar o nosso lugar, ao vermos o que outros fizeram.

> DE CERTA MANEIRA, TODOS NÓS ESTÁVAMOS ALI NA ÚLTIMA PÁSCOA.
> TODOS PRECISAMOS ENCONTRAR O NOSSO LUGAR.

Marcos começa relatando que algumas pessoas estavam celebrando a Páscoa e desfrutando da festa junto com os principais sacerdotes, escribas, fariseus e demais líderes religiosos. Para eles, o valor de Jesus era menos que nada, porque achavam que o Messias era um estorvo nos seus planos e era melhor "eliminá-lo". O ódio radical deles os levou a decidir matar o Autor da vida.

Em segundo lugar, encontramos o povo. Muitos seguiam Jesus (MATEUS 26:47) por tudo o que Ele havia feito. Mas não foram capazes de defendê-lo, nem tampouco de estarem com Ele quando o acusaram. Ao contrário, gritaram para que Jesus fosse crucificado. Eles não o odiavam tanto como os líderes religiosos, tampouco desejavam que Ele fosse o seu Rei. O valor que Jesus tinha para eles era muito pequeno.

Judas é o próximo da lista. O valor de Jesus para ele tinha um preço exato: trinta moedas de prata. Para sermos justos, teríamos de dizer que, se os líderes religiosos lhe tivessem oferecido vinte, ou dez, Judas teria vendido Jesus da mesma forma. Jesus significava muito pouco para ele. Trinta moedas era o preço que se pagava por um escravo. Assim como Judas, muitas pessoas dão este valor a Deus: somente o aceitam quando Ele faz o que lhe pedem. Muitos vivem como se Deus fosse um escravo que lhes deve obediência. Quando não mais precisam dele, esquecem-no.

Um novo personagem aparece, que é Simão, o leproso. Jesus era importante para ele, pois havia sido curado e era crente. Por isso, convidou o Messias a vir à sua casa. Simão se comprometeu publicamente com Jesus e sentia muito desejo de seguir a Jesus. Porém, acompanhou-o até certo ponto, porque, como dizem alguns, "tudo tem seus limites". O cristianismo de hoje está repleto de pessoas como Simão — calculam, com exatidão, cada passo que dão para seguir Jesus. Entretanto, não fazem nada mais que isso.

Marcos havia demonstrado muito mais. Estava se arriscando muito por Jesus, no momento quando o Mestre ia ser entregue, porque se acredita que a última ceia teve lugar num aposento de sua propriedade.

Com isso, ele mostrou seu inquebrantável amor para com Jesus, pois não se importou que o identificassem com Ele nos momentos mais difíceis! Outro evangelho diz que, no momento quando Jesus seguia para a cruz, Marcos foi o único que seguiu a Jesus, coberto com um lençol. Jesus tinha muito valor para ele.

Na mesma cena, aparecem os discípulos. Eles haviam deixado tudo para seguir Jesus. Abandonaram seus trabalhos, suas casas, suas famílias, os seus próprios sonhos. O valor que o Messias tinha para eles era praticamente o máximo.

"Praticamente", porque, por vezes, sentiam-se no direito de conservar algumas coisas, entre as quais, as próprias ideias. Contudo, eles abandonaram Jesus quando os outros o acusaram. Não acreditaram nele, em algumas ocasiões, e criticaram a qualquer um que fizesse algo o que eles não aprovassem. Era como se quisessem seguir o Messias, mas conservando suas próprias opiniões e a sua maneira de ver as coisas. É muito parecido com o que muitos seguidores de Jesus fazem hoje em dia.

Por último, apareceu uma mulher, Maria. Ela lhe deu tudo o que possuía.

Aquele era o valor que Jesus tinha para ela. Não somente lhe deu o perfume mais caro, como também, partiu o frasco, pois não queria ficar com nada para si mesma, nem quis esconder nada. Não desejava conservar nada para ela mesma. Somente queria derramar tudo o que possuía na presença de Deus. Ninguém mais merecia aquele perfume.

Esta é a grande lição da última Páscoa: a necessidade de entregarmos tudo ao Senhor Jesus. A coragem de nos desfazermos de algo que nos tenha custado muito Quem sabe, o que mais nos dá prazer, o que amamos e nos afasta de Deus, inclusive os maus hábitos. Qualquer coisa que tenhamos posto quase "ao nível" do nosso Criador. Tudo aquilo a que damos tanto valor, aquilo que não desejamos abandonar.

Aquela mulher partiu o frasco. Entregou tudo a Deus, num ato de adoração.

A adoração sempre depende do valor que nós damos àquilo que adoramos. Quando nos aproximamos de Deus, nosso coração arde e se entusiasma, à medida que o considerarmos como o que de mais precioso temos. Aquela mulher jamais voltou a ser a mesma: a sua adoração consistiu numa entrega total. Ela ensinou ao mundo que não se deve esconder absolutamente nada da presença de Deus.

Deus espera isto de nós: que façamos tudo quanto pudermos. Esse é o único nível aceitável em nossa adoração. Não se trata de fazer um pouco mais do que os outros, mas que ofertemos o que somos e temos. Deus não quer belas decisões, compromissos parciais ou promessas solenes. Deus não espera que lhe ofereçamos "fogos de artifício" que brilham muito bem e nos permitem ter bons momentos, mas que para nada servem. Ou damos tudo ao Senhor, ou estamos falhando em nosso compromisso com Ele.

Infelizmente, o que aconteceu naquele momento é o que sucede em muitos lugares: cada vez que alguém se aproxima de Jesus, muitos o criticam (MARCOS 14:4). Os atos de adoração genuína frequentemente são mal interpretados pelos outros.

> OS QUE PENSAM MAL SEMPRE ENCONTRAM BOAS DESCULPAS
> PARA OS SEUS MAUS PENSAMENTOS.

Por que todos assim reagiram contra aquela mulher? A resposta é bem simples: ela estava trazendo à luz quanto valor Jesus tinha para ela... e para todos! Sim, é certo que Jesus era muito valioso para os Seus discípulos, mas eles não haviam entendido que Ele ia morrer na cruz e precisava que o Seu corpo fosse ungido para a sepultura. Por isso, pensaram que aquele ato de adoração era sem sentido. Eles pensavam que Maria estava desperdiçando o seu tempo e o seu dinheiro.

Muito menos valioso era Jesus para Simão, que, embora o tenha convidado à sua casa, porque Ele o havia curado, continuava acreditando que uma simples mulher do mundo não podia lhe dar lições espirituais. É bem verdade que antes tinha sido um leproso, mas agora que estava curado, já começava a ser considerado como um homem de bem. "O que passou, passou", pensou Simão. Apesar de haver precisado do Mestre, agora Ele era simplesmente um convidado a mais à sua casa.

Quando começamos a acreditar que somos alguém, deixamos de dar valor a Jesus! A nossa glória cresce sempre na mesma proporção em que vamos "deixando" Jesus. Isso é a coisa mais perigosa que nos pode acontecer, porque muitas vezes chegamos a nos esquecer do que um dia fomos e quem ainda somos!

> QUANDO COMEÇAMOS A ACREDITAR QUE SOMOS ALGUÉM, DEIXAMOS DE DAR VALOR A JESUS!

Aquela pobre mulher, desprezada, reconhecida como pecadora e banida pela sociedade, mostrou que nada era mais valioso para ela do que Jesus. Mostrou a toda a humanidade que a verdadeira adoração nasce de um coração para o qual Jesus é sempre o mais amado, e que a adoração que Deus recebe é aquela que surge do desapego total de tudo o que somos e temos. Talvez todos os que estavam ali soubessem que, no Oriente, somente se derramava um perfume tão caro diante dos reis! Maria ungiu o Rei dos reis justo antes de Ele ir à cruz... Jesus viu o seu coração e a recompensou: "Em verdade vos digo: onde for pregado em todo o mundo o evangelho, será também contado o que ela fez, para memória sua" (MARCOS 14:9).

Jesus premiou o seu gesto, e o fez de uma forma extraordinária: ficou marcado para a história e para toda a eternidade. Não se pode falar do evangelho sem se mencionar o valor que o Senhor Jesus teve para aquela mulher. Não podemos explicar a história da morte e a ressurreição de Jesus sem dizer que uma simples mulher ungiu o Seu corpo para que fosse sepultado como um rei.

Porque Ele é o Rei. O único. O que tem o maior valor. Essa é a única forma de adorá-lo, de conhecê-lo, de ouvi-lo, de se chegar a Ele. A única posição em que podemos estar na Sua presença: prostrados e adorando-o.

Porque Ele merece tudo.

Era a Páscoa. Você se lembra? O cordeiro ia ser sacrificado para salvar vidas. Os pais tinham contado isso muitas vezes aos seus filhos. Assim aconteceu quando o povo de Israel foi libertado por Deus da escravidão no Egito. Todos sabiam de que se tratava.

Quando João Batista apresentou Jesus publicamente, antes de Ele ser batizado, disse algumas palavras que muitos jamais se esqueceram: "Eis o Cordeiro de Deus". A Páscoa lembrava que Deus passou por cima da casa dos israelitas quando os primogênitos iam morrer, e Ele presenteou a vida a todos quantos estavam "cobertos" pelo sangue.

Naquele momento, na última Páscoa, Deus não passou pela Sua própria casa, mas ofereceu Seu único Filho para ser morto. Fez com que Ele levasse o pecado de todo o mundo.

Deus estava escrevendo na história que o nosso valor para Ele é absoluto e total. O Seu próprio Filho foi o preço que pagou por amor a nós. Deus quer nos dizer que temos para Ele tanto valor como o Seu próprio Filho, que nos ama tanto que o entregou por nós! Por essa razão, a história termina de uma forma impressionante, como se Deus quisesse nos devolver a pergunta que todos temos feito a nós mesmos.

> VOCÊ SABE QUAL É O VALOR QUE JESUS ATRIBUI A NÓS?
> O MÁXIMO.

Nós não merecíamos nada, mas Ele nos dá TUDO. O versículo diz: "Declara-nos quem és, para que demos resposta àqueles que nos enviaram". Ele se deu pelos escribas e fariseus, pelo povo, por Judas, por Simão, pelos discípulos, por Marcos, por Maria... Por todos!

Por você e por mim. Diante dele, continuamos tendo o máximo valor. Jesus deu o seu próprio sangue até a última gota. A Sua vida até o último suspiro. Ele se entregou por todos.

O valor que Jesus nos dá é o máximo... "Ele se deu a si mesmo".

Qual é o valor do Senhor Jesus para você e para mim? A pergunta não é sobre o que dizemos, o que sabemos, as vezes que vamos à igreja, e até sobre o nosso trabalho para Ele. A pergunta tem a ver com o que somos e o que temos.

Existe algo em nossa vida mais importante para nós do que Ele? Estamos escondendo algo, negando-lhe algo?

Verdadeiramente temos oferecido o que somos e temos para lhe dar?

*E pelas suas pisaduras
fomos sarados* (ISAÍAS 53:5).

43 AS MÃOS DE JESUS...

Miriam, minha esposa, sempre fala do momento mais difícil da sua vida. Quando nossa filha Iami nasceu, Miriam sofreu um desequilíbrio hormonal que desencadeou uma desidratação, e as palmas das suas mãos começaram a inchar e cobrir-se de feridas. Por vários meses, ela não pôde usar suas mãos para nada. Não podia praticamente tocar em coisa alguma, nem se vestir; só podia conservar suas mãos estendidas com as palmas voltadas para cima. Apesar do sentimento de inutilidade, o que mais lhe doía era não poder abraçar nossa filha. Às vezes eu a encontrava chorando e apesar dos meus esforços, quase nada pude fazer para consolá-la, porque, para Miriam, o pior não era a dor nem a enfermidade, mas o fato de não poder tomar Iami em seus braços e acariciá-la.

As mãos são essenciais em nosso corpo: trabalham, servem para abraçarmos aos que amamos e para expressarmos o que, às vezes nossas, palavras não sabem dizer. "Ajudam" todo o corpo. Nós as usamos para nos defender, mas também para acariciar. Quase tudo o que fazemos é trabalho das nossas mãos, embora seja a mente que dirija o trabalho. Por vezes, encontramos pessoas cegas, surdas, mudas, ou que sofrem de diferentes doenças, e sabemos que suas vidas estão muito limitadas. Entretanto, poucas coisas nos impressionam tanto como ver alguém sem mãos, ou que não possa usá-las.

A Bíblia diz que o universo foi formado pelas mãos de Deus (SALMO 8:6). "Deste-lhe domínio sobre as obras da tua mão". E, de alguma forma que não podemos entender, a criação "sabe" que Jesus foi seu criador e sente o toque dos Seus dedos. Essas mãos criaram todas as pessoas e tudo quanto existe. O profeta Isaías explica, de forma poética, que "Na concha de sua mão mediu as águas" (ISAÍAS 40:12). Se para nós, as mãos se constituem em uma parte essencial do nosso corpo, Deus usa uma linguagem humana para dizer que as Suas mãos deram origem a tudo o que somos e temos.

As mãos do Senhor Jesus são únicas. São mãos que se oferecem, sempre estendidas. Ele é o Salvador. A Sua mão direita se aproxima de nós para ser saudada, apertada com um sorriso cordial. Muitas vezes, os doentes chegavam a Ele e lhe rogavam que "colocasse sua mão sobre eles" (MARCOS 1:41). Todos sabiam que aquelas mãos podiam curar porque era Deus quem as estendia para eles. Deus estende a Sua mão, e isso é pura graça.

A MÃO ESTENDIDA DE DEUS É PURA GRAÇA.

As mãos de Jesus falavam em cada gesto e em cada afago. "E eis que um leproso, tendo-se aproximado, adorou-o, dizendo: Senhor, se quiseres, podes purificar-me. E Jesus, estendendo a mão, tocou-lhe, dizendo: Quero, fica limpo! E imediatamente ele ficou limpo da sua lepra" (MATEUS 8:2,3). Jesus tocou no leproso com suas mãos. Os leprosos viviam esquecidos também pelos seus parentes e sempre tinham de estar longe de qualquer pessoa, por medo do contágio. Jesus não somente se aproximou deles, mas também os tocou: colocou Suas mãos sobre eles e os abençoou. Esse gesto fala mais sobre a graça de Deus do que milhares de palavras, explicando o cuidado, a cura ou o profundo amor!

O Messias era o enviado de Deus e Suas mãos sempre quiseram demonstrar esse amor incondicional aos que eram curados. Jesus não somente falava com os doentes, mas também os afagava; não apenas curava, mas fazia com que todos sentissem o toque das Suas mãos.

Mas Jesus tomou-a pela mão, e a febre a deixou. Ela se levantou e passou a servi-lo" (MATEUS 8:15).

Condoído, Jesus tocou-lhes os olhos, e imediatamente recuperaram a vista e o foram seguindo (MATEUS 20:34).

Jesus, tirando-o da multidão, à parte, pôs-lhe os dedos nos ouvidos (MARCOS 7:33).

As mãos de Jesus abençoavam e acariciavam as crianças (MATEUS 19:13). Muitas pessoas traziam seus filhos para que Ele colocasse Sua mão sobre eles. Sabiam que o coração dele estava perto dos mais pequeninos, e que as crianças jamais o estorvavam, mas que as amava e brincava com elas... Abraçava-as (MARCOS 9:36) da mesma forma como fazia com os Seus discípulos. Ele não queria que ninguém se "esquivasse" da ternura das Suas mãos.

NÃO QUERIA QUE NINGUÉM SE ESQUIVASSE DA TERNURA DAS SUAS MÃOS.

Eram mãos calejadas pelo duro trabalho na carpintaria. Quando estendia as mãos para curar ou as usava para ensinar, todos podiam ver que estavam acostumadas com as ferramentas e com as farpas de madeira. Não eram mãos ociosas que haviam aprendido a estar cruzadas. As Suas mãos estavam sempre dispostas a ajudar aos outros! Podemos imaginar Jesus pescando e recolhendo as redes com os Seus discípulos...

O Messias era alguém próximo. Todos o consideravam como parte do grupo. Alguém que se preocupava em preparar a comida quando todos estavam cansados e cheios de medo. Jesus nunca foi do tipo de mestre tão comum que ensina e permanece impassível diante de qualquer necessidade. Não! Ele sempre usou Suas mãos para trabalhar, ajudar e servir.

"Chegando-se a ele, despertaram-no dizendo: Mestre, Mestre, estamos perecendo! Despertando-se Jesus, repreendeu o vento e a fúria da água. Tudo cessou, e veio a bonança" (LUCAS 8:24). As mãos de Jesus são as mãos que regem o mundo. A natureza conhece essas mãos e lhes obedece. É necessário apenas um gesto e o vento cessa.

A forte mão de Deus cuida de nós (ÊXODO 32:20) e Jesus, como Deus criador do Universo, protege os Seus, porque as Suas mãos sempre estão perto daqueles a quem Ele ama: "Ouvindo-a os discípulos, caíram de bruços, tomados de grande medo. Aproximando-se deles, tocou-lhes Jesus, dizendo: Erguei-vos e não temais!" (MATEUS 17.6,7).

Quando estamos com medo, Deus se coloca ao nosso lado, falando-nos, expressando Suas promessas e fortalecendo-nos para seguirmos em frente. Isso pode parecer suficiente, mas Deus não fica só nisso. A Bíblia diz que Jesus tocou nos Seus discípulos, fortaleceu-os, não apenas com as Suas palavras, mas também com as Suas mãos.

As mesmas mãos seguraram Pedro quando ele se afundava: "E, prontamente, Jesus, estendendo a mão, tomou-o e lhe disse: Homem de pequena fé, por que duvidaste?" (MATEUS 14:31). Da mesma forma, Jesus nos ampara, exatamente como seguramos nossos filhos quando caminhamos junto e eles tropeçam. As Suas mãos nos fortalecem nos momentos mais difíceis, porque nós mesmos vivemos ocultos e protegidos nas mãos de Deus: "Eu lhes dou a vida eterna; jamais perecerão, e ninguém as arrebatará da minha mão" (JOÃO 10:28). "Eis que nas palmas das minhas mãos te gravei; os teus muros estão continuamente perante mim" (ISAÍAS 49:16).

Mesmo que fosse possível vencer a Deus e lhe abrir as mãos, ninguém poderia nos tirar dali porque estamos talhados nas palmas das

Suas mãos. Nós somos parte essencial do nosso Salvador. Ele nos gravou em Suas mãos.

Estas mesmas mãos são as que têm o total poder sobre a morte e devolvem a vida: "Chegando-se, tocou o esquife e, parando os que o conduziam, disse: Jovem, eu te mando: levanta-te!" (LUCAS 7:14). Jesus sabia que a lei tornava imundo todo aquele que tocasse num defunto, mas Ele não se importou de ser maldito por nossa causa. Ele se comprometeu até o fim com a nossa dor e a nossa culpa; com a maldição e a morte. As Suas mãos tornam real o impossível.

Jesus usou Seus dedos para escrever na areia. Você se lembra do acontecimento? "Isto diziam eles tentando-o, para terem de que o acusar. Mas Jesus, inclinando-se, escrevia na terra com o dedo" (JOÃO 8:6). Enquanto os segundos passavam, todos quantos haviam acusado àquela mulher, se conscientizaram que eram eles os que tinham de tomar a decisão de acusar ou perdoar. Muitos ficaram observando, por instantes, como as mãos do Mestre acariciavam a areia. Era um contraste demasiadamente grande. Jesus escrevia, com Seus dedos, palavras cheias de vida; os acusadores tinham pedras em suas mãos e estavam dispostos a matar.

Muitos que dizem crer em Deus vivem com pedras nas mãos, sempre dispostos a jogá-las contra quem se coloque na sua frente. Enquanto isso, Jesus continua escrevendo na areia, esperando que nos demos conta de que as nossas acusações não têm sentido. Para Deus, os pecados da alma e do espírito são tão sérios ou ainda mais, do que os pecados do corpo. O orgulho religioso, que deseja lançar pedras contra os pecadores, é totalmente contrário à vontade de Deus.

Jesus ama de verdade as pessoas, os pecadores, cada um de nós! As Suas mãos mostram que nos ama profundamente. Não é um amor fingido, fruto de algo que Suas crenças ou Seus ensinamentos exijam dele. Ele não pode ser diferente, pois o amor está na Sua própria natureza... E os apedrejadores entenderam isso. Custou-lhes muito tempo, mas nada puderam fazer em contrário. Um a um, foram abrindo suas mãos e deixando cair aquelas pedras que, mesmo assim, pesavam menos do que as suas acusações. Voltaram para suas casas sem jamais poderem esquecer as marcas das mãos de Deus.

> OS QUE FORAM APEDREJAR ENTENDERAM. CUSTOU-LHES MUITO TEMPO, MAS NADA PUDERAM FAZER CONTRA AQUILO.

Pouco tempo depois, todos foram capazes de reconhecer as mesmas mãos, enquanto elas viravam as mesas dos cambistas no templo (MARCOS 11:15). Na casa de Deus, nossas mãos não podem ser usadas para ganhar nada de material, mas apenas podem ser estendidas ao Criador. Isso foi o que Jesus nos ensinou, ao erguer Suas mãos para orar e abençoar a todos (LUCAS 24:50). Ele levanta Suas mãos para interceder por nós (LUCAS 24:30), ensinando-nos que não nos deixa sozinhos em nossas tentações, orando ao Pai para que o Espírito nos ajude em nossa fraqueza.

Aquelas mesmas mãos, até violentas, ao derribar as mesas e soltar os animais no templo, foram as mãos que lavaram os pés dos discípulos quando eles precisaram aprender o que era realmente ser um servo (JOÃO 13:5). Para Deus, não bastou que Ele se colocasse de joelhos: também lavou os pés deles "com as suas próprias mãos". Limpou com água os pés daqueles aos quais havia escolhido. Os mesmos dedos que formaram o universo limparam a sujeira, fruto da rebeldia do ser humano.

Pouco tempo depois, todos voltaram a fixar seus olhos naquelas mãos, porque, quando ninguém esperava, Ele tomou o pão, partiu-o e o deu a todos. Um por um, começaram a entender que aquelas mãos estavam a ponto de ser perfuradas, feridas, transpassadas por amor a todos... "Enquanto comiam, tomou Jesus um pão, e, abençoando-o, o partiu, e o deu aos discípulos, dizendo: Tomai, comei; isto é o meu corpo" (MATEUS 26:26).

"Traspassaram-me as mãos e os pés" (SALMO 22:16). O profeta havia anunciado que aquelas mãos seriam perfuradas pelos cravos, presas de modo cruel a uma cruz. As mesmas mãos que afagaram as crianças, tocaram nos leprosos e curaram enfermos, foram transpassadas por nossa culpa. Partidas e golpeadas em nosso lugar; feridas de uma forma cruel por todos nós.

A nossa rebeldia nos afasta de Deus! Embora Jesus tenha estendido Suas mãos sempre e sempre, as nossas mãos já não estão limpas, mas sujas de sangue (ISAÍAS 1:15). E não somente isso, mas também cheias de engano, ódio, ambição, hipocrisia, maldade, maus desejos, furtos, orgulho... Como consequência, não apenas estamos longe de Deus, mas, além disso, temos ofendido a Ele. E isto é o mais terrível: "Horrível coisa é cair nas mãos do Deus vivo" (HEBREUS 10:31).

Deus quis que toda a Sua ira fosse descarregada sobre o Seu próprio Filho. Deus permitiu que o nosso pecado fosse levado na cruz, por Jesus, e nossa rebeldia fosse o que transpassasse Suas mãos e o Seu corpo. "Vede as minhas mãos e os meus pés, que sou eu mesmo; apalpai-me e verificai, porque um espírito não tem carne nem ossos, como vedes que eu tenho" (LUCAS 24:39), foi o que o Messias disse, porque Ele tomou para si toda a nossa dor. As Suas mãos foram perfuradas por nossa culpa.

> ELE ESTENDEU SUAS MÃOS NA CRUZ, E NINGUÉM JAMAIS PODERÁ APAGAR ESSE APAIXONADO DESEJO DE NOS ABRAÇAR.

Eu daria qualquer coisa para tocar nessas mãos e afagá-las! Pode ser que algum dia, na Sua presença, possamos fazer isso e nos admirar, porque, por toda a eternidade, essas mãos conservarão as cicatrizes das Suas feridas. O Rei dos reis mostrará essas cicatrizes diante de todos como um tesouro.

As mãos de Jesus continuam sendo tudo para nós, embora, às vezes, nós não as vejamos ou não as sintamos perto de nós. Estas são as mãos que dirigem o nosso futuro. "Ainda lá me haverá de guiar a tua mão, e a tua destra me susterá" (SALMO 139:10). Assim como tomamos pela mão alguém a quem estimamos, como uma criança caminha segurando a mão do seu pai, a mão de Deus jamais nos deixa cair!

Por isso desejamos o que tantos pediram: queremos que Ele ponha Sua mão sobre nós, que faça o que quiser em nossa vida. Às vezes, necessitaremos da ajuda a Sua mão; outras vezes, que coloque Sua mão sobre os nossos ombros. Em outras ocasiões, Sua mão terá de nos guiar ao longo de situações e lugares onde não saibamos o que fazer ou para onde ir. Outras vezes precisamos ouvir Suas palavras e sentir Seu abraço porque estamos com medo. O melhor desejo que podemos ter é que Ele ponha Sua mão sobre nossos planos, nosso futuro... sobre tudo o que somos e temos.

Não há nada melhor do que estar em Suas mãos. Não existe um lugar mais seguro no universo, nem se encontrará um afago mais terno do que aquele que vem das mãos de Jesus.

> *E nós o reputávamos por aflito,*
> *ferido de Deus e oprimido* (ISAÍAS 53:4).

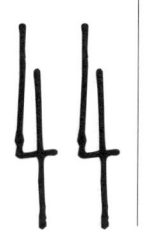

44 A DOR DE DEUS

Eu estava com dezesseis anos quando ouvi essa história pela primeira vez. Alguém quis se apresentar diante de Deus e lhe colocar uma série de condições para que se entendesse o problema do mal no mundo. Tratava-se de uma fábula totalmente irreal, porque algumas pessoas pensavam que ninguém podia compreender a sua dor, e acusavam o Criador de ser insensível ao sofrimento, e de jamais ter chegado ao limite da miséria humana. Por isso, decidiram que Deus deveria "passar" por todas as situações que as pessoas haviam sofrido em algum momento da vida. Pediram a Deus que...

- Deixasse tudo o que tinha e fosse viver num lugar desconhecido e distante.
- Jamais pudesse voltar atrás nem levar nada consigo que fizesse seu lar mais feliz. Deveria renunciar a tudo de maneira incondicional.
- Deveria ser um filho não desejado.
- Ser pobre, imensamente pobre.
- Nascer de uma forma acidental, e sendo possível, sem qualquer conforto, deixado entre animais.
- Menosprezado por todos, amigos, inimigos, e inclusive, por Sua própria família.

- Deveria viver num povoado pequeno, desconhecido e sem relevância.
- Ser lembrado como filho de uma mulher adúltera.
- Deveria fazer parte de uma nação perseguida.
- Viver na pobreza sem ter nada, sem ter o que comer, em muitas ocasiões dormindo muitas noites na rua.
- Ser rejeitado, a começar pela sua própria família, seu povo e seus amigos.
- Ter uma profissão árdua e trabalhar por muitos anos sem qualquer recompensa.
- Ser considerado como louco e ser insultado como um demônio.
- Viver sempre indo de um lugar para outro.
- Nunca ser reconhecido por aqueles que estão no poder.
- Ser menosprezado, despido, cuspido, esbofeteado, insultado, torturado, suportando toda a dor em silêncio, sem se queixar.
- Ser abandonado por todos, inclusive pelos que se considerassem Seus amigos.
- Morto da forma mais cruel imaginável, de maneira pública e manifesta, com a maior dor possível, e também, na maior vergonha possível.
- Ser objeto de zombaria para todos, sentindo dentro de si um desamparo total.
- Ser considerado como malvado, acusado injustamente e reconhecido física e espiritualmente como um malfeitor.
- Seu corpo deveria ser humilhado, transpassado, e pregado...
- Nos momentos mais difíceis, ninguém deveria estar ao seu lado.

A condição final era que Deus deveria permanecer em silêncio, sem aliviar em nada o sofrimento, sem se defender e sem lançar mão do seu poder para ajudar ou escapar da dor.

Deus respondeu: "Tudo isso já aconteceu. Meu filho Jesus levou tudo isso e muito mais sobre si, enquanto meu coração se partia em pedaços por amor a Ele e em compaixão por todas as pessoas deste mundo, até para com os que nele cuspiram e o mataram. Tudo isso aconteceu, em momentos eternos, nos quais eu desamparei o meu Filho para que ninguém tivesse razão para jamais se sentir desamparado!"

Como você pode ver, trata-se simplesmente de uma fábula, porque Deus não precisou nada de nós para nos amar incondicionalmente e ir muito além dos limites do que seja razoável ou explicável. Ninguém exigiu de Deus Seu amor, porque isso faz parte da Sua natureza. O amor de Deus não somente é imensurável, mas humanamente falando, tampouco tem qualquer sentido. Se não podemos encontrar explicações para os nossos sentimentos, muito menos podemos explicá-lo, ao contemplarmos o Amor com letra maiúscula.

Lembre-se de que o Senhor Jesus morreu voluntariamente, levou consigo a ira de Deus ocasionada pelo nosso pecado, e aceitou o sofrimento e a dor que somente nós merecíamos. Fez isso sem que ninguém o obrigasse a tanto. Ainda mais, a Bíblia diz que Ele sentiu uma imensa alegria quando carregava nossas culpas na cruz (HEBREUS 12:2). O Seu amor era tão grande que ninguém poderia imaginar algo assim.

DOR FÍSICA: O Senhor Jesus levou sobre si toda a dor do mundo

Nenhuma pessoa jamais sofreu a dor física que o Senhor Jesus padeceu. O Seu corpo humano era obrigado a senti-lo, e o Pai não lhe concedeu uma força sobrenatural para viver acima do sofrimento; pelo contrário, a dor penetrava cruelmente na pureza de um corpo sem pecado. Ele poderia ter executado o plano de salvação reduzindo a dor. Poderia ter ido à morte, derramando Seu sangue por nós, sem ter de passar pelo sofrimento, mas Ele não fez. Ele foi experimentado na dor, levando consigo o castigo de toda a humanidade: cada um dos nossos sofrimentos e dos nossos pesares.

Mateus escreve no seu evangelho que Jesus recusou tomar o vinagre com fel (MATEUS 27:34), que era usado como um sedativo anestésico, porque Ele queria morrer em plena capacidade mental; queria passar por todo o sofrimento, sabendo o que estava fazendo, não queria nada que pudesse aliviar Sua dor. Ele aceitou todo o peso do pecado, não amenizou Suas experiências, não protestou ante o que ia sofrer; suportou tudo, sabendo por antecipação o que lhe ia acontecer. Nós evitamos o sofrimento, oramos para não passarmos por ele e pedimos a Deus que nos proteja... Jesus buscou o sofrimento premeditadamente porque nos amava.

Quando nasceu a nossa segunda filha, Kenia, Miriam passou pelo mesmo processo de dor e sofrimento pelo qual todas as mulheres passam ao dar à luz. Mas havia uma grande diferença no que ela sentia nesses momentos em relação ao nascimento da primeira filha, Iami. Quanto mais intensa era a dor, Miriam me dizia: "Jaime, vale a pena, porque me lembro de quando Iami me diz "mamãe te amo" e isso me torna feliz. Sei que um dia Kenia me dirá o mesmo, e isso faz que a dor aparentemente desapareça".

> JESUS PODIA OUVIR MUITOS DE NÓS LHE DIZENDO COM TODO O CORAÇÃO: "EU TE AMO". E, PARA DEUS, AQUELA DOR VALEU A PENA.

Para mim, a melhor explicação teológica possível, para Hebreus 12:2, foi esta: "Olhando firmemente para o Autor e Consumador da fé, Jesus, o qual, em troca da alegria que lhe estava proposta, suportou a cruz, não fazendo caso da ignomínia, e está assentado à destra do trono de Deus". O Messias sofreu por nós pelo gozo que foi colocado diante dele. Sabia do resultado da Sua missão: podia ouvir muitos de nós lhe dizendo de todo o coração "Eu te amo". E, para Deus, aquela dor valeu a pena.

DOR SOCIAL: Nenhum de nós teria permitido qualquer insulto se houvéssemos tido, como Ele, a oportunidade de impedi-lo ou de nos vingar

Jesus sofreu ao máximo a dor social. Ele foi menosprezado pela maioria dos que o cercavam. Os religiosos o menosprezaram. Os que "amavam" a Deus chegaram a dizer que Ele tinha um demônio; jamais o aceitaram como Messias e mentiram para levá-lo à morte.

A Sua própria família o menosprezou, não entendendo a missão que Seu Pai celestial lhe confiara.

A multidão o menosprezou, inclusive os que tinham sido alimentados ou curados. Muitos dos que haviam escutado Seus ensinamentos, gritaram mais tarde "crucifica-o".

Às vezes, preocupa-nos o que as pessoas dizem de nós. Dói-nos que falem mentiras ou que corram falsas notícias sobre a nossa vida e nossas atividades. Somos prejudicados quando as pessoas nos desprezam. Mas se, por um momento, lembrarmo-nos da vida do Senhor Jesus e o que falaram dele, temos de ver as coisas de outra maneira. Nenhum de nós teria permitido tais insultos, caso tivéssemos tido (como Ele) a oportunidade de impedi-lo ou de nos vingar. Chamaram-no de...

- "Mentiroso" (JOÃO 7:12);
- "Tens demônio" (JOÃO 8:48);
- "Filho da prostituição" (JOÃO 8:41);
- "Malfeitor" (JOÃO 18:30);
- "Está fora de si" (MARCOS 1:21), diziam Seus próprios familiares;
- "Blasfemador" (MATEUS 9:3).

E não apenas o insultaram, como também zombaram dele.

- Herodes zombou do Messias quando lhe colocou um manto escarlate e lhe deu uma cana como cetro real.

- Os sacerdotes e mestres da lei, os líderes espirituais do povo, riram dele muitas vezes quanto ao que Ele dizia ou fazia (MARCOS 15:31).
- Os membros do Sinédrio e o sumo sacerdote cuspiram nele (MARCOS 14:64).
- Os Soldados o esbofetearam e lhe diziam "Messias", como se fosse uma brincadeira. Eles zombavam, dizendo-lhe "quem é que te bateu!". Os soldados continuaram zombando, fazendo reverência e aclamando-o ao dizerem "salve o rei dos judeus", para depois voltarem a açoitá-lo várias vezes.
- Quando Ele foi crucificado, os que passavam pelo caminho riram-se, balançando as cabeças e blasfemando (MARCOS 15:29).
- Foi menosprezado pelos religiosos, dizendo que Ele chamava por Elias. Até os que estavam crucificados junto a Ele também zombavam (MARCOS 15:32).

> ELE NOS ENSINOU QUE, NEM SEMPRE, PRECISAMOS NOS DEFENDER.
> NÃO TEMOS DE NOS VINGAR QUANDO NOS ACUSAM INJUSTAMENTE.
> PODEMOS VIVER DE UMA FORMA DIFERENTE!

O Filho de Deus foi criticado em Seu ministério, pressionado, acusado; falaram mentiras sobre Ele, disseram que estava com um demônio... Era um homem enfrentando quase todo o mundo. Entretanto, estava cumprindo a vontade do Pai. Ele era um jovem que tinha apenas trinta anos, quando começou Seu ministério, e estava com trinta e três anos, quando o crucificaram.

Não se vingou nem ficou amargurado. Continuou amando Seus inimigos e morreu no lugar dos zombadores, dos que blasfemavam, dos comedores de pães e peixes, dos religiosos que o odiavam.

Ele foi à morte em nosso lugar.

Ele nos ensinou que nem sempre precisamos nos defender, que não temos de nos vingar quando nos acusam injustamente. Podemos viver de forma diferente! Podemos confiar e descansar no Pai em todo momento. Podemos receber ajuda e consolo daquele que passou por maiores menosprezos e sofrimentos do que nós. Ele morreu completamente só. Não possuía nada, até a Sua túnica foi levada pelos soldados. Não teve casa nem qualquer bem material. Até o sepulcro foi emprestado! O Rei do Universo viveu e morreu sem possuir absolutamente nada.

DOR DE ALMA: O nosso Deus tem feridas e conserva Suas cicatrizes

Momentos antes de ser entregue, no Getsêmani, a Sua alma chorou. Tão intenso foi o sofrimento que chegou a transpirar sangue. Ele levou sobre si mesmo TODOS os pecados da humanidade. Ele se fez "inimigo" do Seu Pai — o mais amado por Ele! Assassinatos, ódios, guerras, roubos, violações, mortes, quaisquer outras coisas horríveis que se possam imaginar, caíram sobre Ele. Ele suportou esse peso, aceitou ser o culpado por tudo para nos libertar dessa culpa.

Tão grande foi a Sua dor que o Pai enviou anjos para ajudá-lo. Embora Jesus tenha falado em várias ocasiões, os discípulos não quiseram acreditar, tanto é que ninguém esteve ao Seu lado quando mais precisou de ajuda. Foi preciso chegar a ajuda do céu. "E, levando consigo a Pedro, Tiago e João, começou a sentir-se tomado de pavor e de angústia" (MARCOS 14:33).

A maior dor para Jesus não foi no Seu físico, mas na parte emocional e na parte intelectual: as afrontas, as cusparadas, os menosprezos. A qualquer momento, podia ter respondido, mas escolheu se calar e sofrer. Ao se falar do Seu sofrimento, chama-nos a atenção as vezes que Jesus disse: "cuspirão no Filho do homem". Essa era uma das maiores afrontas e desprezos para um judeu, e significava uma das maiores dores para o Filho de Deus.

Quando chegaram para prendê-lo, Ele disse "Sou eu!". Todos retrocederam e caíram por terra, sem que Ele nada fizesse. Poderia ter castigado aos que cuspiram nele. Poderia ter deixado cair Sua vingança contra os que zombavam dele... Ele respondeu de uma forma completamente diferente, totalmente incompreensível para nós. A "arma" que Jesus usou, quando era acusado injustamente, foi o silêncio. Acusado, não deixou sair uma única palavra dos Seus lábios, nenhuma queixa; Ele estava tomando o cálice que o Pai lhe dera e o fazia sem nenhuma amargura em Sua alma "E, sendo acusado pelos principais sacerdotes e pelos anciãos, nada respondeu" (MATEUS 27:12).

Não se justificou nem quis convencer aos que mentiam. O Seu próprio silêncio surpreendeu os Seus inimigos. Esse silêncio era a maior demonstração de amor para com eles, tanto é que jamais chegaremos a entendê-lo. Como podia ter misericórdia de quem lhe cuspia? Como pode nos amar?

Jesus chorou em Sua dor, e foi ouvido.

Ele, Jesus, nos dias da sua carne, tendo oferecido, com forte clamor e lágrimas, orações e súplicas a quem o podia livrar da morte e tendo sido ouvido por causa da sua piedade, embora sendo Filho, aprendeu a obediência pelas coisas que sofreu (HEBREUS 5:7,8).

A Bíblia diz que Ele pediu ajuda ao Pai, esperando, com lágrimas e clamor, o Seu livramento, de tão intenso que foi o sofrimento. A Palavra de Deus nos descortina, por um momento, o incompreensível caráter eterno da Trindade ao dizer, em poucas palavras, que Jesus clamou, intensamente, e foi ouvido. Ele conheceu, por sua própria experiência, o que custava obedecer até a morte; o sofrimento de seguir a vontade do Altíssimo ao pé da letra! Suportou a ira de Deus que somente nós merecíamos! E saiu com triunfo do maior desafio da história.

Quando nós oramos ao Pai, em nome do Senhor Jesus, estamos falando em nome de alguém que conhece perfeitamente a nossa dor, e sabe exatamente o que sentimos: alguém que nos compreende e sabe o que vivenciamos diante da morte. Jesus levou, sobre si mesmo, o sofrimento da enfermidade; Ele sentindo, em Seu próprio corpo, todas as nossas fraquezas.

DOR ESPIRITUAL: O Silêncio do Pai

Mas para chegar ao maior sofrimento que o nosso Salvador suportou, temos de falar da dor espiritual, do desamparo do Pai. Entramos no lugar mais do que santíssimo e começamos a falar de situações que jamais iremos compreender, nem por toda a Eternidade.

Jesus foi acusado injustamente; a Sua mensagem foi rejeitada e a Sua missão não foi entendida até pelos que mais o amavam. Várias vezes, foi tomado pelo choro em favor das pessoas perdidas, pela sua insensibilidade e incredulidade, e porque, voluntariamente, renunciaram o Salvador... mas nada seria tão terrível como saber que o Pai precisava lhe dar as costas quando tomasse sobre si mesmo o pecado de todo o mundo.

Ninguém poderia suportar a maldade de todos, nem sequer por um único segundo: ódio, vingança, enfermidade, fome, morte... o mais terrível que possamos imaginar! Tudo Jesus tomou sobre os Seus ombros e o levou até a cruz; e não somente os pecados cometidos até aquele momento, mas a total maldade de bilhões de pessoas ao longo da história no futuro.

Naquele momento eterno, chegou o que era mais terrível: o silêncio de Deus.

Várias vezes, na vida do Senhor Jesus, Deus Pai falou do Seu Filho, glorificando-o, revelando, de forma sobrenatural, que Jesus era o prometido Messias. Mas no momento mais importante da vida, quando Jesus agonizava, pendurado na cruz, Deus Pai guardou silêncio. Justo quando Ele mais precisava ouvir Sua voz! No instante em que uma única palavra da parte do Senhor teria feito o olhar de todos se voltar para a cruz...

Não era muito difícil: bastava que Ele dissesse que em três dias iria ressuscitar Seu Filho. Ou simplesmente que fizesse uma demonstração sobrenatural e visível do Seu poder, exatamente como nós lhe pedimos tantas vezes quando estamos em apuros... Mas não foi assim, porque o que Deus desejava era que se cumprisse a Sua vontade até o seu limite total.

Embora não possamos entender, a maneira do Pai "ajudá-lo" era permanecer em silêncio, enquanto o Seu Filho padecia injustamente... até a morte.

Deus Pai suportou voluntariamente todo o peso da lei.

Jesus sempre o chamou de "Pai" e sempre soube que Seu Pai estava com Ele. Porém, naquele momento, teve de exclamar: "Deus meu, Deus meu, por que me desamparaste?".

Deus havia deixado escrito na lei que, se um filho fosse rebelde, os pais teriam de acusá-lo publicamente e apedrejá-lo (DEUTERONÔMIO 21:18). Eles seriam os primeiros a atirar a pedra. A história nos diz que nunca se chegou a esse extremo, porque pais e filhos acertavam suas diferenças antes de precisar aplicar a lei.

Até que Deus Pai suportou, voluntariamente, um peso que não lhe pertencia, uma dor que não devia ter aceito. Um peso imposto a si mesmo por amor a nós. O Seu Filho havia sido o melhor exemplo na história da humanidade. Jesus nunca praticou injustiça.

Jamais desobedeceu.

Cumpriu a vontade do Pai integralmente. Mas o Pai foi o primeiro a condená-lo para que nós não tivéssemos de morrer eternamente. Culpou-o por tudo o que nós havíamos feito. Para que nós pudéssemos chamá-lo de Pai, Deus acusou o Seu próprio Filho.

Depois que o Seu Pai lançou a pedra que mais dor lhe podia provocar — a dor do silêncio e do desamparo — todos nós lançamos nosso ódio e nossa ira contra o Filho de Deus.

Nós fomos a causa da Sua morte. Os culpados pela Sua crucificação.

DEUS DECLARADO CULPADO

Quando contemplamos a cruz, emocionamo-nos ao saber que não mais precisamos levar as culpas. O Messias as levou todas consigo; levou a nossa dor. A própria Palavra de Deus diz que em todas as nossas feridas Ele é ferido (ISAÍAS 63:9).

Apenas uma pessoa terá cicatrizes no céu. Somente um terá marcas em Seu corpo, de tal modo que alguém poderia pensar que a sua parte "externa" não é perfeita devido a essas cicatrizes. Jesus conserva, no céu, as marcas do Seu sofrimento como se fosse uma coroa de amor, porque Ele sofreu nossas dores e levou nossas enfermidades (ISAÍAS 53). E fez isso voluntariamente.

A teologia do sofrimento de Deus pela humanidade é bastante clara, embora seja impossível para nós entendê-la. Ninguém pode dar uma razão para a morte de Jesus. Se você tentar examiná-la com atenção, pode até lhe parecer uma loucura. Não é, porventura, uma loucura que o Filho de Deus tenha ido à cruz, voluntariamente, tomando o lugar de todos os culpados?

É uma loucura, uma loucura de amor. Ele fez isso porque nos ama.

Porque ama a você e a mim! Não se pode explicar, de nenhuma outra forma, isso.

Não sei se é possível dizer mais alguma coisa.

Quem creu em nossa pregação?
(ISAÍAS 53:1).

45) PILATOS: SETE OPORTUNIDADES COM O MESSIAS

Poucos tiveram tantas oportunidades. Bem poucos ouviram as razões pelas quais Jesus queria ir à cruz e tiveram suas perguntas respondidas de uma forma tão direta. Alguém, porventura, entendeu o que Pilatos estava sentindo, os motivos das suas decisões? Sim, houve um que o entendeu, um homem que passou com ele as horas mais decisivas da Sua vida: o próprio Jesus de Nazaré que se encontrou com Pilatos em sete ocasiões.

Uma oportunidade após outra.

Pilatos era uma pessoa fora de série. Ele foi capaz, em certos momentos, de se atrever a defender Jesus como ninguém havia feito. Porém, poucos minutos depois, curvou-se à pressão daqueles que queriam crucificá-lo. Para ele, seus encontros com Jesus foram uma terrível luta entre a verdade e a aparência, entre o que era justo e o que era necessário.

Uma luta entre sua determinação e as decisões de outras pessoas. Vez após outra, reconheceu que tinha diante dele um Rei, mas foi incapaz de fazer o que precisava ser feito. Deixou passar cada oportunidade, sem ter a coragem necessária para acreditar e defender o que sabia que era certo.

PRIMEIRO ENCONTRO...

> *Então, Pilatos saiu para lhes falar e lhes disse: Que acusação trazeis contra este homem? Responderam-lhe: Se este não fosse malfeitor, não te entregaríamos. Replicou-lhes, pois, Pilatos: Tomai-o vós outros e julgai-o segundo a vossa lei. Responderam-lhe os judeus: A nós não nos é lícito matar ninguém; para que se cumprisse a palavra de Jesus, significando o modo por que havia de morrer* (JOÃO 18: 28-33).

A primeira pergunta coincide com a mesma que nós teríamos feito: Que acusação tendes? Não sabemos se Pilatos já conhecia Jesus, ou se havia ouvido falar dele, mas sua primeira reação foi querer se descartar do problema: "Tomai-o vós outros e julgai-o segundo a vossa lei".

Desde o começo, ele deixou claro que não queria se comprometer e procurou convencer a si mesmo e a todos de que não estava a favor nem contra o Nazareno; simplesmente não queria tomar uma decisão. Pilatos seria o melhor exemplo para agnósticos e indiferentes caso eles procurassem ter um "líder".

É possível que sua atitude seja uma das mais defendidas hoje em dia, ou algumas vezes não defendidas. Porque, por trás da frase "isto não é comigo", existe muito de indiferença e de indecisão existencial. Por trás de muitas atitudes, aparentemente agnósticas, encontramos pouca capacidade e interesse para se chegar a fundo no assunto.

> ELE SERIA O MELHOR MODELO PARA AGNÓSTICOS E INDIFERENTES SE ELES ACEITASSEM TER UM "LÍDER".

Sempre é mais fácil dizer que não queremos saber de nada e permanecermos fora da discussão. O problema foi que Pilatos não podia sair da situação porque o assunto estava com ele. O mesmo aconteceria conosco, pois seria impossível ficarmos indiferentes naquele momento da história. É incompreensível querer deixar de lado o Deus crucificado.

Tendo Pilatos ouvido isto, perguntou se aquele homem era galileu. Ao saber que era da jurisdição de Herodes, estando este, naqueles dias, em Jerusalém, lhe remeteu. Herodes, vendo a Jesus, sobremaneira se alegrou, pois havia muito queria vê-lo, por ter ouvido falar a seu respeito; esperava também vê-lo fazer algum sinal. E de muitos modos o interrogava; Jesus, porém, nada lhe respondia. Os principais sacerdotes e os escribas ali presentes o acusavam com grande veemência. Mas Herodes, juntamente com os da sua guarda, tratou-o com desprezo, e, escarnecendo dele, fê-lo vestir-se de um manto aparatoso, e o devolveu a Pilatos. Naquele mesmo dia, Herodes e Pilatos se reconciliaram, pois, antes, viviam inimizados um com o outro. Então, reunindo Pilatos os principais sacerdotes, as autoridades e o povo, disse-lhes: Apresentastes-me este homem como agitador do povo; mas, tendo-o interrogado na vossa presença, nada verifiquei contra ele dos crimes de que o acusais. Nem tampouco Herodes, pois no-lo tornou a enviar. É, pois, claro que nada contra ele se verificou digno de morte. Portanto, após castigá-lo, soltá-lo-ei. [E era-lhe forçoso soltar-lhes um detento por ocasião da festa.] Toda a multidão, porém, gritava: Fora com este! Solta-nos Barrabás! Barrabás estava no cárcere por causa de uma sedição na cidade e também por homicídio. Desejando Pilatos soltar a Jesus, insistiu ainda. Eles, porém, mais gritavam: Crucifica-o! Crucifica-o! Então, pela terceira vez, lhes perguntou: Que mal fez este? De fato, nada achei contra ele para condená-lo à morte; portanto, depois de o castigar, soltá-lo-ei. Mas eles instavam com grandes gritos, pedindo que fosse crucificado. E o seu clamor prevaleceu (LUCAS 23: 6-12).

Pilatos encontrou uma saída: enviou Jesus a Herodes... e se fizeram amigos. Ele sabia que Herodes zombava do rei dos judeus, mas se tonou seu amigo. Estava certo de que, dias mais tarde, falariam do

Galileu, e Pilatos lhe falaria da dignidade e inocência que encontrou em Jesus. Apesar de tudo, a partir daquele momento, Pilatos se fez amigo do ditador.

Ele preferiu a amizade de um assassino à amizade do seu Criador.

Quando os escribas e fariseus, os sumos sacerdotes e o povo escolheram Barrabás em vez do Messias, Pilatos não deve ter estranhado muito porque, afinal, pouco antes ele havia feito o mesmo. Herodes era, sem qualquer dúvida, muito mais malvado que Barrabás, e Pilatos preferiu ficar com Barrabás.

> A PRIMEIRA REAÇÃO DE PILATOS DIANTE DE JESUS É A MESMA DE MUITA GENTE HOJE EM DIA: "ISTO NADA TEM A VER COMIGO".

SEGUNDO ENCONTRO...

Tornou Pilatos a entrar no pretório, chamou Jesus e perguntou-lhe: És tu o rei dos judeus? Respondeu Jesus: Vem de ti mesmo esta pergunta ou to disseram outros a meu respeito? Replicou Pilatos: Porventura, sou judeu? A tua própria gente e os principais sacerdotes é que te entregaram a mim. Que fizeste? Respondeu Jesus: O meu reino não é deste mundo. Se o meu reino fosse deste mundo, os meus ministros se empenhariam por mim, para que não fosse eu entregue aos judeus; mas agora o meu reino não é daqui (JOÃO 18: 33-36).

Na segunda vez que o governador teve a oportunidade de falar com Jesus, fez-lhe várias perguntas. Ele queria saber mais. Ele entendeu que o Messias tinha algo para lhe oferecer, ou pelo menos, algo importante para lhe dizer. As perguntas de Pilatos não foram escolhidas ao acaso. Elas são fruto de uma mente inteligente! Em certo sentido, poderíamos dizer que foram três perguntas fundamentais no evangelho:

1. És tu o rei dos judeus?

2. Que tens feito?
3. O que é a verdade?

Observe as respostas de Jesus às mesmas perguntas que muitos fazem hoje em dia:

Em primeiro lugar, todos precisamos tomar uma decisão quanto ao "rei dos judeus". O Messias estava sendo apresentado, naquele momento, como o rival do César romano. Com o tempo, a história nos diz que os Seus seguidores acabaram destruindo o império, quase sem o querer. Não de forma literal, porque Jesus não veio para isso, mas, sim, espiritualmente, porque os valores e os princípios morais do cristianismo vigoram até hoje, mas os do império romano, não mais.

Se dissermos que Jesus é o Rei, teremos que responder à pergunta de Jesus (v.34): "Vem de ti mesmo esta pergunta ou to disseram outros a meu respeito?". Isso é muito mais do que uma pergunta! É o nosso coração que declara Jesus como rei? Ou Ele é rei porque outros assim o disseram? É Ele o mais importante em nossa vida, o Rei com letra maiúscula?

"Que tens feito? ", foi a segunda pergunta de Pilatos. Pode alguém ler sobre a vida de Jesus e permanecer insensível? Pilatos perguntou de uma forma negativa, pensando que algo Ele devia ter feito para estar ali, sendo acusado por todos. Mas essa questão continua de pé porque o que realmente tem revolucionado a história da humanidade é o que Jesus fez. O que Ele fez por nós, por você e por mim.

No momento decisivo, chegou a terceira pergunta: "Que é a verdade?" Existe algo a mais? Qual é o sentido de tudo? Pilatos perguntou porque sabia que precisava seguir a verdade, mas não queria praticá-la se ela o impedisse de chegar até o limite das suas ambições.

Ele fez a pergunta e esperou que Jesus não lhe respondesse. Ele não queria conhecer a verdade, apenas queria usá-la para se esconder atrás dela. Mesmo assim, essa pergunta é importantíssima. Se conhecermos a verdade, devemos conduzir nossa vida por ela. Não podemos nos esquivar.

Qual será a nossa resposta? Menosprezar a Verdade, pensando ou dizendo que não a conhecemos? O que tem mais valor? O que é verdadeiro, ou a pressão dos que nos querem enganar com suas mentiras? "Então, os principais sacerdotes o acusavam de muitas coisas. Tornou Pilatos a interrogá-lo: Nada respondes? Vê quantas acusações te fazem! Jesus, porém, não respondeu palavra, a ponto de Pilatos muito se admirar" (MARCOS 15:3-5).

Na primeira vez que Pilatos se encontrou com Jesus, procurou ser indiferente. Pensou que nada tinha a ver com Ele. Naquele outro momento, depois de lhe ter feito apenas três perguntas, Pilatos estava impressionado. Via como o atacavam, e o Messias não respondeu, nem se defendeu quando foi declarado culpado. Acostumado com as mentiras das pessoas, que inclusive eram capazes de matar para defender suas vidas, de repente o governador se encontrou com uma pessoa inocente, capaz de permanecer calado.

De acordo com as leis romanas, um acusado que não se defendesse seria declarado culpado, e os dois sabiam disso. Pilatos teve à sua frente um líder que não quis impor as suas ideias, mas simplesmente deixou que Deus atuasse (MARCOS 15:5). Alguém cuja dignidade era tão elevada que ultrapassava qualquer condição humana.

> NO SEU SEGUNDO ENCONTRO COM JESUS, PILATOS FEZ TRÊS DAS PERGUNTAS MAIS INTELIGENTES DO EVANGELHO.

TERCEIRO ENCONTRO...

Tendo dito isto, voltou aos judeus e lhes disse: Eu não acho nele crime algum. É costume entre vós que eu vos solte alguém por ocasião da Páscoa; quereis, pois, que vos solte o rei dos judeus? Então, gritaram todos, novamente: Não este, mas Barrabás! Ora, Barrabás era salteado" (JOÃO 18:38,39).

Pilatos nunca pôde ser ele mesmo. Ele procurou reagir sem saber como fazer. Alguma coisa mudou no seu íntimo, porque começou a perceber que não estava julgando um homem, mas alguém sobrenatural. A partir daquele momento, parecia não se preocupar muito com o que os outros poderiam dizer. Ele apenas queria livrar Jesus, de qualquer maneira.

Foi o primeiro a defender Jesus: publicamente, declarou que Jesus era um homem sem culpa, que não havia cometido qualquer delito. Começou a enfrentar a todos, dizendo que aquele homem, menosprezado, indesejado, cuspido e odiado, não era alguém natural. A sua admiração por Jesus cresceu por alguns momentos!

> *E, estando ele no tribunal, sua mulher mandou dizer-lhe: Não te envolvas com esse justo; porque hoje, em sonho, muito sofri por seu respeito. Mas os principais sacerdotes e os anciãos persuadiram o povo a que pedisse Barrabás e fizesse morrer Jesus* (MATEUS 27:19,20).

Como se fossem poucas as dúvidas que ele tinha, sua mulher lançou mais lenha na fogueira ao lhe dizer que não fizesse nenhum mal àquele justo. A sua esposa confrontou-o com a verdade, ao lhe explicar que sofrera em sonhos por causa dele. Por isso, Pilatos teve mais motivos para ser ele mesmo, para não ceder ante às pressões dos outros. Mesmo assim, não quis enfrentar diretamente o poder, nem defendeu os seus princípios, apenas buscou uma desculpa para soltar Jesus.

Ele pensou que, se colocasse aquele homem digno e sem culpa, apesar de todo o menosprezo, frente a frente com um ladrão ou assassino desprezível, todos libertariam o chamado rei dos judeus... mas assim não aconteceu. Era tão grande o ódio dos líderes religiosos, que escolheram Barrabás, em vez do Messias. Eles teriam preferido qualquer um! Teriam desejado ver libertado qualquer assassino em lugar de Jesus.

Pilatos começou a ceder à pressão, preferiu acompanhar a maioria. Poderia ter chegado a conhecer mais o Messias, e talvez pudesse chegar a ser salvo. A admiração pode ser um dos primeiros passos para a nossa salvação, mas o governador acabou renunciando a tudo.

Se Pilatos admirou Jesus e sabia que Ele não havia cometido qualquer delito, por que decidiu açoitá-lo?

Fez isso, mesmo sabendo que era completamente ilegal açoitar um homem inocente e que absolutamente nada havia contra aquele Jesus de Nazaré. Eles o haviam entregue unicamente por inveja! (MARCOS 15:10).

> PILATOS ADMIROU JESUS, MAS NÃO FOI CAPAZ DE SE COMPROMETER COM ELE.

QUARTO ENCONTRO...

Então, por isso, Pilatos tomou a Jesus e mandou açoitá-lo. Os soldados, tendo tecido uma coroa de espinhos, puseram-lhe na cabeça e vestiram-no com um manto de púrpura. Chegavam-se a ele e diziam: Salve, rei dos judeus! E davam-lhe bofetadas. Outra vez saiu Pilatos e lhes disse: Eis que eu vo-lo apresento, para que saibais que eu não acho nele crime algum (JOÃO 19:1-4).

Ele castigou Jesus. Açoitou o Salvador. Feriu o Rei.

Um Rei coroado de espinhos que recebeu bofetadas, em vez de reverências.

Um Rei que foi cuspido, em vez de ser beijado; um Rei empurrado, zombado e açoitado. O governador pensou que um rei assim despertaria a compaixão do povo, acreditou que o deixariam ir depois de o ver maltratado e açoitado. Ele imaginou que podia ferir o Rei dos reis, e virar a página do livro da história como se nada tivesse acontecido.

Para mais uma demonstração do caráter de Pilatos, o autor do evangelho escreve: "Que mal fez ele? Perguntou Pilatos. Porém cada vez clamavam mais: Seja crucificado! Vendo Pilatos que nada conseguia, antes, pelo contrário, aumentava o tumulto, mandando vir água, lavou as mãos perante o povo, dizendo: Estou inocente do sangue deste [justo]; fique o caso convosco!" (MATEUS 27:23,24).

Pilatos jamais se preocupou com as consequências das suas decisões. Ele era um homem cruel, verdadeiramente cruel. Lucas menciona que, em várias ocasiões, havia ordenado a morte de muitas pessoas, misturando o sangue deles com os sacrifícios (LUCAS 13:1). Ele já havia condenado inocentes anteriormente. A sua voz não tremeu quando teve de dar a ordem para executar homens, mulheres e crianças.

Naquele momento, sua voz vacilou diante do fato de poder estar condenando o próprio Filho de Deus. E ele pensou que podia acertar tudo lavando suas mãos. Continuou pensando o mesmo de quando viu Jesus pela primeira vez: que ele nada tinha que ver com aquilo.

Dois mil anos depois, o ser humano segue considerando Deus responsável pelo que lhe acontece.

QUINTO ENCONTRO...

Saiu, pois, Jesus trazendo a coroa de espinhos e o manto de púrpura. Disse-lhes Pilatos: Eis o homem! Ao verem-no, os principais sacerdotes e os seus guardas gritaram: Crucifica-o! Crucifica-o! Disse-lhes Pilatos: Tomai-o vós outros e crucificai-o; porque eu não acho nele crime algum. Responderam-lhe os judeus: Temos uma lei, e, de conformidade com a lei, ele deve morrer, porque a si mesmo se fez Filho de Deus. Pilatos, ouvindo tal declaração, ainda mais atemorizado ficou (JOÃO 19:4-8).

A dignidade do Rei não tem limites. Mesmo coroado de espinhos, vestido com um manto de menosprezo e cheio de feridas, o Messias apareceu diante de todos com a maior honra da história. Sem atrativos, sem formosura, mas com toda a glória da eternidade; com o brilho do Rei servo, com o esplendor da inocência e a justiça inquebrantável, com a beleza da compaixão. Por trás dos insultos, dos gritos e da inconsciência dos que viviam amparados na multidão, muitos dos que o viram jamais puderam se esquecer da majestade velada do Messias.

Pilatos levou Jesus para fora outra vez. Naquele instante, porém, já não o apresentou como Rei, e declarou: "Eis o homem". Se a tristeza por ver Deus açoitado não comoveu a multidão, o governador pensou que poderia despertar a compaixão de todos ao vê-lo como um ser indefeso; como alguém que já sofrera demais.

Pilatos sentiu medo. Sabia que não havia qualquer delito em Jesus e que não podia condená-lo. Mas, ao mesmo tempo, não queria enfrentar a todos. Ele, que deveria ser juiz, não se atreveu a dar a última palavra. Aquele homem cuja voz não tremeu ao dar ordens para matar inocentes, naquele momento não se atreveu a crucificar o rei dos judeus.

Ele foi tomado pelo temor: Será que Jesus é Deus? Quando alguém chega a essa pergunta e a deixa sem resposta, o temor ocupa completamente a sua vida. Quando não decidimos seguir o Messias, o medo toma conta de todas as partes da nossa existência e se torna cada vez mais difícil sairmos de onde nós estamos, porque esse medo nos paralisa e nos aprisiona.

> Longe de se decidir, Pilatos vai se enchendo de medo a cada momento que passa.

SEXTO ENCONTRO...

Então, Pilatos o advertiu: Não me respondes? Não sabes que tenho autoridade para te soltar e autoridade para te crucificar? Respondeu Jesus: Nenhuma autoridade terias sobre mim, se de cima não te fosse dada; por isso, quem me entregou a ti maior pecado tem. A partir deste momento, Pilatos procurava soltá-lo, mas os judeus clamavam: Se soltas a este, não és amigo de César! Todo aquele que se faz rei é contra César! (JOÃO 19:9-12).

Pilatos voltou a falar com Jesus a sós. Ele queria saber mais. Buscou alguma razão que o ajude a ser corajoso. Lutou para encontrar tempo para tomar sua próxima decisão. Sabia que era uma injustiça que estava praticando a maior injustiça da sua vida... e que podia ser a maior injustiça da história. Precisava voltar a ouvir Jesus! A Bíblia se encarrega de fazer um destaque, ao dizer "entrou de novo".

Pilatos, naquele momento, não dava a impressão de que não podia crer, antes mostrava que não desejava acreditar. "De onde és?", perguntou ao Senhor. Era uma forma de lhe perguntar: Qual é a tua origem? Que existe de mistério em ti? Diz-me algo que valha a pena, algo para que eu te possa defender! Era a mesma prova que os líderes religiosos lhe haviam pedido tantas vezes: "Mestre, queremos ver de tua parte algum sinal".

Jesus guardou silêncio. Já não tinha mais o que acrescentar. Naquele momento, era Pilatos quem deveria falar. Ele era quem deveria decidir, de uma vez por todas. Aquele era o momento mais importante da sua vida.

O curioso é que Pilatos continuou dizendo grandes verdades: "Não sabes que tenho autoridade para te soltar...". No caso dele, era uma autoridade direta, física, inquestionável. Em nosso caso, é uma autoridade espiritual: nós é que decidimos se crucificamos Jesus, ou não; se morre em nosso lugar, ou não.

Pilatos queria crer. Era quase um crente, mas... os judeus gritaram, e as palavras deles soaram mais alto do que ele podia suportar. Chegaram ao mais profundo da sua alma quando lhe disseram: "Se soltas a este, não és amigo de César! " Foi demais para Pilatos, e talvez demais para qualquer um de nós. Afinal, defender o Messias judeu era uma coisa, mas se comprometer publicamente com Ele, perdendo tudo de que mais gostava, era algo bem diferente.

Ganhar a amizade do Criador à custa de perder a influência de outras pessoas é algo demasiado para muitos. "Então, Pilatos, querendo contentar a multidão, soltou-lhes Barrabás; e, após mandar açoitar a Jesus, entregou-o para ser crucificado" (MARCOS 15:15).

> PERTO DO FIM, APARECE O VERDADEIRO PROBLEMA PARA MUITOS:
> DECIDIR POR JESUS É VIVER CONTRA A CORRENTEZA.

SÉTIMO E ÚLTIMO ENCONTRO...

Ouvindo Pilatos estas palavras, trouxe Jesus para fora e sentou-se no tribunal, no lugar chamado Pavimento. Disse-lhes Pilatos: Hei de crucificar o vosso rei? Responderam os principais sacerdotes: Não temos rei, senão César! Então, Pilatos o entregou para ser crucificado. Tomaram eles, pois, a Jesus; e ele próprio, carregando a sua cruz, saiu para o lugar chamado Calvário, Gólgota em hebraico, onde o crucificaram e com ele outros dois, um de cada lado, e Jesus no meio. Pilatos escreveu também um título e o colocou no cimo da cruz; o que estava escrito era: JESUS NAZARENO, O REI DOS JUDEUS. Muitos judeus leram este título, porque o lugar em que Jesus fora crucificado era perto da cidade; e estava escrito em hebraico, latim e grego. Os principais sacerdotes diziam a Pilatos: Não escrevas: Rei dos judeus, e sim que ele disse: Sou o rei dos judeus. Respondeu Pilatos: O que escrevi, escrevi (JOÃO 19:13-22).

Essa foi a última oportunidade que Pilatos teve. De certa maneira, parece-nos como se fosse também a última oportunidade para muitas pessoas hoje:

"Se você aceitar Jesus, você não é amigo do mundo...".

Pilatos se assentou no tribunal. Todos fazem isso alguma vez, porque todos precisam tomar uma decisão quanto a Jesus. Pilatos o condenou. Ele disse a todos: "Eis aqui o vosso rei". E, como cada palavra que ele proferiu parecia ter sido escolhida com cuidado, aquele foi o verdadeiro problema dele: jamais aceitou Jesus como seu próprio Rei.

A multidão disse não querer outro rei que não fosse César, renunciando assim ao maior privilégio que poderia existir, e também à maior liberdade como povo. Muito mais ainda, quando consideramos que César era aquele que os escravizava!

Mesmo com o passar dos anos, a multidão de hoje continua sendo a mesma. Existem os que preferem qualquer coisa que os escravize a entregar suas vidas àquele que lhes concede a liberdade. Muitos continuam escolhendo como rei, em suas vidas, tudo quanto os destrói: o pecado, o orgulho, o materialismo, o dinheiro, o poder, o próprio diabo... Cada um conhece melhor do que ninguém a sua própria lista.

> *Mas eles instavam com grandes gritos, pedindo que fosse crucificado. E o seu clamor prevaleceu. Então, Pilatos decidiu atender-lhes o pedido. Soltou aquele que estava encarcerado por causa da sedição e do homicídio, a quem eles pediam; e, quanto a Jesus, entregou-o à vontade deles* (LUCAS 23:23-25).

Pilatos entregou o Criador à vontade deles. Quantas vezes a opinião de terceiros influi mais do que a opinião do próprio Deus! Lucas diz isso de uma forma admirável... "e quanto a Jesus, entregou-o à vontade deles." Pilatos decidiu entre os princípios morais e a sua ambição pessoal; entre o que era justo e o que era vantajoso; entre o que se deve defender e o que se tem a ganhar; entre o que o coração diz e o que dizem os outros.

Ele decidiu mal e perdeu a vida.

> MESMO DEPOIS DE SER CRUCIFICADO, JESUS CONTINUOU FALANDO A PILATOS, MAS ELE NÃO QUIS OUVIR.

Reconheceu Jesus publicamente como Rei, mas isso de nada lhe serviu. Recebeu da sua própria família a confirmação de que Ele era Rei, mas não se comprometeu. Defendeu, diante de todos, que Jesus era o Messias, inclusive mandando colocar um título no alto da cruz. Entretanto, não soube levar aquelas palavras ao seu coração. Não quis seguir a verdade, embora soubesse qual era a verdade. Não quis enfrentar a maioria, e perdeu a sua vida.

Mesmo depois de tê-lo crucificado, Pilatos continuou ouvindo falar do Nazareno. Deus continuava a buscá-lo, e o governador voltou a se impressionar; voltou a ter Jesus perto dele, mesmo depois de Ele ter morrido. Voltou a ouvir dos ensinamentos do Messias quando lhe garantiram que Ele havia falado da Sua ressurreição, mas nada aconteceu na sua vida. Mesmo depois de ser crucificado, Jesus continuou falando a Pilatos, mas ele não quis ouvir. Não quis comprovar se o Messias realmente havia ressuscitado.

Não quis se comprometer com Ele publicamente, muito menos, iria fazê-lo depois que Ele morreu. Pelo menos, foi isso que ele deve ter pensado.

Mas Pilatos admirou-se de que ele já tivesse morrido. E, tendo chamado o centurião, perguntou-lhe se havia muito que morrera. Após certificar-se, pela informação do comandante, cedeu o corpo a José (MARCOS 15:43-45).

No dia seguinte, que é o dia depois da preparação, reuniram-se os principais sacerdotes e os fariseus e, dirigindo-se a Pilatos, disseram-lhe: Senhor, lembramo-nos de que aquele embusteiro, enquanto vivia, disse: Depois de três dias ressuscitarei. Ordena, pois, que o sepulcro seja guardado com segurança até ao terceiro dia, para não suceder que, vindo os discípulos, o roubem e depois digam ao povo: Ressuscitou dos mortos; e será o último embuste pior que o primeiro. Disse-lhes Pilatos: Aí tendes uma escolta; ide e guardai o sepulcro como bem vos parecer. Indo eles, montaram guarda ao sepulcro, selando a pedra e deixando ali a escoltou (MATEUS 27:62-66).

Pilatos morreu, Jesus continua vivo. Ninguém mais se preocupou com Pilatos porque ele "faleceu" no exato momento quando disse seu último NÃO ao Senhor Jesus. Da mesma forma, muitas pessoas morrem em vida quando perdem sua última oportunidade de seguir a Jesus, quando vão se perdendo lentamente com a enganadora expressão do "o que dirão" as outras pessoas.

Por isso, a pergunta de Pilatos ainda persiste. Continua viva para todos, e todos precisamos respondê-la. Dar a resposta por nós mesmos, não através do governador, porque agora não é tão importante conhecer as oportunidades que ele teve, e como desprezou o Salvador. Agora o crucial não é examinar a história e ver em que Pilatos errou.

Este é o momento de responder a sua pergunta pessoalmente, de uma forma direta e ao mesmo tempo simples, mas sabendo que a resposta é absolutamente transcendental, porque toda a nossa vida depende do que dissermos em resposta:

Replicou-lhes Pilatos: Que farei, então, de Jesus, chamado Cristo?
(MATEUS 27:22).

Tome a sua cruz e siga-me (MARCOS 8:34).

46 SIMÃO, O CIRENEU

Um homem voltava do seu trabalho pela manhã. Ele havia saído para trabalhar ao amanhecer, e todos os seus pensamentos se concentravam na necessidade de logo chegar à sua casa e comer com sua família.

De repente, viu uma grande multidão e duvidou. Não sabia se seguia pelo caminho que o levaria ao meio da multidão, ou dava uma pequena volta para não se meter naquele tumulto. Na dúvida, seguiu em frente e pensou que não valia a pena perder tempo procurando evitar um grupo de pessoas tremendamente exaltadas.

À medida que foi se aproximando, começou a mudar de ideia, porque o número de pessoas ia crescendo a cada momento que o tempo passava. A multidão acompanhava um simples homem galileu, conforme lhe disseram, que caminhava com dificuldade para se manter em pé, enquanto seguia ao lugar chamado de "A Caveira", carregando uma cruz. Quanto mais se aproximava, mais impressionado ficava e menos entendia o que estava acontecendo.

Simão era um homem trabalhador, não tinha tempo para ver execuções públicas e se interessar pelas notícias dos últimos dias. Apenas queria trabalhar, ajudar sua família e seguir seu caminho. Os soldados que acompanhavam Jesus viram-no e perceberam que ele era um homem forte, bem-disposto... e pensaram que tinha a força necessária para ajudar a carregar a cruz do chamado rei dos judeus.

Sem tempo para pensar, nem para tomar alguma decisão, ele foi envolvido por aquele tumulto de paixão e ódio. A cruz que o nazareno carregava foi colocada sobre os seus ombros. Eles, os romanos, os que sempre determinavam, obrigavam e menosprezavam o povo, obrigaram Simão a fazer aquilo. Viram que os ombros dele estavam acostumados a carregar qualquer tipo de peso e suas mãos calejadas demonstravam sua inclinação ao trabalho duro. Obrigaram-no a carregar a cruz, sem qualquer saída para ele.

Enquanto caminhava na direção do Calvário, Simão observava aquele que era chamado de Mestre de Nazaré, cujas palavras e ações de que o povo falava, haviam chegado aos seus ouvidos.

E, como o conduzissem, constrangendo um cireneu, chamado Simão, que vinha do campo, puseram-lhe a cruz sobre os ombros, para que a levasse após Jesus. Seguia-o numerosa multidão de povo, e também mulheres que batiam no peito e o lamentavam (LUCAS 23:26,27).

Ao saírem, encontraram um cireneu, chamado Simão, a quem obrigaram a carregar-lhe a cruz (MATEUS 27:32).

> À MEDIDA QUE O TEMPO PASSAVA, E ENQUANTO CONTEMPLAVA O ROSTO DO HOMEM QUE IRIA SER CRUCIFICADO, O CORAÇÃO DE SIMÃO FOI MUDANDO, SEM ELE PERCEBER.

Simão queria continuar com os seus planos e seu trabalho. Ninguém gosta que lhe coloquem uma cruz nos ombros, mesmo que seja em caráter circunstancial e momentâneo. Ele quis se opor, e dizer que não. Pensou em gritar ou sair correndo, mas algo além da sua vontade o arrastou até os pés do Mestre para tomar a cruz e contemplar, durante segundos intermináveis, o rosto de quem, voluntariamente, caminhava para a morte.

Enquanto o tempo passava, e à medida que começava a descobrir as razões por que o tal Jesus fora condenado, o coração de Simão foi sendo mudado, sem ele perceber.

O cansaço, o suor e, de certa forma, a surpresa daquele momento não lhe permitiram refletir no que estava acontecendo. Jesus de Nazaré, o chamado Mestre, fora declarado culpado, sem se saber de qual delito. E, naqueles instantes, caminhava menosprezado, cuspido, insultado e lamentado ao mesmo tempo. Simão o viu e não pôde deixar de se admirar. Aquele de quem tantas vezes havia ouvido falar, naquele momento, caminhava ao seu lado, um pouco mais descansado por não ter de carregar a cruz, mas suportando o menosprezo que nunca alguém havia enfrentado.

Os minutos se tornaram intermináveis, em parte devido ao peso da cruz, mas acima de tudo pela sensação cada vez maior de que aquele ser humano que seguia com ele era alguém mais do que um líder religioso. Cada gesto de Jesus, cada palavra, cada momento era examinado, com todo o coração, por Simão, o homem forte e leal que, com o passar do tempo, acredita estar vivenciando o momento mais importante da sua vida.

Subir pela via dolorosa ao lado do Salvador não deixou Simão indiferente. De forma alguma. Não sabemos se procurou falar com Jesus ou pedir-lhe explicações sobre a crucificação; tampouco sabemos se Jesus teve a oportunidade de lhe dizer algumas palavras ou fixou nele o olhar como tantas vezes Ele havia feito com os que o seguiram.

DEUS ACEITA COM AGRADO O SOFRIMENTO, A DOR E A ZOMBARIA.

O Messias caminhava, açoitado, ferido, zombado, humilhado, cansado. Qualquer outra pessoa em Seu lugar teria se rebelado contra o seu "destino" e teria aceito uma das duas saídas mais procuradas: a resignação ou o ódio. Não foi o que aconteceu com Jesus. Se, ao longo da Sua vida, Ele soube reagir de uma forma superior nos momentos mais difíceis, nos momentos antes de morrer, o Salvador aceitou com agrado o sofrimento, a dor e o escárnio. Aquela atitude tanto impressionou Simão que deixou de pensar no que estava à sua volta, para poder fixar seu olhar em Jesus. Começou a não se preocupar com as suas necessidades ou seu cansaço, mas em querer caminhar o mais perto possível do Nazareno.

Simão ouviu a palavra que Ele deu às mulheres quando elas choravam muito ao verem seu Salvador ferido. Jesus lhes disse: "Filhas de Jerusalém não choreis por mim..." (LUCAS 23:28). Simão escutou com admiração o perdão de Jesus, o carinho, a suavidade, a ajuda, a preocupação com os outros. Simão viu como quase todos zombavam de Jesus, cuspiam nele e o empurravam; como blasfemavam, ao vê-lo, e gritavam contra Ele.

Quando chegaram ao ponto mais alto, e Jesus foi crucificado, Simão viu como o Messias recusou o vinho e a mirra para amenizar a dor. Aquelas coisas o impressionaram. Ele era um homem forte que conhecia o cansaço e o sofrimento provocados pelo trabalho. Por isso, ele se perguntava: Quem é este que, no limite da exaustão quer sentir TODA a dor sem procurar amenizá-la? Quando pregaram Jesus na cruz, Simão se esqueceu dos seus planos e o desejo de voltar logo para casa. Devia descansar um pouco, porque a subida pela via dolorosa carregando aquela cruz, deixaram-no exausto apesar da sua força e sua coragem.

Quando os soldados romanos pregaram as mãos e os pés de Jesus e o ergueram, soltando as cordas com as quais colocaram a cruz no lugar, com a frieza de quem está acostumado ao escárnio e a dor dos outros, Simão continuou assombrado. As primeiras palavras que o crucificado exclamou não foram uma queixa interminável e lógica. Tampouco uma maldição contra aqueles que lhe tiravam a vida, embora tivesse todo o direito de assim o fazer. Não, o que Jesus disse, em voz alta, foi:

"Pai, perdoa-lhes, porque não sabem o que fazem" (LUCAS 23:24).

Ninguém esperava tais palavras. Bem poucos a entenderam, e muito menos Simão, que havia levado uma minúscula parte do sofrimento, e ouvia como Jesus perdoava Seus inimigos. Se a ele, Simão, a subida ao Calvário levando a cruz o havia deixado exausto, como podia Jesus pedir aquele perdão?

Cada momento que passava, cada palavra que ouvia, fazia crescer em Simão a admiração, o respeito e o afeto pelo crucificado. Pode ser que tenha permanecido ao pé da cruz para ver como tudo terminaria. Pode ser que tenha percebido a preocupação de Jesus com sua mãe, Maria e João. Certamente ouviu o grito de dor pelo desamparo de Deus. Ele estava ali quando Cristo entregou Seu espírito e declarou que tudo estava cumprido.

Quando Simão voltava para casa, viu como o sol escureceu e a terra tremeu com a morte do chamado Messias. Somente ele sabia do que passou pela sua mente naqueles momentos, somente Simão poderia nos explicar o que foi que transformou o seu coração: se foi o olhar do Messias, Suas palavras, Sua firmeza diante da morte, ou a reação da própria natureza. O certo é que Simão jamais voltou a ser o mesmo.

A Bíblia nos permite dizer que ele creu em Jesus juntamente com a sua família.

Marcos nos dá alguns detalhes que somente se conheceram mais tarde. Deus queria nos dar a entender que existe uma razão para tudo. E, nesse caso, o mais importante não é a razão, mas as consequências... "E obrigaram a Simão Cireneu, que passava, vindo do campo, pai de Alexandre e de Rufo, a carregar-lhe a cruz. E levaram Jesus para o Gólgota, que quer dizer Lugar da Caveira" (MARCOS 15:21,22).

Simão era pai de Alexandre e Rufo. Ninguém os conhecia, no momento quando Jesus subiu o caminho ao Calvário, mas os dois eram bastante conhecidos na comunidade onde Marcos escreveu seu evangelho. O apóstolo Paulo nos dá um importante detalhe da história da família deles quando escreve: "Saudai Rufo, eleito no Senhor, e igualmente a sua mãe, que também tem sido mãe para mim" (ROMANOS 16:13).

> TALVEZ O PRÓPRIO SIMÃO TENHA EXPLICADO AO ANTIGO PERSEGUIDOR DOS CRISTÃOS MUITAS COISAS SOBRE A CRUZ.

A cruz de Cristo foi fundamental na vida de Paulo, como também o foi na vida de Simão cireneu e de sua família. Não foram os soldados que obrigaram Simão a carregar a cruz: foi o próprio Deus que moveu os fios da história, porque estava buscando Simão e sua família. Ele os amava e por isso escolheu Simão para carregar a cruz. Deus, em Seus planos eternos, queria que alguém explicasse a Paulo, passo a passo, o que havia acontecido na crucificação do Seu Filho. E Ele escolheu Simao para estar ao lado do apóstolo.

Deus quer ensinar a cada um de nós lições de grande valor: quando ele nos busca, precisamos obedecer-lhe. Não há outra saída. Embora nos pareça, no começo, algo inconveniente ou uma obrigação aquilo que Ele nos pede, ou embora não entendamos o que está acontecendo. Deus escolheu quem, aparentemente, não tinha importância: um homem que trabalhava no campo e que quase nada sabia do evangelho, para que os filhos dele fossem colunas da igreja e que toda a sua família ajudasse o apóstolo Paulo de uma forma surpreendente e única.

Cada vida tem um valor supremo para Deus, e nós não poderemos entender isso até que aprendamos a ver tudo sob o ponto de vista de Deus. O máximo que podemos compreender é o que acontece em uma vida, mas Deus vê muito além: cada decisão que tomamos tem repercussões eternas. Cada ato de obediência que praticamos, por mais simples que pareça ser, fica registrado na eternidade.

Para carregar a cruz de Jesus, Deus escolheu uma das poucas pessoas que não haviam zombado do Seu Filho. Simão não tinha sido curado. Talvez não tenha escutado os ensinamentos de Jesus, nem chegou a ver algum milagre. Pode ser que não soubesse que Jesus ressuscitou mortos, nem tenha tido a oportunidade de ver como o mar lhe obedecia... mas Deus o levou ao caminho da cruz porque Ele o escolheu. Ele "obrigou" Simão a ver a ternura de Jesus nos momentos finais da Sua vida.

Deus tem um propósito para conosco! Todos somos especiais para Ele! Deus nos usa, embora não tenhamos tido as oportunidades que outros tiveram. Deus pode usar até os nossos inimigos para que cumpramos a Sua vontade. Foram os romanos que obrigaram Simão a levar a cruz. Não devemos nos queixar quando não entendemos uma situação, porque Deus está por trás daquilo que acontece. Nada foge dos Seus planos, não existem as coincidências ou a sorte. Deus sabe que um encontro apenas com Jesus transforma a vida para sempre.

Hoje em dia, existem muitas pessoas iguais a Simão a quem Deus confia uma tarefa. Às vezes, podemos achar que são pessoas de pouco valor, mas são muito importantes para o Mestre. Depende deles que o evangelho chegue a todo o mundo. Eles serão os que vão ajudar e fortalecer as vidas de muitos "Paulos". Às vezes Deus nos encarrega de uma missão, e nós a cumprimos quase a "contragosto", sem sabermos que o mundo inteiro depende de nós sermos fiéis a essa missão.

Porque não foi por acaso, nem por sorte, que Simão foi o primeiro a seguir, ao pé da letra, as palavras do Senhor Jesus. Deus o chamou e continua nos chamando para que, como Simão, façamos a vontade de Deus. Ele nos chama para segui-lo, de uma forma muito simples e clara. As grandes decisões e os grandes "homens e mulheres" diante de Deus são os que fazem as coisas mais simples e as realizam muito bem.

Assim vivamos empolgados com o que fazemos, mesmo que pareça de pouca importância o trabalho que façamos... Lembre-se: "Se alguém quer vir após mim, a si mesmo se negue, tome a sua cruz e siga-me" (MARCOS 8:34).

Mataram o Autor da vida
(ATOS 3:15 NTLH).

47 CONDENADO À MORTE INJUSTAMENTE

Todos eram inimigos. Alguns deles passaram anos sem se falar. Mas, um dia, todos concordaram com um objetivo, algo que os uniu de forma definitiva: decidiram matar o Autor da vida. Fariseus, saduceus, romanos, intérpretes da lei, sumos sacerdotes, Herodes e Pilatos, os membros do Sinédrio, o próprio povo... Muitos deles não apenas não caminhavam juntos, mas era impossível que se sentassem ao redor da mesma mesa.

Todos concordaram com um traidor para matar o seu Messias.

UM JULGAMENTO TOTALMENTE ILEGAL

O julgamento de Jesus foi totalmente ilegal. Anás, um dos sumos sacerdotes, deu a ordem para todos os escribas e anciãos que pudessem ser encontrados naquele momento. O Sinédrio era composto pelos sacerdotes, os anciãos (os homens que fossem mais ricos) e os doutores da lei. Bastava ter 23 membros para que houvesse quórum, embora o número total fosse de setenta membros. Dada a rapidez do processo (a reunião foi convocada tarde da noite), talvez não estivessem presentes os seguidores de Jesus como José de Arimateia e Nicodemos.

Eles se colocaram de acordo para condenar Jesus injustamente, e os erros judiciais foram enormes:

1. O julgamento foi à noite.
2. Nem todos estavam presentes.
3. Pediram ao acusado que se incriminasse.
4. Bateram no acusado, permitindo que lhe dessem socos e bofetadas.
5. Apresentaram falsas testemunhas.
6. Cuspiram nele, o que se constituía no sinal de maior desprezo em Israel (NÚMEROS 12:14; DEUTERONÔMIO 25:9).
7. Não teve defesa.
8. Foi açoitado, embora inocente.
9. De acordo com a lei, seriam necessários dez dias para que Jesus pudesse ser crucificado depois de ser açoitado, mas não foi assim... (MATEUS 27:26).
10. Era preciso que os romanos o julgassem para ser levado à cruz, porque esse era um castigo proibido para os judeus.

> TUDO FOI ILEGAL DESDE O COMEÇO. TUDO O QUE JESUS SUPORTOU FOI MARCADO PELO ÓDIO E A MENTIRA.

Eles condenaram Jesus injustamente em pouco tempo, e o levaram até a casa do Governador, escolhendo o caminho mais longo para não passarem pelo templo. Introduziram no templo as mercadorias, cobrando das pessoas para encurtarem o caminho, mas não quiseram fazer o mesmo com aquele que ia ser crucificado. Para causar o maior sofrimento possível ao Messias, levaram-no pelo trajeto mais longo. Chegaram ao lugar onde Pilatos se encontrava já ao amanhecer, talvez entre cinco e seis horas da manhã. Ele os recebeu no portão da sua casa, porque eles não queriam se contaminar entrando na casa. Pilatos era um gentio, e eles queriam celebrar a Páscoa de uma forma "limpa e pura".

Por juízo opressor foi arrebatado, e de sua linhagem, quem dela cogitou? Porquanto foi cortado da terra dos viventes; por causa da transgressão do meu povo, foi ele ferido (ISAÍAS 53:8).

Eles apresentaram a Pilatos a acusação do Messias-rei embora não acreditassem que Ele fosse o Messias, mas convinha que o dissessem (LUCAS 23:2). Pilatos encaminhou-o a Herodes porque desejava se livrar dele, e Jesus não respondeu a Herodes. Aquela era a única resposta que as perguntas do ditador mereciam receber. Herodes queria agir com Jesus da mesma forma que fez com João Batista antes de matá-lo. Ele zombou de Jesus, colocando nele um manto real, para que todos pudessem rir e reverenciá-lo.

Pilatos mandou que fosse açoitado trinta e nove vezes. Pela lei, estava proibido que dessem quarenta chibatadas, porque a pessoa açoitada poderia morrer. Dessa forma, decidiram dar-lhe "apenas" trinta e nove vezes para não infringirem a lei. Um chicote de couro, com pequenas bolas de chumbo e ferro nas pontas, era usado. Ia cortando a pele e deixava os vasos capilares sangrando com grandes e profundos ferimentos. Os longos vergões na pele e nas costas pareciam ser sulcos na terra. "Sobre o meu dorso lavraram os aradores; nele abriram longos sulcos" (SALMO 129:3).

UM REI DERROTADO, ABANDONADO E DESPREZADO

Zombaram dele, chamando-o de Rei dos judeus. Quem acreditaria num rei assim? Derrotado, abandonado e, aparentemente, sem qualquer poder. Os soldados zombaram dele e cobriram-no com um manto escarlate; deram-lhe uma cana como cetro e uma coroa de espinhos. Prostraram-se diante dele e o aclamaram (MATEUS 27:29).

MUITOS EMPURRAVAM AO QUE IA SER CRUCIFICADO PARA QUE CAÍSSE E BATESSE COM O ROSTO E A CABEÇA NO CHÃO PORQUE NÃO PODIA USAR AS MÃOS. ERA A BRINCADEIRA PREFERIDA POR MUITA GENTE.

Pouco antes do meio dia, Jesus foi obrigado a levar a cruz. Todos os pormenores foram estudados para ampliar o sofrimento ao máximo. Tinha de carregar a haste transversal da cruz nos ombros, a qual às vezes chegava a pesar trinta quilos. O peso da cruz ia ferindo aos poucos o ombro, provocando muitas distensões nos músculos que faziam com que o sangue não fluísse normalmente até o cérebro. Por isso, na via dolorosa, Jesus perdeu os sentidos em vários momentos. Aquele peso prendia os pulmões para que, na cruz, a dor fosse mais pungente, ao serem cravados os braços, e o peito precisasse se esticar.

Pelo caminho, quando o condenado carregava a cruz sobre os ombros, muitos zombavam e empurravam para que ele caísse e desse com o rosto no chão por não poder usar as mãos para se proteger. Era a brincadeira preferida por aqueles que se deleitavam vendo o sofrimento dos que iam ser crucificados. Com a multidão nos dois lados, cuspindo, gritando, empurrando, dizendo tudo quanto fosse o mais cruel que alguém pudesse imaginar, a caminhada ao Gólgota era interminável, embora fosse de apenas dois quilômetros, sendo que a maior parte era subindo ao monte.

Uma vez chegado ao local da execução, pregavam e amarravam os pulsos, de maneira que o crucificado não pudesse fazer força com as mãos, e todo o corpo ia se desfazendo aos poucos. A morte teria de ser a mais lenta possível. Os pés também eram pregados, de forma que o condenado passava horas e, por vezes, dias pendurado antes de morrer.

Em seguida, começavam as hemorragias e os pulmões ficavam cheios de sangue. Surgia o perigo da insuficiência coronária, porque o sangue não chegava ao cérebro e as câimbras retesavam os músculos até se romperem. As feridas nas costas, provocadas pelos açoites, abriam-se no contato com o madeiro da cruz. Por isso, Jesus não tinha forças para se manter em estado de tensão, não podendo descansar as costas.

O crucificado sentia sede, com a possibilidade de haver desidratação, porque havia passado mais de vinte e quatro horas sem beber, e se encontrava pendurado, exposto ao sol causticante do meio dia.

Quando consideravam que já havia sido bastante o sofrimento, as pernas eram quebradas para que não pudesse se movimentar e fazer o sangue circular. Dessa forma, a morte era por asfixia rápida.

Você sabe o que mais me impressiona? Depois de todo o sofrimento, e de cada injustiça que precisou suportar, os insultos e as cusparadas; depois de ser pregado e sentir cada parte do Seu corpo se rompendo em pedaços, as primeiras palavras que saíram dos lábios de Jesus foram: "Pai, perdoa-lhes, porque não sabem o que fazem!" (LUCAS 23:34).

Ninguém consegue explicar ou entender isso. Ninguém sequer poderia tê-lo imaginado. É impossível falar de uma reação sobrenatural. A única coisa que podemos fazer é cairmos de joelhos diante da cruz e comprovar, cheios de temor, o que o Amor consegue suportar.

O Deus crucificado que não fala sobre o amor, mas que "É" amor. É a Sua própria essência. Ninguém pode explicar. Só podemos aceitá-lo, agradecer e, acima de tudo, vivenciá-lo. Colocar o nosso coração, nossa vida inteira, naquilo que está acontecendo.

> *E, chegando a um lugar chamado Gólgota, que significa Lugar da Caveira, deram-lhe a beber vinho com fel; mas ele, provando-o, não o quis beber. Depois de o crucificarem, repartiram entre si as suas vestes, tirando a sorte. E, assentados ali, o guardavam. Por cima da sua cabeça puseram escrita a sua acusação: ESTE É JESUS, O REI DOS JUDEUS. Desde a hora sexta até à hora nona, houve trevas sobre toda a terra. Por volta da hora nona, clamou Jesus em alta voz, dizendo: Eli, Eli, lamá sabactâni? O que quer dizer: Deus meu, Deus meu, por que me desamparaste? E alguns dos que ali estavam, ouvindo isto, diziam: Ele chama por Elias* (MATEUS 27:33-47).

A tradição diz que o nome daquele local era "A Caveira", porque pensavam que ali estava enterrada a caveira de Adão. No mesmo lugar, seria crucificado o segundo Adão, mas apenas por alguns momentos, porque o Messias triunfou sobre a morte e destruiu aquele que tinha o império da morte.

Pouco antes de morrer, Jesus exclamou: "Deus meu, porque me desamparaste?" Quase todos os que ouviram puderam se lembrar do começo do Salmo vinte e dois, e comprovar que tudo quanto esse salmo dizia estava se cumprindo no Messias. Algo sobrenatural estava acontecendo, as profecias ali se cumpriam! Mas a maioria preferiu fazer uma gozação: "Ele chama por Elias". Nos momentos mais difíceis do sofrimento de Deus, o homem se acha engraçado.

Os inimigos, os doutores da lei, conheciam as palavras que Ele estava pronunciando, e mesmo assim, terminaram cumprindo a profecia sobre o Messias: "Confiou no Senhor! Livre-o ele; salve-o, pois nele tem prazer" (SALMO 22:8). Assim como muitos religiosos hoje em dia, tomaram a Palavra de Deus que mais lhes convinha e aplicavam como queriam. O pior foi que não souberam de nada.

DEUS DESAMPARA O SEU PRÓPRIO FILHO
Enquanto isso, Deus desamparou o Seu Filho, voltando Seu rosto para outro lado. Jesus não pôde ver Seu Pai face a face porque estava levando o nosso pecado.

Deus se calou. Por um momento, a eternidade se rompeu, e Deus desamparou Seu próprio Filho para nos amparar. A pergunta de Jesus foi direta. Literalmente, Ele disse ao seu Pai: "Para que me deixaste atado e preso?" Foi assim que o Salvador se sentiu, atado e preso por nossa culpa.

> ASSIM COMO OS RELIGIOSOS DE HOJE EM DIA, ELES TOMAVAM A PALAVRA DE DEUS QUE LHES CONVINHA E A APLICAVAM COMO QUERIAM. O PIOR FOI QUE NÃO SOUBERAM DE NADA.

Na profundidade do sofrimento, Jesus se lembrou de como o salmo termina. Ele sabia que se aproximava Sua vitória final. Por isso, exclamou: "Está consumado!" Ele estava completando o que tinha de fazer, havia vencido a morte e o pecado. Havia triunfado para sempre.

Ele deu permissão à morte para que se aproximasse. Ele foi o único que pôde fazer isso! Ao contrário de todos os outros mortais, primeiro Ele inclinou a cabeça e depois expirou.

A Bíblia diz que o coração dele se rompeu. O pericárdio, a membrana que envolve o coração, foi enchendo de líquido, devido ao sofrimento, até que literalmente se rompeu. Por esse motivo, existia sangue e água quando o soldado perfurou o Seu lado com uma lança. Sangue e água (1 JOÃO 5:6): poder perdoador (sangue — expiação — LEVÍTICO 17:11) e purificador (água — purificação — EZEQUIEL 36:25). Tudo isso no mesmo ato. O coração do Salvador se rompeu para que o nosso coração seja declarado justo. Limpou-nos e nos perdoou, entregando até a última gota do Seu sangue. O Seu amor não tem limites.

A história nos diz que houve trevas sobre a terra durante três horas. A escuridão era um símbolo do julgamento de Deus no Antigo Testamento. Durante essas horas, o mundo viu como a Luz, com letra maiúscula, entregava Sua vida.

> NINGUÉM PODIA CHEGAR A ACREDITAR NUM DEUS AMALDIÇOADO, EM UM DEUS CRUCIFICADO.

O véu do templo se rompeu, porque a mão de Deus o rasgou definitivamente. A Bíblia diz que foi rasgado "de cima para baixo". O Pai deixou "tudo" às claras. O sacrifício que se ofereceu naquele momento, no lugar santíssimo, foi o sacrifício do próprio Filho de Deus. Antes daquele ato, o sumo sacerdote entrava no lugar santíssimo para oferecer sacrifícios pelo povo, e o fazia secretamente, na presença de Deus. Naquele instante, foi o próprio Deus que se revelou, quem sacrificou Seu Filho voluntariamente por todos.

Na morte de Jesus, a terra tremeu num sinal de respeito e reverência. E os sepulcros se abriram.

Os inimigos de Jesus pensaram que a crucificação foi uma "jogada de mestre". Estava escrito na própria Palavra de Deus que a cruz era uma maldição. Ninguém podia acreditar num Messias crucificado e amaldiçoado. Mas Ele foi isso mesmo. Ele que quis ser amaldiçoado por nós. Preferiu levar consigo a maldição e deixar de lado a Sua glória para não nos perder.

Ainda que o fato de perder Sua glória não fosse totalmente certo, o Senhor havia dito antes de ira à cruz: "É chegada a hora de ser glorificado o Filho do Homem" (JOÃO 12:23 e 13:31). A maior glória de Deus não foi na criação, na escolha de um povo, nos milagres da história ou nos milhares de anjos que cumprem Sua vontade. A glória do Senhor Jesus foi ir à cruz em nosso lugar. Essa deve ser sempre a nossa glória. O apóstolo Paulo entendeu isso perfeitamente, pois declarou: "Mas longe esteja de mim gloriar-me, senão na cruz de nosso Senhor Jesus Cristo, pela qual o mundo está crucificado para mim, e eu, para o mundo" (GÁLATAS 6:14).

MUITAS FORMAS DIFERENTES DE SE VER A CRUZ

A cruz pode parecer diferente, dependendo de que ponto você a enxergar.

Deus Pai a viu do alto como uma espada que descarregava a Sua ira sobre o pecado que Jesus estava levando em nosso lugar. Deus desamparou Seu Filho porque aquela espada o feriu até o limite máximo. O Senhor Jesus estava tomando sobre si todas as injustiças da humanidade. E aquela espada rompeu o coração do Filho, bem como o coração do Pai.

Se a olharmos de baixo para cima, a cruz se apresenta como uma barreira intransponível, impossível de ser superada. Não nos deixa qualquer opção para alcançarmos as alturas, o céu, a presença de Deus, porque fomos nós que matamos o Seu Filho naquela cruz. Portanto, essa barreira parece ser total e permanente. Quando nos encontramos ao pé da cruz, sabemos que somos culpados.

Quando vemos a cruz, olhando-a de frente, percebemos uma balança na qual aparece tudo o que temos feito. Uma balança onde somos pesados e achados em falta para com a justiça de Deus. Uma balança que nos acusa, porque nada do que possamos fazer merece a morte do Filho de Deus.

A cruz, vista de lado, pode parecer um arado. A profecia dizia que um dia iriam "perfurar" as costas de Jesus — uma imagem que todos podiam entender naquele tempo (SALMO 129:3; ISAÍAS 50:3). Foi como se arassem aquelas costas e as feridas fossem os sulcos de onde surgiu uma nova vida, a nossa vida, e a vida de todos quantos aceitam o valor do sacrifício de Jesus em nosso lugar.

A cruz é também uma figura de contradição entre a nossa vontade e a vontade de Deus. Bênção contra maldição, vida e morte. A cruz é o lugar que o homem ofereceu a Deus... embora fosse o lugar que Deus planejasse para si mesmo, antes da fundação do mundo, por amor a nós.

Finalmente, vista de cima, a cruz nos apresenta Deus com as mãos estendidas para abraçar e receber todo aquele que se aproximar do Seu Filho. A barreira que parecia ser instransponível se rompeu. Deus decidiu eliminá-la, estendendo Suas mãos. Deus descarregou Sua ira sobre Seu próprio Filho para poder nos abraçar.

NÓS SOMOS OS RESPONSÁVEIS PELA MORTE DE UM HOMEM TOTALMENTE INOCENTE.

E o que cada um de nós pensa quando se aproxima da cruz de Cristo? Lembre-se de que somos responsáveis pela morte de um homem completamente inocente. Nós fomos a causa da morte da pessoa mais extraordinária que já existiu. Por nossa culpa, Jesus morreu. Como nos sentiríamos, caso estivéssemos diante de um juiz que fosse ao mesmo tempo o pai do filho ao qual matamos? Que futuro teríamos se todas as provas apontassem contra nós, e esse juiz tivesse todo o direito de nos castigar?

Aceitar a graça e o perdão de Deus é muito mais do que uma decisão que influirá em tudo o que nossa vida será no futuro. É muito mais até do que o fato de sermos salvos de uma condenação certa.

Viver na graça e o perdão de Deus é decidir se Deus vai ser o nosso Juiz ou o nosso Pai. Se desejamos que Ele nos julgue, ou nos abrace. Se preferimos cair na ira de Deus, ou descansar no Seu amor.

Podemos tomar a decisão mais importante da nossa vida, querendo defender com orgulho os nossos direitos diante do Juiz, e acabarmos condenados numa escuridão eterna... Ou podemos reconhecer nossa indignidade, chorando de felicidade ao vermos o sorriso sincero de quem deseja ser o nosso Pai, deixando que Ele se encarregue de preparar a maior festa que já se viu em toda a história!

Porque toda a sua vida, passada, presente e futura, vai acontecer em torno deste relacionamento. Lembre-se de que Deus pode ser o seu Juiz ou o seu Pai.

A escolha é sua!

> *Todavia, ao SENHOR agradou moê-lo, fazendo-o enfermar* (ISAÍAS 53:10).

48. VOCÊ ESTAVA ALI?

Creio que jamais me esquecerei quando escutei pela primeira vez esta canção. Fiquei impressionado. Desde então, continuo a me emocionar quando alguém a interpreta. É um cântico "espiritual negro" dos mais conhecidos no mundo, com o título "Were you there?" ("Você estava ali?") Você conhece essa canção? O autor expressa, com um grito angustiado, que alguém sente quando está ao pé da cruz. Quando você ouve repetidas vezes a pergunta que o cantor faz, jamais poderá esquecê-la...

"Estavas ali quando crucificaram o meu Senhor?
Ó meu Deus! Quando penso nos meus pecados...
Tremo, tremo, tremo".

Ao pé da cruz, estava toda a humanidade. Todos estávamos ali. Hoje, ao recordar, só podemos tremer. E enquanto tremermos, nossos olhos se enchem de lágrimas e o nosso coração se rompe. Não se pode contemplar o sofrimento do Deus Trino de nenhuma outra forma.

AO PÉ DA CRUZ, ESTÁVAMOS TODOS NÓS...

> *E, estando ele no tribunal, sua mulher mandou dizer-lhe: Não te envolvas com esse justo; porque hoje, em sonho, muito sofri por seu respeito. Mas os principais sacerdotes e os anciãos persuadiram o povo a que pedisse Barrabás e fizesse morrer Jesus. De novo, perguntou-lhes o governador: Qual dos dois*

quereis que eu vos solte? Responderam eles: Barrabás! Replicou-lhes Pilatos: Que farei, então, de Jesus, chamado Cristo? Seja crucificado! Responderam todos. Que mal fez ele? Perguntou Pilatos. Porém cada vez clamavam mais: Seja crucificado! E o povo todo respondeu: Caia sobre nós o seu sangue e sobre nossos filhos! Então, Pilatos lhes soltou Barrabás; e, após haver açoitado a Jesus, entregou-o para ser crucificado (MATEUS 27:15-28).

Como a humanidade reagiu no momento mais importante da história? Junto à cruz aparecem, como num espelho, todas as pessoas deste mundo. Só precisamos de alguns momentos para encontrarmos o nosso lugar.

O SUMO SACERDOTE CAIFÁS

E os que prenderam Jesus o levaram à casa de Caifás, o sumo sacerdote, onde se haviam reunido os escribas e os anciãos (MATEUS 26:57).

Caifás ocupava um posto que não merecia. Ele havia comprado de Herodes aquela posição por uma grande soma de dinheiro. E para sermos sinceros, para ele, as cosias de Deus importavam bem pouco. Ele se deliciava com o poder, com a sensação de estar acima de muitos outros, com a íntima convicção de que as pessoas o admiravam quase como um deus. Quando Jesus lhe foi apresentado, Caifás se sentiu à vontade: tinha tudo sob controle, exatamente como ele gostava. Fazia muito tempo que ele estava querendo condenar o chamado Messias.

> O LÍDER RELIGIOSO DO POVO, AQUELE QUE TINHA DE ESTAR MAIS PERTO DE DEUS, FOI O MAIOR CULPADO PELA CRUCIFICAÇÃO DO FILHO DE DEUS.

Caifás não parecia ser tão horrível para muitos, porque tinha milhares de admiradores e seguidores: todos aqueles que tinham "conquistado" posições espirituais em troca de dinheiro ou poder. O veredito dele quanto a Jesus era muito claro: culpado! O sumo sacerdote havia aprendido que todo aquele que não podia ser controlado acabava sendo seu inimigo. Para ele, o problema era que o chamado Messias não queria seguir as suas ordens.

BARRABÁS

A pessoa que se encontrava mais perto da cruz era aquela que menos esperava pelo que iria acontecer. Ele, que estava condenado, de repente viu acontecer um milagre inesperado. "Eles tinham um preso famoso, chamado Barrabás". Havia sido julgado por homicídio, e a cruz lhe pertencia. Esperava o momento de carregá-la pela via dolorosa rumo ao monte Calvário. Sabia que para ele não havia salvação possível. Não esperava outra coisa, a não ser morrer. Todos o acusaram, e ele ouviu o seu veredito: culpado!

Barrabás era um pouco como nós somos. Ele foi acusado de sedição, rebeldia e assassinato; e nós somos igualmente culpados diante de Deus. Embora Barrabás fosse um homicida, toda a humanidade também é homicida porque gritou para que o Filho de Deus morresse na cruz. Nós todos nos rebelamos contra o Criador porque não quisemos que Ele governasse a nossa vida.

Muitos vivem hoje acusados por um pecado que os leva à morte. Aparentemente, suas vidas não encontram saída; sentem-se culpados e sabem disso. Parece não haver solução.

> TODOS O ACUSARAM E ELE OUVIU O SEU VEREDITO: CULPADO!

Barrabás contemplou o crucificado com um olhar incrédulo. Quem era aquele que estava disposto a morrer em seu lugar? Mas o Salvador não somente ocupou o lugar de Barrabás, como também pagou o preço pela nossa rebeldia. Ele levou voluntariamente as nossas culpas.

Jesus foi à cruz em lugar de Barrabás.

A MULHER DE PILATOS

Em um dos momentos mais tensos da história, apareceu alguém de forma inesperada. Era a mulher de Pilatos, o exemplo perfeito de uma pessoa crente "pelo que possa acontecer". Não tinha qualquer papel na cena, nem era inimiga do Messias, mas era uma mulher cheia de medo e um tanto supersticiosa. Uma mulher que não desejava fazer nada que pudesse ferir Alguém lá do céu, se é que Ele pudesse existir. Muitas pessoas vivem assim hoje em dia: vão à igreja porque todos vão, creem no "vamos que". Para a mulher de Pilatos, toda a motivação espiritual estava baseada no sonho que havia tido.

> A PESSOA CHEIA DE MEDO, A PESSOA QUE PENSA ASSIM:
> E SE REALMENTE EXISTIR ALGUÉM NO CÉU?

Mesmo os que acreditam "por acaso" têm a oportunidade de se decidir. Mesmo eles podem deixar suas superstições e confiar no Crucificado. A mulher de Pilatos olhou para Jesus com medo do que pudesse acontecer, com o medo que nos dá a certeza de que estamos fazendo algo mau, e que vamos sofrer as consequências.

Jesus foi à cruz por ela também. Nossa decisão deve ser deixar o medo e seguir o Salvador, custe o que custar.

OS RELIGIOSOS

Os religiosos chegaram ao pé da cruz. Melhor dizendo, eles estavam ali antes que os outros, porque foram eles os verdadeiros causadores da morte do Ungido de Deus. Além disso, procuraram se certificar de que o Messias estivesse morto antes de deixarem o local. Inclusive, selaram o sepulcro para que não acontecesse nada.

Muito cuidado com eles!

Muito cuidado também para que não nos assemelhemos a eles!

Eles cumpriram a religião ao pé da letra: haviam celebrado a Páscoa antes de verem o "espetáculo". Naqueles momentos, permaneceram apenas por um tempo junto à cruz, porque logo seria o dia de sábado e a lei os obrigava-os a descansar. Ninguém cumpria a lei de uma maneira tão rígida como eles.

Eles se consideravam boas pessoas, diziam seguir o Criador e viver de acordo com a Sua lei. Mas as prostitutas e os ladrões estavam mais perto de Deus do que eles. Você não os conhece? Pode encontrá-los na igreja. Lamentavelmente, não importa qual seja a religião, porque as doutrinas deles são mais importantes que o próprio Deus.

> EXISTEM PESSOAS QUE QUEREM OBEDECER À LEI TÃO LITERALMENTE QUE SE TORNAM INIMIGOS DE DEUS.

Os sacerdotes e os fariseus observaram o Crucificado e se sentiram felizes pelo fato de o Messias terminar Seus dias ali. Era a prova da vitória deles. Os líderes religiosos olharam para a cruz com satisfação, com orgulho, porque fizeram tudo muito bem. Era como o tal "orgulho espiritual" que sentimos quando vemos que aquele que julgamos ser o culpado sofre o que ele merece. Com um orgulho sem misericórdia, que sempre acaba se voltando contra nós, porque nos revela exatamente como somos.

Esse era o problema dos fariseus no tempo de Jesus. Amavam tanto a doutrina, que Deus não cabia nela. O Senhor Jesus foi à cruz também no lugar dos religiosos. Ninguém será salvo, se não for capaz de cair de joelhos aos pés do Salvador, por melhor que a pessoa se considere ser.

PILATOS, O AGNÓSTICO

No capítulo anterior, escrevi que Pilatos poderia ser o padrão para todos os agnósticos. A sua atuação teatral, no momento crucial da decisão sobre o Messias, é digna de um "Oscar" ao homem menos racional da história. Ele quis lavar as mãos como se aquilo fosse a solução para tudo.

Existe algo que eu não entendo: é essa decisão de não se tomar decisões. Por definição, o agnóstico declara que não se pode conhecer nada do além. Então, como deixar que outros decidam o que tem importância eterna se não permitirmos que o façam de forma simples e clara? Não conheço ninguém que permita que outros decidam sobre a sua vida, sua família, seus interesses, seus desejos... Por que então não nos importa o que realmente é transcendental? Por que não investigar se historicamente Jesus existiu e se o que Ele fez foi exatamente como o que hoje sabemos? Por que não se arriscar a conhecer a verdade? Por que continuar afirmando "não sei o que existe além, e nem me importa"?

Parece-me que, quem pensa que nada de espiritual se pode saber com certeza e discorda de tudo, é uma pessoa verdadeiramente incrível. Ninguém defende esses princípios em nenhum outro aspecto da vida. Ninguém entra num avião se não tiver uma certeza absoluta de que irá chegar ao seu destino, ainda que muitos digam não existir certezas absolutas.

Assim são as pessoas que lançam ao Crucificado um olhar agnóstico. Assim são os "Pilatos" em ação que querem lavar as mãos diante de qualquer decisão espiritual. É o grupo mais numeroso hoje em dia. Embora muitos não queiram crer, ou pensam que não se pode saber com certeza se foi assim, o Senhor Jesus também morreu por eles.

OS INIMIGOS DE DEUS, OS QUE QUISERAM LEVÁ-LO À MORTE

"Eles, contudo, gritavam ainda mais: Que seja crucificado!" O Crucificado era o inimigo pessoal deles, e eles o haviam vencido. Jamais se importaram com as consequências do que estavam fazendo. O ódio deles era maior do que qualquer outra emoção ou que qualquer dúvida mínima. A raiva deles superava quaisquer previsões.

Infelizmente, existem pessoas assim. Lembro quando tive a oportunidade de visitar o campo de concentração de Bergen-Belsen, na

Alemanha. Caminhava com meus pais e minha esposa, Miriam, observando as valas comuns com sete mil, dez mil ou quinze mil pessoas ali enterradas. E muitos outros com a inscrição "desconhecido", porque ninguém sabia quantos corpos de homens, mulheres e crianças foram postos ali. Pareceu-nos que aquilo era o mais terrível que íamos ver na visita àquele local, mas estávamos muito equivocados.

Quando entramos num dos prédios, mostraram-nos alguns filmes, em preto e branco, gravados pelos próprios torturadores, onde se viam como chegavam caminhões cheios de pessoas nas quais só se podia ver pele e ossos, devido ao logo tempo que haviam passado sem comer. Os corpos eram jogados nas valas comuns e, com pás, eram cobertos de terra. Homens, mulheres e crianças misturados com corpos sem vida. Imagens por demais terríveis para serem esquecidas.

Mas ainda não havíamos visto o mais impressionante da vergonha humana. As imagens do julgamento dos responsáveis nazistas ultrapassaram qualquer expectativa. Todos eles ouviram os veredítos com a cabeça erguida, desafiantes. Alguns até traziam um sorriso no seu rosto. Sabiam que eram culpados por centenas de milhares de mortes e pareciam estar desfrutando daquele momento, sem o mínimo sinal de arrependimento.

> MESMO CHEIOS DE ÓDIO CONTRA DEUS E SEU FILHO, JESUS OCUPOU NA CRUZ O LUGAR QUE ELES MERECIAM.

Mesmo cheios de ódio contra Deus e Seu Filho, Jesus ocupou na cruz o lugar que eles mereciam. O Senhor Jesus também morreu pelos Hitlers, Stalins, pelas centenas de ditadores e por milhares de pessoas perversas ao longo de toda a história. Jesus também deu Seu sangue por eles. A eles também foi dada a oportunidade para se arrependerem, embora a tenham rejeitado.

Somente Deus pode mostrar tanto amor.

OS SOLDADOS QUE LANÇAVAM SORTES AO PÉ DA CRUZ

Alguns demonstraram indiferença. A história nos diz que os soldados usavam dados para lançarem sortes na distribuição das peças de roupa dos crucificados, e assim achavam diversão na morte de um ser humano. É certo que cumpriam ordens, mas eles vestiram Jesus com um manto escarlate e teceram uma coroa de espinhos para zombarem dele. Deram-lhe uma cana como se fosse um cetro real, e a Bíblia diz que golpearam a cabeça de Jesus com a cana depois de lhe prestar reverência.

Eles não se importaram com o crucificado. Sabiam que a execução levaria várias horas, de maneira tal que precisavam acabar com o aborrecimento deles, e o fizeram jogando peças, zombando, falando mal ou rindo-se dos que estavam sofrendo. Valia uudo, menos prestar atenção ao que morria na cruz.

Os soldados refletiram assim um dos melhores exemplos do que acontece hoje em dia, quando tantas pessoas no mundo continuam jogando, sem querer olhar para o Calvário um único momento sequer.

Jogando para acalmar suas consciências, para não verem mais além, para nada saberem do Messias. Uma das últimas imagens que o Salvador teve, olhando da cruz, foi ver os soldados brincando, num claro sinal da imensa idiotice de uma grande parte da humanidade. Hoje muitas pessoas seguem levando sua vida, mesmo estando ao pé da cruz, brigando por palavras e, às vezes, por doutrinas, questões denominacionais ou religiosas... brincando de seguir a Deus, enquanto dão as costas ao Crucificado.

Jesus morreu por eles, embora continuem indiferentes ao pé da cruz.

O ESCÁRNIO DA ARROGANTE MULTIDÃO

E o povo todo respondeu: Caia sobre nós o seu sangue e sobre nossos filhos! (MATEUS 27:25).

Muitas vezes, mesmo não sabendo o que estamos dizendo, os nossos desejos acabam se cumprindo. Ao longo da história, muitos quiseram se rebelar contra Deus. O ódio contra Ele ficou fortemente impregnado no seu coração. O povo escolhido por Deus gritou dizendo que a culpa pela crucificação caísse sobre eles e sobre seus filhos. Por isso, muitos têm odiado os judeus de modo injusto, e o sangue de Jesus caiu sobre os seus descendentes... Mas também sobre cada um dos que lhe quiseram (quisemos!) voltar as costas para Deus.

> O SANGUE REALMENTE CAIU SOBRE ELES E SOBRE OS SEUS FILHOS.

A multidão respondeu com ódio. E muitos continuam fazendo o mesmo hoje. Não lhes importam as consequências, nem se preocupam com o que possa acontecer no futuro. O seu ódio está acima de todas as coisas. Apenas querem ver Deus crucificado. A única coisa que desejam é que Jesus desapareça da sua vista. Mas, apesar de tudo, Jesus morreu também por eles.

OS CURIOSOS

À hora nona, clamou Jesus em alta voz: Eloí, Eloí, lamá sabactâni? Que quer dizer: Deus meu, Deus meu, por que me desamparaste? Alguns dos que ali estavam, ouvindo isto, diziam: Vede, chama por Elias! E um deles correu a embeber uma esponja em vinagre e, pondo-a na ponta de um caniço, deu-lhe de beber, dizendo: Deixai, vejamos se Elias vem tirá-lo!
(MARCOS 15:34-36).

Os curiosos não faziam parte da multidão que gritava. Eles não queriam sujar suas mãos pela morte de uma pessoa desconhecida. Mas, de qualquer forma, estavam ali. Passavam ao pé da cruz apenas por curiosidade e, inclusive, para fazer chacotas. Gostavam de ver o espetáculo.

Talvez tenham ouvido falar do Messias e queriam ver como tudo ia terminar. Eles são os descontentes, os que não têm outra coisa para fazer, os que sempre vão aonde possa acontecer algo emocionante. "Salvou aos outros, salve-se a si mesmo! Vejamos se Elias vem salvá-lo!" É uma coisa recorrente, pois sempre existe alguém capaz de fazer piadas à custa do sofrimento dos seus semelhantes.

> EXISTEM PESSOAS QUE SOMENTE VIVEM PARA DESFRUTAR DOS ESPETÁCULOS.

"Os que iam passando, blasfemavam dele, meneando a cabeça e dizendo: Ah! Tu que destróis o santuário e, em três dias, o reedificas! Salva-te a ti mesmo, descendo da cruz!" (MARCOS 15:29-32). Muitos deles passavam por ali porque iam celebrar a Páscoa. Conheciam a lei e os profetas, de maneira que tinham de saber o que ali estava acontecendo. Mas a única coisa que fizeram foi ofender o Rei. É como se quisessem exclamar: "Não queremos ser salvos!"

Os curiosos, os zombadores, os indiferentes, os que passam perto, continuam a ser um grande número nos dias de hoje. Mesmo zombando e nada querendo saber do Crucificado, o Senhor Jesus foi à cruz também por eles.

O SOLDADO QUE QUIS AJUDAR JESUS

Em um momento decisivo da história, apareceu um soldado. Ele viu o sofrimento de Jesus e lhe deu de beber: "E um deles correu a embeber uma esponja em vinagre e, pondo-a na ponta de um caniço, deu-lhe de beber" (MARCOS 15:36).

Ele nunca havia visto um crucificado com tanta honra e dignidade. Jamais havia encontrado alguém que suportasse a dor daquela maneira, sem se queixar, como todos costumavam fazer. O olhar do soldado ao pé da cruz era um olhar cheio de admiração. Como se desejasse ter um companheiro assim! Quanto teria dado para ele mesmo ser assim, mostrando a mesma coragem e honra nos momentos mais difíceis da vida!

Ele quis ajudar Jesus da sua maneira. Quis oferecer consolo à Sua dor, ou pelo menos, fazer com que Seu sofrimento fosse menos intenso. Ele se emocionou ao ver como o Messias enfrentava a morte.

Não sabemos o que aconteceu no coração daquele soldado. Sabemos, sim, que Jesus estava morrendo também por ele.

O CENTURIÃO… UM DOS PRIMEIROS A RECONHECER O MESSIAS

O centurião, comandante dos soldados que crucificaram Jesus, sabia poucas coisas a respeito do Crucificado. Só cumpria sua obrigação. Ele tinha visto muitas pessoas morrerem e, quem sabe, tenha ele mesmo executado alguém. Mas algo diferente ele viu no chamado Rei dos judeus, algo que fez com que sua vida mudasse.

> *O centurião que estava em frente dele, vendo que assim expirara, disse: Verdadeiramente, este homem era o Filho de Deus*
> (MARCOS 15:39).

Aquele crucificado era diferente. O centurião havia observado, com atenção, tudo o que acontecia de acordo com o seu ponto de vista. Tinha visto Jesus de perto (MARCOS 15:39). Havia assistido ao julgamento, e pode ser que tenha escutado algo do que Jesus falou a Pilatos.

Ele ouviu como os inimigos de Jesus o acusavam e viu como Jesus resistia em silêncio. Nenhum outro preso havia agido antes daquela forma. Ficou impressionado com a delicadeza como Jesus falou às mulheres que choravam no caminho ao Calvário.

Ele ouviu Jesus pedindo perdão para os Seus inimigos!

Ele viu como Jesus se preocupava com a Sua mãe nos momentos de mais intensa dor. Pareceu-lhe incrível que um crucificado pensasse na vida de outra pessoa ao oferecer o paraíso a alguém ao Seu lado. Ficou impressionado quando Jesus colocou Sua vida nas mãos do Pai e quando, mais tarde, inclinou a cabeça, dando permissão à morte para vir a Ele. Viu a natureza tremendo e a escuridão que envolveu a terra.

> COMPREENDEU QUE AQUELE HOMEM ESTAVA MORRENDO POR ELE.

Ele observou a majestade do chamado Rei. Uma majestade sublime, extraordinária, incompreensível. Contemplou aquela majestade, não na grandiosidade dos desfiles, das roupas ou dos brilhos aparentes, mas viu aquela majestade no momento crucial da vida de alguém, exatamente quando Ele enfrentava a morte. Ouviu o último grito que Jesus deu e como Ela foi ao encontro da morte como um vencedor.

Como o grande Vencedor!

Compreendeu que aquele homem era o Filho de Deus. Soube que o homem estava morrendo também por ele.

OS SEUS CONHECIDOS… TODOS QUE O VIRAM E RECEBERAM ALGO DELE AO LONGO DA SUA VIDA

Jesus falou com muitas pessoas ao longo da Sua vida. Muitos ouviram Seus ensinamentos, foram alimentados, curados, seguiram-no por algum tempo… muitos deles se encontraram outra vez com Ele junto à cruz. A grande maioria estava perplexa. Como podiam matar alguém que tinha feito tanto bem?

Alguns talvez pensassem em defendê-lo. Mas essas poucas vozes solitárias não se poderiam ouvir em meio aos gritos da multidão. Pode ser também que outros, apesar de terem recebido tantas coisas através dele, também gritassem que fosse crucificado. Nunca se sabe. O ser humano pode chegar a se comportar de uma forma completamente estranha, de um momento para outro.

Muitos simplesmente esperaram para ver o que aconteceria com o crucificado e os Seus seguidores. Alguns deles continuaram acreditando que o Messias faria algo sobrenatural, e não o abandonariam definitivamente. De fato, cerca de quinhentos deles foram os que o viram após a ressurreição. Eles então reconheceram que Jesus esteve na cruz ocupando o lugar que eles mereciam.

OS SEUS AMIGOS O SEGUIAM DE LONGE

Muitos se esconderam. Os Seus amigos o acompanharam à distância, assustados e cheios de medo, pensando que suas vidas estavam em perigo. Não tiveram coragem para se aproximarem da cruz ou para que o Mestre pudesse vê-los ali, perto dele quando mais precisava deles.

Racionalizaram, em vez de confiar. "Eis que tudo deixamos para te seguir". A quem? Eles se encheram de medo. Duvidaram. Como aconteceu outras vezes, mesmo estando com Jesus presente, perderam a fé na luta contra o medo e se esconderam. Os seguidores daquele que é a própria Vida, não deram sinais de vida.

> OS QUE SEGUIAM ÀQUELE QUE É A PRÓPRIA VIDA NÃO DERAM SINAIS DE VIDA.

Quando temos medo e não somos capazes de seguir Jesus, sempre podemos nos lembrar de que Ele morreu por nós. Recordar que, embora na cruz, Ele permaneceu sozinho, retornou à vida para nos restaurar a todos... Pedro o negou e contemplou a silhueta dos crucificados a uma distância suficiente para não ser visto. Quis se afastar da cruz, mas a cruz não o deixou nem um momento. Cada hora que passou, cada momento, o coração do discípulo ficou impregnado de dor. Não podia dormir ou comer, sempre pensando no Crucificado, porque Pedro se deu conta de que Jesus estava na cruz por ele.

TRÊS CRUCIFICADOS: UM DEU A SALVAÇÃO; OUTRO A RECEBEU; O TERCEIRO A DESPREZOU

> *Um dos malfeitores crucificados blasfemava contra ele, dizendo:*
> *Não és tu o Cristo? Salva-te a ti mesmo e a nós também*
> (LUCAS 23:39).

Todos podiam ver a cena com três crucificados: Um deu a salvação; outro a recebeu, aproximou-se de Jesus, com fé, e descansou nele; o terceiro a desprezou, preferindo morrer condenado e sem esperança.

Um deles não queria ser governado por ninguém. Era um terrorista rebelde, mas pediu a Jesus que fosse o seu Rei. Soube encontrar, no Messias, o modelo supremo de que precisava, a pessoa em quem se pode confiar. Sabia que Cristo ia voltar como Rei, apesar de estar morrendo numa cruz. No começo, tudo era diferente: ele começou gritando contra o Messias como todos faziam. Mas algo no comportamento de Jesus fez com que mudasse de opinião. Quem sabe, alguma de Suas palavras, ou o modo como Jesus enfrentou o sofrimento. O fato é que o ladrão entendeu que o Rei estava morrendo entre eles. Sofrendo a mesma condenação que eles sofriam.

E não apenas o defendeu quando outros o insultavam, como também se atreveu a lhe pedir uma lembrança, uma simples lembrança. É curioso que muitos pediram muitas coisas a Jesus no decorrer da Sua vida: cura, poder, sabedoria, inclusive Tiago e João haviam chegado a pedir um lugar à direita e à esquerda do Seu reino! O ladrão na cruz somente lhe pediu: "Jesus, lembra-te de mim quando vieres no teu reino". Deus lhe deu muito mais do que ele podia esperar: fez que ele entrasse no Seu Reino.

Jesus estava morrendo na cruz também pelos dois crucificados. Um deles aceitou porque quis ser lembrado. O outro o menosprezou da mesma forma como muitos que continuam fazendo hoje e dizendo a Deus: "Salva-te a ti mesmo e a nós também".

AS MULHERES E JOÃO, OS ÚNICOS AMIGOS FIÉIS

> *Estavam também ali algumas mulheres, observando de longe;*
> *entre elas, Maria Madalena, Maria, mãe de Tiago, o menor, e*

de José, e Salomé; as quais, quando Jesus estava na Galileia, o acompanhavam e serviam; e, além destas, muitas outras que haviam subido com ele para Jerusalém (MARCOS 15:40,41).

Uma das maiores surpresas da história nos dão os que têm coragem para seguir Jesus até a cruz. Se fôssemos ser mais justos, teríamos que dizer "as" que tiveram coragem, porque, exceto João, o discípulo mais jovem, todas as que acompanharam Jesus até o último momento foram mulheres. Os discípulos do Messias o abandonaram e Seus próprios irmãos não creram nele. Consequentemente, junto à cruz encontravam-se Sua mãe, algumas mulheres e João, o discípulo amado. Aquele momento se tornou profético. Ao longo da história, principalmente as mulheres e os jovens têm sido aqueles que se arriscaram a seguir a Jesus em qualquer circunstância, os que mais sofreram com Ele e por Ele, os que continuam se comprometendo com Ele mais facilmente.

Ora, Maria Madalena e Maria, mãe de José, observaram onde ele foi posto (MARCOS 15:47).

As mulheres o acompanharam, inclusive, depois da Sua morte. Quando Jesus foi colocado no sepulcro, elas observavam, pois nada mais podiam fazer. Não puderam falar no Sinédrio para defender Jesus. Não lhes era permitido falar com Pilatos.. Não podiam fazer praticamente nada, pois tudo lhes era proibido.

Mas fizeram tudo: estiveram com Ele até o fim, na cruz e na sepultura. Essa é a razão por que foram as primeiras na ressurreição.

JOSÉ DE ARIMATEIA

Vindo José de Arimateia, ilustre membro do Sinédrio, que também esperava o reino de Deus, dirigiu-se resolutamente a Pilatos e pediu o corpo de Jesus. Mas Pilatos admirou-se de que ele já tivesse morrido. E, tendo chamado o centurião, perguntou-lhe se havia muito que morrera. Após certificar-se, pela informação do comandante, cedeu o corpo a José. Este, baixando o corpo da cruz, envolveu-o em um lençol que comprara e o depositou em um túmulo que tinha sido aberto numa rocha; e rolou uma pedra para a entrada do túmulo (MARCOS 15:43-46).

Alguns afirmam que José de Arimateia não teve a coragem de seguir Jesus abertamente. Ele era membro do Sinédrio e aparentemente não se comprometeu publicamente com Jesus. A verdade é que conhecemos poucas circunstâncias da sua vida. Mas sabemos, sim, que nos momentos mais difíceis foi um dos poucos que estiveram com Jesus. Ele teve a coragem de chegar a Pilatos e lhe pedir o corpo de Jesus enquanto todos se escondiam.

> QUANDO TODOS HAVIAM ABANDONADO O CRUCIFICADO, ENTÃO APARECEU JOSÉ DE ARIMATEIA.

Se observarmos cada detalhe da sua forma de agir, veremos que era uma pessoa íntegra, que gostava de fazer as coisas direito. Em primeiro lugar, comprou um lençol, mas não usou qualquer um, acreditando que Jesus merecia algo bom. Depois procurou um sepulcro novo, e mais tarde, pediu o corpo de Jesus.

Ninguém queria se identificar com o Crucificado, mas ele, sim, se identificou. José levou o corpo de Jesus de maneira pública, fazendo-o descer da cruz e tomando-o em seus braços. Não se preocupou com o que os outros pudessem pensar.

Mas, o que ele estaria pensando? Que teríamos nós pensado caso estivéssemos em seu lugar? Que teria você pensado se estivesse despregando e baixando o corpo de Jesus da cruz, do próprio Deus, o Criador do Universo? Que estaria pensando se estivesse carregando o Messias em seus braços? O que pensaria ao colocar o corpo no sepulcro? Qual seria a sua reação ao cobri-lo e colocá-lo no sepulcro? E ao rolar a pedra e deixar o túmulo selado? Você continuaria crendo que Jesus era Deus? O que você teria contado à sua família ao chegar em casa? Poderia dormir naquela noite sabendo que o seu Criador estava sepultado num túmulo que você mesmo preparou?

Como seria a manhã seguinte? O amanhecer teria a mesma luz? Talvez José não quisesse sequer sair do lugar onde estava! Quem sabe tenha voltado ao sepulcro, indagando a si mesmo se algo do que estava acontecendo teria algum sentido.

Era sábado. José foi à sinagoga e se encontrou com os membros do Sinédrio. O que lhe disseram? Quanta zombaria teve de enfrentar ao defender um Messias crucificado, morto e sepultado! "Esse que você enterrou era aquele que ia salvar o mundo? " Se, para os discípulos e para as mulheres, esse sábado parecia ser interminável, muito mais foi para José, o único que ousou se comprometer publicamente com Jesus.

Não sei se a sua fé suportou uma pressão tão grande. Não sabemos se José acreditava que o Redentor ia ressuscitar, só Deus sabe. Poucas coisas podemos afirmar sobre ele. Mas o que sabemos nos leva a admirá-lo de uma forma extraordinária. Eu não poderia ter feito o que José fez. Eu jamais teria tido a coragem e a confiança que ele teve em Deus.

Precisamos nos lembrar que Jesus sempre tem pessoas dispostas como José. Dispostas ao maior ridículo, contanto que a vontade de Deus seja feita. Dispostas a enfrentar a zombaria dos que estiverem por perto, porque não entendem o que está acontecendo e nos consideram como pessoas "tolas".

Deus ama as pessoas de quem ninguém se lembra. Deus se sente honrado pelas pessoas desconhecidas que fazem o que Ele determinar, mesmo que pareça ser insignificante, embora tenha pouco sentido aquilo que o Senhor lhes está pedindo. Imagine o trabalho de sepultar o Messias!

Deus nos honra. E Ele é por nós honrado, quando estamos dispostos a segui-lo, sem nada perguntar, porque talvez seja impossível compreender as Suas razões. Deus confia em nós e se alegra, cheio de amor, quando percebe que somos capazes de deixar o tempo passar à espera de uma resposta ou uma solução, sem sabermos o que fazer, e sem sabermos, inclusive, como reagir. Sem saber o que acontecerá no dia de amanhã. Sem saber quanto tempo devemos continuar esperando.

Fazemos isso porque amamos, e isso é suficiente para nós.

A HUMANIDADE OBSERVA A DOR DE DEUS

> *E sobre a casa de Davi e sobre os habitantes de Jerusalém derramarei o espírito da graça e de súplicas; olharão para aquele a quem traspassaram; pranteá-lo-ão como quem pranteia por um unigênito e chorarão por ele como se chora amargamente pelo primogênito* (ZACARIAS 12:10).

Um momento decisivo na vida do Deus Pai. Embora não esteja preso ao tempo, Ele vivencia a cruz no passado, no presente e no futuro. Essa é a dor menos oculta de Deus: "ao pé" da cruz estava o Pai que desamparou e não "respondeu" à dor do Seu Filho. Nem sequer na eternidade conseguiremos saber o que o coração de Deus Pai sentiu quando viu Seu Filho ser transpassado, o Filho mais amado, o ser mais puro e fiel que jamais existiu.

A própria terra tremeu ao vê-lo. Ninguém jamais poderá compreender o que aconteceu no contexto da Trindade durante essas horas de sofrimento e dor. Três horas de escuridão comprovaram a morte da Luz criadora deste mundo. Escuridão na terra, no coração das pessoas, na história. As três horas mais incompreensíveis de toda a eternidade!

A natureza tremeu. Se nós não somos agora capazes de tremer ao recordá-lo, é porque não compreendemos o que aconteceu na cruz.

"Não me motiva, meu Deus, a amar-te,
O céu que me prometeste:

Não me motiva o tão temido inferno
Para deixar de ofender-te.
Tu me motivas, Senhor; sou motivado
Ao ver-te cravado numa cruz e escarnecido;
Motiva-me ver Teu corpo tão ferido;
Motivam-me Tuas afrontas e Tua morte.
Motiva-me, enfim, Teu amor, e de tal maneira,
Que embora não houvesse céu, eu te amaria,
E ainda que não houvesse inferno, eu te temeria.
Não tens que me dar para que eu te queira."

O místico (desconhecido) espanhol expressou o que sentiu diante da cruz, e nós não podemos dizer nada mais. O que podemos, sim, é nos defrontarmos com aquele momento, porque toda a nossa vida depende da resposta à pergunta: Que sentimos, o que pensamos ao vermos Jesus crucificado? Outra pergunta ainda mais importante: O que muda em nossa vida quando nos colocamos diante da cruz?

Não se pode responder de outra maneira a não ser entregando tudo o que somos. Incondicionalmente. Precisamos responder, indo com Ele à cruz, para ressuscitarmos com Ele para uma nova vida, entendendo que Ele morreu em nosso lugar para também ressuscitar em nosso lugar. Decidindo, a cada dia, seguir o Messias crucificado e ressuscitado, de uma forma incondicional, sem nos fixarmos no que mais gostamos e no que menos gostamos.

Amamos o Salvador com todo o nosso ser, e com isso nós nos satisfazemos.

É o bastante para desfrutarmos da vida abundante que Ele oferece. É o bastante também para respondermos ao Seu amor, porque não podemos pagar de nenhuma outra forma.

Ele foi oprimido e humilhado...
(ISAÍAS 53:7).

49 A COROA DE ESPINHOS

Os soldados, tendo tecido uma coroa de espinhos, puseram-lha na cabeça e vestiram-no com um manto de púrpura (JOÃO 19:2).

Parecia ser o momento decisivo na história para o príncipe do mal. Ele tinha conseguido colocar o seu símbolo, os espinhos, na fronte do próprio Filho de Deus. Todos os seguidores do Messias haviam fugido ou estavam escondidos. E Aquele a quem admiravam, não somente estava condenado, mas levava sobre si o menosprezo de todos com aqueles espinhos sangrando em Sua fronte.

Quando o ser humano pecou, o primeiro resultado daquela rebeldia contra Deus foi a terra produzir espinhos. O orgulho do homem se instalou no coração da natureza e ela "deu à luz" espinhos como uma lembrança desse dia. "Ela produzirá também cardos e abrolhos, e tu comerás a erva do campo" (GÊNESIS 3:18). Os espinhos eram o símbolo da maldade, do que era inútil, do que não tinha sentido. O símbolo da dor e do desespero. O fruto do deserto em que o homem ficou ao se afastar do seu Criador.

Deus mesmo havia dito que os espinhos apenas serviam para serem queimados: não tinham qualquer utilidade, a não ser o combustível para o fogo. De igual forma, o mal e os seus "seguidores" têm seus dias contados até caírem na destruição, na morte eterna. E não é para menos... todo aquele que acha o destino da vida em roubar, matar e destruir deve provar do seu próprio remédio, daquilo que mais o agrada: "Como espinheiros, antes que vossas panelas sintam deles o calor, tanto os verdes como os que estão em brasa serão arrebatados como por um redemoinho" (SALMO 58:9).

Além disso, os espinhos são a mais evidente imagem para simbolizar a destruição da criação. Representam o mal em qualquer lugar e em qualquer tempo. Deixe que os espinheiros cresçam no jardim, e o mal acabará dominando em todos cantos do terreno e eliminarão qualquer outro tipo de vida. Permita por um só momento que um espinheiro cresça na natureza mais linda, e a suavidade desse contexto terá os minutos contados.

> O PECADO NOS DEIXOU UMA LIÇÃO QUE IMPRESSIONA. PARA QUE O BEM APAREÇA, É PRECISO LUTAR. OS ESPINHOS CRESCEM POR SI MESMOS.

É curioso, mas o pecado nos deixou uma lição incrível: para que o bem apareça, é preciso lutar. Os espinhos crescem por si mesmos. "Não será podada, nem sachada, mas crescerão nela espinheiros e abrolhos" (ISAÍAS 5:6). A pessoa diligente e esforçada tem de suar para conseguir o resultado do seu trabalho. O preguiçoso só traz maldições aos seus dias enquanto preenche seu caminho de sofrimento e dor. "O caminho do preguiçoso é como que cercado de espinhos" (PROVÉRBIOS 15:19).

Os espinhos vieram a ser o símbolo da morte. Isto não é estranho, pois foram gerados num ato de rebeldia contra a Vida. O apóstolo Paulo usa um versículo do profeta Oseias para representá-los (OSEIAS 13:14). "Onde está, ó morte, a tua vitória? Onde está, ó morte, o teu aguilhão?" (1 CORÍNTIOS 15:55). O apóstolo sabia do que estava falando, pois recebeu um "espinho" na sua própria pessoa, um mensageiro de Satanás para esbofeteá-lo (2 CORÍNTIOS 12:7), para fazê-lo sofrer e derrotá-lo.

Você sabe como o príncipe do mal age? Os seus artifícios são realmente "perigosos", embora haja quem os considere um tanto como brincadeira. Quando o Senhor Jesus falou sobre o trabalho do semeador, disse que os espinhos abafaram completamente a semente que caiu entre eles. Isto é o que o mal faz: O diabo é um especialista em sufocar, em fazer sofrer, em partir e desfazer sonhos, em prejudicar, embrutecer e tornar aflitivas as coisas e as situações. Em poucas palavras, o que o diabo quer é destruir a beleza, impedir que o bem resplandeça... matar a vida.

> O DIABO SE SENTIA VENCEDOR,
> ELE ACREDITAVA SER O DONO DA HISTÓRIA.

Quando os soldados puseram a coroa de espinhos na cabeça do Messias, o príncipe do mal se julgou vencedor. Pensou que era o dono da história e de todos os homens e mulheres deste mundo. O Filho de Deus permanecia em silêncio, aparentemente derrotado, e seu Pai nos céus não disse uma única palavra. Os anjos entraram na cena assustados, sem a capacidade sequer para se mover ou reagir. Aparentemente Jesus estava vencido, humilhado, cuspido, sozinho, condenado e, o mais incompreensível de tudo: derrotado.

Mas nem tudo é como parece ser. Às vezes, esquecemo-nos de que o diabo não conhece o futuro. Ele sabe tanto quanto nós, porque é um ser limitado. Ele é um prodígio da criação de Deus, mas com limitações. No momento da crucificação, ele se considerava o dono do mundo. A coroa que o Messias levava na cabeça não era a coroa do Rei do universo, mas era uma coroa de espinhos, uma das suas mais preciosas criações. Apenas três anos antes, o diabo lhe havia oferecido o mundo inteiro em troca de um ato de adoração, mas Jesus o rejeitou. Naquele momento, o mundo inteiro via a coroa que o Messias levava na sua cabeça, que o diabo lhe colocara. Era o símbolo do mal, a sua insígnia. O seu escudo estava fazendo sangrar a testa do mais puro ser que jamais existiu.

Mas aquele momento, que poderia parecer quase definitivo, teve o seu fim. Jesus desceu ao mais profundo da humilhação e à morte na cruz para que o Pai o ressuscitasse e o fizesse voltar à terra como Vencedor. Se muitos não haviam entendido o enredo da história, o próprio Deus nos lembra, no último livro da Bíblia, que Ele teve a primeira palavra na criação e um dia terá também a última palavra. Não são os grandes personagens do nosso planeta que tomam as decisões: por trás de cada situação, está o dedo de Deus. Nem sequer o próprio diabo pode escolher as consequências dos seus malvados atos. Ainda mais, um dia, "Em lugar do espinheiro, crescerá o cipreste, e em lugar da sarça crescerá a murta; e será isto glória para o SENHOR e memorial eterno, que jamais será extinto" (ISAÍAS 55:13).

O Senhor mesmo se encarregará de destruir os espinhos e as maldades. Ele fará desaparecer o que nos causa dor e morte e renovará os jardins e as árvores que o mal tem destruído. Os desertos não mais existirão e a Vida reinará. Jamais devemos nos esquecer de que a Bíblia diz que Deus não somente cuida para que Seus filhos desfrutem da vida eterna, mas também se preocupa com que o mal desapareça. "Para a casa de Israel já não haverá espinho que a pique, nem abrolho que cause dor, entre todos os vizinhos que a tratam com desprezo; e saberão que eu sou o SENHOR Deus" (EZEQUIEL 28:24).

Essa é uma das esperanças mais radiosas em nossa vida. Por mais que, por um pouco de tempo, nossa vida possa estar cheia de dor, num glorioso dia, Deus irá "queimar" cada um desses espinhos. Num amanhecer cheio de luz, Deus irá curar cada uma das nossas feridas. Para sempre!

> O SENHOR MESMO SE ENCARREGARÁ DE DESTRUIR TODOS OS ESPINHOS. FARÁ DESAPARECER TUDO O QUE NOS FAZ MAL, O QUE NOS CAUSA DOR E TORNARÁ VERDES OS JARDINS E AS ÁRVORES QUE O MAL DESTRUIU.

Porque a Luz de Israel virá a ser como fogo, e o seu Santo, como labareda, que abrase e consuma os espinheiros e os abrolhos da Assíria, num só dia (ISAÍAS 10:17).

Jesus nos presenteou um futuro cheio de glória. A Sua vitória sobre a morte é prova disso. Ele é o Messias, o Ungido de Deus, o Salvador do mundo e o Senhor da história. Contudo, não se importou em levar uma coroa de espinhos por amor a nós! Não duvidou um único momento em permitir que o mal zombasse dele para que não provocasse dano em nós. Não baixou sua cabeça com vergonha, pensando nas nossas falhas, quando a coroa começou a rasgar a pele da Sua fronte.

Não! Ele a levou com o amor e a grandeza que somente o próprio Filho de Deus podia fazer. Ele fez tudo por você e por mim!

Penso que muitas coisas mudariam em nossa vida se tivéssemos num lugar visível da nossa casa uma coroa de espinhos como aquela que o Salvador levou na Sua cabeça. Não para ser vista com os nossos olhos, mas para senti-la em nosso coração.

Para termos verdadeiro temor de chegarmos a ofender a quem tanto sofreu por nós. Para que o nosso amor por Jesus seja cada dia mais autêntico, mais profundo, mais entranhável... para que jamais nos aconteça de esquecermos o preço com que fomos redimidos.

Aquela coroa de espinhos precisa fazer que nós nos esqueçamos de certas coisas que outros nos tenham feito ou que nos estejam fazendo. A coroa nos recorda, em nosso sofrimento, que o Senhor Jesus sofre conosco. Deixa marcado em nossa alma que muitas discussões com outros filhos de Deus não têm qualquer valor nem, com certeza, qualquer sentido.

Ter uma coroa de espinhos em nossas mãos significaria começarmos a entender que a dor que Deus sentiu foi real, tão real como a nossa vida. Aquele sofrimento foi por todos, e todos desfrutamos das suas consequências ao mesmo tempo. Ninguém tem mais direitos que outros, ninguém pode ter mais razão que outros. Todos precisamos tomar aqueles espinhos entre nossos dedos para nunca esquecermos que o nosso Salvador é quem merece tudo; para lembrar sempre o que Ele sofreu em nosso lugar.

JESUS RENUNCIOU TODAS AS SUAS COROAS, PARA LEVAR UMA COROA DE ESPINHOS EM MEU LUGAR.

Existe algo mais: aquela coroa de espinhos me ensina a seguir a vontade do meu Senhor. Lembra-me de que eu não mereço levar outra coroa. Toda a glória que eu porventura possa receber deverá ser dada a Ele. A coroa de espinhos mostra-me que o meu Criador foi capaz de suportar por mim o que valho diante dele e o amor que Ele derrama, a cada dia, em minha vida. Ele renunciou a todas as suas coroas para levar uma coroa que o feria física e espiritualmente.

Amar a Jesus, com tudo o que sou; obedecê-lo e honrá-lo, com tudo o que faço; entusiasmar-me com Ele, como nunca antes. Essas são respostas normais e dignas ao Seu amor.

Minha vida jamais pôde ser igual a partir do primeiro momento que vi a coroa de espinhos na fronte do Salvador.

Por que se levantam dúvidas no coração de vocês? (LUCAS 24:38 NVI).

50 | A MAIOR REVOLUÇÃO

Eu não sabia o que pensar e nem como reagir. Por um lado, sentia-me envergonhado, porque ninguém imaginava que nossa filha faria algo daquela maneira. Por outro lado, eu sabia que estava recebendo uma mensagem da parte de Deus, algo que não poderia jamais esquecer. Iami tinha apenas três anos, e estávamos visitando uma família que acabara de perder o avô da casa. E ali, diante de todas as pessoas, nossa filha começou a dar voltas em torno do caixão onde estava o corpo do falecido. E, enquanto saltava, ela cantava: "Teu povo canta, grita vitória, revolução, revolução".

Tiramos rapidamente Iami daquele lugar para que não fizesse mais escândalo. Mas eu, sinceramente, não sabia se ralhava com ela ou lhe agradecia. Ela, com somente três anos, havia entendido que a maior revolução que existiu na história da humanidade foi a ressurreição de Jesus e, portanto, o Seu povo deve agora cantar e declarar vitória, porque essa é a nossa vitória, essa é a verdadeira revolução. A morte não tem qualquer poder sobre nós!

Embora nos entristeçamos e não compreendamos o sofrimento, a morte já foi vencida.

Às vezes, o passar do tempo nos impede de ver as coisas de forma clara. Esquecemos que durante os primeiros trezentos anos do Cristianismo, a cruz não foi vista praticamente em nenhum lugar: nem nas catacumbas, nem nos locais de reuniões, nem nas primeiras igrejas...

Os cristãos viviam adorando o Messias porque sabiam que Ele estava vivo. Sabiam que a cruz era parte essencial do plano de Deus para a sua salvação. Entretanto, a vida dependia do Vencedor sobre a morte, do Ajudador que vivia dentro deles e do Pai que cuidava deles em todas as coisas. Eles não seguiam um Messias simplesmente crucificado.

Custou muito para as pessoas aprenderem essa lição. Para alguns, foi a vergonha pública, para outros uma "pequena repreensão" do próprio Jesus. Muitos outros defenderam a verdade, entregando suas vidas nos circos romanos. Todos enfrentaram as consequências da sua pequena "incredulidade", com alegria, porque a morte deixou de ter poder sobre eles no exato momento quando ela foi vencida.

> UM CASAL QUE É O SÍMBOLO DE QUASE TODA A HUMANIDADE: CLEOPAS E SUA ESPOSA, OU TALVEZ CLEOPAS COM UM AMIGO, QUE VÃO PARA EMAÚS DEIXANDO O LUGAR E O MOMENTO MAIS IMPORTANTE DA HISTÓRIA.

Naquele mesmo dia, dois deles estavam de caminho para uma aldeia chamada Emaús, distante de Jerusalém sessenta estádios. E iam conversando a respeito de todas as coisas sucedidas. Aconteceu que, enquanto conversavam e discutiam, o próprio Jesus se aproximou e ia com eles. Os seus olhos, porém, estavam como que impedidos de o reconhecer. Então, lhes perguntou Jesus: Que é isso que vos preocupa e de que ides tratando à medida que caminhais? E eles pararam entristecidos. Um, porém, chamado Cleopas, respondeu, dizendo: És o único, porventura, que, tendo estado em Jerusalém, ignoras as ocorrências destes últimos dias? Ele lhes perguntou: Quais? E explicaram: O que aconteceu a Jesus, o Nazareno, que era varão profeta, poderoso em obras e palavras, diante de Deus e de todo o povo, e como os principais sacerdotes e as nossas autoridades o entregaram para ser condenado à morte e o crucificaram. Ora, nós esperávamos que fosse ele quem havia de redimir a Israel; mas, depois de tudo isto, é já este o terceiro dia desde que tais coisas sucederam. É verdade também que algumas mulheres, das que conosco estavam, nos surpreenderam, tendo ido de madrugada ao túmulo; e, não achando o corpo de Jesus, voltaram dizendo terem tido uma visão de anjos, os quais afirmam que ele vive. Então, lhes disse Jesus: Ó néscios e tardos de coração para crer tudo o que os profetas disseram! Porventura, não convinha que o Cristo padecesse e entrasse na sua glória? E, começando por Moisés, discorrendo por todos os Profetas, expunha-lhes o que a seu respeito constava em todas as Escrituras. Quando se aproximavam da aldeia para onde iam, fez ele menção de passar adiante. Mas eles o constrangeram, dizendo: Fica conosco, porque é tarde, e o dia já declina. E entrou para ficar com eles. E aconteceu que, quando estavam à mesa, tomando ele o pão, abençoou-o e, tendo-o partido, lhes deu; então, se lhes abriram os olhos, e o reconheceram; mas ele desapareceu da presença deles. E disseram um ao outro: Porventura, não nos ardia o coração, quando ele, pelo caminho, nos falava, quando nos expunha as Escrituras? E, na mesma hora, levantando-se, voltaram para Jerusalém (LUCAS 24:12-45).

O autor do evangelho descreve o que aconteceu, mas não nos diz quem eram os que iam a caminho de Emaús. Sabemos o nome de um deles: Cleopas. Alguns dizem que estava caminhando com a sua esposa, Maria. Os dois iam juntos, falando e discutindo, assim que, deviam ter suficiente confiança entre si para conversarem.

Eu creio que existe outra possibilidade, porque Maria, a esposa de Cleopas, havia seguido Jesus até o fim, até mesmo estar perto da cruz. "E junto à cruz estavam a mãe de Jesus, e a irmã dela, e Maria, mulher de Cleopas, e Maria Madalena" (JOÃO 19:25). Portanto, ela sim, sabia do que tinha acontecido. Ela também esperava algo mais do Mestre.

Então, talvez Cleopas e seu amigo não foram tão corajosos para seguir a Jesus até a cruz. Talvez Maria tenha ficado em Jerusalém acreditando que algo iria acontecer. Pelo menos, lá ficou para ver o lugar onde o corpo de Jesus foi colocado! Além disso, Maria teria facilmente reconhecido Jesus, porque nos últimos meses ela o havia seguido bem de perto e o acompanhara até o fim. Pode ser que ela tenha ficado à espera de uma explicação para o túmulo vazio, enquanto seu marido foi com um amigo para Emaús. Afinal, crer em algo mais além do que aconteceu seria "coisa de mulheres", como algumas vezes os homens costumam dizer.

Os dois iam na direção de Emaús. O que iam ali fazer, longe do local onde Jesus tinha sido crucificado, longe do sepulcro, longe dos seus irmãos? Por vezes, os nossos problemas aparecem porque fugimos dos momentos e dos lugares mais importantes na vida... quando procuramos nos afastar de Jesus.

> OS DOIS IAM NA DIREÇÃO DE EMAÚS. QUE IAM ALI FAZER, LONGE DO LOCAL ONDE JESUS TINHA SIDO CRUCIFICADO, LONGE DO SEPULCRO, LONGE DOS IRMÃOS?

De repente, um estranho se junta a eles no caminho, um desconhecido que sabia o que estava dizendo e entendia o que vinha acontecendo. Um verdadeiro "Mestre" que falou com eles e lhes disse: "Que é isso que vos preocupa e de que ides tratando à medida que caminhais?"

Uma boa pergunta. Se eles eram seguidores do Messias, não se entendia a sua tristeza. Se acreditavam no que Jesus havia falado, não se podia entender que estivessem discutindo. Talvez por medo, por incredulidade ou simplesmente pela própria tristeza do momento, os dois caminhantes haviam perdido toda a esperança. Quando nos deixamos levar pelas circunstâncias e não reconhecemos que Jesus está conosco, só nos resta discutir com todo o mundo e nos entristecer "com nós mesmos".

Procuraram explicar ao desconhecido aquilo que havia acontecido. Disseram-lhe o que viram e acrescentaram que o mais desconcertante foi que as mulheres tinham ido ao sepulcro e "a ele não viram…" (v.24). Aquilo, sim, era um problema, porque Jesus havia falado da Sua ressurreição, mas nenhum dos Seus discípulos acreditou. Jesus caminhava com eles, e tampouco acreditavam! Pode-se falar muito sobre Jesus e passarmos a vida sem vê-lo: na igreja, nas doutrinas, no ministério, no louvor, nas muitas atividades… nada há mais terrível do que procurar seguir Jesus sem vê-lo.

À medida que continuavam conversando, perceberam que aquele caminhante desconhecido era uma pessoa extraordinária. Existia nele algo revelador, algo diferente, especial. Algo que os levava a perguntar e a precisar da sua presença. Muitas vezes, em nossa vida, sabemos que Deus está presente, mas os nossos olhos não conseguem vê-lo. Percebemos, nessa sensação, que a Sua presença nos completa e que Suas palavras vão muito além do que estamos ouvindo, na firme convicção de que algo sobrenatural está acontecendo.

Não deixaram que ele seguisse em frente. Às vezes, Deus se aproxima de nós, mas faz de conta que está passando por nós, apenas para saber se realmente temos interesse em viver na Sua presença. Que tolos somos quando o deixamos ir e perdemos as melhores oportunidades da nossa vida! Jesus tinha o desejo de ficar com eles, mas esperava que eles lhe pedissem. Ele nunca nos pressiona, tem toda a autoridade e o direito de ficar, mas espera que o peçamos.

"Fica conosco", foram as palavras que disseram a Jesus, e lhe apresentaram uma justificativa para que ficasse. Eu creio que é a mais linda de todas as desculpas que poderíamos imaginar. Não lhe disseram: "Queremos continuar a ouvi-lo; temos necessidade de você; conte-nos mais coisas…". Não, as suas palavras foram: "Fica conosco, porque é tarde, e o dia já declina" (v.29).

É quando tudo se torna escuro em nossa vida que mais precisamos de Deus. Nosso caminho parece estar chegando ao fim, e o dia está terminando; quando vêm os dias em que nos cansamos rapidamente, ou naqueles outros dias quando tudo parece ir mal. Quando tudo escurece, quando chegam os momentos difíceis porque não vemos uma saída, e a nossa vida parece que vai terminar.

"O dia termina. Fica conosco, Senhor! Não queremos estar sozinhos na escuridão...". Deus sempre fica conosco, mesmo que, aparentemente, a luz tenha se apagado, tudo pareça terminar, a própria vida esteja chegando ao seu fim.

Jesus ficou com eles, mas Lucas escreve que Ele se ausentou logo depois de ter partido o pão, e antes de beber do cálice, porque Ele havia dito aos Seus discípulos que não o tomaria antes que viesse o reino de Deus (LUCAS 24:30). Quando perceberam que era Jesus, rapidamente, reagiram. Quando estamos conscientes de que Deus está agindo, o cansaço desaparece. A Bíblia diz que, levantando-se naquela mesma hora (Embora fosse bem tarde, a noite havia chegado e quase não se podia ver nada!), caminharam vários quilômetros para se encontrarem com os outros discípulos. Depois de terem visto Jesus, não puderam sequer esperar o amanhecer do dia. Precisavam contar para todos!

MAS NÃO O VIRAM (LUCAS 24:24)
A frase que os dois caminhantes de Emaús expressaram é a chave para o que aconteceu nas horas seguintes após a ressurreição. Nenhum dos Seus discípulos pensava que Ele ia ressuscitar. De forma que todos precisaram vê-lo pelo menos em duas ocasiões diferentes. Necessitavam "equacionar" a sua fé com a plena convicção dos fatos.

É curioso porque, o que para nós pode parecer o cúmulo da incredulidade, é uma das provas mais importantes da ressurreição de Jesus, porque Ele mesmo teve de vencer a resistência e a incredulidade dos Seus discípulos. Eles não esperavam que ressuscitasse. Ninguém podia enganá-los e nem se enganarem a si mesmos!

1. A sociedade quer nos enganar, para que não vejamos Jesus
E, indo elas, eis que alguns da guarda foram à cidade e contaram aos principais sacerdotes tudo o que sucedera. Reunindo-se eles

em conselho com os anciãos, deram grande soma de dinheiro aos soldados, recomendando-lhes que dissessem: Vieram de noite os discípulos dele e o roubaram enquanto dormíamos. Caso isto chegue ao conhecimento do governador, nós o persuadiremos e vos poremos em segurança. Eles, recebendo o dinheiro, fizeram como estavam instruídos. Esta versão divulgou-se entre os judeus até ao dia de hoje (MATEUS 28:11-15).

Essa continua sendo a versão oficial de muitos até o dia de hoje. Eles ficam bem contentes com o seu próprio engano. Jamais diga que não existe nada pior do que alguém se enganar a si mesmo, porque isso pode ofendê-los. Os líderes políticos e religiosos daquela época ficaram alegres, e até deram dinheiro aos soldados para ocultarem o seu próprio engano. Somos capazes de coisas mais ridículas!

O primeiro motivo por que muitos não encontram o Ressuscitado hoje é precisamente a falta de razão. Não tente entender, pois é demasiadamente absurdo para que alguém o explique. Mas muitos acreditam e o defendem. E não somente creem nas suas próprias mentiras: são capazes de pagar por elas!

2. Buscaram Jesus no lugar onde Ele não estava

Os discípulos quiseram saber o que tinha acontecido. Dois deles, Pedro e João, foram ao sepulcro. Os dois correram, mas João foi mais rápido e chegou primeiro ao sepulcro (JOÃO 20:4-6). Ele se inclinou para ver o interior da sepultura e viu os panos de linho. Mas não viu o corpo, nem entrou. Então Pedro chegou e viu os panos de linho e o sudário, e constatou que Jesus não estava ali. Eles não poderiam encontrá-lo em nenhum sepulcro porque Jesus havia ressuscitado! Os anjos resumiram tudo perfeitamente com uma pergunta: "Por que buscais entre os mortos ao que vive?" (LUCAS 24:5).

Muitas pessoas, inclusive pessoas religiosas, continuam falando somente do Cristo crucificado, porque, de certa forma, " é mais fácil de ser lidar com um "morto do que com o Cristo ressuscitado. Muitos celebram a crucificação e a morte de Cristo, mas param por aí. Poucas vezes, falam que Jesus está vivo. Muitos, inclusive, têm na sua casa ou pendurada no pescoço a representação da cruz com Jesus pendurado nela.

Como se nem sequer foi sepultado e ali permanecesse por toda a eternidade. A sua religião somente consegue ver um Salvador crucificado... mas Jesus não está mais na cruz, nem na sepultura! Ninguém pode encontrá-lo entre os mortos! Ele é o Senhor e está vivo! O melhor é "deixar ser encontrado" por Ele.

3. Estavam longe de Jesus

Outro motivo por que não reconheceram Jesus após a ressurreição foi a distância. Quando Pedro e João correram na direção do sepulcro, estavam se "afastando" do Mestre. Ele havia prometido que lhes apareceria quando estivessem juntos. Por isso, não precisariam buscá-lo em nenhum lugar.

Longe de Jesus, correndo numa direção errada. Assim nós vivemos muitas vezes. Passamos dias sem ler a Palavra de Deus; outros dias, sem orar. De repente, já não sentimos vontade de falar de Jesus a outras pessoas e não mais achamos interessante a companha de outros crentes... e então dizemos: "Sinto que Deus está longe de mim".

O problema é que deixamos de nos encontrar com Ele, deixamos de nos emocionar buscando-o com todas as nossas forças. Nós nos acomodamos e esperamos que Deus venha nos ajudar, que nos fale, que Ele apareça, enquanto nós nos afastamos dele.

4. Não entenderam a Palavra de Deus

"Pois ainda não tinham compreendido a Escritura, que era necessário ressuscitar ele dentre os mortos" (JOÃO 20:9). Jesus havia falado várias vezes. Falado não apenas da Sua morte como também da Sua ressurreição. Porém eles não acreditaram. Alguns nem sequer entenderam.

Precisaram vê-lo diversas vezes para aceitar que era Ele mesmo. Necessitaram constatar as Suas feridas, tocar nele, vê-lo de novo partindo o pão. Precisaram ouvir Suas palavras novamente antes de acreditar nele.

Se não crermos cem por cento na Palavra de Deus, nós tampouco vamos nos encontrar com o Messias ressuscitado. Se deixarmos de crer não poderemos viver face a face com o Salvador.

5. Não souberam esperar, ficar com Ele até que se revelasse.
Jesus havia prometido que lhes apareceria depois da crucificação. Eles não apenas deixaram de crer, como também abandonaram a sua missão. Deixaram de confiar nele; pensaram que nada mais tinha sentido.

"E voltaram os discípulos outra vez para casa" (JOÃO 20:10). Essa pode ser a reação normal, mas fala muito do que estava acontecendo: eles se resignaram, não tiveram paciência para esperar, foram para as suas casas. Não quiseram permanecer ali nem um só momento mais. Esqueceram que as bênçãos de Deus não são recebidas em visitas rápidas, nem nos encontros de alguns minutos. Temos de esperar, persistir, temos de aprender a descansar nos braços do Pai e deixar que o tempo passe, enquanto Deus vai fortalecendo a nossa confiança nele! Precisamos confiar que Deus vai cumprir a Sua Palavra... porque Ele sempre o faz.

Maria não se deu por vencida e continuou ali, esperando. E se encontrou com o Rei ressuscitado!

6. Às vezes, as lágrimas não nos deixam ver Jesus.
Então, eles lhe perguntaram: Mulher, por que choras? (JOÃO 20:13).

Maria estava no lugar certo e com a atitude correta, mas teve de vencer a última prova: a sua tristeza. Nem sequer os anjos puderam consolá-la. Ela amava tanto a Jesus! Não se importou que os céus se abrissem nem que seres sobrenaturais aparecessem. Existem tristezas que somente o coração de Deus pode curar. Para Maria, os anjos não eram suficientes.

Ela continuou chorando. E foram aquelas mesmas lágrimas que não a deixavam ver Jesus.

Jesus falou, mas ela não queria ser consolada. Jesus estava ao seu lado, mas ela acabou dando mais valor à sua própria tristeza. Jamais devemos permitir que as lágrimas embacem os nossos olhos e nos impeçam de ver como Deus está ao nosso lado, falando-nos e nos dando forças para vencermos o sofrimento!

Porque Jesus está sempre ao nosso lado, perguntando-nos a razão das nossas lágrimas.

7. Às vezes, o desânimo nos impede de ver Jesus

Então, eles lhe perguntaram: Mulher, por que choras? Ela lhes respondeu: Porque levaram o meu Senhor, e não sei onde o puseram. Tendo dito isto, voltou-se para trás e viu Jesus em pé, mas não reconheceu que era Jesus (JOÃO 20:13,14).

O desânimo, as dificuldades, o desalento e, inclusive, o desejo de resolver as coisas à nossa maneira nos impedem de ver Jesus. Maria estava disposta a levar consigo o corpo de Jesus. Ela tanto o amava que não se importava em fazer qualquer coisa, contanto que voltasse a vê-lo. Mesmo depois de morto, ela o tomaria e lhe daria um descanso adequado. O seu desânimo lhe impedia de entender que Ele não estava morto e desejava encontrá-la!

Quando permitimos que o desânimo tome conta da nossa vida, começamos a dizer coisas que não têm nenhum sentido. Chegamos a pensar que simplesmente com uma imagem de Jesus morto podemos sobreviver. Jamais devemos nos esquecer de que, quando entramos na penumbra da depressão e da ansiedade, é quando mais necessitamos ver o Jesus ressuscitado! Nesses momentos, muito pouco podem fazer por nós as visões e as ajudas de outras pessoas.

Somente as palavras do nosso Salvador são capazes de vencer qualquer situação na qual nos encontrarmos.

8. O perigo da cegueira espiritual
Perguntou-lhe Jesus: "Mulher, por que choras? A quem procuras"
(JOÃO 20:15).

"A quem procuras?" Não é uma pergunta simples. Às vezes, podemos estar tão cegos que não vemos Jesus. Deus quer chegar sempre ao mais profundo das nossas motivações, quer saber o que realmente existe em nosso coração e ver o que procuramos. É a única forma de vencer a nossa cegueira, porque muitas vezes nós mesmos não sabemos do que necessitamos.

Maria estava com a vida em frangalhos, não apenas porque haviam matado o seu Mestre, aquele que lhe dera uma completa restauração, mas também porque (assim pensava) haviam roubado o corpo dele. Muitas vezes, pensamos que Deus não está presente, ou que está distante, sem ter consciência de que Ele está ao nosso lado. Nos momentos mais difíceis, o Senhor Jesus sempre está presente.

9. O pecado nos faz viver de costas para Deus
Quando estamos de costas para Deus, precisamos saber, não somente a quem estamos buscando, mas devemos dar meia volta, darmos as costas a muitas coisas que nos prendem. Necessitamos deixar de afagar o nosso pecado, aquilo que nos impede de nos encontrar com Jesus. Somente "voltamos" a viver quando contemplamos o Ressuscitado face a face.

"Disse-lhe Jesus: Maria! Ela, voltando-se, lhe disse, em hebraico: Raboni (que quer dizer Mestre)! Recomendou-lhe Jesus: Não me detenhas; porque ainda não subi para meu Pai, mas vai ter com os meus irmãos e dize-lhes: Subo para meu Pai e vosso Pai, para meu Deus e vosso Deus'" (JOÃO 20:16,17).

Maria percebeu que Jesus a chamava. Era impossível que o jardineiro soubesse o seu nome! O coração de Maria reconheceu a voz daquele a quem amava pelo modo como Ele a chamou. A sua reação foi muito sincera. Ela se prostrou aos Seus pés!

Não existe nada melhor em nossa vida do que ouvir o nosso nome ser pronunciado pelo Ressuscitado.

10. A incredulidade é uma das mais importantes razões para não se ver Jesus

> *Estes, ouvindo que ele vivia e que fora visto por ela, não acreditaram. Finalmente, apareceu Jesus aos onze, quando estavam à mesa, e censurou-lhes a incredulidade e dureza de coração, porque não deram crédito aos que o tinham visto já ressuscitado* (MARCOS 16:11,14).

A Bíblia nunca esconde a fraqueza daqueles que deveriam ser fortes. Ela diz que os discípulos de Jesus quando o viram ressuscitado, "não creram". Você sabe o que mais impressiona na ressurreição de Jesus? Enquanto os Seus inimigos se lembraram de que Ele havia dito que ia ressuscitar e tudo fizeram para impedi-lo, os Seus discípulos não acreditaram mesmo quando o viram! Estamos falando dos Seus seguidores, dos que haviam estado com Ele e dos que o viram fazer centenas de milagres! Dos que haviam visto como ressuscitara Lázaro e a muitos outros!

> *Ora, Tomé, um dos doze, chamado Dídimo, não estava com eles quando veio Jesus. Disseram-lhe, então, os outros discípulos: Vimos o Senhor. Mas ele respondeu: Se eu não vir nas suas mãos o sinal dos cravos, e ali não puser o dedo, e não puser a mão no seu lado, de modo algum acreditarei* (JOÃO 20:24, 25).

11. Quando nos deixamos levar pelo medo, é como se Deus desaparecesse da nossa vida

Incredulidade. Palavra perigosa. Mas muito mais perigoso é viver com uma atitude de incredulidade. Quando isso acontece, perdemos de vista que Deus é o Deus do impossível. Se não somos capazes de crer que Ele pode fazer qualquer coisa, é porque realmente nós não o conhecemos.

Somos "tardos de coração para crer" (LUCAS 24:25) e pensamos que seríamos mais felizes com uma crença mais humanista, menos sobrenatural, mais "controlável".

Se deixarmos de crer no Deus do impossível, perderemos a nós mesmos. Perderemos o sentido da nossa vida, da mesma forma como estava acontecendo com os discípulos. Somos tardios de coração porque precisamos que Deus mostre Seu poder infinitas vezes. E mesmo assim, continuamos incrédulos.

12. Quando nos deixamos levar pelo medo, é como se Deus desaparecesse da nossa vida

Eles, porém, surpresos e atemorizados, acreditavam estarem vendo um espírito. Mas ele lhes disse: Por que estais perturbados? E por que sobem dúvidas ao vosso coração? Vede as minhas mãos e os meus pés, que sou eu mesmo; apalpai-me e verificai, porque um espírito não tem carne nem ossos, como vedes que eu tenho (LUCAS 24:37-39).

A incredulidade dos discípulos não foi a sua única fraqueza. A Bíblia diz que também tiveram medo. Eles se fecharam num lugar onde ninguém pudesse descobri-los. Fecharam as portas, não queriam que ninguém aparecesse, nem soubesse que estavam ali. Eles estavam aterrorizados e assustados. Apesar do que Maria lhes havia dito, continuavam sentindo medo. Apesar de Jesus se colocar no meio deles, pensaram que estavam vendo um espírito!

Ao cair da tarde daquele dia, o primeiro da semana, trancadas as portas da casa onde estavam os discípulos com medo dos judeus, veio Jesus, pôs-se no meio e disse-lhes: Paz seja convosco! Disse-lhes, pois, Jesus outra vez: Paz seja convosco! Assim como o Pai me enviou, eu também vos envio (JOÃO 20:19,21).

Quando eles estavam sozinhos, Jesus apareceu. Quando se julgavam perdidos, Ele lhes mostrou o caminho. Quando tiveram mais medo, Ele se colocou no meio deles e disse: "Paz". Aquilo foi o mais importante! Não podia haver nada melhor. Nada que pudesse transformar o medo em coragem, a dor em esperança e a noite num brilhante amanhecer para a história da humanidade. "Deixo-vos a paz, a minha paz vos dou; não vo-la dou como a dá o mundo". Talvez alguns dos discípulos se lembrassem daquelas palavras de Jesus. Penso que todos se lembraram, porque se alegraram (v.20) e ouviram-no uma vez mais.

Agora sim, parece que tudo vai mudar: eles receberam a paz de Jesus e venceram o medo... mas, acima de tudo, viram-no e estiveram face a face com Jesus ressuscitado. Isso é fundamental.

Jesus está vivo, e isso muda completamente a nossa vida. Se Ele não tivesse ressuscitado, tudo deixaria de ter sentido. Já que Ele está vivo, não há nada mais importante, porque, na essência, a vida cristã é uma vida triunfante.

Jesus não é mais o Messias que sofre, mas é o Senhor da história, o Vitorioso, aquele que vive para sempre. É o único que nos pode dar vida abundante, aquele que jamais pode ser derrotado.

Podemos passar por momentos difíceis e incompreensíveis. Quem sabe, por vezes os inimigos nos derrotem. Podemos até nos deixar levar, em certas ocasiões, pela incredulidade, o medo ou o desânimo. Pode acontecer que, ao atravessarmos momentos de aflição, não consigamos ver que Deus está ao nosso lado e nunca nos abandona... É possível que algumas vezes nos sintamos derrotados, humilhados, incompreendidos ou sozinhos.

Ainda mais, eu diria a você que isso é normal porque somos humanos. Mas também direi que todas essas situações são circunstâncias da esfera humana e transitórias. Deus diz que nem a própria morte conseguiu vencer Jesus. Por isso, não existe NENHUMA coisa que possa nos vencer porque estamos com Ele, mesmo que, às vezes, pareça-nos que estamos passando por um sofrimento extremo.

O nosso Salvador jamais será derrotado!

Lembre-se de que a maior revolução da história começou com um sepulcro vazio.

Quem creu em nossa pregação?
(ISAÍAS 53:1).

51 VOLTARÁ PARA NOS BUSCAR...

Existem poucas coisas tão divertidas como ver fotos com os nossos filhos. Um dos álbuns de que as nossas filhas mais gostam é o do nosso casamento. Iami, quando vê a Miriam, sempre diz: "mamãe é a noiva mais linda do mundo". E tem razão. Na última vez que vimos essas fotos, Kenia perguntou: "Algum dia, eu também serei noiva. Não é verdade?"

Algum dia, faremos parte da noiva mais importante da história.

Todos quantos colocamos a confiança da nossa vida no Senhor Jesus passamos a fazer parte integrante do casamento mais impressionante a ser celebrado no Universo. Esperamos por este dia, quando Cristo voltar para nos buscar para sermos apresentados diante dele como uma noiva linda, santa, sem mácula, nem qualquer ruga.

> OS MOMENTOS MAIS IMPACTANTES NA VIDA DE UMA PESSOA COSTUMAM SER AQUELES QUANDO ELA SABE QUE VAI MORRER.

Você sabe? Os momentos mais impactantes na vida de uma pessoa costumam ser aqueles quando ela sabe que vai morrer. Todas as palavras são de grande valor. Ninguém costuma gracejar ou dizer qualquer coisa apenas para deixar o tempo passar. Todos querem ter junto de si seus familiares e seus amigos mais chegados para dizer aquilo que talvez não tenha ficado bem claro e, acima de tudo, dizer-lhes que os ama.

Quando Jesus falou Suas últimas palavras aos Seus discípulos, curiosamente disse pouco da Sua partida e muito pouco da forma como iria morrer. Ele passou a maior parte do tempo falando da Sua volta. Custou muito para que os discípulos entendessem aquilo. E eu me pergunto se a Igreja dos nossos dias tem também entendido, porque ninguém pode esquecer que a segunda vinda de Jesus é o evento mais importante da história... e falamos muito pouco sobre esse evento.

Não se turbe o vosso coração; credes em Deus, crede também em mim. Na casa de meu Pai há muitas moradas. Se assim não fora, eu vo-lo teria dito. Pois vou preparar-vos lugar. E, quando eu for e vos preparar lugar, voltarei e vos receberei para mim mesmo, para que, onde eu estou, estejais vós também (JOÃO 14:1-3).

Você se lembra do que falei há pouco sobre as nossas filhas? O exemplo que Jesus usou para os Seus discípulos foi exatamente este: seguindo o ritual do casamento entre o povo de Israel, Jesus, como qualquer outro noivo, "pagou o preço" da noiva, o seu dote, aquilo a que ela e sua família tinham direito, e deu o que de mais valioso tinha, que foi o Seu próprio sangue (ATOS 20:28) para resgatar a cada um de nós.

Agora Jesus está preparando um lugar para nós, assim como o noivo preparava a casa onde os cônjuges iriam viver após o casamento. Quando Ele voltar, irá nos levar com Ele, para nos mostrar a Sua casa da mesma forma como o noivo levava sua noiva para lhe mostrar o lugar onde iriam viver juntos. Nesse momento, tudo estará preparado. O noivo era o responsável pela festa, da mesma maneira como o Senhor Jesus prepara as Bodas do Cordeiro.

O mais admirável é que a nossa festa jamais terminará. Durará por toda a eternidade.

VOLTARÁ PARA NOS BUSCAR

Jesus voltará para nos buscar. Quando foi o julgamento, aos que o acusavam, ao dizer que não o veriam até que retornasse como Rei, Ele estava dizendo que o mundo não poderia ver o Messias ressuscitado até a Sua segunda vinda. Esse é um patrimônio exclusivo dos que creem nele, da Sua Igreja, da Sua noiva e futura esposa.

Quando os que o rejeitaram virem o Senhor Jesus novamente, será ao chegar nas nuvens do céu, em Sua segunda vinda, e lamentarão porque o transpassaram. "Eis que vem com as nuvens, e todo olho o verá, até quantos o traspassaram. E todas as tribos da terra se lamentarão sobre ele. Certamente. Amém! Eu sou o Alfa e Ômega, diz o Senhor Deus, aquele que é, que era e que há de vir, o Todo-Poderoso" (APOCALIPSE 1:5-8).

A Testemunha fiel, o Alfa e o Ômega, o Todo poderoso... o Filho do homem, como Ele gostava de se referir a si mesmo. Quando falou da Sua segunda vinda, Ele se apresentou dessa forma, porque era o Filho do homem que chegou na primeira vez com um corpo que levou todas as nossas fraquezas. É o mesmo Filho do homem que virá pela segunda vez, de uma forma corpórea, visível, triunfante. E continua sendo o Filho do homem no céu, agora com um corpo ressuscitado e transformado...

> *Porque, assim como o relâmpago sai do oriente e se mostra até no ocidente, assim há de ser a vinda do Filho do Homem. Então, aparecerá no céu o sinal do Filho do Homem; todos os povos da terra se lamentarão e verão o Filho do Homem vindo sobre as nuvens do céu, com poder e muita glória* (MATEUS 24:27,30).

> *Por isso, ficai também vós apercebidos; porque, à hora em que não cuidais, o Filho do Homem virá* (MATEUS 24:44).

Nenhum discípulo de Cristo pode viver alheio ao fato de que o seu Rei vai voltar. Isso pode acontecer a qualquer momento, talvez enquanto esteja lendo estas palavras.

Ninguém que ame Jesus pode viver sem saber que a Sua segunda vinda é real, iminente… E que tem consequências transcendentais para nós.

DESEJAMOS SINCERAMENTE QUE JESUS VOLTE
Não sabemos quando Ele vai voltar, mas sabemos, com certeza, que será logo. Nós desejamos isto de todo o nosso coração! Ele é o nosso Salvador, o nosso Senhor, o nosso melhor amigo… Nós o amamos e desejamos vê-lo novamente. Esperamos com ansiedade o momento em que Ele estabeleça o Seu Reino e a Sua Justiça neste mundo.

Ele veio para depois voltar.

Na primeira vez, precisava morrer e ressuscitar por amor a nós. Mas, quando Ele voltar, o mundo inteiro se colocará aos Seus pés. Nós o esperamos, esse é o nosso desejo mais profundo. Deus Pai agradece esse desejo, concedendo um galardão a todos aqueles que vivem observando as nuvens, desejando que Ele volte…

> *Já agora a coroa da justiça me está guardada, a qual o Senhor, reto juiz, me dará naquele Dia; e não somente a mim, mas também a todos quantos amam a sua vinda* (2TIMOTEO 4:8).

> DEUS PAI AGRADECE ESSE DESEJO, CONCEDENDO UM GALARDÃO PARA TODOS AQUELES QUE VIVEM OBSERVANDO AS NUVENS, DESEJANDO QUE ELE VOLTE…

NÓS DIZEMOS A TODOS QUE ELE LOGO VOLTARÁ
O tempo passa rapidamente, e precisamos levar a Luz a todos aqueles que não conhecem o Messias. Se queremos que Jesus volte o mais depressa possível, devemos falar a todos a respeito do Seu Reino, porque o momento chave da história será quando a humanidade conhecer que Jesus é o Salvador. Isto acontecerá como resultado do nosso

trabalho evangelizador pelo poder do Espírito Santo. O evangelho do reino será pregado em todo o mundo para que todos tenham a possiblidade de se decidir quanto ao Messias, e então chegará ao fim. Não antes... "E será pregado este evangelho do reino por todo o mundo, para testemunho a todas as nações. Então, virá o fim" (MATEUS 24:14).

DEUS QUER QUE O ESPEREMOS VIGIANDO E ORANDO

Jesus quer que o esperemos vigiando e orando. As preocupações de cada dia não devem ter mais importância para nós do que a Sua presença. Precisamos buscar, em cada momento, o nosso Pai com todo o nosso coração, porque somente numa atitude de oração e dependência de Deus estaremos seguros nos dias difíceis que virão. "Acautelai-vos por vós mesmos, para que nunca vos suceda que o vosso coração fique sobrecarregado com as consequências da orgia, da embriaguez e das preocupações deste mundo, e para que aquele dia não venha sobre vós repentinamente, como um laço" (LUCAS 21:34-36).

NOSSA VIDA É MUITO ALÉM DO QUE VEMOS AQUI

Se pensarmos apenas nas coisas deste mundo e vivermos preocupados pelo que é material, ninguém irá acreditar quando lhes dissermos que o nosso Rei vai voltar. Podemos estar vivendo na maior contradição da nossa vida, dizendo a todos que Jesus vai voltar e devemos nos comprometer com Ele, e ao mesmo tempo vivendo, trabalhando e preocupando-nos com o dinheiro, como se Ele nunca voltasse.

> PASSAMOS A VIDA COMO SE FÔSSEMOS VIVER PARA SEMPRE AQUI.
> GOSTAMOS MUITO DO QUE É VISÍVEL, E NOS ESQUECEMOS
> QUE AQUILO QUE NÃO SE VÊ É QUE TEM VALOR.

Muitas vezes vivemos como se fôssemos estar na terra para sempre. Gostamos muito deste mundo, das coisas que temos: as nossas casas, nossos negócios, nossos estudos, nossos ministérios e o nosso trabalho para o Senhor... porque esquecemos (e poucas pessoas na Igreja nos lembram disto) que Jesus voltará e que tudo vai ficar aqui, e quase nada do que possuímos tem real valor.

Esquecemos que somos cidadãos do céu. "Irmãos, sede imitadores meus e observai os que andam segundo o modelo que tendes em nós. Pois muitos andam entre nós, dos quais, repetidas vezes, eu vos dizia e, agora, vos digo, até chorando, que são inimigos da cruz de Cristo. O destino deles é a perdição, o deus deles é o ventre, e a glória deles está na sua infâmia, visto que só se preocupam com as coisas terrenas. Pois a nossa pátria está nos céus, de onde também aguardamos o Salvador, o Senhor Jesus Cristo, o qual transformará o nosso corpo de humilhação, para ser igual ao corpo da sua glória, segundo a eficácia do poder que ele tem de até subordinar a si todas as coisas" (FILIPENSES 3:17-21).

O ESPÍRITO DE DEUS NOS AJUDA A ESPERAR O NOSSO REI

A história não gira em torno de nós. A Igreja não vive, nem cresce de acordo com as nossas ideias e nossos planos. A vida que temos não é nossa, mas foi concedida por Deus. Dessa forma, devemos vivê-la, em uma contínua busca da vontade de Deus e do poder do Seu Espírito! Somente quando estamos cheios do Espírito de Deus, sabemos o que o Pai espera de nós e aprendemos a viver de acordo com a Sua vontade.

Humildemente, sem nos julgarmos superiores a ninguém e sem pensarmos que aquilo que fazemos é melhor do que os outros possam fazer... "Portanto, nada julgueis antes do tempo, até que venha o Senhor, o qual não somente trará à plena luz as coisas ocultas das trevas, mas também manifestará os desígnios dos corações; e, então, cada um receberá o seu louvor da parte de Deus" (1 CORÍNTIOS 4:5).

POUCAS COISAS SÃO TÃO IMPORTANTES COMO VIDAS SANTAS E CONSAGRADAS A DEUS

Vidas que manifestem o caráter do Senhor Jesus: com os nossos defeitos e as nossas falhas, porque não poderemos ser perfeitos até que Ele volte. Nisso podemos dispor do poder do Espírito Santo para que a vida de Jesus se manifeste em nossa vida e cada dia as pessoas que nos cercam vejam mais de Jesus em nós e menos de nós mesmos. Porque Deus quer que brilhemos enquanto esperamos o Seu Filho, que apressemos a Sua vinda, vivendo da maneira que possamos glorificar o nosso Pai...

> *Não retarda o Senhor a sua promessa, como alguns a julgam demorada; pelo contrário, ele é longânimo para convosco, não querendo que nenhum pereça, senão que todos cheguem ao arrependimento. Virá, entretanto, como ladrão, o Dia do Senhor, no qual os céus passarão com estrepitoso estrondo, e os elementos se desfarão abrasados; também a terra e as obras que nela existem serão atingidas. Visto que todas essas coisas hão de ser assim desfeitas, deveis ser tais como os que vivem em santo procedimento e piedade, esperando e apressando a vinda do Dia de Deus, por causa do qual os céus, incendiados, serão desfeitos, e os elementos abrasados se derreterão. Nós, porém, segundo a sua promessa, esperamos novos céus e nova terra, nos quais habita justiça* (2 PEDRO 3:9-13).

ESPERAMOS O REI PORQUE DESFRUTAMOS DE UMA ÍNTIMA COMUNHÃO COM ELE

A expectativa da criação é que os filhos de Deus sejam manifestados em glória quando o Senhor Jesus voltar. Reinaremos com Ele, e a criação sabe disso. De uma forma inexplicável para nós, a natureza e todos os seres criados esperam por esse momento, aguardam ansiosamente o dia em que o Senhor Jesus venha nos buscar para sermos glorificados com Ele. Todo o Universo espera pelo seu Rei e também espera por nós. A nossa missão é tremendamente importante, a nossa vida é extraordinária.

> *O próprio Espírito testifica com o nosso espírito que somos filhos de Deus. Ora, se somos filhos, somos também herdeiros, herdeiros de Deus e coerdeiros com Cristo Pois a criação está sujeita à vaidade, não voluntariamente, mas por causa daquele que a sujeitou, na esperança de que a própria criação será redimida do cativeiro da corrupção, para a liberdade da glória dos filhos de Deus. Porque sabemos que toda a criação, a um só tempo, geme e suporta angústias até agora. E não somente ela, mas também nós, que temos as primícias do Espírito, igualmente gememos em nosso íntimo, aguardando a adoção de filhos, a redenção do nosso corpo* (ROMANOS 8:16-23).

Muitos vivem frustrados e derrotados porque não sabem que O Rei vai voltar. Muitos pregadores, mestres, igrejas e até grupos denominacionais ou organizações missionárias, deixam passar os anos sem reservar um único momento para lembrar a todos que o dia decisivo na história da humanidade será quando o Senhor Jesus regressar à terra.

ELE VEIO PARA DEPOIS VOLTAR.

Muitos que se denominam cristãos não vivem esperando Jesus. Esquecem que tudo gira em torno da vinda de Jesus: a grande maioria das profecias, dos ensinamentos de Jesus, as Suas palavras sobre o reino… A segunda vinda do Messias está presente e latente em todos os livros da Bíblia.

Se não vivemos esperando, e o que é mais triste, ignorando que Jesus logo voltará, caímos no maior erro do cristianismo e na maior armadilha do diabo.

Você sabe qual é um dos problemas? Muitas Igrejas e grupos cristãos passam meses sem juntos participarem do pão e do vinho em memória de Jesus, assim que, esquecem, não apenas as palavras do

Senhor Jesus, como também um dos maiores desejos do Seu coração. Você está lembrado disto?

Anunciais a morte do Senhor, até que ele venha.

Jesus deixou estabelecido algo tão simples como participar do pão e do vinho juntos, porque neste ato de recordação está contido o passado, o presente e o futuro:

Porque todas as vezes... (PRESENTE)
A morte do Senhor (PASSADO)
Anunciais... (FUTURO) (1 CORÍNTIOS 11:26).

APROXIMA-SE O DIA DO NOSSO CASAMENTO!

Permita-me que eu volte ao que lhe contei no começo. Aquela parte das fotos do nosso casamento. As nossas filhas podem desfrutar agora do que aconteceu, mas não sabem de tudo o que tivemos de fazer para a chegada daquele momento. Os dias, meses, e inclusive anos que passamos preparando os detalhes e esperando o nosso casamento, trabalhando em tudo o que era necessário.

Quando estávamos noivos, tanto para Miriam como para mim, tudo estava voltado para aquele dia: 25 de julho de 1990. O dia do nosso casamento!

Nós dois continuávamos com as nossas atividades e estudos na Universidade, trabalhando na Igreja e ajudando muita gente. Vivíamos com as nossas famílias e saíamos com os nossos amigos... mas havia algo que sempre estava presente: o dia do nosso casamento.

Qualquer coisa que fizéssemos nos lembrava aquele dia. Era quase impossível passar um único momento sem pensar em nosso casamento e falar sobre ele. A vida parecia ser normal para todos, menos para nós: tinha de chegar o dia 25 de julho. Tudo girava em torno do nosso casamento.

Aguardar a segunda vinda do Senhor Jesus e o nosso casamento com Ele não é deixarmos de fazer o que estamos fazendo, mas simplesmente desejarmos, ardentemente, com a mesma expectativa que um noivo e uma noiva esperam o momento do seu casamento. Desconhecemos o dia e a hora, mas sabemos que Jesus virá para nos buscar.

Sabemos que o dia do nosso casamento chegará, e que todas as demais coisas passarão para um segundo plano. Continuemos trabalhando, estudando e vivendo cada dia, servindo a Jesus e nos esforçando para que a nossa vida e nossos atos reflitam um pouco mais do caráter de Deus neste mundo. Todavia, que não passemos uma única hora do dia sem nos lembrarmos de que se aproxima o dia do nosso casamento. Afinal de contas, não somos cidadãos deste mundo, mas cidadãos do céu.

Que não passe um único momento sem que desejemos que o Senhor Jesus volte para nos buscar!

Quem sabe, hoje mesmo!

Não pôde ocultar-se
(MARCOS 7:24).

52 | BUSQUE E ENCONTRE JESUS

Os bons escritores dizem que o último capítulo de um livro deve ser um dos mais importantes. É o momento quando aparece o final da história, a argumentação que deve ser lembrada e as conclusões às quais tenha chegado aquele que está escrevendo. Estou orando para que este seja um dos momentos mais importantes da sua vida, porque este capítulo ficará em branco, depois de um breve parágrafo.

Sim, em branco, porque desejo que você o escreva!

O CAPÍTULO MAIS IMPORTANTE DESTE LIVRO VOCÊ MESMO VAI ESCREVER.

A Bíblia diz que, em certas ocasiões, algumas pessoas buscaram o Senhor Jesus quase em desespero. Muitos apenas queriam que os curasse, mas o mais importante foi que o procuraram... e o encontraram. Mais ainda: em algumas ocasiões, Ele próprio se sentiu "angustiado", no bom sentido da palavra, pela quantidade de gente que chegava. Tanto é que, nessas ocasiões, "não pôde se esconder", não pôde passar despercebido...

Levantando-se, partiu dali para as terras de Tiro [e Sidom].
Tendo entrado numa casa, queria que ninguém o soubesse; no

entanto, não pôde ocultar-se, porque uma mulher, cuja filhinha estava possessa de espírito imundo, tendo ouvido a respeito dele, veio e prostrou-se lhe aos pés (MARCOS 7:24, 25).

Quando leio palavras como essas, lembro-me imediatamente dos tempos quando as nossas filhas eram bem pequenas. Uma das suas brincadeiras preferidas era de se esconder, e que nós nos escondêssemos delas, mas sempre num lugar tão visível que, em poucos segundos, elas e nós pudéssemos nos unir num feliz abraço ao nos encontrarmos.

Ninguém devia se enganar, a brincadeira não era para se esconder, mas para nos abraçarmos e rirmos quando nos encontrássemos.

Isto é, de certa maneira, o que Jesus quer de nós: que o busquemos, que desejemos estar com Ele em todo momento, que nossa vida não tenha sentido sem Ele, sem ouvi-lo, sem falar com Ele, sem abraçá-lo, sem nos prostrarmos aos Seus pés e estarmos dispostos a viver de acordo com a Sua vontade.

Jesus está esperando por você! Agora mesmo você tem o privilégio de escrever, na sua vida e na vida dos que estão ao seu redor, o que Deus está fazendo por você.

Volte a ler os evangelhos, comece a ler a Bíblia inteira para descobrir Jesus, com a mesma emoção que você sentiu na primeira vez. Comece a escrever: "O que mais admiro em Tua vida, Senhor Jesus, e o que tu significas para mim é…".

Ore e peça ao Espírito Santo que ajude a conhecê-lo melhor e amá-lo mais profundamente. Sinta-se feliz e descansado nos braços e na graça do Pai…

Porque é dos momentos em que estamos na presença do Senhor Jesus que a vida flui.

Vida para sempre!